临澧年鉴

LINLI YEAR BOOK

二零一八

中共临澧县委党史资料征集办公室
临澧县人民政府地方志办公室 主编

方志出版社

图书在版编目（CIP）数据

临澧年鉴. 2018 / 中共临澧县委党史资料征集办公室编. --北京：方志出版社，2019.3
ISBN 978-7-5144-3699-0

Ⅰ. ①临… Ⅱ. ①中… Ⅲ. ①临澧县 — 2018 — 年鉴
Ⅳ. ①Z526.44

中国版本图书馆CIP数据核字(2019)第053092号

临澧年鉴（2018）

编　　者：中共临澧县委党史资料征集办公室
责任编辑：齐　笑
出 版 人：冀祥德
出 版 者：方志出版社
地址　北京市朝阳区潘家园东里 9 号（国家方志馆4层）
邮编　100021
网址　http://www.fzph.org
发　　行：方志出版社图书经销中心
电话（010）67110500
经　　销：各地新华书店
印　　刷：桃源县长城印刷实业有限责任公司
开　　本：889×1194　1/16
印　　张：17.75
字　　数：494千字
版　　次：2019年3月第1版　2019年3月第1次印刷
印　　数：0001～1000册
ISBN 978-7-5144-3699-0　定价：180.00元

《临澧年鉴（2018）》编纂委员会

名誉主任：陈章杰

主　　任：蒋颖群

副 主 任：辛春生　杨华桥　朱泽欣　毕金生　徐兴庭　杜权华
王海波　邓慈陵　李　颖　夏雄英　朱荣华　陈　清
汪年生　饶金山　苏群英　戴朝林

顾　　问：王宏忠　刘德亮　黎卫平　涂绪德　陈隆财　杨绪沐
苏宏政　贾柏枝　朱光昶　沈克容　李林元　黄生昌
刘开新　王承荣　邵柏枝

《临澧年鉴（2018）》编辑部

主　　　编：蒋颖群

副　主　编：徐兴庭　邓慈陵

执 行 主 编：辛　勤　颜爱军　李　维

编辑部主任：李　维

编辑部副主任：叶小平

编　　　辑：陈宏炎　庞红艳　周　宇

开放强县 产业立县

推进临澧赶超发展

县委经济工作会议

临澧县第十七届人民代表大会第二次会议

政协临澧县第九届委员会第二次会议

临澧县首批《农村土地承包经营权证》颁发仪式在新安镇

省委副书记乌兰调研四新岗镇油茶产业

市委书记周德睿调研临澧脱贫攻坚工作

湖南安乡至慈利高速公路开工仪式在临澧举行

全国人大代表沈昌健在十三届全国人大一次会议上发言

迎宾路平战结合防空项目施工现场

城镇改造施工夜景

改造一新的安福大道

神奇的太浮山

美丽的官亭湖

编辑说明

一、《临澧年鉴（2018）》以马克思列宁主义、毛泽东思想、邓小平理论、“三个代表”重要思想、科学发展观、习近平新时代中国特色社会主义思想为指导，坚持辩证唯物主义和历史唯物主义的立场、观点和方法。

二、《临澧年鉴（2018）》是中共临澧县委、临澧县人民政府主办、中共临澧县委党史资料征集办公室、临澧县人民政府地方志办公室主编的综合性地方年鉴。

三、《临澧年鉴（2018）》内容记述时限为2017年1月1日～12月31日内临澧县自然、政治、经济、文化、社会发展等方面的情况。

四、按照“分级负责、归口管理”的原则，《临澧年鉴（2018）》初稿由各单位安排专人撰写，由《临澧年鉴（2018）》编辑部编辑；《临澧年鉴（2018）》中凡涉及临澧县经济和社会发展全局的数据，均以临澧县统计局和相关单位提供的资料为依据；县、县直单位、乡镇（区）、街道（筹）领导班子名录由县委组织部提供和审核，市直管单位领导班子名录由各相关单位提供。年鉴稿件最后由县委、县政府领导及年鉴正副主编定稿。

专　　题

专　　文

大事记

县情概况

中国共产党临澧县委员会

临澧县人民代表大会常务委员会

临澧县人民政府

中国人民政治协商会议临澧县委员会

群众团体

军 事

法 治

交通·邮政·通信

城市建设与管理

工业·科技

农业和农村工作

商务贸易

金融·保险

财政·税务

经济执法管理

教　　育

文化·旅游

卫生与人口计生

人力资源和社会保障

乡镇·街道（筹）·经济开发区

人 物

附 录

“五大会战”

（图片来源于临澧政府网）

一、脱贫攻坚大会战

1. 强化工作部署。先后 9 次县委常委会、2 次县政府常务会议研究脱贫攻坚工作；12 次全县性大会部署、安排脱贫攻坚工作；8 次举办全县性培训班，对乡镇专干、贫困村“第一书记”进行脱贫攻坚业务知识培训。制定下发《临澧县脱贫攻坚大会战工作方案》《临澧县委驻村帮扶工作队管理考评办法》等近 30 个文件。

2. 压实脱贫攻坚责任。根据省、市下达的全县 2017 年脱贫攻坚任务，县委、县政府将脱贫攻坚任务细化分解，落实到乡镇、到村、到户、到人。县委、县政府与各乡镇党委政府、县直行业部门分别签订脱贫攻坚大会战责任书，确保年度减贫任务精准落实到位。根据省委考核县、市、区党委政府的考核办法，进一步调整了精准扶贫的考核办法，将脱贫人口纳入县重点民生实事项目，提高了脱贫攻坚工作在绩效考核中的分值，实行脱贫攻坚先进单位和先进个人奖项单列。同时，进一步细化了考核指标，将贫困人口脱贫、贫困村退出、“五个精准到户”、“六件实事”等重点指标，以文件形式下发到各乡镇和行业部门，实行了责任细化，形成合力。

3. 强化脱贫攻坚保障。一是组织领导进一步加强。联系贫困村和乡镇的县级领导调度脱贫攻坚工作更加经常；各乡镇、街道（筹）均成立了脱贫攻坚指挥部，党委书记靠前指挥，亲自抓负总责；相关行业部门（单位）明确一名班子成员分管，同时，指定股室或专人具体负责脱贫攻坚工作。组建县派驻村帮扶工作队管理办公室，由县委组织部常务副部长任办公室主任，县委组织部、县扶贫移民开发局单位负责人任副主任，抽调4名工作人员，办公地点设县委组织部。二是财政投入进一步加大。2017年县级财政预算专项扶贫资金935.29多万元，县级配套超过省级扶贫专项资金总额；整合行业部门资金8025万元向贫困村、贫困人口集中的地方重点倾斜。三是建立了脱贫攻坚工作“月报告、月调度”制度。每月对乡镇、县直行业牵头部门（单位）、驻村帮扶工作队进行调度，全面了解掌握工作推进情况，及时研究解决工作中存在的困难和问题。四是督查更加经常化。由两办督查室、县纪委、县委组织部、县人社局、县扶贫移民开发局联合组成的督查组已经对所有乡镇、贫困村、贫困人口300人以上的非贫困村和相关部门进行了6轮巡回督查，并及时将督查情况进行通报和交办；县派驻村帮扶工作队管理办公室对驻村帮扶工作队的督查实行了常态化。五是建立脱贫攻坚工作问责机制，出台了《临澧县脱贫攻坚工作问责办法》。

4. 突出脱贫攻坚重点工作

①“两个全覆盖”全面落实。全县30个贫困村，市委派驻村帮扶工作队3个，县委派驻村帮扶工作队27个；全县贫困人口100人以上的81个非贫困村都明确了县直单位进行帮扶，同时由乡镇、街道组建驻村帮扶工作队。调整结对帮扶力量，贫困村的贫困户均由后盾单位干部职工结对帮扶，非贫困村的由乡镇统筹安排干部、党员、能人、示范户等结对帮扶；结对帮扶责任人均按要求开展结对帮扶活动4次以上。

②“五个精准到户”扎实推进。一是社会保障到户。全面落实社会保障政策，全县开展“三类对象”认定清理整顿专项行动，提高救助标准和精准度。全县纳入低保救助的建档立卡贫困人口10538人，其中兜底保障的1598人。全面落实健康扶贫政策。积极开展健康扶贫“三个一批”行动计划，确定3家医院为大病救治医院，集中救治132人；为全县2978名慢性病患者提供签约服务；重病兜底保障，住院救治精神病人302人、门诊救治249人，救治白血病人16人。落实“三提高、两补贴、一减免、一兜底”综合保障政策，提高贫困人口住院报销比例10%，今年共补偿2044人次，增加补偿93.4万元；降低大病保险起付线70%，共补偿98人，增加补偿34.3万元；民政医疗救助水平提高，救助23780人次660万元；对贫困人口参加城乡居民医保个人缴费、“扶贫特惠保”家庭综合保险费进行补贴。“一减免”、“一兜底”已落实。二是生产发展到户。因地制宜，采取宜农则农、宜工则工、宜商则商、宜林则林、宜渔则渔等帮助有劳动能力的贫困户发展生产；通过落实产业扶贫相关政策，提供技术服务等措施进行扶持。三是技能培训到户。今年，由各乡镇、街道（筹）自主举办建档立卡贫困户农村实用技术培训，培训覆盖面达80%；“两后生”技能培训95人；开展了四期致富带头人培训，共培训75人。四是教育助学到户。全面落实国家资助政策，今年补助春季家庭经济困难幼儿790人39.5万元，义务教育阶段家庭经济困难学生4176人131万元，免除高中阶段建档立卡贫困户和残疾、低保家庭学生321人29.64万元；“雨露计划”162人32.656万元、贫困村创业致富带头人培训50人15.344万元。秋季学期各阶段的补贴政策正在按计划落实。积极引导社会助学，资助学生319名81.3万元。五是危房改造到户。异地扶贫搬迁工程，323户954人搬迁户房屋建设已全面开工，主体工程竣工的

293户865人，已搬迁入住的146户430人，12月底前可全部入住。危房改造工程，完成“四类对象”危房改造933户，其中建档立卡贫困对象768户。

③“六件实事”办理取得实效。电力建设方面，全县14个贫困村电网改造12月底前可全面完成，共投资1250万元。交通设施方面，完成贫困村窄路加宽56千米。农田水利建设，投入农田水利建设资金338万元，县水利局已筹措项目建设资金1640万元（高效节水1300万元），对21个贫困村实施水利建设，9月份开工，12月底前完成。信息网络，建设贫困村4G基站9个；宽带建设10个村。村级活动场所，30个贫困村全部筹备重建或改扩建，目前已经有10个村全部完工。发展集体经济，今年拟退出的贫困村都达到村级集体经济收入5万元。

④产业扶贫呈现新特色。全县完成新造脐橙6000亩，占全年任务的100%，柑橘低产园改造1500亩，占全年任务30%；全县完成油茶新造近7000亩；四新岗镇久丰村、毛花界村等10个村发展新型农业经营性主体；县科协印发《临澧县农业科技人员精准脱贫科技助力工作考核办法》，对全县30个贫困村指派了农业科技指导员；制定了《临澧县2017年光伏扶贫工作实施方案》，烽火乡南田村2016年省级试点60千瓦村级光伏扶贫电站建设已并网发电，2017年新建60千瓦村级光伏扶贫电站5个；县商务粮食局完成贫困村村级服务站建设30个以上，贫困村电子商务网店100个以上，电子商务网店35个；县人行完成金融扶贫服务站点建设30个。

⑤劳务输出扶贫取得进展。2017年，计划建档立卡贫困人口转移就业773人。通过临澧县电视台、临澧红文化、临澧生活网等媒体宣传贫困劳动力就业培训优惠政策，发布就业岗位信息1692条，提供就业岗位1000多个。

⑥贫困村基层组织建设进一步加强。以支村委换届为契机，选优配强村党组织书记，积极向贫困村选派“第一书记”，已经完成对“第一书记”的调整，出台了《关于做好县委驻村帮扶工作队经费保障的通知》，保障了驻村帮扶工作正常开展。

⑦贫困退出计划有序开展。县脱贫攻坚大会战指挥部根据省办下达的脱贫计划上限5737人按照因素分解法，将计划下达到乡镇，再由乡镇结合各自实际将计划下达到村。目前，全县贫困人口脱贫验收工作已完成村民主评议、贫困户确认、村级公示、村支“两委“签字、乡镇入户核实、乡镇审核及公示上报，县级按50%面进行抽查复核，全县拟脱贫对象5737人基本确定；今年计划退出贫困村共10个。一经计划确定，我们聚集力量，举全县之力确保10个村退出，补齐了短板，现均已达到“一个确保、两个完善”验收标准。

（指挥部办公室）

二、园区攻坚大会战

1. *主要经济指标稳中有增*。园区63家规模工业企业实现总产值92.9亿元、规模工业增加值19.25亿元、入库税金14066万元，同比分别增长22.6%、10%、16.9%。全年可实现规模企业总产值105亿元，规模工业增加值21亿元，税收1.7亿元。

2. *项目建设强力推进*。园区基础设施建设及配套至少投入7亿元，实际完成6.03亿元（市里下达任务数为6亿元）。1 10月，园区开工建设项目29个，其中亿元项目开工建设6个（任务数6个），已达到目标任务数。其中，祥民制药项目已经完成投资1.2亿元，目前一期已竣工试生产，二期正在进行规划、工艺设计，即将启动工程建设；科技孵化器众创服务中心及创富佳苑建设项目，总投资8250万元，预计12月底主体工程可基本完工；博川生物质产业园已经完成投资1.48亿元，落户园区的土壤修复剂项目已经建成投产，高档无纸面石膏装饰材料项目已建成试产，木塑生产线正在进行试生产；园区污水处理厂总投资1.26亿元，一期投资8000万元，2017年已经完成投资5000万元，主体工程及管网建设正在抢抓时间全面施工，12月31日前可全面竣工运行。

此外，湘福大道延伸线、恒福路延伸线、临岗公路园区段、园区绿化美化亮化等重点基础配套项目正在全力推进建设，绿化美化亮化工程2017年可全面完工，湘福大道延伸线、恒福路延伸线2017年路基可基本成型，明年可全面完成。园区计划通过2~3年的基础设施攻坚，配套完善园区基础设施建设，全面拉开园区骨架，提高园区整体形象，增强园区产业承载力和吸引力。

3. 招商引资来势较好。充分利用园区平台优势，集中力量开展招商引资。园区引进在建及续建项目共17个，计划总投资15.3亿元；已签约未动工项目2个，计划总投资6.2亿元；跟踪联系可望签约项目5个，计划总投资3.4亿元，一大批前景较好的项目有望落户园区，园区发展基础进一步夯实。金诚创业基地招商引资优势进一步体现，基地内标准化厂房使用率在90%左右，一大批中小企业落户园区，带动了电子商务、医药食品等新兴产业快速发展。

4. 标准化厂房开工迅速。启动安福孵化园北三区、安福孵化园南一区、制药产业园、再生纸产业园、石膏产业园等标准化厂房建设项目，力争完成建设面积17.7万平方米以上（任务数8万平米）。已开工面积10.4万平方米，建成面积7.4万平方米，完成投资3.5亿元。

5. 发展合力逐步提升。积极承接部门审批权限下放，全面管好用好“二号公章”，园区内部审批更加便捷高效。探索社会化、专业化服务路子，成立了高强科技孵化器公司，并与正润集团签订了服务外包协议，园区服务水平有了较大提升。园区发展环境不断优化，组建了以开发区、太平街道（筹）干部为成员的园区综合执法应急分队，开展园区建设环境日常巡查，切实维护了园区发展环境。以安监、环保等工作为突破口，全面加强了园区安全生产及环保工作，加大了对企业的引导，园区企业规范生产、安全生产、环保生产意识不断提升。进一步聚焦主业，县委县政府成立了太平街道（筹），将社会事务进行剥离并建立了畅通的协调处理机制，园区主要精力、主要职能向项目建设、招商引资等集中，园区发展机制更加科学高效。全面落实“首问负责制”“全程代办”“限时办结”“结对服务”等制度，服务企业氛围进一步浓厚，服务企业发展效果更加明显，园区上下干事创业热情高涨。

（指挥部办公室）

三、交通跨越大会战

2017年，全县交通跨越大会战取得良好开局，刷新了多项纪录，创造了多项第一：全长27.65千米，宽40.5米，总投资12.06亿元的沅澧快速干线一号大道鼎城雷公庙至临澧太平段高等级公路建成通车；全年交通建设投资首次突破10亿元；争资争项首次突破2亿元，实际到位资金近2.5亿元；“四好农村路”创建一次性通过省厅验收，成为全省首批示范县。临澧火车站开通动车，成功争取呼南高铁在临设站。

（指挥部办公室）

四、城镇带动大会战

1. 县城路网建设。2017年县城路网建设项目共完成投资2.3亿元。金峰东路、王家河路、九龙路、灵泉路、建设路、青年南路、寒溪路、农科路、安福路慢车道改造项目建成通车；灵泉东路、梅溪中路改造、金宝南路及滨河路西延、青年北路新建等工程有序推进。

2. 县城安全饮水工程PPP项目建设。一是新水厂建设。由于受呼兰高铁建设规划的影响，原定新水厂用地已不能使用，在征求PPP合作方首创水务公司意见后，由中南勘测设计院和湖南大学设计院对水厂新址进行了专业比选，现已基本确定水厂建设地块，相关建设前期工作正在展开。二是“两园一带”建设。“两园一带”建设项目是县城区安全饮水工程PPP项目I期启动项目之一，主要包括柳林公园、金宝滩湿地公园、道水南岸风光带建设工程，目前已启动征拆程序，安置基地建设已全面启动，按照责任清单，细化工作任务，派专人协调配合，抢时间、抓进度，各项工作顺利开展。

3. 小城镇建设。一是坚持规划引领。组织编制和完善合乡并村后乡镇规划和村镇布局规划；重点培育新安——边贸重镇、合口——美食小镇、停弦渡——陶瓷古镇、修梅——红色旅游镇、四新岗——养老小镇、佘市桥——精品小镇、太浮——风景旅游名镇，形成了“特色成群，群中显色”的特色城镇群，逐步完善了以县城为龙头，重点镇为亮点，中心镇为支撑的一城五镇城镇群一体化新格局。二是积极向上对接。以打造现代化城镇群为总抓手，精心培育特色小镇，小城镇建设迈出坚实步伐。新安镇被评为全国特色小镇；佘市桥镇被评为第三批全省美丽乡镇示范镇；合口正在积极准备上报全国特色小镇。三是积极服务指导。引导小城镇用经营城市的办法，多渠道融资，完善基础设施；瞄准国家投资政策和产业导向，包装项目，向上争取政策资金，结合《湖南省农村双改四年行动计划》上报了农村双改项目库，项目库共 80 个项目，计划总投资 171.5 亿元。（指挥部办公室）

五、水利建设大会战

1. 规划引领，总体思路清晰。在充分调研、广泛听取社会各界意见、认真研究对接国家水利投资政策和相关行业规划基础上，抽调专门力量，本着因地制宜、做大做强的原则，编制完成了《临澧县 2017—2021 年水利建设大会战实施方案》，为近五年全县水利建设确定了方向和重点。未来五年，全县力争完成水利建设投入 20 亿元，着力构建“五大水利安全网”：（一）提升防洪安全网。以澧水、道水堤防加固，撇洪排涝设施建设和大中型水闸除险为主线，进一步筑牢防洪保安基础。（二）夯实灌溉安全网。加快大中型灌区续建配套和节水改造，扎实抓好小型农田水利基本建设，打通农业灌溉“最后一千米”。（三）织牢生态安全网。全面推行“河长制”，全面完成两水四岸综合整治，建成水系畅通、水体清澈、水域干净、水景优美的河湖生态体系。（四）巩固供水安全网。加快农村饮水安全扩容提质建设，逐步建立起水质合格、水量充足、水压稳定、管理规范的农村饮水安全保障网络。（五）完善水信息安全网。完善山洪灾害预警、水库大坝安全监测、水雨情测报和传输系统，提高防汛抗旱指挥调度和水利管理信息化水平。

2. 项目推动，构建水利发展新格局。全年筹措水利资金 5 亿多元，完成各类水利工程 3700 多处，五年大会战首战告捷。一是主攻国省投水利工程。上半年，完成了泵站更新改造、洞坪垸治理、朱伦河治理、湖区沟渠疏浚、小农水设施养护、山洪灾害防治等八大类重点工程扫尾；下半年，完成了中央财政农田水利项目、省级奖补高效节水灌溉项目、洞庭湖区沟渠塘坝清淤增蓄、青山灌区续建配套与节水改造、四水治理（关山垸、山洲垸、洞坪垸）、中小河流治理（吴家厂河杉板河段综合治理）、青山主坝水闸除险加固、农村饮水安全巩固提升等重点工程，启动实施了农业水价综合改革试点项目。17 年 11 月，临澧县高效节水项目作为全省样板迎接了水利部的督查。二是主攻自办工程项目。完成水毁水损修复 394 处，渠道清淤整修 1000 千米、堰塘清淤整修 1500 口、机埠更新改造 256 处，有效夯实民生水利基础。三是主攻涉“水”整合工程项目。按照“统一规划，整合项目，整合资金，同步推进，各记其功”的原则，全县完成涉“水”项目总投资 9907 万元，包括国土资源部门 7536 万元、农业部门 750 万元、农开部门 1621 万元。其中国土项目涉及烽火、停弦渡等 7 个乡镇 16 个村，建设内容包括沟渠硬化 7 千米，塘坝整修 40 处，机耕路整修 30 千米，乡村公路硬化 85 千米，涉及灌溉面积 5.02 万亩；农业项目涉及佘市桥镇 4 个村，建设内容包括沟渠硬化 11 千米，塘坝整修 8 处，机耕路整修 8 千米，涉及灌溉面积 0.5 万亩；农开项目涉及四新岗、佘市桥、烽火等 7 个乡镇 10 个村，建设内容包括沟渠硬化 12.6 千米，塘坝整修 28 处，机耕路整修 13.4 千米，新建机埠 1 处 16 千瓦，涉及灌溉面积 1.08 万亩。四是主攻社会融资水利投资项目。面对新的形势、新的要求，积极探索涉水项目开发新机制。通过成功运作 PPP 模式解决道水综合整治及县城安全饮水问题。总投资17.2亿元的城区安全饮水项目于2017年8月18日正式动工新建，涉及水利投资5亿元。主要内容包括河湖连通、河道整治、堤防加固、大型水闸改造、生态湿地、公园、道水河风光带及特色小镇建设，治污工程、水生态、水环境及河道水利工程等。

3. 完善工作机制，水利建设大会战顺利实施。一是建立组织领导机制。县水利建设指挥部各成员单位均成立了领导班子和工作班子，确保工作有人管、有人抓，并召开专题会议进行部署动员。县水利部门相继召开党组会、中层骨干会、全局干部职工大会和基层水利站长会，传达会议精神，传导压力责任，分解目标任务。二是建立资金保障机制。在项目资金争取上，紧盯国家水利投资政策，紧扣年度水利建设重点，加大了向上汇报衔接的力度；在项目资金整合上，坚持集中投入、集中资金兴水利，相关单位在项目申报和资金争取上紧跟全县总体部署，加大了涉农涉水资金项目的整合力度；在社会融资方面，加强了金融贷款、信贷融资、PPP等融资项目的策划包装，力争有更多项目入库和进笼子。三是建立调度考核机制。修订完善了乡镇水利工作绩效考核指标体系和评比表彰激励机制，县水利部门建立联点调度制度，明确局班子成员及技术员定点联系乡镇，负责协调、指导、督促所联系乡镇水利项目的包装、争取和水利建设管理工作的扎实开展，确保了水利建设大会战年度任务顺利实施。

4. 全面推行河（湖）长制，水生态环境明显改善。2017年是河长制工作开局之年，努力实现河长治，建立了县、乡、村三级河（湖）长体系，出台了实施意见、六项制度、四大机制等指导性文件，组织开展了河长巡河行动，协调完成了年度重点工作任务，河湖管治进入新阶段。年度考核临澧县河长制工作为满分，即全市最高分。县河长制工作先后在红网、《湖南日报》《常德日报》、尚一网等近10家主流媒体进行宣传报道。

（指挥部办公室）

推进新创业 建设新临澧
为建成以现代化城镇群为特征的生态宜居
特色县而努力奋斗

——在县委经济工作会议上的讲话

李 正 才

（2017 年 1 月 22 日）

同志们：

这次会议的主要任务是，贯彻落实中央、省委、市委经济工作会议和省、市、县党代会精神，总结去年工作，部署今年任务，统一思想，凝聚共识，全力推进新创业、建设新临澧。下面，根据常委会研究的意见，我讲四个方面的问题。

一、客观估价 2016 年，坚定“推进新创业”的信心

刚刚过去的一年，是临澧发展不容易、不平凡的一年。一年来，全县上下按照新常德新创业战略部署，主动适应新常态，积极应对新挑战，县域经济社会协调发展、稳中有进，实现了“十三五”良好开局。特别是在这一年里，十二届县委接过历史的接力棒，踏上了推进新创业建设新临澧、建成以现代化城镇群为特征的生态宜居特色县的新征程。预计可完成（下同）地区生产总值 151 亿元，增长 8.3%；一般公共预算收入 7.3 亿元，增长 11%；固定资产投资 136 亿元，增长 4.76%；城、乡居民收入分别达到 27139 元、14169 元，分别增长 8.1%、8.6%；全面小康实现程度达到 87.26%。

产业升级步伐加快。工业经济稳中有进。实现工业总产值 178 亿元、增加值 44.25 亿元，分别增长 11.3%、8.3%。园区经济增强，省级科技企业孵化器成功创建，建成标准化厂房 13.04 万平方米，实现园区产值 91.92 亿元、入库税金 1.51 亿元，分别增长 13.58%、8%。骨干企业壮

大，安福环保新三板挂牌上市，新增规上企业15家、总数达到113家，实现规模工业增加值34.8亿元、增长8%。现代农业提质增效。全省粮食、油料生产大县地位得到巩固，被评为全省粮食生产先进县，跻身第四轮全省产油大县；油茶、黄花鱼、柑橘、烟叶、畜禽、蔬菜等特色产业加快发展，梅林果业成功申报农业产业化省级龙头企业，天心生态循环农业、新安蔬菜标准园等现代农业示范园成效明显，安福清水建成全省一流设施蔬菜基地。三产服务日益繁荣。金融支持现代农业示范县创建获全省第一名；林伯渠故居晋升为国家“AAAA”景区，丁玲故居主体工程基本完成；太浮山风景名胜区、福船湿地旅游度假区、开泰山汽车露营公园配套提质；新发展网络销售平台16家，建设商贸物流项目30个；实现社会消费品零售总额53亿元、增长13%。

城乡建设统筹推进。项目建设上，到位内外资总额58亿元、国投资金14亿元、融资6.4亿元；开工重点项目64个，完成投资57.9亿元。特别是县城区安全饮水工程入选国家PPP示范项目，道水湿地公园进入国家试点项目。城镇建设上，朝阳街东西延线、环城路建成通车，棚改工程顺利启动，“第一书香”、公安业务技术大楼、法院审判大楼等开工建设，私房“禁建”全面启动，“国卫、省园”县城成功创建，新安镇跻身全国千强镇，合口镇被评为全国信息化试点镇。交通建设上，林夹公路建成通车，沅澧快速干线建设全面推进，太浮山旅游公路、九五公路挤入省路改计划，提质改造农村公路80千米、危桥7座。水利建设上，青山主坝水闸除险基本完成，病险水库摘帽销号，农村安全饮水实现全覆盖，“四水”治理、小农水项目建设等重点工程基本完工，青山灌区管理与改革工作被评为全省先进。同时，生态文明建设、美丽乡村建设、完美社区建设成效明显，被评为全省美丽乡村建设先进县，城乡面貌进一步改观。

民本民生不断改善。精准脱贫强力推进。全力抓好驻村帮扶、金融扶贫小额信贷、“五到户”精准扶贫、新“六件实事”办理等重点工作，实现6223名贫困人口脱贫，被评为全省移民工作先进县。各项事业加快发展。异地建成丁玲学校、县五完小，高考中考继续全市领先，被省政府认定为“教育强县”；县人民医院和妇保院整体搬迁、县中医院住院楼建设进展顺利，计生工作继续保持国省先进；《青山史话》出版发行，“湘北大鼓”成功申报省级非遗项目，群众性文化活动蓬勃开展，残奥夺金实现零的突破；新增城镇就业、农村劳动力转移就业9131人，累计发放低保、医疗等救助金1.1亿元；改造农村危房1700户、新建保障性住房851套。社会秩序和谐稳定。社会治理创新深入推进，食品药品安全监管得到加强，一批信访问题有效化解，“民调”位居全省第一方阵，综治工作、安全生产工作被评为全省先进，被授予全省“平安县”称号。

改革攻坚再上台阶。改革“规定动作”顺利推进。认真落实省市部署的56项涉改任务，供给侧结构性改革、行政审批、并村改革、村改社区、土地确权、创新创业、公车改革等一批重点改革事项取得实质性进展，荣获全省乡镇区划调整改革先进县、全省创新创业带动就业示范县称号。改革“自选动作”落地见效。坚持大胆创新、先行先试，澧北一体化、城市建设管理体制改革、深化教育综合改革3项自主改革顺利推进，澧北城乡统筹一体化改革项目获全市优秀改革项目二等奖。

党的建设持续加强。县乡同步换届圆满完成、风清气正，新班子呈现新气象；“133人才培养工程”、为民服务“四三工作法”等工作被省委组织部推介，基层党建综合排名居全市第一位；“两学一做”学习教育取得实效，意识形态工作责任严格落实，党员干部“四个意识”进一步增强；大力开展“一弘扬两整治”活动，干部作风进一步改进、发展环境进一步优化；全面从严治党向纵深推进，“两个责任”严格落实，谈心谈话活动全面开展，违法违纪案件得到有效查处；着力加强党对人大、政协工作的领导，加强党的统一战线和群团工作，加强党管武装工作，更加广泛地形成了临澧力量。

成绩来之不易，发展需要接力。2016 年扎实起步，为做好今年工作尤其是推进新创业、建设新临澧打下了坚实基础。我们一定要倍加珍惜、倍加巩固，坚定信心、乘势而上，建好城镇群，推进新发展。

二、准确研判形势，凝聚“现代城镇群”的共识

谋事之基，在审时度势；成事之要，在顺应时势。前不久召开的市委经济工作会议，市委、市政府根据 2016 年市委主要领导对临澧提出的建成以现代化城镇群为特征的生态宜居特色县的发展定位，明确要求以临澧为全市城镇群建设试点，探索“中心城市+城镇群”的城镇化路子；2017 年 1 月 13 日省发改委通过了在临澧进行现代城镇群“产城融合”综合试点的评审，临澧迎来了难得的发展机遇。就临澧城镇群建设来说，“其势已成，其时已至”，我们必须置身历史发展新背景，顺应经济转型新常态，结合县域发展新特征，准确把握研判新形势，坚持以城镇群建设为引领，充分发挥新型城镇化“牵一发而动全身”的综合带动作用，凝聚城镇群建设共识，早日把一张好的蓝图干成美好现实，干出临澧气势、临澧自信。

要扣准优势，遵循规律，明确新定位。新型城镇化建设，是发展所需、是国家战略。就当前来说，临澧城镇群建设优势明显、条件具备。一是城镇建设基础良好。临澧小城镇建设起步较早，历经多年培育，城镇化率达到 45.9%，城镇建城区面积达到 37.05 平方千米，城镇群雏形基本形成，且 8 个建制镇既有同质化优势，更有个性化特点。特别是区划调整改革后，建制镇面积、人口、经济实力大幅增加，全域城镇格局已经构建，完全具备城镇群建设基础条件。二是群众进城动力增强。人兴城兴，人富城旺。临澧自古就是安福之地、文化之地，是洞庭湖“48 福地”之一，城乡居民群众收入总量高、差距小，农民人均可支配收入绝对额一直处于全省、全市前列，尤其是人民群众追求优质高效的就业、就医、就学等公共服务的愿望更加强烈。只要有宽松政策激励、优质资源培育，完全可以吸引农民群众进城。三是区位条件优势明显。就地理位置看，临澧是全市地理中心，正处常德市区、津澧新城、大湘西旅游圈等区域城市和中心辐射的聚焦点，符合“区域中心+城镇群”建设条件；从交通条件看，随着“两高两铁一干线”多途贯通，临澧交通优势更加凸显。特别是沅澧快速干线贯通“一城五镇”，完全可以打造成一条精品城镇群带。各级各部门要紧扣城镇群建设的发展定位，坚持以全局的意识、前瞻的思维、全新的姿态，在新的历史坐标中，大显神通、体现作为。

要顺应大势，抢抓机遇，赢得主动权。新常态是大趋势、大逻辑。新常态下，挑战前所未有，机遇同样难得，我们要善于发现、积极抢抓，赢得推进新创业、建好城镇群的主动权。一要抢抓宏观政策机遇。牢牢把握十八大以来中央形成的以新发展理念为指导、以供给侧结构性改革为主线的政策体系，确立的稳中求进工作总基调，提出的引领经济持续健康发展的政策框架，确保在稳的前提下实现关键领域突破，在进的前提下推动发展量质齐升。特别要用好积极有效的财政政策、稳健中性的货币政策，切实解决好城镇群建设“钱怎么来”的问题。二要抢抓区域战略机遇。认真研究中央、省委、市委“四区一中心”“一带一部”、长江经济带、洞庭湖生态经济区、“一三五”、津澧新城等区域发展战略，转变只见“虹吸效应”、不见“溢出效应”观念，增强“借东风”意识，以“融入就是效益”的胸怀和勇气，盖好“金银窝”，引来“金凤凰”，推进新创业。三要抢抓深化改革机遇。主动适应供给侧结构性改革新要求，认真落实“三去一降一补”、农业集体资产产权制度改革、振兴实体经济等重点任务，努力创造新供给，培育新需求，释放新动能，推动经济社会发展更具活力、更有效率、更可持续。

要扭住劣势，精准施策，夯实硬基础。一要解决经济发展依然薄弱的问题。不可否认，在经济下行压力下，我们实现了逆势而上、滚石上坡、争先晋位的良好态势，但要看到临澧“欠发达”基本县情没有根本改变，经济总量小、开放不足、发展不快仍是主要矛盾。纵向比较进步不小，横向比较差距很大，我们要立足未来，不负当下，继续奋斗。二要解决产业结构依然脆弱的问题。当前，我县经济发展新常态特征更加明显，传统产业过剩，新兴产业弱小。烟花爆竹、造纸、石灰等传统产业受总体产能过剩、环保政策等因素影响，面临限产停产甚至被淘汰的风险，而新兴接续产业尚处培育成长阶段，经济结构依然脆弱。要积极用活国家产业政策、环保政策，特别是扶持战略性新兴产业发展政策，进一步加大招商引资、兼并重组力度，主动适应新要求，寻求新突破。三要解决发展动能依然软弱的问题。近年来，我们积极推进基础平台、要素保障、服务管理升级，制约发展的瓶颈有效突破，但行政效能不高、体制机制不顺、发展环境不优等问题依然存在，干部思想观念、能力素质与新常态要求还有差距，融资难、用地难、用工难、配套弱等问题仍然突出，人民群众利益诉求更加强烈，重点行业领域安全监管、风险防范任务十分繁重，升级发展的内生动力仍很弱。我们必须扭住短板，精准施策，化劣为优、化危为机，夯实发展基础，培育赶超动能。

三、坚持聚焦聚力，掀起“发展大会战”的热潮

天上不会掉馅饼，努力奋斗才能梦想成真。站在新的发展关口，2017年是继往开来、大有作为的一年，是需要大发展、大突破的一年。这一年是城镇群建设试点的开局之年，开局之年更要有运筹帷幄的视野；是全面建成小康社会的决胜之年，决胜之年更要有决战决胜的信心；是新一届县委县政府的接力之年，接力之年更要有接力奋进的担当。全县工作的总体要求是：**全面贯彻落实中央省委市委经济工作会议、省市县党代会精神，继续实施“三新”发展战略，着力抓好现代城镇群建设试点，全力推进新创业、建设新临澧，努力寻求重点发展领域突破，扎实推进以现代化城镇群为特征的生态宜居特色县建设，以优异成绩迎接党的十九大召开**。主要目标是：地区生产总值增长8%以上，一般公共预算收入增长10%以上，规模工业增加值增长10%以上，固定资产投资增长15%以上，城乡居民收入增长8%以上，社会消费品零售总额增长12%以上。

完成上述目标，建好城镇群，喊不出来、等不出来，只有干出来、拼出来。今后一段时期特别是今年，我们要坚持问题导向，找准切入点和关键领域，集中力量组织**“五大会战”**。

一是脱贫攻坚大会战。顺应人民群众对美好生活向往，着眼保障和改善民生，把脱贫攻坚作为“天字号”民生工程，紧扣“两不愁、三保障”目标，按照“四个切实”“五个一批”“六个精准”要求，落实脱贫攻坚责任，抓住民生保障、产业脱贫、基础设施改善、基层组织提升四大主攻点，激发贫困人口战斗力，坚决打赢脱贫攻坚战，确保率先在全省全市完成脱贫任务，促进各项民生事业协调发展。

二是城镇带动大会战。把握区域发展多元共生、和而不同趋势，紧扣建成湘西北最具活力、影响力的现代化城镇群，打造江南绿色宜居小镇引领区、全省现代城镇“产城融合”示范带、全市千亿工业走廊样板区目标，突出抓好城镇群建设试点。力争到2021年，全县城镇化率达55%以上，城镇经济占全县90%以上。县城要突出“一度两带三园四中心”建设，建成区面积达到21平方千米，常住人口20万人，真正建成“功能完善、品质精美、品位时尚、环境优良”的“沅澧福城”；新安镇要扩张绿色建材产业规模，提升城镇品位，建成区面积达到5平方千米，常住人口4万人，带动引领澧北一体发展；合口镇、停弦渡镇、修梅镇、四新岗镇、佘市桥镇、太浮镇等要坚持全域城镇化理念，加快推进产业、人

文、山水、旅游与城镇的融合，建成产业特色鲜明、环境和谐宜居、文化传承鲜活、设施便捷完善、体制机制灵活的特色小镇，形成县城龙头地位凸显、城镇群异彩纷呈的格局，探索出“中心城市+城镇群”的现代城镇“临澧模式”。

三是园区攻坚大会战。突出产业支撑和产城融合，按照“工业新城、城市新区”定位，紧扣“两型”园区、高新技术产业区目标，以“活园、扩园、建园、强园”为抓手，激活园区机制，完善园区规划，夯实园区基础，增强园区实力，培育园区特色，力争到2021年，园区规模工业企业突破100家、总产值达150亿元以上，工业集中度达70%以上，新材料产业产值突破100亿元，综合实力跻身省级经济开发区第一方阵。

四是交通跨越大会战。坚持交通先行，争取进入全国100个城乡交通一体化建设示范县“笼子”，着力打造“畅通临澧”，形成公、铁、水联运的现代交通网络大格局。到2021年，公路等级全面提高，“三纵四横”主干公路交通网、旅游公路网不断完善，“四好农村公路建设”示范县创建成功；石长铁路旅客列车停靠车次明显增加，呼南高铁在临澧设站并停靠，昂首迈进高铁时代；积极争取澧水航道临澧段疏浚、2个千吨级港口码头建设全面启动，努力实现对外联通快捷化、对内循环网络化的现代交通运输体系更加健全，再造临澧交通新优势。

五是水利建设大会战。立足兴水利、保发展、促和谐，突出抓好澧水道水四岸达标整治、农田水利基本建设、饮水安全巩固提升、防洪保安工程、水生态治理等五大工程建设，努力构建河库安澜的防洪网、城乡统筹的供水网、旱涝保收的灌溉网、河湖健康的水生态网、安全高效的水利信息网。到2021年，累计完成水利建设投资20亿元以上。

2017年，我们在集中力量组织“五大会战”的同时，要多措并举寻求**“七大突破”**：一是力争实现石膏等资源精深加工转化突破。二是力争实现烟花爆竹等传统产业改造升级突破。三是力争实现龙头企业引领产业发展突破。四是力争实现绿色优质农产品电商平台建设突破。五是力争实现现代农装产业发展突破。六是力争实现农业产业现代化建设突破。七是力争实现旅游产业开发突破。

主要工作举措是：

1. 精准扩大有效投入。坚持投资拉动、项目带动，坚定不移地实施招商引资“一号工程”、争国投“一把手工程”，进一步加大投资强度，力争引进内外资总额70亿元、国投资金18亿元，融资15亿元；完成固定资产投资160亿元以上，其中重点工程完成投资80亿元以上。

*千方百计抓招商。*强化精准招商。盯紧国内500强、国企、省企等重点对象，深入京津冀、长三角、珠三角、长株潭等重点区域，以最大的决心和诚意引进战略投资者，力争签约落户投资过10亿元项目1个以上。强化专业招商。重点围绕优势资源、主导产业、重点企业，整合共享招商信息，抓好领导招商、行业招商、商会招商、以商招商、产业链招商、PPP项目招商、节会招商、小分队招商，提升专业化招商水平。强化以情招商。大力开展“引老乡、回故乡、建家乡”活动，用真情唤起浓浓乡情、激发回归热情、点燃创业激情。对在外创业人员招商部门要登记造册，实行各级领导和党员干部包干负责，加强有重点、有针对性联系和对接，鼓励和引导更多成功人士投身家乡发展。

*坚定不移争国投。*抓好政策对接。认真钻研国家政策，密切关注产业动态，把握国家政策扶持重点、投资倾斜领域，立足临澧基础条件和现实需要，找准项目策划包装的对接点，争取临澧受益最大化。坚持聚焦短板。对接基础设施和公共服务的短板，加强交通、水利、能源、信息化建设和民生改善投资，更好地发挥重点领域投资带动作用。严格责任考核。将争取上级资金和项目的任务分解到单位、量化到干部，一月一通报、一季一排队、一年一兑现，奖惩与单位公用经费和“四项费用”指标挂钩，与干部职工绩效工资

挂钩。

多途并举扩融资。发挥政府投资引导作用。坚持科学负债、合理负债，加强债务风险防控，用好专项基金、融资平台、债券市场等工具，维持合理的政府投资力度。发挥市场融资关键作用。按照资源资产化、资产资本化、资本证券化思路，探索市场化筹措资金的新方式新平台，推动银政、银企合作对接，争取金融支持，增强融资能力。发挥民间投资主体作用。积极引导鼓励民间投资，拓展PPP融资领域，促进民间投资健康发展，为经济社会发展增添新的动力。

完善机制促建设。进一步完善领导联系项目制度，坚持一个项目一名县级领导、一套工作班子、一抓到底的工作推进责任制，加大项目建设调度督促力度。进一步完善项目开发激励制度，安排重点开发项目90个以上，对“入笼”项目，给予资金补助；对重大项目，实行专业开发，经费财政统筹，重奖“项目功臣”。进一步完善全程代理服务制度，项目建设需要办理的行政许可和有关手续，由联系项目的工作班子包干负责，保姆式服务，限时办结。进一步完善项目建设管理制度，严格投资评审、资金预算、项目验收、绩效管理等，争取项目投资效益最大化。

2. **加快产业转型升级。**紧扣供给侧结构性改革，把产业转型升级作为实现发展突破的主战场，推动一、二、三产业协调发展，加快建设现代产业体系，着力振兴实体经济。

大力推进现代工业发展。贯彻对接“中国制造2025”和“建设制造强省五年行动计划”，打好园区攻坚战，促进工业经济规模、质量“双提升”，年内新增规模工业企业10家以上，规模工业增加值达到40亿元以上。做强做实园区平台。启动新一轮调区扩规工作，规划建设专业特色产业园，力争园区规划面积达到15平方千米；深化“一权两制一司”改革，增强园区主体意识；加强服务配套，提升园区吸纳力，新建标准化厂房10万平方米以上；引进中联重科现代农装等项目，新入园工业项目12个以上，园区工业总产值突破100亿元。培育壮大龙头企业。坚持龙头引领、产业配套，推进技术集成、企业集聚、发展集约，重点支持冀东水泥新上生产线，扩大产能；天伦先淘推进产品上下游延伸配套，打造全国净水龙头和全省高档卫浴生产基地；中泰特装加大民品开发力度；美华尼龙扩大市场，落地四期；金健面业建设10万吨面条基地，争创全国挂面第一品牌；祥民制药加快项目建设，建好药材种植、加工基地；安福环保加强资本运作，打造行业产能全省第一。年内新增产值过5亿元企业1家以上，新三板挂牌上市企业1家以上。扩大资源精深加工。重点针对石膏产业“经济效益不显、安全问题凸显”现状，依托技术进步，整合采矿企业与深加工项目，加强资源归集，推进产品市场开发，大力支持博川石膏做大做强，全力招商搞活湘福建材，打造石膏百亿元产业，把临澧最大的资源优势转化为最好的经济优势。改造提升传统产业。重点要利用税收、政策杠杠调节作用，严格落后企业退出，推动企业兼并重组，规范企业生产经营，引进高科技龙头，全力抓好烟花爆竹这一发展历史悠久、产业链条成型、安全风险常在、政策监管从紧的传统产业改造升级，做大做优做强“临澧烟花”品牌，成功保留全国主产区位置，力争产值不减、税收翻番。

大力推进现代农业发展。以推进农业供给侧结构性改革为主线，大力构建现代农业产业体系，促进农业增产增效。完善特色产业体系。在稳定发展粮食、油菜生产，提质发展黄花鱼、烟叶、蔬菜、畜禽等特色产业的基础上，按照澧南油茶、澧北林果思路，加大丘岗山地开发，新造低改油茶2万亩，新扩杂柑3000亩、脐橙5000亩，突出精细农业特色，增加绿色优质农产品供给。特别是油茶产业要经过几年的努力，力争低改面积达到20万亩、新造面积达到15万亩，进一步打响油茶品牌，跻身全省油茶产业大县，创建“中国油茶之乡”。完善生产经营体系。推进现代农业产业园建设，创建一批特色农业专业园区。狠抓农产品标准化生产、品牌创建和质量监管，培育和打响农副产品品牌。推进农村集体资产产权制度改革，完成土地确权登记颁证工作，稳步发展适度规模经营。培育壮大新型农业经营主体，支持休闲农业、养生农业等新业态发展，新增家庭农场50个、农民合作社40个、规模农产品加工企业3家以上。完善优质服务体系。推行政府购买农业公益性服务，加强植保、农技、防疫、配送等社会化、专业化服务，启动供销社改革。推进农业科技创新应用，大力开展“互联网+”现代农业行动，提升农业科技化水平。推进农村土地整治和农业综合开发，建设高标准农田3万亩以上。

大力推进现代服务业发展。做大文化旅游业。结合城镇群建设，按照全域旅游思路，完善旅游发展总纲规划、林伯渠故居、太浮山景区规划，高标准编制丁玲故居、青山、宋玉城、官亭湖等景区规划，开发一批“留住乡愁、讲好故事”的特色项目。探索“旅游+”模式，打造一批精致景点、一条精品线路，形成常德周末消费热点。林伯渠故居要加强提质升级，完善景区设施和配套项目；太浮山景区要完善服务功能，做大做美樱花谷，争创国家级风景名胜区；丁玲故居要加快主体工程建设，确保丁玲诞辰日开馆；青山景区要结合“青山精神”，形成一批“有故事”景点；福船湿地旅游度假区、开泰山越野露营基地要加强配套，扩大影响，叫响品牌。同时，各乡镇新发展“美丽农庄”1家以上。做强电子商务业。把电商发展与城镇建设结合起来，与扩大临澧产品销售结合起来，出台扶持政策，做大现有平台，建好电商产业园、电商孵化园基地、绿色优质农产品电商平台。加强与龙头电商合作，扶持和培育本土电商示范企业，引导农业种养大户、个体商贸企业、规模工业企业上线销售，培育省市知名电商交易平台。坚持全线全面布局，扎实推进电商进农村工程，完善县乡村电商服务体系，力争电商服务站点覆盖率达95%以上。做优各类服务业。完善城乡物流网络，建设改造一批专业市场、批发市场和物流园区，支持本土商贸物流企业做大做强，新增限上企业7家以上。积极发展现代金融业，推进社会信用体系建设，扩大信贷投放规模，新增储蓄存款70%以上服务临澧发展。支持养老服务业发展，鼓励社会力量举办规模化、连锁化医养综合型养老机构，完善居家养老服务网络。稳定房地产投资和供需，促进房地产业平稳健康发展。

3. **集群发展现代城镇**。全力打好城镇带动大会战，提升县城现代化、农村城镇化水平，带动城镇群加快建设，力争全县城镇化率达到49%以上。

坚持规划引领。积极推进“多规合一”，扎实抓好产业发展规划、土地利用规划、生态环境保护规划等各类规划，用一流规划引领一流建设。完成城镇群建设试点规划设计，强化沅澧快速干线两厢、道水河沿线、县城东区和出城口控制性详规编制，完善县城交通、绿地、供排水等专项规划。保持私房“禁建”、控违拆违高压态势，严格规划执法。出台《农村村民建房管理暂行办法》，规范村民建房秩序，形成临澧建筑风格。

突出县城建设。重点抓好“八大工程”，聚集县城人气，提升县城首位度。①抓好道水综合整治，强力推进县城区安全饮水PPP项目，早日解决县城饮水安全问题，让居民喝上放心水。②抓好“棚改三年攻坚”，改造棚户区5000户以上。③抓好老年人活动中心建设。④抓好文体中心建设。⑤抓好县城到东常高速连接线建设，7月1日沅澧快速干线一号大道通车后，要迅速启动建设。⑥抓好临岗公路太平至县城段升级改造，按照城市道路“白改黑”。⑦抓好断头路建设，强力推进路改工程。⑧抓好工业园区基础设施建设，开工园区与沅澧快速干线连接线建设，推进产城融合，拓展园区发展空间。

打造特色城镇。巩固乡镇区划调整成果，积极对接国家“千个特色小镇培育计划”，形成美丽城镇建设、新型城镇化示范项目建设的新亮点。紧扣产业定位“特而强”、功能叠加“聚而全”、建设形态“精而美”、制度供给“活而新”要求，全力推进城镇群建设试点，每个试点镇要启动1

个以上带动力、示范性强的项目。按照城乡一体化要求，最大限度为乡镇发展松绑让利，最大限度支持乡镇推进美丽乡村、新型城镇化建设。扎实抓好澧北城乡统筹示范区建设，开发实施一批标志性工程。

实施精准治理。巩固“国卫、省园”创建成果，积极启动国家生态园林县城、国家环境保护模范县城、省级文明县城、省级交通模范县城创建，进一步强化交通秩序、市容市貌、“两违”建设等专项整治。探索运营市场化管理方式，推行环卫作业、渣土运输市场化；推进城管执法体制改革，理顺体制机制，厘清职能职责；坚持重心下移，推进城管下街道、进社区；推进职能下放，实行城管职能向建制镇延伸。规范提升住宅小区物业管理，加强市民文明素质教育，提升城镇文明程度。

4. **改善基础设施条件**。坚持以交通跨越大会战、水利建设大会战为抓手，全面改善基础设施条件，为县域经济发展“舒经活络”。

坚持交通先行战略。加快推进沅澧快速干线建设，打通“一城五镇”间、临澧与市区间快速通道；完成太浮山旅游公路项目一期、九五公路建设，启动合口大桥至林夹公路改建工程；配合抓好安慈高速建设，做好呼南高铁、澧水河道疏浚临澧段前期工作；全力抓好农村公路提质改造、农村危桥改造、环乡环村公路建设、安保工程、交通专项整治，打造畅通临澧。

提升水利保安能力。完成青山主坝水闸除险加固改造、洞坪垸续建、朱伦河治理，实施青山副坝改造、小农水重点县建设，启动澧水南岸一般垸治理、道水河湖连通工程，开展澧水道水综合整治和沿河垃圾清理行动。巩固饮水安全工作成果，规范农村水厂运营管理，加强农村水厂提质改造。坚持开展“五小水利”建设，清淤扩容堰塘1000口以上，疏洗渠道1000千米以上，解决好农田灌溉“最后一千米”问题。

完善信息能源基础。加快智慧临澧建设，落实国家“互联网+”行动计划，积极对接常德云计算中心平台，扩大智慧临澧指挥大厅应用范围，完善新一代智慧安监、智慧水利、智慧教育、智慧税务等信息基础设施。大力发展清洁新能源，提高天然气气化率，建成酒泉至湘潭临澧段特高压输电线路，完成60个村（社区）农网升级改造，构建供给足、结构优、效率高的现代能源体系。

抓好美丽临澧建设。深入开展整县推进美丽乡村建设五年行动，突出办好佘市桥镇示范片，深化环境整治，建设“美丽屋场”，完善公共服务，保护历史文化，培育文明乡风。严守生态红线，严格落实“河长制”，加大农业面源污染、重点工业污染、城镇生活污水和城区黑臭水体防治力度，全面推进饮用水水源保护区划定和规范化建设，全面完成规模养殖场退养任务，全面落实节能减排任务。推进全域绿化提质，采取以奖代补方式，强化“三边”绿化，建设一批“绿色走廊”。加强生态文明示范创建，争创一批国家级生态文明示范乡村。

5. **提升民生保障水平**。坚持问题导向，聚焦群众关切，做细做实“民生工程”，织牢民生保障网，努力让全县人民生活更舒心、工作更称心、办事更顺心、全社会更有爱心。

决战决胜脱贫攻坚。坚持精准发力，全面决战决胜，确保贫困村退出12个、贫困人口脱贫9000人，实现全面小康整体达标。重点要加强扶贫办点和结对帮扶，突出贫困村基础设施建设，扩大信贷投放，强化产业扶贫，推进异地搬迁，把扶贫开发工作做到老百姓心坎上；充分发挥贫困村党组织战斗堡垒作用，激发贫困地区、贫困群众内生动力，让群众成为脱贫攻坚战的主力军。

统筹发展社会事业。优质发展教育。巩固省级“教育强县”成果，重点抓好农村薄弱学校、合格学校、幼儿园、心理健康示范学校、义务教育学校标准化建设，着力改善办学条件，提升教育质量，推动教育均衡发展、优质发展，进一步叫响临澧教育品牌。突出文化引领。贯彻落实《中华人民共和国公共文化服务保障法》，完善现代公共文化服务体系，加强文化市场和行业监管，实施重点文化惠民工程。加强文艺人才培育，支持文艺精品创作，繁荣丁玲文学创作基地。强化文物和非物质文化遗产保护，抓好宋玉城遗址“国保”申报工作。保障人民健康。完成人民医院、妇保院整体搬迁，启动疾控检测大楼、新安血防综合大楼新建。加强重大疾病、公共卫生检测预警和防控，抓好重性精神障碍患者救治。巩固血吸虫病防治成果，提升中医药服务能力。加强医疗队伍建设，完善医疗纠纷调解机制，维护良好医疗秩序。稳步实施“全面二孩”政策，促进人口均衡发展。协调发展其他社会事业。

完善就业和社会保障体系。大力实施“双创”计划，培育临澧“工匠”精神，新增城镇就业5700人、农村劳动力转移就业3300人以上；推进社保扩面征缴，完善社会救助体系，关心关爱困难群众，努力实现应保尽保；完善城乡居民基本医疗保障制度，实现农村低保标准和扶贫标准“两线整合”；抓好“百县千村”基层儿童福利服务体系建设试点，落实残疾人两项补贴政策；改造农村危房2000户，让人民群众有更多获得感。

深化平安创建成果。巩固全省平安县成果，积极争创全国平安县。加强社会治理创新。整县推进社会治安综合治理创新，依托完美社区、美丽乡村建设，全面完善“3+N”治理模式和网格化治理机制，着力推进农村社会治理“3+X”模式，形成基层治理的“临澧经验”。强化安全生产责任。紧扣省级安全生产示范县创建目标，毫不懈怠抓好重点行业和领域安全生产、安全监管，提升全社会安全生产治理能力，坚决遏制安全生产事故发生。全力维护社会稳定。深化法治临澧建设，扎实推进社区矫正、法律援助等工作，构建以人民调解为基础的“大调解”体系。加强和改进信访工作，大力推进阳光信访、法治信访、责任信访，全面推进“无上访村（社区）”创建，抓好矛盾纠纷源头治理，努力使矛盾隐患化解在初始和基层。

6. **实施创新开放战略**。紧扣省市创新引领开放崛起战略，着力推进各方面创新，切实抓好全方位开放，让创新和开放驱动城镇群建设、“五大会战”打出发展新局面。

推进创新引领创业。认真落实大众创业、万众创新政策，着力构建创新引领创业新格局，推动经济发展转型升级。推进科技创新。加强与国家、省市重大科技专项对接，大力发展战略性新兴产业，力争高新技术产业增加值增长20%以上。大力推广运用先进技术和先进工艺，完成技扩改资金50亿元以上。推进平台创新。加快科技企业孵化器、创业园区和众创空间建设，力争年内入孵企业达到60家。加快企业研发、技术平台建设，争取国家和省级工程技术中心、企业技术中心、标准中心、检测中心、计量中心等落户。推进人才创新。实施更加积极的创新人才引进政策，着力培养集聚一批科技领军人才、企业家人才、高技能人才和创新团队，让更多崇尚创新、善于创新、推动创新的千里马在安福大地竞相驰骋。

推进全面深化改革。按照“四个有利于”要求，坚定不移推进全面深化改革，充分释放改革红利。重点要以供给侧结构性改革为主线，在不折不扣完成规定改革、自主改革的基础上，全力抓好现代城镇群试点、“产城融合”综合试点以及正在积极争取的全国城乡交通一体化建设试点。对这些试点工作，全县上下务必要增强“首战用我、用我必胜”信心，不辱使命、勇担重任。要在不违背政策条件下，坚持能改则改、能放则放、能简则简、能宽则宽，根除一切不利于试点建设的思想观念，革除一切不符合试点建设的机制障碍，真正在试点建设中，凸显临澧现代城镇个性，展现临澧生态宜居形象，唱响临澧敢闯敢干精神。

推进发展环境优化。紧扣经济环境最优目标，认真落实简政放权、放管结合、优化服务工作，构筑创新开放新高地，打造品质活力新临澧。要简政放权。严格实施“三清单一目录”，认真做好企业“五证合一”和个体工商户“两证整合”工作，开展“减证便民”专项行动，用政府权力的“减法”换取市场活力的“乘法”，让创新创业者轻装上阵。要真心帮扶。建立完善企业帮扶机制，着力帮助企业解决融资、成本、转型、服务等问题，共同帮扶实体经济度过寒冬，迈向生机勃勃的春天。要从严整治。深入开展“一弘扬两整治”活动，依法整治经济发展环境各种乱象，让破坏经济发展环境的人和事在临澧无藏身之地、无立锥之地。

四、全面从严治党，强化“建设新临澧”的保障

2017年，是县乡领导班子同步换届后的第一年。新班子要有新作为。全县各级党组织、党员干部要深入贯彻党的十八届六中全会精神，主动适应全面从严治党的新要求，以管党有方、治党有力、建党有效的新状态，以主动作为、高效作为、廉洁作为的新面貌，做好模范、当好表率，为建设新临澧提供强有力的保障。

要从严从实解放思想。当前，影响临澧发展最大、最根本的问题是思想解放不够。我们要推进新创业、建好城镇群，必须打破常规，从严从实解放思想。要以解放思想破除陋习。坚决破除消极的思想障碍，摒弃小富即安的自满、自命不凡的自负、自我膨胀的浮躁，让有益思想充分涌流。坚决破除僵化的思维定势，树立锐意进取意识，着力实现发展动力转换的突破。坚决破除陈腐的工作惯性，走出墨守陈规、按部就班、司空见惯藩篱，决不让机遇丧失在僵化的思想上。要以解放思想提升本领。要强化学习意识，对标前沿知识反复学，对标成功经验深入学，坚持不懈开阔视野、打开思路、推动发展。要强化创新意识，敢闯、敢试、敢为人先，创新发展理念、发展模式、工作思路，用改革、市场、发展的办法解决前进中的困难和问题。要以解放思想凝聚共识。越是转型发展、爬坡过坎，越要上下一心、同心同向，把思想统一到县委、县政府决策部署上来，把力量凝聚到推进新创业、建好城镇群目标上来。只要符合科学发展要求，人民群众支持，就要积极探索、大胆实践，不因评论而随波逐流，不因质疑而犹豫不决，不因干扰而降低标准，更不能让一些不合时宜的“杂音”阻碍发展，让蓝图耽误在无端的争论上。

要从严从实固本强基。要抓好换届，建强基层。认真做好村（社区）两委换届选举工作，注重把群众认可度高、带富能力强的优秀分子推上村书记、村主任岗位，提高村级班子引领发展、构建和谐、服务群众能力。要清单加压，建好基层。坚持问题清单加压、考核清单问效，持续抓好基层党建“八大建设”，深入实施“133人才培养工程”，严格执行“三会一课”、民主评议党员等党内生活制度，全力推进机关、农村和社区基层党组织标准化建设，继续扩大非公经济组织和社会组织“两个全覆盖”，加快村级综合服务平台建设，推动基层组织建设全面进步、全面过硬。要教育培训，提升基层。巩固深化“两学一做”学习教育，切实增强党员干部“四种意识”。认真落实意识形态工作责任制，深入开展党的报告员工作，弘扬主旋律，传播正能量，提振精气神。发挥党校主渠道和主阵地作用，认真办好主体班，提高党员干部政治理论素质。要关心关爱，保障基层。加大财政保障力度，大力发展村级集体经济，全面落实基层干部政策性待遇，全面推行在职村干部养老保险政策，全面提高村干部基本报酬水平。基层干部处在发展一线，直面困难和问题，很辛苦，我们要充分体谅和理解，始终坚持重视、加强、服务基层导向不动摇。

要从严从实促树担当。要保牌夺牌，争先创优。只有高标准，才能出精品；只有严要求，才能大突破。争到牌子就是标准、就是要求。有些牌子我们争到了也保住了，一直是红旗；有些牌子我们拿到了但又失去了，充满遗憾；有些牌子我们正在争取但差距不小，需继续加力。地方发展“不进则退、小进亦停”。我们务必始终保持蓬勃向上的朝气、开拓进取的勇气，谋事干事、争创一流。要严格督导，从严问效。现在，我们有一种倾向要坚决扭转：那就是工作布置多、跟踪督导少。要进一步建立健全督导考核机制，盯紧落实的人和事，盯紧制约工作推进的部位和环

节，紧扣时间节点，跟踪问效。凡重大决议要一以贯之、坚决落地落细，凡重大项目要一抓到底、严格督促督查，凡重大任务要一鼓作气、全程问责问效，决不无果而终、不了了之。要正确导向，正向激励。严把选人用人关，严格按好干部标准识别、使用、管理干部，坚决把不称职、不适宜、不作为、乱作为的干部调整下去，使选出来的干部组织放心、群众满意、干部服气。健全正向激励机制，建立容错纠错机制，严格落实“三个区分开来”，旗帜鲜明为敢于担当的干部担当，为敢于负责的干部负责，为敢于干事的干部撑腰，切实解决干部想干事、敢干事、干成事的问题。

要从严从实管党治党。要严格廉政建设责任。层层压实党风廉政建设“两个责任”落实，认真贯彻执行“两准则四条例”，全面开展“两同时谈话”，切实加强惩治和预防腐败体系建设，纵深推进全面从严治党。要守住廉洁自律底线。切实强化“严格自律就是最好地善待自己”观念，始终把纪律规矩挺在前面，驰而不息纠“四风”，敬畏法纪，守住底线，保持初心，不越雷池。要高悬反腐倡廉利剑。始终保持惩治腐败的高压态势，坚定不移惩治各类腐败行为，切实解决发生在群众身边的不正之风和腐败问题，树立风清气正、勤政廉政的良好形象。坚持党委总揽全局、协调各方，切实加强党对人大、政协工作的领导，充分发挥统一战线的政治优势，扎实做好党的群团工作，不断提高党管武装工作水平，更好地凝聚起加快临澧发展的强大合力。

同志们，重任在肩、时不我待。让我们紧密团结在以习近平同志为核心的党中央周围，切实把握时代提供的机遇和舞台，珍惜组织的重托和厚爱，不负人民的信任和期待，以只争朝夕的紧迫感、善做善成的责任感，上下一心，奋发有为，务实进取，全力推进新创业、建设新临澧，为建成以现代化城镇群为特征的生态宜居特色县而努力奋斗！

临澧县人民代表大会常务委员会工作报告

——2017年2月9日在临澧县第十七届人民代表大会第二次会议上

杨华桥

各位代表：

我受临澧县第十七届人民代表大会常务委员会的委托，向大会报告工作，请予审议。

过去四年工作回顾

县第十六届人大一次会议以来的四年，是全县上下团结一心、克难奋进的四年，也是全县人大工作和民主法治建设开拓创新、不断进取的四年。四年来，县人大常委会在县委的坚强领导下，紧扣“四个全面”战略布局，围绕民主与法制两大主题、决定与监督两大主责、发展与民生两大关键，恪尽职守，务实创新，共召开常委会会议32次、主任会议47次，作出决议决定40项，发出审议意见23份，开展执法检查7次、调研视察28次，评议部门15个，评议法官、检察官16人，任免国家机关工作人员140人次，有效发挥了地方国家权力机关的职能作用，为促进全县经济社会发展做出了积极贡献。

一、过去四年，我们坚持紧跟中心，服务大局，促进升级发展富有成效

紧贴大事要事，议决重大事项。常委会紧跟县委中心，坚持抓大事、议大事。围绕“十三五”规划纲要、县城总体规划、乡镇区划调整等县域经济社会发展中的重大事项，组织座谈、调研，依法作出了县城总体规划（2000—2020年）调整、乡镇区划调整方案等一系列决议，有力推进了全县经济社会的发展。围绕全县经济社会发展重点，先后进行了一系列专题调研。针对文化旅游产业升级发展课题，经过调研审议，作出了加快推进全县旅游文化产业发展的决议，确立了发展红色旅游、楚文化旅游、美丽乡村旅游的思路，督促相关部门落实决议，推动了文化旅游产业的发展。林伯渠故居、太浮山风景区、丁玲故居、休闲农庄等建设与发展加快，临澧正在成为假日休闲度假的热地。宋玉城遗址考古发掘正式启动，《走进宋玉城》大型系列文化丛书出版发行，为宋玉城遗址申“国保”和开发利用打下了坚实基础。此外，还围绕生态临澧、澧北城乡一体化、经开区发展、新型建材产业发展等课题进行了调研，撰写了一批有价值、有份量的调研报告，提供了具有较高参考价值的建议和意见。

严格规范程序，依法任免人事。始终坚持党管干部与人大依法任免有机统一，充分发扬民主，严格依法办事，认真行使人事任免权。修订完善了县人大常委会人事任免办法，坚持了任前考法、任职发言、审议表决等程序。启动实施了向《宪法》宣誓制度。从2016年1月起，人大常委会任命、决定任命的所有国家工作人员都向宪法宣誓，增强了被任命人员的法律意识、责任意识。四年来，先后依法任免国家机关工作人员140人次，其中任命91人、免职43人、接受辞职6人，为临澧县国家机关的正常运转和经济社会的升级发展提供了组织保障。

紧跟县委部署，投身中心工作。常委会机关坚决服从县委统一部署，积极投身了精准扶贫、招商引资、创国卫、联校支教、联系企业和社区等中心工作，参与了沅澧快速干线、安全饮水、林夹公路等重点工程建设。在促进精准扶贫方面，常委会正、副主任每人联系一个贫困村，充分发挥人大优势，整合扶贫资源，多方争取投入，取得了较好效果。特别是人大机关在刻木山乡岩龙村的扶贫实践中，依托该村的山地优势，坚持大户引领示范，引导村民每年新扩纽荷尔脐橙1000亩左右，探索出了产业脱贫的良好途径。2016年该村脐橙收入达到1280万元，人均4700元。

二、过去四年，我们着力强化监督，务求实效，法治临澧建设迈出新步伐

强化法律监督，促进法律实施。开展了《中华人民共和国价格法》《中华人民共和国森林法》《中华人民共和国未成年人保护法》《中华人民共和国义务教育法》《中华人民共和国城乡规划法》《中华人民共和国农产品质量安全法》《中华人民共和国食品安全法》7部法律实施情况的执法检查，有针对性地提出了审议意见。特别是食品安全法执法检查后，常委会提出了加强法律宣传、增强法律意识，完善监管体系、提高监管实效，强化专项整治、严打违法犯罪，强化履职保障、提升监管能力的意见。县政府高度重视，采取有力措施，狠抓各项工作落实，全县食品安全工作取得较好成效。与此同时，还专题听取了道路交通安全法、治安管理处罚法等2部法律贯彻实施情况的报告。配合上级人大开展了水法、水污染防治法、老年人权益保障法、工会法、反恐怖主义法、精神卫生法以及常德市饮用水水源保护条例等法律法规的执法检查和立法调研，有力推动了这些法律法规在我县的贯彻实施。

强化工作监督，推动依法行政。常委会围绕推进法治政府、服务政府建设，强化对依法行政的监督。将原来每年由主任会议听取的县政府依法行政议题提升到常委会会议听取和审议。先后针对行政审批“两集中三到位”机制落实不到位、石膏办无法律授权行使行政权力、原民办丁玲学校建设合同纠纷、行政划拨土地违规处置、政府信息不公开、烟花和房地产行业“一站式”税费征管体制不完善等问题，开展了专题调研和审议，提出了整改意见，督促县政府及有关部门严格落实依法行政要求，一些可能影响临澧长治久安的重大问题得到纠正和处理。听取、视察了农村土地确权颁证、农业综合开发等工作情况，提出了意见建议。依法开展规范性文件备案审查。四年来，共对县政府和乡镇人大报送的52件规范性文件进行了审查，对其中8件提出修改意见，有力维护了法制统一。

深化预算监督，打造阳光财政。面对经济持续下行态势，我们积极推动依法理财、科学理财，着力规范政府财政预算管理行为，不断探索和加强对财政全口径预算的审查和监督。审议批准年度财政决算和预算调整，促进县政府进一步完善、规范编制预算，2014年起增加了政府债务预算。全力推动预决算公开。从2013年开始，部门预算方案印发给全体代表进行审议；2015年起，所有预算单位在网上公开预决算和“三公”经费预算执行情况。听取和审议财政预算执行及其他财政收支情况审计报告，对审计指出问题的整改情况进行满意度测评，推动了问题的整改落实。持续监督政府融资和债务管理，每年听取和审议县政府融资使用管理、土地收储等情况报告。督促县政府规范项目建设，健全偿债机制，加强资金管理，进一步促进了全县财政资金的高效、规范、安全运行，为稳增长、调结构、促改革、惠民生提供了有力支撑。

强化司法监督，维护司法公正。常委会坚持有所侧重、探索创新，进一步强化对司法行为的监督。将法院、检察院列为代表评议的必评单位，根据评议情况，就化解执行难等问题进行了跟踪督办。加强了人民陪审员工作，新任命人民陪审员37人。专题听取了检察院的法律监督等专项工作报告，推动完善了行政执法与刑事司法衔接机制。2015年创新司法监督新载体，探索开展了对法官、检察官的履职评议工作，切实强化了“两官”的责任担当和公正司法意识。持续开展了旁听庭审活动，组织代表对庭审活动进行评议，促进了庭审水平的提高。

三、过去四年，我们关注社会热点，回应关切，推动民生改善持续升温

聚焦社会热点，积极为民谋利。近年来，饮水安全已成为社会关注的热点问题，特别是2014年年初的道水水质异常事件，敲响了我县饮水安全的警钟。常委会关注城乡居民饮水安全矢志不渝，每年都根据代表议案作出相关决议。四年间，分别作出了加强官亭水库水源保护的决议、加强规模养殖污染防治的决议、规范农村水厂管理确保饮水安全的决议、加强道水母亲河水源保护和整治开发的决议。连续四年围绕同一个主题作出决议，这在历史上是少见的，也充分彰显了常委会坚持以人为本的履职初衷。特别是针对道水河水源保护和整治问题，2014年和2016年分别作出了审议意见和决议。目前，县城区饮水安全项目经多方努力，已成功入选国家级PPP示范项目。该项目实施后，县城饮水安全和道水整治开发将迈上一个新的台阶。

坚持以人为本，努力化解民忧。常委会围绕上学难、看病难、出行难等突出问题开展重点监督，努力化解民生之忧。教育均衡问题倍受社会各界关注，常委会通过执法检查，推动了义务教育学校布局调整和教育资源优化，教师待遇进一步改善，学校旱厕改造全面完成，新国标校车实现了乡镇全覆盖，2016年临澧县高分通过了“全国义务教育发展基本均衡县”督导评估。基层卫生事业发展问题一直是群众关注的热点，常委会分别视察和听取了乡镇卫生院、村级卫生室建设和新农合基金管理情况，督促县政府进一步加大投入，加快医疗卫生基础设施和人才队伍建设，促进了全县基层医疗卫生事业的发展。先后听取了县城城建重点基础设施项目建设和县城排水管网建设情况的报告，提出了审议意见，督促县政府进一步完善城市功能、提升城市品位，一批市政工程建成并投入使用，县城面貌得到较大改观。

推进“五行”活动，持续关注民生。坚持“五行”活动一年一主题，一年一侧重，聚集民生热点，回应群众期待，有力促进了一批民生问题的解决。“环保世纪行”连续关注水污染、大气污染问题。“农产品质量安全行”力推农业标准化生产，强化农产品检验检测能力建设。“农民健康行”着力普及农民健康知识。“民族团结进步行动”大力宣传民族团结政策，推动落实少数民族移民政策，保障少数民族群众合法权益。“司法公正常德行”围绕公平正义、公正司法，大力推动司法公开，司法机关“开放日”活动成为常态。深入开展案件评查、当事人回访等活动，监督司法机关提高办案水平。

做好信访工作，强化为民维权。常委会坚持把做好信访维稳工作作为了解民意、民盼，解决民忧、民难的主要抓手和重要渠道，不断改进人大信访工作。四年共接待来信来访1486件次，督办上级交办信访324件，一些群众反映强烈的问题得到了处理，化解了社会矛盾，维护了社会稳定。

四、过去四年，我们发挥代表作用，强化保障，代表工作活力日益迸发

督办建议，提升办理质量。四年间，县人大会议共交办代表议案11件，建议269件。对11件议案，县人大常委会都组织专题调研，分别作出了决议，就议案办理对县政府提出了明确具体的目标和要求。为了提高议案建议办理效果，每年上半年听取代表议案、建议办理启动情况汇报，年中开展集中督办，下半年听取代表议案、建议办理情况汇报，并视情况开展满意度测评。为增强建议督办针对性，常委会每年选择5件建议进行重点督办，通过领导牵头督办、办委分工督办，以点带面提高办理效果，提升办理质量，代表提出的加强官亭水库水资源保护、城区小街小巷改造和管理、提升县城区防洪排涝能力、乡镇区划调整后的连通道路升级改造等一系列议案建议得到较好落实，推动了一批代表关注、群众关心的热点难点问题的解决。

丰富活动，拓展履职平台。四年来，我们不断拓宽代表履职渠道，丰富代表活动内容，激发代表履职热情。扩大工作参与。坚持邀请代表列席人大常委会会议、主任会议，参加执法检查、视察、调研、评议、旁听庭审、议政日等活动，基本上做到每名县代表每年参加一次以上的活动。每个乡镇都建成了高标准的代表联系群众工作室，并出台了工作室运行管理办法，代表活动有了新的阵地。深入开展“双联”活动，常委会组成人员联系代表、代表联系群众，加强了与代表、与人民群众的联系。加强与省、市人大代表联系，精心组织省市代表小组活动，每年选择民生问题、产业发展等课题开展视察、调研，积极建言献策，为我县各项事业的发展发挥了重要作用。

健全机制，调动履职热情。我们积极探索提升代表评议工作效果的新方法、新途径。从2014年开始，创新代表参与评议方式，增加了全体县人大代表投票测评环节，一改过去只有少数代表参与的作法，扩大了代表参与面，提高了评议工作的客观性和公正性，增强了评议效果。完善代表履职激励机制，坚持每年评选一批先进县代表小组和县代表活动积极分子，并在县人大会上进行表彰，增强了代表的荣誉感、责任感和使命感。

五、过去四年，我们主动适应新形势，从严要求，人大自身建设持续加强

加强学习教育，提升履职能力。我们始终把提高组成人员和机关干部的能力素质作为一项基础性工作常抓不懈。把学习摆在队伍建设的突出位置，经常性组织开展集中学习、专题讲座等各种活动，增强学习效果。积极弘扬求真务实之风，大力倡导围绕实际选题、深入实际调查研究、从实际出发提出建议的工作方法，增强人大工作实效。一批调研成果和优秀新闻宣传作品获得奖励，人大工作的典型做法、经验和创新得到省市人大推介。

强化制度建设，提升工作效能。常委会针对人大工作规范性、程序性、专业性较强的特点，先后修订和完善了《临澧县第十六届人大常委会议事规则》《临澧县第十六届人大常委会预算审查监督办法》等9项工作制度，实现了监督工作有法可依、有章可循、有据可查。加强文明机关建设，制定完善了15项机关管理制度，严格按制度管人、管事，确保了机关有序高效运转。

狠抓作风建设，树立良好形象。我们牢记和践行届初提出的建设五个集体、树立十大形象的承诺，不断加强思想作风建设。扎实开展了党的群众路线教育实践活动、“三严三实”专题教育和“两学一做”学习教育。严格执行中央“八项规定”和省委、市委、县委的相关规定，全面改进作风。认真学习党章和廉政准则、纪律处分条例、问责条例，严格遵守党风廉政建设的各项规定，常委会勤政、廉洁、务实的形象不断提升。

各位代表，2016年是县乡人大换届选举之年。我们在县委的坚强领导下，与相关部门通力合作，以高度的政治责任感，始终秉持政策必须吃透、法律必须把准、程序必须合法、选举必须有效的原则，周密部署、依法组织、有序推进，确保了整个换届选举工作的风清气正，圆满完成了县乡人大换届选举任务。全县依法选举产生208名县人大代表、702名乡镇人大代表。县、乡两级分别召开了新一届人大第一次会议，选举产生了新一届人大、政府领导班子及其他人员。通过这次换届，代表结构进一步优化，代表素质进一步提高，地方政权建设进一步加强。

各位代表，成绩来之不易，经验弥足珍贵。县十六届人大常委会四年的探索与实践，为我们积累了宝贵的经验，要加强和改进人大工作：必须增强党性观念，自觉接受党的领导，这是做好人大工作的根本保证；必须增强大局观念，坚持依法履职，推动科学发展，这是人大工作的中心任务；必须增强群众观念，深入了解民情，广泛集中民智，这是做好人大工作的坚实基础；必须增强创新观念，积极探索人大工作的新途径，这是做好人大工作的活力源泉；必须增强责任观念，始终保持奋发有为的精神状态，这是做好人大工作的前提条件。

各位代表，过去四年县人大常委会工作所取得的成绩，得益于县委的正确领导，得益于县十六届人大全体代表的辛勤工作，得益于“一府两院”及社会各界的大力支持，得益于广大人民群众的积极参与。在此，我谨代表县人大常委会，向全体人大代表，向所有关心、支持人大工作的各位同志表示衷心的感谢和崇高的敬意！

在总结成绩的同时，我们也清醒地认识到，对照宪法和法律的要求，对照党和人民群众的期望，我们的工作还有一些差距和不足，比如：在常委会法定职权的行使、地方权力机关的职能作用发挥上有待进一步加强；在关注民本民生、维护群众利益上有待进一步加强；在服务发展大局、提升履职能力上有待进一步加强；在保障代表履职、发挥代表作用上有待进一步加强等等。对此，需要我们认真思考、深入研究、努力改进。

今后五年工作思路及2017年工作安排

各位代表，今后五年，是全面建成小康社会的决胜阶段，

是推进新创业、建设新临澧的关键时期。新形势、新任务对人大工作提出了新的更高的要求。县人大常委会今后五年工作的指导思想是：**高举中国特色社会主义伟大旗帜，深入学习贯彻习近平总书记系列重要讲话精神，按照县第十二次党代会提出的工作目标和总体要求，以推动民主法治、促进公平正义为切入点，以聚力改革发展、维护民生民利为着力点，弘扬务实作风，强化使命担当，认真行使宪法和法律赋予的各项职权，不断开创人大工作新局面，为促进全县经济社会发展和民主法治建设做出新的贡献。**

根据这一指导思想，今后五年，我们将在以下几个方面努力：

一是坚持维护核心不动摇。县人大常委会将牢固树立政治意识、大局意识、核心意识、看齐意识。始终坚持和紧紧依靠县委领导，始终尊重和维护县委核心地位，做到思想同心、目标同向、工作同步，坚决确保人大工作的正确政治方向。认真贯彻县委关于推进新创业、建设新临澧的决策部署，进一步统一思想认识，增强坚持党的领导、人民当家作主、依法治国有机统一的自觉性，增强坚持和完善人民代表大会制度的坚定性，增强人大工作服务和保障全县大局的主动性。自觉服从服务大局，围绕大局议发展、立足支持促发展、突出重点助发展，努力为经济社会发展提供更好的法制保障和动力支持。

二是坚持依法履职不缺位。进一步加大宪法和法律的学习宣传力度，营造浓厚的尊法学法守法用法氛围，增强全社会的宪法意识和法治观念。深入贯彻实施依法治国的基本方略，积极履行宪法和法律赋予的各项职权。依法行使重大事项决定权。科学界定重大事项范围，通过法定程序将县委重大决策部署变为全县人民的共同意志。充分行使监督权。强化法律监督和工作监督，在监督议题选择上突出预算监督、司法监督等重点难点。在增强监督实效上下功夫，在充分利用好执法检查、听取专项工作报告、视察等手段的同时，适时运用专题询问、质询、特定问题调查等监督措施，推动“一府两院”依法行政、公正司法，树立人大监督的权威。规范行使人事任免权。始终坚持党管干部与人大依法任免干部相统一，完善人大任免程序，落实向宪法宣誓制度，增强国家工作人员的责任感、使命感。

三是坚持竭诚为民不停步。坚持把实现好、维护好、发展好最广大人民群众的根本利益作为人大工作的出发点、落脚点。坚持把关注民生、反映民意、维护民利作为人大工作义不容辞的责任，着力在保障和改善民生中实现新作为。把人民群众普遍关注的就医、就学、饮水和食品药品安全、交通安全、社会保障、生态环保等重大民生问题作为重点，采取多种监督方式，加大监督力度，增强监督实效，让人民群众共享改革发展成果。

四是坚持服务代表不懈怠。牢固树立代表主体意识，不断加强和改进代表工作，提高服务代表的水平，更加激发代表的履职热情。切实加强代表的学习和培训，把代表的学习培训贯穿于代表任期的全过程。在抓好代表初任培训的同时，每年有针对性地开展代表学习培训活动，提升代表履职能力。创新代表活动的方式和载体，丰富代表活动的内容和形式，充分发挥代表联系群众工作室的作用。不断改进代表议案建议办理方式，加大督办力度，提高代表议案建议办成率和满意率。积极支持代表履职，依法保障代表的合法权益。完善和落实代表向选民述职制度，增强代表责任意识。

五是坚持自身建设不松劲。主动适应从严治党新要求、人大机构调整新变化，进一步加强常委会和人大机关的思想政治建设、组织制度建设和工作作风建设。加强和改进学习、调研工作，增强针对性、实效性，提高常委会履职能力和人大机关服务水平。探索建立信息化平台，加强与人大代表和人民群众的联系互动。充分发挥人大网站和微博、微信、手机等新媒体的作用，加强人大新闻宣传工作，加大人大工作公开力度，自觉接受社会监督。严格人大机关和干部管理，开展文明机关创建活动，树立人大机关良好形象。

2017年是新一届县人大常委会履职的第一年。我们将主要抓好以下几个方面的工作：

1. **推动县委重大决策的贯彻落实。**推动城镇群建设和文化旅游等产业发展是县委作出的重大战略部署。2017年，常委会将听取和审议县城详规和城镇群规划编制的报告、文化旅游产业“十三五”规划贯彻执行情况的报告、文物古迹重修与保护情况的报告，推动“1+5”现代城镇群的规划编制和文化旅游产业提质升级发展。依法开展人事任免，确保县委人事意图的实现。

2. **加强法律监督。**常委会将听取和审议县人民政府关于“六五”普法情况的报告，作出“七五”普法决议，加大法律宣传力度。将开展道路交通安全法贯彻实施情况的执法检查，听取渔业法贯彻实施情况的报告，推动这两部法律更好地贯彻实施。抓好规范性文件备案审查工作，维护法制统一。

3. **强化工作监督。**坚持和完善对依法行政工作监督，听取和审议县政府依法行政工作情况的报告，促进法治政府建设。加强对预算编制、执行、调整以及决算全口径、全过程的监督。进一步健全完善审计指出问题整改情况向县人大常委会报告的机制，坚持开展整改满意度测评。听取和审议县人民政府关于2016年度融资管理使用情况的报告、关于工业园区独立财税体制运行情况的报告、关于全县涉农专项资金管理工作情况的报告。听取和审议环境状况和环境保护目标完成情况、油茶产业发展情况的报告。组织视察县人民医院、县公安局和县法院建设情况和棚户区改造、道水河综合整治情况。

4. **加强代表工作。**针对新代表比例大，对人大工作不熟悉的情况，2017年将突出抓好代表初任培训。组织一次县人大代表集中培训，分期分批组织开展专题学习培训活动，着力提升代表的依法履职能力和水平。不断丰富代表闭会期间活动，将继续组织代表参与常委会活动，邀请代表列席人大常委会会议、主任会议，参与常委会开展的执法检查、视察、议政日、旁听庭审等活动。开展代表评议活动，组织人大代表对5个部门开展工作评议。重点加强议案建议的办理和督办工作，同时抓好代表在闭会期间所提意见建议的督促办理，对一些群众普遍关心、涉及民生、久拖未决的问题加强跟踪督办，切实解决人民群众关注的热点难点问题，保护和激发代表为民履职的积极性。

5. **提升人大机关服务水平。**积极适应人大机构和人员调整变化，健全人大专门委员会工作制度，全面加强人大制度和履职能力建设。围绕精准扶贫、医保、林地保护、禁毒、农村私房建设、农业产业发展、非公经济发展环境等课题开展专题调研，为县委和县人大常委会审议决策提供参考。加强对乡镇人大工作的指导，提高乡镇人大工作法治化、常态化、规范化水平。继续开展“农产品质量安全行”、“环保世纪行”、“农民健康行”、“民族团结进步行动”和“司法公正常德行”活动。进一步完善人大信访工作机制，突出涉法涉诉信访的督办。服从县委大跨度分工，牵头做好有关的工作，积极参与扶贫、招商等中心工作。狠抓人大机关作风和廉政建设，强化干部队伍管理，积极创建市级文明机关。

各位代表，“积力之所举，则无不胜；众智之所为，则无不成”。让我们紧密团结在以习近平同志为核心的党中央周围，在中共临澧县委的坚强领导下，不辱使命、不忘初心，求真务实、负重奋进，为推进新创业建设新临澧、建成以现代化城镇群为特征的生态宜居特色县作出新的更大的贡献，以优异成绩迎接党的十九大胜利召开！

政府工作报告

——2017年2月9日在临澧县第十七届人民代表大会第二次会议上

蒋颖群

各位代表：

现在，我代表县人民政府，向大会报告政府工作，请予审查，请各位政协委员和其他列席人员提出意见。

过去四年及2016年工作回顾

县第十六届人大一次会议以来的四年，全县人民在县委的坚强领导下，主动适应新常态，努力争取新突破，经济社会发展实现新跨越，为全面建成小康社会打下了坚实基础。

1. **经济实力不断壮大。** 2016年，地区生产总值达155.5亿元，与2012年比年均增长8%；一般公共预算收入达7.29亿元，年均增长8.8%；固定资产投资达140.2亿元，是2012年的1.9倍。工业经济发展难中奋进。工业总产值由116亿元增加到178亿元，年产值过亿元企业由23家增加到51家。新建标准化厂房43.5万平方米，园区规模工业企业由35家增加到61家。“临澧烟花”打入国际市场，“中泰特装”“先淘卫浴”被评为湖南省国际知名品牌。农村经济发展保持良好势头。大宗农产品生产持续稳定，特色产业扩规提质，认证“三品一标”25个，新增规模种养大户457户、家庭农场210个、农民专业合作社181个，打造了湖南天心临澧生态循环农业、清水现代设施农业、四新岗现代烟草科技等现代农业示范园。服务业发展步伐加快。金融支持现代农业发展示范县创建获全省第一名，县内金融机构各项贷款余额由44亿元增加到90.5亿元。林伯渠故居、太浮山等景点建设力度加大，电子商务、现代物流等产业发展提速提质，三产业占地区生产总值的比重比2012年提高3.4个百分点。

2. **城乡面貌变化较快。** 城镇建设迈开大步。县城区“三改四化”成效明显，累计建设道路15.2千米、供排水管网51.2千米；街道“四包”活动深入开展，市容市貌、“五小”行业、交通秩序等专项整治扎实有力，完美社区建设有序推进，县城建成区面积扩大到14.5平方千米。全县城镇化率比2012年提高5.5个百分点。美丽乡村建设扎实推进。修梅镇高桥村、安福镇清水村等示范村成为全市亮点。硬化农村公路397千米，改造农村公路危桥35座，完成行政村电网改造142个，新增高标准农田14万亩，建设机耕道800千米，清淤扩容堰塘6000多口，疏洗渠道5000多千米，整治中小河流21.3千米，151座病险水库全部除险加固。基础设施建设全面加强。东常高速临澧段、老207国道临澧段、临佘公路、林夹公路、新洞公路、林伯渠故居旅游公路、青山水轮泵站及13处协排泵站、“五县一市”天然气输配管道临澧段等项目竣工见效，青山灌区续建配套及节水改造、智慧临澧等项目扎实推进。

3. **人民群众普遍受益。** 2016年，城、乡居民人均可支配收入分别达 27139 元、14169 元，年均分别增长 10%、14.8%。就业和社会保障有力有效。新增城镇就业、农村劳动力转移就业 5.2 万人（次），被评为全省就业和农民工工作先进县。新增社会保险参保 2.9 万人（次），企业退休人员基本养老金实现“12 连增”，累计支付各项社会保险待遇 19.6 亿元。帮困解难扎实开展。城乡低保标准、特困对象供养标准不断提高，临澧被评为全国五保供养先进县，县救助站被评为全国 AAA 级救助站。筹集公租房 5454 套，改造农村危房 4567 户。为 1.5 万名（次）重度残疾人发放护理补贴。为 6800 名（次）65 岁以上失能半失能老年人购买养老服务。新解决 23.5 万人饮水安全问题。累计脱贫 1.97 万人。教育卫生三年攻坚圆满收官。建成合格学校 10 所、普惠性幼儿园 18 所；高考一二本上线率不断提高，教育资源有序整合，联校支教、捐资助学等活动深入开展。建设医疗卫生项目 76 个，乡镇卫生院全部改造升级；兑付大病医疗保险、新农合补偿资金 6.1 亿元；疾病防控、妇幼保健、中医药等工作扎实开展。生态环境保护力度加大。农村环境卫生整治成效较好，环境污染治理扎实推进，全县空气质量优良率稳步提升，饮用水水源地水质全部达标，森林覆盖率达 42.4%。社会治理水平不断提升。重大决策社会稳定风险评估、领导包案等制度得到落实，信访秩序持续平稳。烟花爆竹厂外涉药工序整治成效明显，道路交通、消防等行业领域的安全隐患有力整治，被评为全省安全生产先进县。社会治安防控体系不断完善，连续三年被评为全省综治工作先进县。食品药品安全监管不断强化，没有发生食品药品安全事故。各项事业全面进步。文物和非物质文化遗产保护力度加大，文艺创作精品迭出，《青山史话》出版发行，励志青年黄兴成为临澧首位残奥会冠军。“全面两孩”政策得到落实。第三次全国经济普查圆满完成。防震减灾被评为全国县级先进单位。国防动员、兵员征集、国防教育、人民防空和民兵预备役工作水平不断提高。物价、保密、民宗、气象、档案、对台、老龄、方志、水文、石油、邮政等工作取得新成效。工会、共青团、妇联等群团组织的作用有效发挥。县工商联被评为全国“五好”县级工商联。

4. **改革创新引向深入**。新一轮政府机构改革、“合乡并村”改革顺利完成，被评为全省乡镇区划调整改革先进县。事业单位分类改革稳妥推进。工业园区“一权两制一司”运行体制基本形成。顺利承接市公路管理权限下放，公路治超非现场执法经验被全省推介。财政体制、文化体制、商事制度、医药卫生体制等改革取得明显成效。投融资平台转型升级的做法被全省推介。农村土地确权登记颁证工作被评为全省先进。农村社区建设被确定为全国示范单位。全国“救急难”、百县千村基层儿童福利服务体系建设试点取得实效。殡葬事业回归公益，铜山公墓建设竣工。“一事一议”奖补试点范围扩大。不动产登记工作全面启动。对外开放迈上新台阶，累计引进内资 126 亿元、外资 2.6 亿美元。

5. **政府建设明显加强**。坚持依法行政。深入推进法治临澧建设，把公众参与、专家论证、风险评估、合法性审查、集体讨论决定作为政府决策的必经程序，落实县政府常务会学法和民意采纳制度，聘请县政府法律顾问团，严格政府合同审查管理。完善行政处罚自由裁量权基准，严格执行行政执法公示制、责任制和执法过错追究制。自觉接受县人大、县政协等各方面监督，办理人大代表议案建议 280 件、政协委员提案 215 件。坚持优化服务。制定县政府工作部门权力清单和责任清单，县级权力事项精简率达 12%。加强政务公开和政府网站建设，规范网上政务服务、行政电子监察系统运行，推进“两集中三到位”，提升办事服务效能。新安镇政府被省政府授予“人民满意公务员集体”称号。坚持规范管理。修订县政府议事规则，完善县政府工作碰头、重点事项督办等制度，增强政府执行力。健全财政投资评审、公共资源交易等制度，加强财政和审计监督，保障财政资金安全。严厉打击涉企“三乱”、涉项“三强”、办事“三难”等行为，优化经济发展环境有新提高。坚持改进政风。扎实开展党的群众路线教育实践活动、“三严三实”专题教育和“两学一做”学习教育，严格落实改进作风各项规定，查处了一批违法违纪案件。

各位代表，2016年是“十三五”开局之年。一年来，全县经济社会发展稳中向好，地区生产总值比上年增长8.1%，规模工业增加值增长8%，固定资产投资增长5.1%，一般公共预算收入增长11%，城、乡居民人均可支配收入分别增长8.1%、8.6%。

一年来，突出抓项目建设，项目开发扎实有效，县城区安全饮水PPP项目成功入选国家示范项目，道水河国家湿地公园通过国家评审，“1+5”现代城镇群建设试点通过省级评审，城乡一体化智慧交通PPP项目、道水河水源保护区等项目来势看好。重点建设强力推进，澧水临澧段治理、石长铁路复线临澧段等项目竣工见效，沅澧快速干线临澧段、青山主坝水闸除险加固改造、酒泉至湖南特高压输电线路临澧段等项目进度较好。项目保障力度加大，争取国投资金14亿元、专项建设基金1.64亿元，批回建设用地1980亩。

一年来，突出抓产业建设，工业经济转型升级，园区基础设施建设投入6.21亿元，省级科技企业孵化器成功创建，标准化厂房整体使用率达80.7%，金诚创业基地被确定为湖南省中小微企业创业创新基地，安福环保在新三板挂牌上市；祥民制药一期、天伦先淘配套生产线等项目竣工投产，宏鑫科技、哈康源食品等项目进展较快，博川石膏、光伏发电等项目签约落户；出台帮扶工业企业十条，为企业提供融资担保、过桥贷款3.1亿元。现代农业稳健发展，全省粮食、油料生产大县得到巩固，被评为全省粮食生产先进县；油茶、柑橘、黄花鱼、烟叶等特色产业加快发展，梅林果业成功申报农业产业化省级龙头企业，新增“柳妞”牌杂柑、“七重香”牌大米等省著名商标3个；蔬菜面积达14万亩，挤进全省蔬菜重点县行列；办点示范带动美丽乡村建设整县推进，被评为全省美丽乡村建设先进县。文化旅游业发展逐步升温，林伯渠故居晋升国家AAAA级景区，丁玲故居主体工程基本完工，福船湿地旅游度假区配套提质，休闲农业企业发展到39家。

一年来，突出抓城镇建设，县城规划区控违拆违持续高压，私房“禁建”工作全面启动；实施“棚改三年攻坚”，改造棚户区4080户；环城路、朝阳东街延伸段、金宝北路建成通车，王家河路及兴隆街延伸段改造、金峰东路建设扎实推进；县城污水处理厂污泥无害化处置设施投入运行，新建改造供排水管网22.2千米；县法院审判大楼、县公安业务技术用房、县儿童福利院等建设扎实推进，第一书香、东城世家二期、御景城三期等房产开发进展较好；国家卫生县城、省级园林县城创建成功。佘市桥镇、修梅镇等小城镇建设力度加大，新安镇跻身全国综合实力千强镇，合口镇被评为全国信息化试点镇。

一年来，突出抓民生建设，驻村帮扶、结对帮扶实现全覆盖，新“六件实事”全面实施，实现6223人脱贫。城乡就业援助体系不断完善，被评为全省创新创业带动就业示范县。发放城乡低保、医疗救助、临时救助、重度残疾人两项补贴、高龄补贴和各类抚恤金1.1亿元。异地建成丁玲学校、县五完小，顺利通过“全国义务教育发展基本均衡县”评估验收，全省第三轮“两项督导评估考核”获优秀等次，被省政府认定为“教育强县”。全年为9.3万名妇女儿童实行“八大”免费服务，为4419名农村适龄妇女免费检查“两癌”，成功创建新一轮全国计生优质服务先进县。新安装卫星电视“户户通”1.19万户。农民科普知识竞赛被评为全国先进。社会管理综合治理民意调查排位连续三年稳居全省第一方阵，首次被评为“省平安县”。

一年来，突出抓环境建设，规划生态红线面积538平方千米，县城区23台10蒸吨及以下燃煤锅炉改烧或拆除，全县44家加油站油气回收治理工作全部完成、18家黏土砖厂全部淘汰、11家小造纸厂全部关停，85座小石灰窑关闭淘汰工作强力推进；县城区及饮用水源保护区内规模养殖企业全部退养清空，打击“非法捕捞”专项行动扎实开展；农村环境综合整治整县推进项目成效明显；完成营造林、封山育林 5 万亩。“一弘扬两整治”活动、“三大集中整治”行动深入开展，损害经济发展环境的行为受到有力打击，组织处理或政纪处分 6 人，行政和刑事拘留 12 人。

各位代表！过去四年取得的成绩，是县委正确领导的结果，是县人大、县政协监督支持的结果，是全县人民团结奋进的结果。在此，我代表县人民政府，向全县广大基层干部和人民群众，向各位人大代表、政协委员，向所有关心、支持、参与临澧发展的同志们、朋友们，表示最衷心的感谢和最崇高的敬意！

各位代表！在充分肯定成绩的同时，我们也清醒地认识到，经济发展和政府工作还面临一些困难、存有一些不足，突出表现在：经济下行压力较大，部分经济指标没有完全实现预期目标；城乡公共服务与人民群众的需求还不适应；转型升级的阵痛不断显现，治理污染、保障安全的任务重；财政收入增长有限，财源培植亟待加强；一些部门服务意识不强、行政效能不高、工作落实不到位，少数干部不作为、慢作为甚至乱作为。对于这些困难和不足，我们一定高度重视，努力解决。

今后五年政府工作总体部署

今后五年，政府工作的总体要求是：**高举中国特色社会主义伟大旗帜，认真贯彻习近平总书记系列讲话精神，以“五位一体”总体布局和“四个全面”战略布局为引领，以提前全面建成小康社会为总揽，以推进供给侧结构性改革为主线，全面做好稳增长、促改革、调结构、惠民生、防风险等工作，全力打好“五大会战”、抓好现代城镇群建设试点，加快推进新创业、建设新临澧，为建成以现代化城镇群为特征的生态宜居特色县而努力奋斗。**

主要目标：一是彰显产城融合、现代城镇的临澧个性。“1+5”现代城镇群建设试点取得实质突破，江南绿色宜居小镇引领区、全省现代城镇“产城融合”示范带、全市千亿工业走廊样板区初步成型，朝着湘西北最具活力、最具影响力的现代城镇群的目标阔步奋进。2021 年，“1+5”现代城镇群城镇化率、森林覆盖率超过全市平均水平；县城建成区面积达 21 平方千米，常住人口达 20 万人；新安镇次中心建成区面积达 5 平方千米，常住人口达 4 万人，绿色建材产业规模扩张，城镇品位明显提升；合口镇、停弦渡镇、修梅镇、四新岗镇等乡镇功能不断完善、个性更为突出。二是塑造生态宜居、红色经典的临澧印象。山水融城取得实效，打造一批看得见青山、摸得着绿水、望得到白云的美丽乡村。2021 年，全县森林覆盖率稳定在 43%左右，空气质量优质率达 95%以上，主要河流、所有水库、骨干堰塘实现水清水净水流。红色铸魂取得实效，林伯渠故居、丁玲故居、青山枢纽、太浮山等景点景区扩规升级，融入全市全省大旅游格局，打响临澧红色旅游品牌。三是巩固功能独特、不可或缺的临澧位置。顺应全市发展大格局、新形势，努力把临澧打造成为全市乃至泛湘西北地区电子商务中心、假日旅游基地、健康养老基地、物流集散基地和绿色食品基地，增强临澧定力，巩固临澧位置。今后五年，力争全县地区生产总值、一般公共预算收入、固定资产投资、城乡居民收入分别年均增长 8%、10%、15%、8%。

基本原则：一是始终把绿水青山作为必守底线。绿水青山是临澧的天赐之福，更是临澧人民的幸福所在。本届政府将坚定不移地走绿色发展之路，强化环境综合治理，加快发展美丽经济，让临澧青山常在、绿色永驻。二是始终把项目建设作为第一抓手。项目决定今天、影响未来。本届政府将坚定不移地走项目带动之路，加强项目开发策划，全力以赴争资引项，以项目建设带动经济大发展、民生大改善。三是始终把改革创新作为动力之源。改革是大潮流，创新是驱动器。

本届政府将坚定不移地走改革创新发展之路，围绕推进供给侧结构性改革，彻底来一场思维方式、行为方式、工作方式的大变革；围绕推进创新创业，彻底来一场政府管理、科技管理、企业管理的大创新，让更多勇于改革、善于创新的千里马在安福大地竞相驰骋。四是始终把文化旅游作为新兴支撑。文化旅游是朝阳产业、绿色产业。本届政府将坚定不移地走文化旅游活县之路，唤醒沉睡文化，讲好临澧故事，激发县域旅游潜能量，构建经济发展新支撑，让临澧的人气旺起来、财气火起来。五是始终把共享幸福作为根本目的。民生无小事，民生大于天。本届政府将坚定不移地走为民发展之路，突出打造满意教育、健康临澧，进一步改善民生，维护公平，促进和谐，让临澧人民有更多获得感、幸福感。

主攻重点：一是推进脱贫攻坚大会战。把脱贫攻坚作为最硬的政治任务、最大的民生工程，落实脱贫攻坚责任，抓住精准脱贫攻坚主攻点，激发贫困群众战斗力，坚决打赢脱贫攻坚战，提前实现全面小康决战决胜。二是推进园区攻坚大会战。按照“工业新城、城市新区”的定位、“两型”园区和高新技术产业区的目标，完善园区规划，建设基础平台，培育园区特色，到2021年，园区规模工业企业突破100家、总产值突破200亿元，工业集中度达70%以上，新材料产业产值突破100亿元。三是推进城镇带动大会战。突出县城首位度，加快“1+5”现代城镇群试点建设。坚持全域城镇化理念，支持太浮镇、佘市桥镇、烽火乡、刻木山乡等乡镇建设，打造产业定位“特而强”、功能叠加“聚而全”、建设形态“精而美”、制度供给“活而新”的现代城镇。到2021年，全县城镇化率达55%以上。四是推进交通跨越大会战。加强城乡一体化智慧交通PPP项目建设，形成公路、铁路、水路联运的现代交通网络大格局。到2021年，公路等级全面提高，“三纵四横”主干公路交通网、旅游公路网不断完善，“四好农村公路建设”示范县创建成功；石长铁路旅客列车停靠车次明显增加，呼南高铁在临澧设站，昂首迈进高铁时代；澧水航道临澧段疏浚、2个千吨级港口码头建设力争启动，再造临澧水运优势。五是推进水利建设大会战。抓好澧水道水四岸达标整治、农田水利基本建设、饮水安全巩固提升、防洪保安工程、水生态治理等五大工程，构建河库安澜的防洪网、城乡统筹的供水网、旱涝保收的灌溉网、河湖健康的水生态网、安全高效的水利信息网。到2021年，累计完成水利建设投资20亿元以上。

2017年工作安排

2017年，县政府将全力推进“五大会战”，努力实现“七大突破”，带动全县经济社会发展。主要预期目标是：地区生产总值增长8%以上，规模工业增加值增长10%以上，固定资产投资增长15%以上，一般公共预算收入增长10%以上，城乡居民收入增长8%以上，完成市里下达的节能减排目标任务。

1. 坚持以项目建设为重点，带动经济跨越发展。把项目建设作为经济发展的主抓手，全面掀起争投资、建项目，争试点、办示范的新热潮。严格落实争资争项责任制度。将争取上级资金的任务分解到单位、量化到干部，每月通报，季度排队，年底考核，严格奖惩，全年争取到位上级资金比上年增长50%以上、总额突破20亿元。严格落实重点建设推进制度。安排重点工程80个以上，每个项目分别由一名县级领导联系服务、一个单位为主负责，凡项目建设需办理的行政许可和有关手续，由责任单位全程服务、限时办结；凡项目建设过程中遇到的环境、用地等实际困难，由联系县级领导及时协调处理，需集体研究的15个工作日内提交上会。严格落实项目开发激励制度。安排重点开发项目90个以上，对通过评审、纳入县项目库的项目，一次性给予资金补助；对带动产业发展、改善基础设施、惠及民生民利的重大项目，组成专门团队，实行专业开发，经费财政统筹，重奖“项目功臣”。严格落实项目建设管理制度。进一步完善乡村两级项目建设管理制度，严控新增债务。对政府性资金投资项目，严格投资评审管理，未通过评审的项目一律不得动工建设；严格预算资金管理，严禁随意变更规划设计、扩大投资规模，未通过审批的项目一律不得追加预算；严格项目验收管理，未经验收或验收不合格的项目一律不得进行工程结算，审计未办理竣工决算的工程预付款一律不得超过70%；严格投资绩效管理，对跟踪问效、审计监督发现的问题一经查实，一律追责。

2. **坚持以园区攻坚为重点，带动工业发展转型升级。**年内新增规模工业企业10家以上，完成规模工业增加值40亿元以上。持续打好园区攻坚战。启动新一轮调区扩规工作，规划建设绿色建材产业园、眼镜产业园、循环经济产业园等特色产业园，力争县经开区规划面积达到15平方千米。加强基础设施和公共服务配套，启动园区与沅澧快速干线连接线建设，新建标准化厂房10万平方米以上。抓紧中联重科现代农装、美华尼龙四期等项目引进，新入园工业项目12个以上。加快博川石膏、祥民制药等项目建设，新增规模工业企业7家以上，园区工业总产值突破100亿元。深化“企业服务年”活动，帮扶冀东水泥、中泰特装、美华尼龙、安福环保等企业发展，新增年产值过5亿元企业1家以上，新三板挂牌上市企业达到2家。加快科技企业孵化器建设，入孵企业力争达到60家。全力招商引资。坚定不移地实施招商引资“一号工程”，强化“精准”招商，力争签约落户投资过10亿元项目1个以上。着力开展“引老乡，回故乡，建家乡”活动，加强与异地商会和临澧老乡对接，引进内外资总额70亿元。促进产业升级。加快化纤纺织、机械电子、食品医药等产业扩规提质，力争石膏精深加工转化、烟花爆竹产业改造升级实现突破，全年完成技扩改投资50亿元以上。加强节能环保、电子信息等战略新兴产业引进，力争新兴产业产值增长20%以上。支持企业与高等院校、科研院所开展产学研合作，全年专利申请量达120件以上，高新技术产品产值增长20%以上，新增中国驰名商标1个以上、省优产品3个以上。强化企业帮扶。着力解决企业需求最迫切的融资问题，进一步完善信用担保制度，做实信贷过桥资金，支持企业扩大直接融资；加强政银企衔接协调，把全年新增中小微企业贷款5亿元的任务分解到各商业银行，每月调度，排名公示。着力解决企业发展最关切的转型升级问题，积极争取上级资金和项目，支持企业技术改造；加大企业家队伍培训力度，引导企业建立现代企业管理制度，支持企业培养技术人才。术业有专攻，行行出状元。我们要在全社会倡导工匠精神，加强人才培育，鼓励名师带徒，营造只要“出尖”，就能“出彩”的氛围，让能工巧匠、行业状元受到尊重、得到公认，引导各类从业人员干一行、钻一行、精一行。

3. **坚持以培育特色为重点，带动农业增产增效。**培育特色产业。在做优粮食产业、稳步发展油菜产业，确保全省粮食生产大县、产油大县位置的基础上，深入创建“中国油茶之乡”“中国杂柑之乡”“中国黄花鱼之乡”，新造低改油茶2万亩，新扩杂柑3000亩、脐橙5000亩，建成黄花鱼标准化养殖示范基地5个。扩大蔬菜生产规模，培育特色蔬菜基地，力争蔬菜生产面积达16万亩。加强烟基工程建设，提升烟叶品质效益，种植烟叶1.7万亩。围绕特色产业发展，实施农产品加工振兴工程，新增农业产业化市级以上龙头企业2家以上；深入开展农产品质量安全提升行动，支持农产品品牌创建，新认证“三品一标”10个以上；深化金融支持现代农业发展示范县创建，健全政策性农业保险制度。创新生产经营。着力发展现代农业产业园，巩固提升示范园建设。扎实推进农业标准化生产，实现农产品检测一体化。积极引进先进适用农机，新建整修机耕道350千米以上。全面完成农村土地确权登记颁证工作，新增农村土地流转面积3万亩以上。启动农村集体资产产权制度改革。加快发展新型农业经营主体，创建省级示范家庭农场5个、省级农民专业合作社示范社2个。优化农业服务。

推行政府购买农业公益性服务，加强植保、农技等社会化专业服务。强化农民负担监管。完善动植物疫病防控体系。推进供销合作社综合改革。抓好第三次全国农业普查。

4. 坚持以文化旅游业为重点，带动服务业升温提质。突出发展文化旅游业。完善全县旅游发展总纲规划，编制丁玲故居、青山枢纽、宋玉城等景点规划，开发一批“留住乡愁、讲好故事”的具体项目。加强林伯渠故居、太浮山、丁玲故居、青山枢纽、官亭湖等景点建设，支持福船湿地旅游度假区、烽火开泰山越野露营基地提质升级。加强“美丽农庄”建设，每个乡镇（区）新发展“美丽农庄”1家以上，努力把临澧打造成为享受生态美、体验农家乐、味在舌尖上的“休闲之都”。大力发展电子商务业。加大电商人才引进和培训力度，支持“临澧禾易”“山仓林食”“陈二郎”“果小美”等网销平台发展。抓紧打造县电商运营中心、绿色优质农产品电商平台，争取在淘宝、京东、苏宁易购等电商平台建设临澧名特优产品旗舰店，引导农业种养大户、个体商贸企业、规模工业企业上线销售。扎实推进电商进农村工程，探索“基地+质检+互联网”的运作模式，乡村电商服务站点覆盖率达95%以上。统筹发展各类服务业。支持发展开放型经济，培育外贸龙头企业和出口大户。完善城乡物流网络，支持本土商贸物流企业做大做强，新增限上企业7家以上。支持发展现代金融业，扩大信贷投放规模，推进社会信用体系建设，依法打击非法集资、金融欺诈等行为。支持发展养老服务业，鼓励社会力量兴办规模化、连锁化医养护综合型养老机构，完善居家养老服务网络。支持房地产开发项目建设，提高棚改货币化安置比例。支持发展服务外包、信息通讯等新型服务业，改造提升批发零售、住宿餐饮等传统服务业。全年完成社会消费品零售总额66亿元。

5. 坚持以县城为重点，带动现代城镇群加快建设。全力推进城镇带动大会战，突出县城中心位置，提升县城首位度。完善县城规划。完成城镇群建设试点规划设计，强化道水河沿线、县城东区和出城口控制性详规编制，完善县城交通、绿地、供排水等专项规划。保持县城规划区私房“禁建”和控违拆违高压态势，严厉打击乱搭乱建、抢搭抢建等违章行为。加快县城建设。强力推进县城区安全饮水PPP项目，开工建设县自来水厂、柳林公园、道水河国家湿地公园、道水南岸风光带等项目。强力推进“棚改三年攻坚”，改造棚户区5000户以上。强力推进路改工程，启动临岗公路太平至县城段、梅溪路、农科路、青年路、九龙南路、灵泉路、安福西路人行道和慢车道改造等道路建设。强力推进水改工程，新建供排水管网6千米，抓好工业园区管网分流截留改造。强力推进重点城建项目，加快县法院审判大楼、县公安业务技术用房、县老年公寓等项目建设，支持东城世家二期、月亮岛二期、御景城三期等房产开发。加强县城主要街道、重点部位的绿化美化亮化。全力争取用地指标，做好征拆安置工作。规范县城管理。巩固国家卫生县城、省级园林县城创建成果，抓紧启动国家生态园林县城、国家环境保护模范县城、省级文明县城、省级交通模范县城创建，强化交通秩序、市容市貌、“两违”建设、建筑垃圾等专项整治。按照城乡一体化要求，最大限度地为乡镇发展扩权让利，最大限度地支持乡镇争取上级项目资金、争创各类试点示范，打造一批生态优美、特色明显、现代时尚的美丽乡镇；扎实推进澧北城乡统筹示范区建设，开发实施一批标志性工程。

6. 坚持以交通水利为重点，带动基础设施全面改善。全力推进交通跨越大会战。做好城乡一体化智慧交通PPP项目开发申报，力争挤进国家示范项目“笼子”；确保沅澧快速干线一号大道太平至四新岗段、二号大道临澧段建成通车，一号大道太平至张公庙段开工建设；完成太浮山旅游公路一期、九五公路建设，启动东常高速临澧连接线升级改造、合口大桥至林夹公路改建；提质改造农村公路、硬化农村公路“断头路”100千米以上，改造农村公路危桥6座；配合抓好安慈高速临澧段建设，做好呼南高铁临澧段、澧水河道疏浚等前期工作；实施交通行业“六项整治”，科技化治理超限超载运输。全力推进水利建设大会战。完成青山主坝水闸除险加固改造、洞坪垸续建、朱伦河治理，实施青山副坝改造、小农水重点县建设，力争启动道水三期治理、澧水南岸一般垸治理、道水河湖连通工程，继续开展澧水道水综合整治和沿河垃圾清理行动；规范农村水厂运营管理，启动农村水厂提质改造；加强“五小水利”工程建设，清淤扩容堰塘1000口、疏洗渠道1000千米以上。扎实推进各类基础建设。加快建设智慧临澧，落实国家“互联网+”行动计划，积极对接常德云计算中心平台，扩大智慧临澧指挥大厅应用范围，完善新一代智慧安监、智慧水利、智慧教育、智慧税务等信息基础设施；鼓励社会力量参与智慧临澧建设、运营和服务，形成“政府引导、企业主体、多元参与”的投融资和管理机制。建成酒泉至湖南特高压输电线路临澧段，完成60个村居（并村前的村居）农网升级改造。深化高标准农田建设六年行动，新增高标准农田4万亩以上。推进国家绿色能源示范县建设，完善后续服务体系。

7. **坚持以综合整治为重点，带动生态环境大保护**。强化综合整治。严守生态红线，统筹推进山、水、林、田生态环境保护与修复工程。深化大气污染防治行动，淘汰黄标车，治理移动污染源。完成小石灰窑关闭淘汰工作，推进化工、平板玻璃、水泥等重点行业整治。严格落实“河长制”，认真开展洞庭湖水环境综合治理五大专项行动，加强县城区黑臭水体治理；全面完成规模养殖场退养任务，严格准入审批，所有水库周边严控养殖；深入开展打击电捕鱼专项行动，所有公共水域严禁投肥养殖；全面推进饮用水水源保护区规范化建设，坚决取缔水源保护区内排污口；加快合口镇、县经开区污水处理厂建设，推进城乡生活垃圾无害化处理；加强山砂开采、河道砂石开采和筛洗管理，严厉打击非法采砂洗砂行为。完成农村环境综合整治整县推进项目、土壤综合治理一期工程。优先保护耕地，规范村民建房管理，强化地质灾害治理。改善人居环境。继续实施整县推进美丽乡村建设五年行动，突出办好佘市桥镇示范片。推进全域绿化提质，采取以奖代补方式，强化“三边”绿化，建设一批“绿色走廊”。加强生态文明示范创建，争创国家级生态文明示范乡村。

8. **坚持以脱贫攻坚为重点，带动民生改善持续升温**。坚决打赢脱贫攻坚战。加强扶贫办点和结对帮扶，突出贫困村基础设施建设，扩大信贷投放，强化产业扶贫，确保贫困村退出12个、贫困人口脱贫9000人。以脱贫攻坚为突破口，发起决战决胜全面建成小康社会的总攻，确保全面小康整体达标。完善就业和社会保障体系。继续实施“双创”计划，新增城镇就业5700人、农村劳动力转移就业3300人以上。推进社保扩面征缴，努力实现应保尽保。完善城乡居民基本医疗保障制度，减轻群众就医负担。提高城乡低保、农村五保等特殊困难群体救助标准和精准度，实现农村低保标准和扶贫标准“两线整合”。落实残疾人两项补贴政策，强化残疾人就业培训。积极发展福利慈善事业。改造农村危房2000户。促进教育优质发展。推进城乡义务教育一体化改革发展，改造农村薄弱学校12所，创建合格学校2所，加强县三中、丁玲学校、县五完小配套建设。促进高中阶段教育优质特色发展，完成县职业中专教学大楼建设，引导普职合理分流。加快发展学前教育，新建农村公办中心幼儿园2所。深化平安校园创建，规范校车管理。强化学生心理健康教育，创建一批心理健康示范学校。加强卫生计生工作。强力推进县人民医院整体搬迁、县中医院住院楼、县计生妇保院整体搬迁等建设，启动县疾控检测大楼、新安中心卫生院血防综合大楼新建。加强重大疾病、公共卫生检测预警和防控，抓好重性精神障碍患者救治工作，巩固血吸虫病防治成果。弘扬中医药传统文化特色，提升中医药服务能力。规范医疗行为，完善医疗纠纷调解机制。稳步实施“全面两孩”政策，加大出生缺陷综合防治、计生特困家庭帮扶力度。促进文化事业繁荣。贯彻落实《公共文化服务保障法》，实施重点文化惠民工程，支持文艺精品创作。促进广电事业发展，规范农村广播“村村响”管理。强化文物和非物质文化遗产保护，抓好宋玉城遗址申报全国重点文物保护单位工作。加强体育产业建设，广泛开展全民健身运动。协调发展各项事业。强化住房公积金归集和资金管理。加大人才引进开发力度。依法管理民族宗教事务。积极发展老龄事业。推进档案、物价、邮政、外事侨务、防震减灾、对台、方志、保密、气象、水文、石油等事业发展。支持工青妇等群团组织工作。着力抓好国防动员、兵员征集、国防教育、军事设施保护、双拥共建、人民防空和预备役工作，加强优抚安置工作，促进军民融合式发展。

9. **坚持以平安创建为重点，带动社会治理水平大幅提升。**整县推进社会治安综合治理创新，争创全国平安县。提升治理能力。推进完美社区“三统一”标准服务平台建设，完善“3+N”治理模式和网格化治理机制。创新农村社会治理模式，顺利完成村居两委换届选举。完善立体化社会治安防控体系，推进实名制，开展电信诈骗、网络违法犯罪专项治理，依法严厉打击各类违法犯罪行为，提高突发事件应急处置能力。保障公共安全。完善安全生产责任体系，提升乡镇安监能力和水平。巩固烟花爆竹厂外涉药半成品整治成果，深化“打非治违”行动，严厉打击“分包转包”等违规行为，规范烟花爆竹企业建设、生产、经营和运输秩序。强化非煤矿山、道路交通、危险化学品、校车、消防、建筑施工等行业领域的安全监管和隐患整治，坚决杜绝较大事故，有效防范和控制一般事故。落实县乡村食品药品网格化、信息化监管模式，推进双随机检查，抓好酒店、学校、农贸市场食品安全示范创建，完善农村集体聚餐报告、登记、审核和备案制度。维护社会稳定。推进社区矫正、法律援助等工作，构建以人民调解为基础的“大调解”体系。加强和改进信访工作，抓好矛盾纠纷源头治理，坚持领导下访包案和部门联合接访，全面创建“三无”乡镇和“三无”村（社区）。

10. **坚持以法治政府为重点，带动自身建设全面加强。**从县政府领导班子做起，主动适应全面从严治党的新要求，严守党的政治纪律和政治规矩，加强党内政治生活，深化党风廉政建设，做好模范，当好表率，带动政府自身建设全面加强。一是接受监督，依法作为。严格依照法定权限和程序行使职权、履行职责，政府决策一律实行合法性前置把关。严格实施“三清单一目录”，开展“减证便民”行动，促进公正文明执法。自觉接受县人大及其常委会的依法监督、县政协的民主监督，主动接受社会各界监督，提高办理人大代表议案建议、政协提案的满意率、落实率。深入开展“一弘扬两整治”活动，依法整治经济发展环境，坚决让索拿卡要、设租寻租、不作为缓作为乱作为的无以遁形，坚决让乱检查、乱收费、乱罚款的付出代价，坚决让强行阻工、强揽工程、强买强卖的受到惩罚。二是勇于担当，高效作为。始终保持艰苦奋斗、干事创业、争先创优的状态，不回避矛盾，不推卸责任，不畏惧风险，凡重大决策一以贯之，决不动摇折腾；凡重大项目一抓到底，决不半途而废；凡重大任务一鼓作气，决不无果而终。对县委、县政府中心工作，以及县政府常务会、县长办公会、县政府专题会研究的事项，严格督查督办，全程问责问效。三是解放思想，创新作为。加大供给侧结构性改革力度，结合临澧实际，重点实施十大改革创新：抓好现代城镇群试点、“产城融合”综合试点，探索新型城镇化发展路子；实施全县土地利用总体规划、全县交通发展规划、县城总体规划等“多规合一”改革；实施园区体制改革，完善“一权两制一司”运行机制，探索“产业基金+特色园区”的新模式；实施投融资体制改革，健全政府债务风险预警、化解和应急处置机制，强化和规范 PPP 项目运作；实施城市管理“一改四化”，探索市场化运作机制；实施“合乡并村”

配套改革，转变乡镇政府职能；实施“扩权强镇”改革，增强乡镇“造血”功能；实施教育管理体制改革，探索“城乡结盟、捆绑考核、共同发展”的新机制；深化县级公立医院综合配套改革，最大限度惠及群众；深化殡葬体制改革，规范殡葬行业管理。四是坚守底线，廉洁作为。严格履行“一岗双责”，切实强化“两个责任”，坚定不移地厉行节约、反对浪费，坚定不移地防止“四风”问题回潮反弹，坚定不移地整治侵害群众利益的不正之风，坚定不移地严惩各类腐败行为，维护风清气正、勤政为民的形象。

各位代表，宏伟的蓝图已经绘就，奋进的序幕已经拉开。让我们在县委的坚强领导下，在县人大、县政协的监督支持下，加快推进新创业、建设新临澧，为建成以现代化城镇群为特征的生态宜居特色县而努力奋斗！

中国人民政治协商会议
临澧县第八届委员会常务委员会工作报告

——2017年2月8日在政协临澧县第九届委员会第二次会议上

朱泽欣

各位委员、同志们：

现在，我代表中国人民政治协商会议临澧县第八届委员会常务委员会，向大会报告工作，请予审议，并请列席会议的同志提出意见。

过去四年工作回顾

2012年11月八届政协一次会议以来，在中共临澧县委的坚强领导下，县政协常委会紧紧围绕全县工作大局，牢牢把握团结和民主两大主题，认真履行政治协商、民主监督、参政议政职能，为助推临澧经济社会发展作出了积极努力。

这是牢记使命，协商建言，全力助推科学发展的四年。坚持以服务发展、促进发展为己任，准确把握县委县政府工作中心，有针对性地协商议政，提出了一批具有科学性、前瞻性、建设性的意见和建议。

紧扣重大问题协商议政。针对我县文化发展规划落实乏力、文化资源仍在损毁、文化产业比重偏低等问题，在深入调研、充分协商的基础上，县政协八届三次会议就此进行大会协商，提出了编制发展纲要、健全工作机制、打造文化产业链等建议，县委十一届六次会议作出了“大力发展文化旅游业，着力打好生态牌、名人牌、文化牌，全力打响临澧文化品牌”的工作部署。以“农村环境整治”为专题深入调研，第五次常委会议提出了统一思想认识、理清工作思路、加大推进力度等建议，县委主要领导批示，相关部门积极推进，农村环境进一步改善。围绕城乡安全饮水深入调研，第六次主席会议充分研判我县城乡安全饮水的严峻形势，提出了科学制订目标规划、加强城乡水源保护、加大财政投入力度等建议，县政府常务会专题研究，采取了一系列有力措施。

聚焦社会热点协商议政。聚焦教育均衡发展，通过两个多月的深入调研，在第十七次主席会议上，提出了绘就发展蓝图、合理调整布局、强化教育保障、优化师资结构等7条具体建议，成为县委、县政府决策教育工作的重要参考。聚焦太浮山旅游开发，第十三次常委会议进行了视察协商，提出了明确发展定位、理顺管理体制、加强配套建设、启动营销策划等建议，县政府组织相关单位认真研究，加强基础设施建设，景区品位进一步提升。聚焦城市规范化管理，第二十三次主席会议提出了坚持规划先行、加大保障投入、完善基础设施、开展专项整治等建议，县委县政府高度肯定、认真吸纳，大力开展国家卫生县城和省级园林县城创建活动，县城区市容市貌大为改善，人居环境更加和谐。根据县委安排的“十三五”规划编制、乡镇行政区划调整等课题，组织调研与协商，提出了一批有较高参考价值的意见和建议。

围绕提案办理协商议政。创新提案工作方法，遴选了9件提案作为主席会议建议案，先后多次召开主席会议分别就“县城水生态环境保护”“县城区交通秩序治理”“农村自来水监测管理”“石膏原矿开采监管”等进行专题协商。县委、县政府及相关部门积极采纳建议，采取加强县城区现有水体保护、开展交通秩序专项治理、完善农村自来水厂管理机制、推进石膏原矿开采整治等有效措施，认真办理，严格落实。此外，各专委会、政协联络处（组）就提案办理工作与相关承办单位开展协商活动30多次，促进了提案办理落实。几年来，共收到委员提案428件，审查立案215件，通过各方面的共同努力，办理满意率达95%以上，提案落实率高于全市平均水平。

这是关注民生，竭诚尽善，致力促进和谐稳定的四年。坚持把保障和改善民生作为政协履行职能的重要着力点，引导广大委员围绕事关人民群众切身利益的重要问题建言献策，为增进民生福祉倾心助力。

及时反映社情民意。鼓励委员围绕改革发展中党委政府重视、人民群众关注的重要问题，通过调研、视察和日常了解等途径，深入社会各界群众，及时掌握和反映社情民意信息。几年来，共收到社情民意信息530余条，遴选后以内刊《社情民意》形式向省市政协和县委县政府报送160多条，促成了一些事关发展、事关民生问题的解决和落实。如2014年年初道水河发生严重水污染事件后，我们第一时间向市政协报送社情民意信息，引起了市委、市政府的高度重视，经多方协调调度，及时关闭了污染源，较好地解决了道水河水源污染问题。

积极投身扶贫帮困。响应上级有关工作部署，鼓励和倡导广大委员参与扶贫、助学、修路、志愿服务等公益活动，为社会奉献爱心，传递正能量，共募集各类帮困资金近千万元。2016年以来，组织政协委员参加“三个一”结对帮扶活动，通过走访慰问、“五送下乡”等形式，共帮扶211户，捐赠和争取脱贫资金150多万元，帮助解决就业、就学90余人。县政协机关按照县委统一部署，认真落实扶贫办点示范工作，领导带队经常深入扶贫点村走访调研，帮助点村理清发展思路，找准脱贫路径，协调落实扶贫项目，解决和争取帮扶资金500多万元。

积极参与中心工作。根据县委统一安排，县政协主席会议成员积极参与县委大跨度分工，主动介入招商引资、脱贫攻坚、公路建设、河道采砂整治、文化旅游开发、联系重点企业、联校支教等中心工作，积极抓调度、主动抓协调、努力促落实，发挥了重要作用。同时，注重发挥企业界委员优势，引导他们上项目、办企业、兴产业，以创业带就业，以先富带后富，对全县经济发展形成了有效的带动和促进作用。

这是彰显优势，凝心聚力，合力共谋团结民主的四年。坚持把加强团结和民主贯穿于履行职能的各个环节，着力发挥联系群众、团结各界的重要桥梁纽带作用，努力促进社会各方面关系和谐，协力营造团结活泼的政治局面。

深化团结联谊。隆重举办纪念县政协成立30周年座谈会，集中各界人士共同回顾县政协光辉历程，凝聚思想共识，促进团结合作。加强与台湾同胞、港澳同胞、海外侨胞的联系，组织部分委员赴台考察交流；加强对旅外委员的经常性联系和服务，引导和鼓励他们为家乡发展献计出力；加强与社会各界和在外知名人士的联系，大力宣传县委县政府在招商引资、优化经济环境等方面的优惠政策，协助协调关系、化解矛盾、理顺情绪、增进团结。

强化沟通交流。坚持正副主席联系常委、常委联系委员制度，集中开展“委员走访月”活动，认真收集委员对全县经济社会发展和政协工作的意见建议。认真落实正副主席、委办主任联系政协联络处（组）制度，通过会议、活动、工作调度等形式，指导基层政协组织履职尽责，提升了基层政协工作制度化、规范化、科学化水平。加强与上级政协的工作联系，先后邀请或承接省、市政协领导和各专门委员会来临开展调研、视察活动20多次，承办市级以上重要会议10余次。加强与外地政协组织的交流和协作，先后组织常委会组成人员和课题调研组赴贵州湄潭、河南林州等地考察；组织驻临市政协委员异地视察，先后与武陵、津市、澧县等地开展了互动视察活动；为30多批交流考察团提供了观摩现场和工作借鉴，多形式、多途径地宣传了临澧、加强了交流、推动了发展。

发挥文史作用。充分挖掘文史资源，经过两年多的努力，编纂出版了170多万字的大型文史专辑《青山史话》。去年9月，协助县委隆重举行了纪念青山工程开工建设50周年座谈会暨《青山史话》首发式，与社会各界共同回顾青山工程建设历史，传承“自力更生、艰苦奋斗、敢想敢干、无私奉献”的青山精神，广泛凝聚助推升级发展的合力。配合省、市政协完成了“农业文化遗产”、《南下干部》《常德故事》临澧篇等史料征集工作。

这是勤于探索，勇于实践，大力推进履职创新的四年。坚持以改革创新精神推动工作实践，以科学理论为指导、以科学制度作保障、以科学方法来推进，努力提高工作的科学化水平。

加强理论创新。遴选理论研究人才加入市政协理论研究会，认真研究新时期人民政协工作的特点和规律，积极探索具有临澧特点的履职模式。先后围绕健全和落实协商民主制度、发挥人民政协作为协商民主重要渠道作用等课题，深入开展理论研讨活动，形成了120余篇理论研究成果。先后有《浅析健全人民政协协商民主制度的着力点》《探索“制度宝典”推进协商民主》《让协商民主在基层“落地开花”》等10多篇理论文章受到省、市政协表彰奖励。

加强制度创新。修订完善《常务委员会组成人员守则》《常委会工作制度》《机关管理制度》等，规范了常委会议事规则和机关管理；制定《提案工作实施细则》《提案审查立案暂行办法》，完善了提案工作规则和程序；制定《政协社情民意信息处理暂行办法》《民主监督员工作实施细则（试行）》等制度，规范了相关工作程序；建立政协常委向常委会报告思想工作制度和以“五个一”为主要内容的委员履职评价机制，有效调动了政协常委和委员的履职积极性；建立政协联络处（组）定期汇报工作制度，推动了全县政协工作协调、规范、高效运行。

加强工作创新。建立协商议政新模式。采取整体工作全面协商、重点工作专题协商、部门工作对口协商等形式，适当增加协商密度，让广大委员和社会各界人士更多元、更全面、更深入地参与到县委、县政府的重大决策之中；对重点项目建设、生态保护、民生改善等重要问题通过常委会议、主席会议开展专题视察，有效推动了相关工作的落实。推行提案办理新方式。建立健全正副主席领办、主席会议协商督办、县政府办和县政协办联合督办及舆论跟踪督办的提案督办制度；每年以政协联络处（组）为单位，对提案办理情况进行“背靠背”式满意度测评，并对委员“不满意”提案进行再次督办，促进了提案的办理和落实。探索民主监督新途径。由县委发文选派110余名委员组成9个民主监督小组，对部分县直单位的重点事项进行重点监督，开展座谈、视察、评议等活动80多次，提出意见建议350多条，促进相关部门改进工作、提升效能。创建成果转化新机制。创造性贯彻省委、市委《关于政治协商、民主监督、参政议政的规定（试行）》，提请县委出台了《关于促进人民政协履职成果转化的意见》，对成果转化运用工作程序予以规范，形成了政协主动呈送、党委政府交办督促、相关部门落实反馈的成果转化运用机制。

这是夯实基础，强基固本，努力共促效能提升的四年。坚持以政协工作制度化、规范化和程序化为目标，全面加强自身建设，不断提高履职能力和工作水平。

强化学习教育。采取以会代训、办培训班、

知识讲座、学习座谈、经验交流、赠订报刊、编发资料等形式，积极组织和推动广大委员、机关干部深入学习中共十八大、十八届三中、四中、五中、六中全会精神，深入学习习近平总书记在庆祝人民政协成立65周年大会上的重要讲话精神，深入学习提案、民主监督、社情民意信息等业务知识。几年来，先后举办专题学习培训班5期，以会代训90余次，开展学习交流50多次，发放学习资料3200多份，提高了委员的履职能力和水平。

注重整体联动。政协联络处（组）工作是全县政协工作的重要组成部分。我们注重发挥整体功能，加强与政协联络处（组）的联系联动，建立和完善了政协联络处（组）例会制度、专委会对口联系制度，形成了重要活动联合开展、重大课题联合调研、重点工作联合推进的联动机制。各政协联络处（组）紧紧围绕党政中心工作，认真履行三项职能，创造性地开展工作，为推进全县政协事业发展，发挥了积极作用，做出了重要贡献。

切实改进作风。认真贯彻执行中央八项规定、省委九项规定、市委十项规定和县委双十禁令，扎实开展党的群众路线教育实践活动、“三严三实”专题教育和“两学一做”学习教育，召开高标准民主生活会，开展严肃的批评和自我批评。针对查找出的问题，坚持立行立改，制定了20多项整改措施，修订完善了30多项管理制度，机关管理更加规范，机关干部的政治意识、大局意识、核心意识、看齐意识进一步增强。大力开展市级文明单位创建活动，着力改善办公条件和工作环境，积极推进机关管理科学化、精细化、规范化，提高了政协机关的服务保障能力。

积极创先争优。深入开展“践行十八大精神，争做新时期楷模”主题活动，广大政协委员立足本职岗位，争创一流业绩，先后有80多名委员获得国家、省、市殊荣220多项。美术大师覃仕泉委员在长沙成功举办“沅澧风情”民俗画展，其事迹和作品多次被湖南日报等媒体报道；农民女作家宋庆莲委员成功入选中国作协会员，荣获第二十四届全国图书交易博览会“十大读书人物”，出版了长篇童话《蓝三色水珠》；市政协委员谢海涛兴办的先淘公司荣获“中国厨卫百强厨卫五金企业10强”，其不锈钢卫浴产品出口居本行业全国第一，个人荣获中国湘商“十大新锐人物”奖……。这些优秀委员代表，充分展示了新时期政协委员的新形象、新风采。

各位委员、同志们，八届县政协工作成绩的取得，是中共临澧县委正确领导和县人大、县政府、县人武部大力支持的结果，是全县各级政协组织和全体政协委员团结奋斗的结果，也是各县直单位、各乡镇（区）、社会各界积极配合和历界老领导、老同志关心鼓励的结果。在此，我代表八届县政协常委会，向关心和支持政协工作的各级领导，各部门和社会各界的同志们、朋友们，表示衷心的感谢和崇高的敬意！

回顾八届政协四年来的工作，我们经历了很多，感触很深，我们深深感到：

——必须把坚持党的领导作为政协工作的根本前提。几年来，我们坚定不移地贯彻执行党的路线、方针、政策，自觉接受中共临澧县委的领导，坚持重大工作主动请示，重要事项主动报告，重要活动主动邀请党政领导参加，密切与党政部门对口联系，形成了党委重视、政府支持、政协搭台、各方参与、社会关注的工作格局。实践证明，只有坚持中国共产党的领导，做到与党思想上同心同德、目标上同心同向、行动上同心同行，政协事业才能保持正确的政治方向。

——必须把围绕中心服务大局作为政协工作的根本遵循。几年来，我们牢固树立大局意识，充分发挥自身优势，把履职重点放在事关我县长远发展问题的思考谋划上，放在重点工作的协同推进上，放在保障和改善民生的对策研究上。实践证明，政协工作与党委政府的中心工作贴得越紧，政协职能作用的发挥就越充分，政协的社会影响就越大。只有紧扣全县改革发展的大目标，立足区域发展的大格局，围绕事关全局的大事、要事建言献策，人民政协才能真正集中智慧、发挥优势、有所作为、体现价值。

——必须把保障和改善民生作为政协工作的出发点和落脚点。几年来，我们坚持以人为本、履职为民，积极顺应人民群众追求幸福生活的新期待，真诚倾听群众呼声，真实反映群众意愿，真情关心群众疾苦，紧紧围绕教育、文化、医疗、社会保障等人民群众最关心最直接最现实的利益问题履职尽责，得到了人民群众的广泛支持和拥护。实践证明，人民政协只有深植于人民群众的沃土之中，始终做到人民政协为人民，人民政协工作才能获得源源不断的力量支持，人民政协事业才能不断创新与发展。

——必须把发挥委员主体作用作为政协工作的重要基础。几年来，我们切实维护委员民主权利，尊重委员首创精神，提高委员整体素质，鼓励和支持委员深入实际、走进基层、贴近群众，在做好本职工作的同时履行好委员职责，通过提交提案、反映社情民意、调研视察等形式在服务科学发展、促进社会和谐的实践中施展才华、建功立业。实践证明，只有用事业凝聚委员，用实践锻炼委员，用机制激励委员，充分调动委员的履职积极性，才能更好地发挥政协的独特优势和重要作用。

——必须把改革创新作为人民政协事业发展的不竭动力。几年来，我们积极探索履行职能的新方式，主动寻求发挥作用的新途径。通过创新会议组织方式，扩大了协商议政的影响力；通过创新提案工作方式，提高了提办双方的积极性；通过创新调研视察方式，增强了议政建言的针对性；通过创新履职成果转化机制，提升了政协履职的实效性。实践证明，只有坚持解放思想，与时俱进，在继承中创新，在创新中发展，政协事业才能始终保持蓬勃发展的生机与活力。

过去的四年，我们虽然做了一些工作，取得了一些成绩，但也还存在一些不足，主要是：协商议政的方式和途径有待进一步完善，议政建言的广度和深度有待进一步拓展，履行职能的形式和载体有待进一步创新等等，这些都需要在今后的工作实践中不断加以改进。

今后五年工作思路

九届县政协任期的五年，是全面实施“十三五”规划的关键时期，也是人民政协大有作为的重要时期。今后五年县政协工作的指导思想是：**高举中国特色社会主义伟大旗帜，深入贯彻中共十八届六中全会精神，紧扣“四个全面”战略布局，在中共临澧县委的坚强领导下，牢牢把握团结民主两大主题，认真履行政治协商、民主监督和参政议政职能，为推进新创业、建设新临澧、决战决胜全面小康做出新贡献。**

1. **紧扣主题主线，积极协商建言。**当前，改革发展已进入关键时期，发展任务更加艰巨，人民政协担负的责任和使命更加重大而光荣。我们要把服务科学发展作为履行职能的第一要务，坚持以推进新创业、建设新临澧为主题，以加快转变经济发展方式为主线，紧扣县委县政府关于全局工作的决策部署，找准围绕中心、服务大局的结合点、切入点，充分发挥人才荟萃、智力密集的优势，围绕深化重点领域改革、加快推进新型工业化步伐、促进产业转型升级、提高农业现代化水平、推动特色城镇化建设、加快产业结构调整和推动城乡发展一体化等方面的重点难点问题，组织开展调研视察和协商议政，努力建睿智之言、献务实之策、谋创新之举、尽精诚之力。

2. **践行群众路线，增进民生福祉。**坚持人民利益高于一切，是人民政协的本质要求。始终坚持与人民心连心、同呼吸、共命运，把人民利益放在心中最高位置。牢固树立群众观点，充分发挥政协在开展群众工作方面具有的独特优势，多做团结群众、联系群众、服务群众的工作，尤其是要更加关注困难群体、弱势群体和特殊群体的生产生活，使发展成果更多更公平的惠及全体人民。充分发挥调研、视察、提案、民主评议等作用，注重在教育、医疗、卫生、增加就业、增加居民收入、提高人民生活水平等关系群众生产生活的实事、难事上取得新进展，努力让人民得到更多实惠。

3. **突出团结民主，凝聚发展合力。**人民政协作为最广泛的爱国统一战线组织，要高举爱国主义、社会主义伟大旗帜，进一步加强同各方面人士的团结和联系，巩固和发展最广泛的爱国统一战线，为推进新创业、建设新临澧和全面建成小康社会不断增添新力量。按照“长期共存、互相监督、肝胆相照、荣辱与共”的方针，为各团体、各民族、各阶层人士参与国是、议政建言创造条件，充分发挥各人民团体、各届人士在政协中的重要作用。进一步畅通委员参政议政渠道，广开言路，广求良策，广谋善举，巩固和发展民主团结、生动活泼、安定和谐的政治局面。进一步加强与港澳台同胞和海外侨胞的联系，通过开展丰富多彩的交友联谊活动，为扩大临澧对外开放、促进祖国和平统一贡献力量。

4. **注重改革创新，提高履职实效。**人民政协事业要不断向前发展，必须在继承和发扬历届好经验、好传统的基础上，不断改革创新。认真贯彻落实中共十八大对政协工作提出的新要求，自觉把县委重大决策部署贯彻到政协全部工作中去，努力使政协工作的方向更加明确、内容更加务实、作用更加明显。继续完善政治协商机制，不断提高协商水平；积极探索民主监督的有效途径，推动民主监督与纪检监督、法律监督、行政监督、舆论监督更好地结合起来；进一步创新调查研究、提案办理、社情民意反映等参政议政形式，不断总结经验，建立和完善行之有效的规章制度和工作程序，推动政协工作制度化、规范化和程序化建设，进一步提高履职水平。

5. **加强自身建设，夯实工作基础。**主动适应新形势新任务，坚持把思想政治建设摆在首位，深入学习贯彻中国特色社会主义理论体系，牢固树立“四个意识”，并以此引领政协各项工作；进一步强化委员的主体观念和责任意识，充分发挥政协委员履职的积极性、主动性，使各位委员人尽其才、才尽其用、各尽所能；大兴调查研究之风，使政协提出的提案、建议案，反映的社情民意信息更加顺应民心、体现民意、贴近民生；大力加强政协机关建设，进一步抓好机关干部的学习培训、选拔任用等方面的工作，全力打造一支团结、务实、清廉、高效的政协机关干部队伍。

2017年工作任务

2017年是新一届政协工作的开局之年。做好2017年工作，对于新一届政协开好局、起好步至关重要。主要任务是：贯穿一条红线、突出两个重点、抓好三项工作、提升四种水平。

1. **贯穿一条红线。**即贯穿学习贯彻十八届六中全会精神这条红线。通过集中培训、专题讲座、座谈交流、典型推介等多种学习形式，准确把握精神要义，牢固树立政治意识、大局意识、核心意识、看齐意识，使全体政协委员保持清醒的政治头脑、坚定的政治立场、明确的政治方向，自觉把思想和行动统一到中央和省、市、县委的决策部署上来。年内，组织部分政协委员赴红色革命根据地接受传统教育，开展政治理论学习培训。

2. **突出两个重点。**一是突出提案工作。认真学习贯彻《政协湖南省委员会提案办理协商办法（试行）》，组织开展提案知识培训，指导委员撰写高质量提案，完善重点提案评定办法，开展提案办理专项督办，组织提案办理满意度测评。二是突出民主监督。继续探索民主监督工作新机制，系统谋划届内民主监督工作，提请县委同意，统一选派部分政协委员担任民主监督员，明确重点监督部门和监督事项。

3. **抓好三项工作。**一是开展视察协商。常委会议围绕乡镇（村）行政区划调整后工作运行情况组织协商，主席会议围绕农村广播“村村响”组织协商，政协联络处（组）围绕本地区、本行业重点问题组织协商。年内，组织政协联络处（组）开展一次集中交流视察活动。二是反映社情民意。引导委员发挥自身优势，及时准确地收集和反映社情民意信息，建立社情民意信息员队伍，加大培训指导力度，办好《社情民意》内刊。三是投身扶贫帮困。按照省市政协安排，继续组织政协委员和机关干部开展“三个一”扶贫行动，认真做好新老委员帮扶对象的接续工作，确保扶贫工作落到实处、见到实效。

4. **提升四种水平**。一是提升调研建言水平。按照“党政所需、群众所盼、政协所能”原则精心选题，开展调研知识培训，深入开展调查研究，撰写一批高质量的调研报告，为党政决策提供参考。二是提升委员管理水平。着力完善委员服务工作，建好“委员之家”，试点建设“委员工作室”，为委员履职搭建平台；着力完善委员管理工作，健全委员履职评价体系，进一步激发委员履职积极性。三是提升基层工作水平。加大对政协联络处（组）的指导力度，努力为联络处（组）开展工作创造良好环境；加强与委员的沟通联系，不断增强政协组织的凝聚力。四是提升机关服务水平。积极巩固群众路线、“三严三实”、“两学一做”学习教育活动和市级文明机关创建成果，全面推进机关思想、组织、作风、效能和文化建设，大力提升政协机关管理服务水平。

各位委员、同志们，开创人民政协事业新局面需要我们同心同德，推进新创业、建设新临澧需要我们群策群力。让我们紧密团结在以习近平同志为核心的中共中央周围，在中共临澧县委的坚强领导下，不忘初心，携手前行，以更加昂扬的姿态、更加务实的作风、更加有力的举措，为建成以现代化城镇群为特征的生态宜居特色县、决战决胜全面小康做出新的更大的贡献，以优异成绩迎接中共十九大胜利召开！

大事记

1 月

1 日，临澧县第三次全国农业普查入户登记正式启动。此次普查全县共划分为 152 个普查区，共涉及农户 119469 户，规模经营户 2345 户，普查内容包括农业从业者情况、土地利用和流转情况、农业生产能力和结构情况、村集体经济与资产状况、农民生活状况、建档立卡贫困村与贫困户情况等。

12 日，全县 2017 年文化、科技、卫生" 三下乡" 集中示范活动在修梅镇文化活动中心举行。活动由县委宣传部（县文明办）牵头，县文体广新局、科工局、卫生局、司法局、农业局等单位参与，服务内容包括文艺演出、科普宣传、法律咨询、卫生仪诊等。

同日，党外科级干部座谈会召开。县委书记李正才出席会议并讲话，县委副书记辛春生，县委常委、组织部部长王海波，县委常委、统战部部长朱荣华及全县党外科级干部，县委组织部、统战部相关负责人参加座谈。

16—25 日，县委书记李正才走访慰问特困党员、劳动模范、离退休老干部、非公经济人士、拥军优属、政法干警、环卫工人、重点工程及工业企业。

20 日，湖南省慈善总会携手广东时代地产公益基金会、省传递爱心物资回收中心、湖南都市频道、潇湘晨报、红网，在临澧举办“送温暖献爱心”现场捐赠活动，共捐赠现金 5 万元，捐赠物资价值 3 万元，捐助 200 个困难家庭。

22 日，中共临澧县委经济工作会议召开。2017 年全县工作的总体要求是，全面贯彻落实中央省委市委经济工作会议、省市县党代会精神，继续实施“三新”发展战略，着力抓好现代城镇群建设试点，全力推进新创业、建设新临澧，努力寻求重点发展领域突破，扎实推进以现代化城镇群为特征的生态宜居特色县建设，以优异成绩迎接党的十九大召开。

2 月

3 日，县委中心组举行 2017 年第一次集中（扩大）学习，市发改委党组副书记、副主任胡世满围绕“建设生态宜居城镇群，引领临澧发展新征程”主题作专题讲座。

8 日至 10 日，政协临澧县第九届委员会第二次会议召开。县政协主席朱泽欣代表政协临澧县第八届委员会常务委员会作工作报告。

9—10 日，县十七届人大二次会议召开。县委副书记、县长蒋颖群作《政府工作报告》，大会听取了《人大常委会工作报告》《人民法院工作报告》《人民检察院工作报告》。

13日，市委书记、市人大常委会主任王群，市委副书记、市长周德睿到临考察临澧沅澧快速干线一号大道项目建设。

21日，县委书记李正才分别到修梅镇高桥村、佘市桥镇蒋家村，调研脱贫攻坚与支村两委换届工作。

22日，市委常委、统战部部长陈华到临澧调研统战工作。

同日，临澧县火车站开始逐步恢复全部客运业务。春运期间，临澧火车站从1月28日至2月21日停办客运业务。

3月

1日，湖南安乡至慈利高速公路开工动员暨常德市重点建设项目集中开工仪式在临澧县修梅镇举行。常德市委书记、市人大常委会主任王群宣布安慈高速公路建设项目正式启动。市委副书记、市长周德睿主持开工仪式。市领导李爱国、沈习淼、曾艳阳、向绪彦及张家界市部分领导、中铁集团负责人，县委书记李正才，县领导辛春生、杨华桥、朱泽欣、邓慈陵、陈清等出席开工仪式。

3日，湖南省高级技工学校项目签约仪式在太平山庄举行，县委常委、统战部部长朱荣华，副县长盛绍文、王毅，经开区管委会主任李强，智邦英才教育科技（深圳）有限公司董事长胡庭山等出席签约仪式。湖南高级技工学校项目位于临澧经济开发区，总投资1.5亿元。

3日下午，省政府办公厅机关党委副书记石峰岗一行到临澧调研。李正才、蒋颖群、徐兴庭、叶春华、盛绍文、苏群英陪同调研。

7日，召开中国共产党临澧县第十二届纪律检查委员会第二次全体会议，县委书记李正才出席全会并发表讲话。县委副书记、县长蒋颖群主持会议。

8日，临澧县党务工作会议在丁玲大剧院召开，县委书记李正才出席会议并作重要讲话。

8日，临澧县“五大会战”工作动员暨项目建设工作会议在丁玲大剧院召开。县委书记李正才出席会议并作重要讲话，县委副书记、县长蒋颖群主持会议。

18日，湖南省长沙市常德商会会长王忠明带领部分商会成员到临澧，考察投资环境，了解投资政策。常德市政协副主席、市工商联主席张业梅，县委书记李正才，县委副书记、县长蒋颖群，县政府副县长王毅，经开区管委会主任李强及县商务局、工商联负责人等陪同考察或参加座谈会。

20日上午，临澧县召开林伯渠精神研讨座谈会，纪念和传承林伯渠精神。林伯渠亲属代表齐放，省委党史研究室副主任、湖南省中共党史人物研究会常务副会长谢承新，中南大学政治学院教授、博士生导师、湖南省中共党史人物研究会副会长曾长秋，市委党史办主任刘李波及林伯渠研究会会员等专家学者就林伯渠的历史贡献、林伯渠研究宣传、林伯渠精神、林伯渠故居建设等主题进行深入探讨。

21日，常德市检察院党组书记、检察长余湘文到临澧调研检察院工作。县委书记李正才，县委常委、政法委书记毕金生，县委常委、县委办主任邓慈陵，临澧检察院党组书记、检察长曾晓东参加座谈会。

21日，市委常委、市委秘书长罗先东带领市安监局、扶贫办、民政局、发改局、交通局等10多个市直扶贫工作援建单位负责人，调度点村佘市桥镇蒋家村扶贫工作。

22日，在丁玲大剧院召开全县环保工作会议。

29日，市委常委、宣传部部长胡丘陵率相关部门负责人深入临澧县，就宣传思想文化工作进行调研，实地了解太浮山风景旅游区、林伯渠故居景区、丁玲故居景区的建设情况。

31日，青海藏格投资集团董事长肖永明、博川集团董事长袁绪川到临澧县投资考察。

4月

5日，临澧县2017年军事工作会议在县武装部召开，县委书记、县武装部党委第一书记李正才出席，县委常委、县武装部部长夏雄英，县政府副县长盛绍文及各乡镇主要负责人、武装部部长，县直单位分管负责人等参加会议。

6日，湖南省人大常委会副主任李友志带领省人大教科文卫委员会、省卫计委负责人一行到临澧，专题调研计生特殊家庭扶助关怀工作。

13日，市委常委、市委秘书长罗先东带领市农委、纪委、水利局、安监局、民政局等单位负责人深入临澧，检查指导当前重点工作。

19日，县委书记李正才与县委副书记、县长蒋颖群，县人大常委会主任杨华桥，县政协主席朱泽欣，县委常委、武装部部长夏雄英及县委办、政府办、水利局、国土资源局、住建局等单位负责人一道，深入各乡镇防汛重点部位，查看防汛工程，调度全县备汛工作。

28日，在丁玲大剧院召开全县农业农村防汛抗旱暨卫生计生工作会议。

5月

4日，县委书记李正才与县人大常委会主任杨华桥，县领导邓慈陵、陈清、罗立杰一道，沿临澧沅澧快速干线一、二号大道查看项目建设进展情况，就项目建设提出要求，强调既定的通车目标不能动摇。

5日，市委常委、副市长任晨调研新安镇小城镇建设情况。

5日，县委书记李正才先后到青山垸、洞坪垸、新合垸、山洲垸、关山垸、烽火垸、看花垸、安福垸，现场查看各处防汛准备情况，调研防汛工作。

5日，常德市公共资源交易中心临澧县分中心举行揭牌仪式，市委常委、副市长任晨，市公共资源交易中心党组书记、主任贺圣国，临澧县委副书记、县长蒋颖群，县政府副县长王毅出席揭牌仪式。

6日，湖南省人防办党组书记、主任卜功富到临调研考察单建式平战结合人防工程暨地下商场项目、农产品批发市场项目。

11日，县委书记李正才主持召开县委常委会，以常委（扩大）会议的形式，专题调度“五大会战”“七大突破”为主的项目建设。

15日，临澧县安福气门公司精加班组荣获中华全国总工会授予的“五一巾帼标兵岗”和省总工会授予的“工人先锋号”两项殊荣。

16日下午2点左右，临澧县民泰黑火药有限责任公司妙音分公司发生爆炸事故。县委当晚召开县委常委会，通报“5·16”爆炸事故及处置情况，研究对事故的相关责任人组织处理决定，部署下步处置和安全生产工作。

19日，全国公安系统英雄模范立功集体表彰大会在北京人民大会堂举行，临澧县公安局被评为“全国优秀公安局”。

同日，第十二届中国中学生作文大赛湖南赛区常德颁奖仪式常德市三中举行，临澧县一中获优秀组织奖，一中学生蒋行健获全国一等奖。

22—23日，县委书记李正才深入刻木山乡、余市桥镇、停弦渡镇等地，开展领导干部遍访贫困村贫困户活动，拉开临澧县领导干部“遍访贫困村贫困户”工作序幕。

24日，县委书记李正才主持召开全县脱贫攻坚工作紧急调度会，传达上级有关会议精神，安排部署当前工作。

6月

2日，县委书记李正才到新安镇、合口镇、安福镇等地现场督导非贫困村脱贫攻坚整改工作。

6日，市委常委、市委秘书长罗先东到临澧县开展落实党风廉洁建设“两个责任”例行谈心谈话。县委书记李正才，县委副书记、县长蒋颖群，县委副书记、党校校长辛春生及县领导朱泽欣、毕金生、杜权华、王海波、邓慈陵、叶春华、朱荣华参加会议。

同日，中国烟花爆竹协会会长、浏阳东信集团董事长钟自奇一行到临澧，考察烟花产业投资项目。

7日，湖南省民政厅社会事务处调研员熊定华带领省村（社区）" 两委" 换届选举风气工作组巡回督查组到临澧督查村（社区）" 两委" 换届选举风气工作。

同日，2017年年轻干部培训班在县委党校开班，来自全县各单位及乡镇的50名优秀年轻干部参加培训。

同日，县委书记李正才先后走访10多家城建工作相关部门单位，查看城建基础设施，召开座谈会，对城镇带动大会战工作提出具体要求。

9日，临澧县工商业联合会（总商会）第十二届执行委员会第三次会议在县人大常务会议室召开，补选第十二届执行委员会委员、常委、副主席。20日，县委书记李正才召集各乡镇、街道（筹）主要负责人就落实党风廉政建设“两个责任”进行例行谈心谈话。

21日，全县封洲禁牧淘汰牛羊工作动员会召开，正式启动封洲禁牧淘汰牛羊工作。

22日，惠州市常德商会会长杨永忠带领部分商会成员到临澧县考察投资环境和了解投资政策。县委书记李正才，县委副书记、县长蒋颖群参加座谈会。

23日，全国爱卫会下发《关于命名2014—2016周期国家卫生县城（乡镇）的决定》全爱卫会发〔2017〕4号文件，临澧县荣登“国家卫生县城”行列。

26日，临澧县2017年洞庭湖区沟渠塘坝清淤增蓄专项工程启动。工程项目覆盖新安、合口、刻木山、停弦渡、烽火和安福等乡镇，总投资1625.6万元，涉及468条550千米沟渠和1251口塘坝清淤。

27日，市委常委，市委秘书长罗先东到临澧县佘市桥镇蒋家村走访慰问贫困党员，结合“脱贫攻坚”给基层党员上党课，对美丽乡村、防汛等工作进行调研。县委书记李正才，县委常委、县委办主任邓慈陵等陪同调研。

28日，县委在丁玲大剧院举行“我是共产党员”庆“七·一”表彰暨诗歌朗诵会。

29日，县委书记李正才深入太浮镇、停弦渡镇、新安镇及县直部分学校，调研基础教育工作。

30日，县委书记李正才，县委副书记、党校校长辛春生带领相关单位负责人到太平街道筹建处调研，听取有关情况汇报。

7月

5日，市委书记、市长周德睿到临澧县调研经济社会发展，并重点督导安全生产、产业发展、脱贫攻坚、小城镇建设等相关工作。

6日，县委书记李正才主持召开全县领导干部大会，传达市委书记、市长周德睿到临澧调研重要讲话精神，要求全县各级领导干部做到“六个第一”。

10日，由县文体广新局、县旅游发展办公室、停弦渡镇人民政府主办的" 第三届古渡文化旅游节" 在临澧福船湿地旅游渡假区举办，县委副书记辛春生宣布开幕。

12日，召开县政府十七届一次全体（扩大）会议暨县政府工作会议。县委、县人大、县政协、县人武部主要领导以及县政府全体领导，县直单位和乡镇主要负责人参加会议。会议主题是法治政府建设。

同日，县委书记李正才，县委副书记、县长蒋颖群带领县委常委、常务副县长徐兴庭，县委常委、县委办主任邓慈陵等县领导及相关部门负责人赴澧县，学习政府与社会资本合作（PPP）工作经验，就PPP项目的实施模式、运作流程等方面进行深入的交流和探讨。

18日，中国初级卫生保健基金会向临澧投赠医疗设备。县委常委、办公室主任邓慈陵代表县委县政府接收中国初级卫生保健基金会李宝金秘书长向临澧捐赠的价值2200万元的医疗设备112台（套）。

19日，在丁玲大剧院召开全县烟花爆竹产业升级发展工作推进会议。

26日，临澧县防汛抗旱指挥部根据全县旱势发展态势，决定自7月26日14时起，启动全县抗旱Ⅲ级应急响应。

同日，市农委主任李百艳到临澧，考察湖南奔骥环保能源科技有限责任公司的小微生活垃圾处理项目。

31日，县委书记李正才，县委副书记、县长蒋颖群，县委副书记辛春生，县人大常委会主任杨华桥，县政协主席朱泽欣，县领导毕金生、徐兴庭、邓慈陵、毛世秋、饶金山，走访慰问驻临部队官兵。

8月

1日，湖南红网新媒体集团有限公司党委副书记王冠华为红网临澧站、时刻新闻临澧频道授牌。

2日，常德市妇联党组成员、纪检书记金桂兰授与临澧县地方税务局办税服务厅"全国巾帼文明岗"牌匾。

同日，第二批中国特色小镇完成公示，临澧县新安镇成为常德市首个入选的特色小镇。

4日，临澧县人民政府与世界500强企业碧桂园集团战略合作协议签约仪式在县政府常务会议室举行。

5日，县委书记李正才先后到太浮镇万福村、王化村、保丰村、众星绿色生态农业发展有限公司蔬菜种植基地、望城永安村、四新岗镇春湖村等地，现场检查指导脱贫攻坚工作。

7日，临澧县村（社区）党组织书记暨新任村（居）“两委”干部培训班开班，县委书记李正才为学员上党课。

8日，世界500强企业碧桂园集团与临澧县人民政府签订战略合作协议，县委常委、常务副县长徐兴庭代表县政府在协议书上签字。此次协议内容为房地产开发，位于丁玲学校对面，规划面积302亩。

11日，举行招商项目集中签约仪式，集中签约9个招商项目，总投资额近12亿元，涉及新兴产业、生态环保、现代服务业、文化旅游业等多个领域。县委书记李正才出席活动，县委副书记、县长蒋颖群主持签约仪式。

14日，在省政府召开的全省爱国卫生工作电视电话会上，临澧县被授与国家卫生县城称号。

16日，临澧县委中心组举行今年第四次集中（扩大）学习，县委书记李正才作“两学一做”学习教育专题辅导。

18日，临澧县城区安全饮水工程PPP项目举行开工仪式。人民日报社原副社长何崇元，常德市政协原主席韩林安、刘春林，人民日报社湖南分社总编辑周立耘，长沙临澧商会执行会长、湖南师大原副校长周景明，湖南省财政厅金融债务处调研员李容梅及常德市相关部门负责人应邀出席开工仪式。

22日，安福路道路改造工程启动。工程东起九龙路口，西至火车站，全长2500米，计划总投资3700万元。

23日，全市"四好农村路"示范县创建活动现场会在临澧召开，县委副书记、县长蒋颖群在会上介绍临澧创建"四好农村路"工作经验。

同日，乡镇（街道）党委书记、经济开发区负责人例会召开，会议总结分析上半年全县经济社会运行情况，安排部署下阶段工作。县委书记李正才，县委副书记、县长蒋颖群分别就当前重点工作提出要求。

24日，县委书记李正才主持召开县委常委议教会，研究部署教育工作。

9月

1日，临澧县人民政府与湖南新合作城市地下空间发展有限公司签订县城迎宾中路单建式平战结合人防工程项目投资合作协议，项目总投资约人民币3亿元。

14日，2017年中国食品餐馆博览会在长沙国际会展中心开幕，临澧县有伍大姐农庄、湖南亚特农有限公司、临澧山食林食电子商务公司、陈二郎电子商务公司等5家企业参展，共展出食品水果及土特产40多个品种。

15日，市人大常委会副主任谭弘到临澧县，专题调研园区攻坚工作开展情况。

19日，中化工程集团环保有限公司董事长王寅一行到临澧县考察洽谈湘福新材并购重组项目。蒋颖群、辛春生、朱泽欣、徐兴庭、朱荣华、陈清、李强陪同调研和座谈。

同日，全县2017年第一期科级干部进修班在县委党校开班，来自各乡镇及县直部门担任科级领导职务的60名干部参加培训。进修班为期1个月，主要课程有理论学习、党性教育、实践教学等。

21日，石门县北到长沙的动车正式开通，并在临澧火车站停靠，标志临澧县步入动车时代。

22日，全县第二批共14家行业协会商会与行政机关脱钩工作全面完成。

26日，普利特集团、华夏基石管理咨询集团与湖南中泰战略合作签约仪式在泰平山庄举行。

30日，临澧革命烈士公祭活动在县烈士陵园举行，县委、县人大、县政府、县政协、县武装部等全体在家的县级领导与社会各届代表共500多人参加公祭活动。

10月

9日，县委书记李正才在县委大院接受市电视台《秀常德》摄制组的专访。

10日，"临澧烟花杯"职工拔河比赛在县博物馆举行，共有26支代表队500多人参加比赛，县卫计局工会联合会获一等奖。

11-13日，全县纪检监察干部业务培训班在县委党校举行，各乡镇（区）、街道（筹）纪（工）委干部、县委巡察办（组）全体干部、县直单位内设纪检机构负责人、县纪委监察局机关及派驻纪检组全体干部共120多人参加培训。

17日，临澧县政协委员工作室授牌仪式在县委礼堂举行，县政协主席朱泽欣主持，县委副书记、县长蒋颖群为苏宏平委员工作室授牌。

25日，省人民政府副省长杨光荣一行考察修梅镇“一门受理、协同办理”社会救助平台及安福敬老院。市委副书记、市人民政府代市长曹立军，市人民政府副市长龚德汉，市人民政府秘书长周代惠，市直相关单位负责人及蒋颖群、毕金生陪同调研。

26日，临澧县第二十二届中小学生田径运动会在临澧一中开幕。来自全县各中小学校26支代表的494名运动员分成高中、初中、小学三个组，分别进行76个项目的比赛，本届运动会为期3天。

31日，沅澧快速干线1号大道（鼎城至临澧段）进行试通车。市委书记周德睿，市委副书记、代市长曹立军等市领导，县委副书记、县长蒋颖群出席试通车仪式。

同日，临澧县残疾人联合会第四次代表大会召开。会议审议通过了县残联第三届主席团工作报告，聘请辛春生、黄新春、夏妍枝为县残联第四届主席团名誉主席，选举饶金山为县残联第四届主席团主席、张明兰为县残联第四届执行理事会理事长，选举产生21名主席团成员及出席市残联第六次代表大会的代表。

11月

2日，农民科学家沈昌健向县博物馆捐赠216

粒太空油菜种子和《神舟十一号载人飞行任务纪念册》及北京市方圆公证处对太空种子进行保全证据公证的《公证书》。

2日-5日，由全国中小学教育督导评估专家、省教育督导评估协会会长罗春鸣带领的督导评估组，对临澧一中进行省示范性普通高中督导评估。

5日，县委书记李正才对全县重点城建项目建设进度进行检查督导。

8日，西藏自治区隆子县县委书记次仁加措率党政代表团到临澧县参观考察。

10日，市委常委、市委秘书长罗先东带领市直有关单位负责人调研临澧县美丽乡村示范村建设，实地查看佘市桥镇蒋家村基础建设、产业发展和秀美庭院情况，督导脱贫攻坚工作。县委书记李正才参加调度。

15日，中国地震灾害防御中心副主任王英一行到临澧县调研防震减灾工作。

15日，市委副书记、代市长曹立军深入临澧县企业、乡村、产业园区，调研经济社会发展情况。县委书记李正才，县委副书记、县长蒋颖群陪同调研。

17日，县委书记李正才在县委礼堂召开全县脱贫攻坚考核对标工作推进会。

17日-24日，临澧宋玉黄花鱼专业合作社、临澧天心种业有限公司、临澧清水鸭开发有限公司参加中国中部（湖南）农业博览会展览。

21-27日，常德市项目建设流动现场会召开，临澧县为会议提供湖南中泰特种装备有限公司、湖南祥民制药有限公司、博川新材料项目3个现场。

22日，省委常委、政法委书记黄关春来我县调研政法综治维稳工作。市领导周德睿、黄清宇、罗先东、李忠，县领导辛春生、毕金生、罗立杰等陪同调研。

24日，在全市优秀改革项目评选暨改革工作调度会上，临澧县选送的《让城镇之花依次美丽绽放——临澧县以新安镇为“试验田”推进城镇群建设试点》改革项目荣获二等奖。

26日，全市项目建设流动现场会召开，湖南中泰特种装备有限公司、湖南祥民制药有限公司、博川新材料项目为会议提供3个现场。县委书记李正才，县委副书记、县长蒋颖群及各区县（市）党政负责人，市直“五区”主要负责人，市直经济职能部门主要负责人参加现场会。

27日，中国工程院官网公布中国工程院院士增选结果，选举产生了67位新当选院士，其中3名临澧籍人士孙逢春、黄小卫（女）、胡仕新（外籍）当选。

12月

1日，在北京召开的国家沙漠（石漠）公园专家评审会上，临澧县刻木山国家石漠公园规划通过评审。同日，经省委、市委研究决定，陈章杰任临澧县委书记。

5日，在全省社会治安综合治理工作会议上，临澧县被评为" 全省平安县市（区）创建示范单位"。同日，中共临澧县委讲师团在县委党校挂牌成立，县委常委、宣传部部长叶春华，县委党校常务副校长林德新出席挂牌仪式，并与全体讲师团成员座谈。6日，临澧县召开领导干部大会，陈章杰任临澧县委书记，李正才任市人民政府秘书长、党组成员、市政府办主任、党组书记，不再担任临澧县委书记。

同日，县委书记陈章杰到县人大、县政府、县政协、县人武部、县纪委、县委组织部、县委宣传部、县委统战部、县委政法委等机关单位走访，与机关干部交流座谈，了解各机关运行情况。

7日，常德市现代青年农场主培训班在临澧开班，培训班为期7天，培训内容包括现代农业生产技术、计算机应用、现代农场经营等，来自全市的共50名青年农场主参训。

10日，在2017年湖南省教育学会心理健康教育专业委员会第二十次年会上，临澧一中被评为2017年湖南省学校心理健康教育先进单位，一中张万荣、王懿智两位教师的作品获年会征文比赛一等奖。

11日，市政府副市长曾艳阳到临澧县就《市政府工作报告（征求意见稿）》征求意见建议。县委书记陈章杰，县委副书记、县长蒋颖群，县人大常委会主任杨华桥及部分市人大代表、市政协委员，基层代表、企业家代表和优化经济环境监督员代表等参加座谈。

11日，中国作家协会副主席、现代文学馆馆长陈建功到临澧县专题调研丁玲故居建设及陈列布展工作。市委常委、宣传部部长胡丘陵，县委书记陈章杰，县委常委、宣传部部长叶春华陪同调研。

12日，县委书记陈章杰走访城建口各单位，现场调研重点城建项目，要求持之以恒，以做强扮靓城市为抓手，切实提升临澧县城发展的首位度。

13日，市委常委、常德军分区司令员李辉忠在临澧县人民武装部党委第一书记任职命令大会上宣布，陈章杰任临澧县人民武装部党委第一书记。

17日，全县诗词竞赛大会在县委老干局召开，来自全县9个分会的代表共100名会员参加。比赛分诗词诵唱、诗词填充、诗词接龙3项，县教育分会获第一名，新安分会、合口分会获第二名。

同日，县委书记陈章杰到县城四大入口和城区主要节点，看现场、听汇报，调研县城规划、建设和管理等相关工作。

19日，县委书记陈章杰在县经济开发区召开园区攻坚调度会，研究解决重点企业发展问题，理顺园区运行体制机制。

同日，县委宣传部组织召开临澧县宋玉学术研讨会，县委宣传部、县文联、县文体广新局部分代表参加，主要围绕临澧一中原校长江从镐的宋玉学术研究成果进行讨论交流。

20日，常德市市级标准化司法所创建第三考核小组，对临澧望城街道、安福镇、刻木山乡、合口镇等司法所"市级标准化司法所"创建工作进行考核验收。同日，县委书记陈章杰主持召开县委常委（扩大）会议，学习贯彻习近平总书记重要批示精神。

同日，县委书记陈章杰主持召开县委常委议军会，专题研究解决国防动员及后备力量建设有关重大问题。

20-21日，全市职业学（院）校学生加工技术和装钳工技术两项竞赛在临澧县职业中专学校举行。

21日，临澧县教职工乒乓球比赛在县体育馆开赛，来自全县各学校27支代表队近200人参赛，县委副书记辛春生宣布球赛开幕。

25日，经市委研究决定，李颖任临澧县委常委、宣传部部长，戴林忠、蒋家杰任临澧县人民政府副县长。

29日，临澧县城乡一体化智能交通PPP项目开工仪式在207国道修梅段举行。县委常委、办公室主任宣布项目开工，县交通局、公路局、项目沿线乡镇、施工方代表等参加。该项目包括烽火至县城公路改造工程、沅澧快速干线一号大道太平至张公庙段改造工程和合口澧水大桥至林夹公路改造工程。

同日，常德市首届林产品博览会在河洑国家森林公园开幕，临澧神之韵工艺品有限公司、湖南广缘木业有限公司、湖南昌兴卫浴洁具有限公司、常德中成木业有限公司、临澧伍大姐风味食品厂、临澧陈二郎商贸有限公司、临澧县官亭湖果业农民专业合作社共7家县内企业参展。

同日，临澧县2017年度全员政治理论知识考试在县委党校开考，各乡镇（区）、望城街道、太平街道（筹）、县直各单位共94名干部参考，考试内容主要包括党的十九大精神、理论热点及重大时事政治等。

县情概况

地　　理

【概况】临澧县位于湘西北，澧水中下游，东、西、南三面环山，东邻津市，南接鼎城、桃源，西与石门毗邻，北抵澧县，地理坐标为：北纬 29°17′~29°46′，东径 111°24′~111°49′，南北纵长 57.5 千米，东西横宽 32.5 千米，面积 1203.88 平方千米，占全省总面积的 0.57%。县境地处武陵山古陆的西北侧，湘西北复向斜轴的东部与洞庭湖断陷盆地相连的过渡部位，整个地势由西部山丘向洞庭湖盆地倾向，构成全县以微丘、平原为主，间有山岳的地貌形态。西南的太浮山海拔 604.5 米，是县境最高处；位于东部的免事洼海拔仅 34 米，为全县最低点。境内资源丰富，已探明矿区、矿点 94 处，矿中 23 种。以非金属矿最为突出，其中石膏资源居全国前列、湖南省第一位，探明储量 21 亿吨，有“非金属之都”之称。

人口　民族

【概况】全县 2017 年年末户籍总户数 154620 户，年末户籍总人口 44.66 万人，其中农业人口 324920 人，城镇人口 121681 人；男性人口 226501 人，女性人口 220100 人。年内出生人口 4601 人，出生率 10.2‰；死亡人口 1898 人，死亡率 4.2‰；自然增长人口 2703 人，自然增长率 6‰。

2017 年年末全县常住人口 43.59 万人，其中城镇人口 20.59 万人、农村人 23 万人，常住人口城镇化率 47.24%，比 2016 年提高 2.04 个百分点。

境内居住着 23 个民族，以汉族为主，人口占 99.52%，有土、苗、回、壮、白、蒙古、满、维吾尔等 22 个少数民族，人口占 0. 48%。

行政区划

【概况】全县辖 8 镇 2 乡，共 94 个村委会，72 个社区居委会。

2017 年行政区划情况

乡　镇	村民委员会	社区居委会
安福街道	—	26
望城街道	4	6
新 安 镇	8	8

乡　镇	村民委员会	社区居委会
合 口 镇	6	11
四新岗镇	15	5
佘市桥镇	11	4
太 浮 镇	11	2
刻木山乡	13	2
停弦渡镇	10	3
修 梅 镇	9	3
烽 火 乡	7	2
合　　计	94	72

环境质量

【概况】2017 年，临澧县安福镇整个城区空气质量总体良好，城区环境空气质量级别为Ⅱ级（AQI 值 74），优良天数为 299 天，81.9%，超标天数为 66 天，超标率为 18.1%；降水 pH 年日平均值为 7.29，与 2016 年相比，pH 值上升了 0.19，无酸性降水样品，酸雨频率为 0%；环境噪声控制区达标率与 2016 年相比有所下降；在常规水质的所有监测断面中，监测项目均达到Ⅲ类以上水质标准。2017 年全县境内没有污染事故发生。

水环境质量 2017 年 1—12 月，对道水、澧水 3 个监测断面（佘市桥、沔泗村仙人桥、易家渡叶家坪左、中、右）进行了 12 次采样分析。分析项目有水温、pH、溶解氧、六价铬、化学需氧量等 25 个项目；对饮用水源地九龙水厂取水口进行了 12 次采样分析，分析项目有水温、pH、溶解氧、六价铬、化学需氧量等 30 个项目。共获得监测数据 2016 个。九龙水厂取水口、佘市桥、沔泗村仙人桥、易家渡叶家坪（左、中、右）4 个监测断面均执行《地表水环境质量标准》GB3838-2002Ⅲ类水质标准。在所有水质监测断面中所有监测项目均达到Ⅲ类以上水质标准，无超标项次。对农村集中式饮用水源地水质进行定期检测，监测项目共 29 项，监测结果均达到国家 GB3838-2002《地表水环境质量标准》Ⅲ类标准，水质达标率 100%。

大气环境质量全县设立 2 个自动采样亭，分别位于环保局顶楼、丁玲学校。环保局顶楼点位：全年对 SO_2、NO_2、PM10、CO、03-8、PM2.5 六项指标分别进行 344、348、344、351、345、350 天次的采样监测，共获得监测数据 2082 个；其中，SO_2 年日平均浓度分别为 15 微克/纳米立方；NO_2 年日平均浓度为 20 微克/纳米立方；PM10 年日平均浓度为 72 微克/纳米立方；CO 年日平均浓度为 1.0 微克/纳米立方；03-8 年日平均浓度为 84 微克/纳米立方；PM2.5 年日平均浓度为 49 微克/纳米立方。该点位全年空气质量指数年日均值为 94，级别为Ⅱ级，监测总天数为 351 天，优良天数为 290 天，达标率为 82.6%，超标天数为 61 天，超标率为 17.4%。其中，首要污染物为 PM10 的有 53 次，为 CO 的有 1 次，为 03-8 的有 66 次，为 PM2.5 的有 123 次。丁玲学校点位：全年对 SO_2、NO_2、PM10、CO、03-8、PM2.5 六项指标分别进行 356、358、358、362、357、357 天次的采样监测，共获得监测数据 2148 个。其中，SO_2 年日平均浓度为 10 微毫克/纳米立方；NO_2 年日平均浓度为 24 微克/纳米立方；PM10 年日平均浓度为 71 微克/纳米立方；CO 年日平均浓度为 0.8 微克/纳米立方；03-8 年日平均浓度为 79 微克/纳米立方；PM2.5 年日平均浓度为 51 微克/纳米立方。该点位全年空气质量指数年日均值为 75，质量级别为Ⅱ级，监测总天数为 364 天，优良天数为 294 天，达标率为 80.8%，超标天数为 68 天，超标率为 18.7%。其中，首要污染物为 PM10 的有 33 次，为 NO_2 的有 4 次，为 SO_2 的有 1 次，为 03-8 的有 38 次，为 PM2.5 的有 174 次。

2017 年，全县城区空气质量指数年日均值为

74，空气质量达到二级（良）。与2016年比较，空气质量有明显提升（空气质量指数年日均值为81）。其中，SO_2年日平均浓度为12微毫克/纳米立方，低于《环境空气质量标准》GB3095-2012二级标准的年均限值；NO_2年日平均浓度为22微克/纳米立方，低于《环境空气质量标准》GB3095-2012二级标准的年均限值；PM10年日平均浓度为71微克/纳米立方，低于《环境空气质量标准》GB3095-2012二级标准的年均限值，CO年日平均浓度为0.9毫克/纳米立方，低于《环境空气质量标准》GB3095-2012二级标准的年均限值，03-8年日平均浓度为81微克/纳米立方，低于《环境空气质量标准》GB3095-2012二级标准的年均限值，PM2.5年日平均浓度为49微克/纳米立方，低于《环境空气质量标准》GB3095-2012二级标准的年均限值。全年监测总天数为365天，优良天数为299天，达标率为81.9%，超标天数为66天，超标率为18.1%。其中，首要污染物为PM10的有37次，为NO_2的有0次，为SO_2的有2次，为CO的有2次，为03-8的有55次，为PM2.5的有163次。

降尘监测：全年共采集降尘样品12个，获得监测数据12个，年平均降尘量为4.11吨/平方千米·月，比2016年略有上升。

降水监测：在环保局办公楼楼顶设采雨点1个，2017年共采集降水样品61个，分析了降水量、水温、pH、电导率四个项目，共获得监测数据244个。本年度降水总量为720.0毫米，年均水温为16.3℃，电导率年平均值为129.4微西/厘米，pH年平均值为7.29，与2016年相比，pH值上升了0.19，无酸性降水样品，酸雨频率为0%。

噪声监测：2017年9—11月间，对临澧县141个区域环境噪声监测网格，10个交通环境噪声监测点位、2个固定噪声源、3个建筑施工点位分昼夜进行噪声监测，共获得监测数据1490个。现场监测数据表明，临澧县环境噪声控制区的区域环境噪声监测网格一共141个，其中昼间达标网格为135个，夜间达标网格135个，因此，临澧县环境噪声控制区达标点数为135个，达标率为95.7%，与去年相比下降了0.7%。区域环境噪声昼间平均等效声级值为48.9dB（A），合格率95.7%，夜间平均等效声级为44.1dB（A），合格率为95.7%。交通环境噪声白天路长加权平均值为64.1dB（A），合格率为100%；夜间路长加权平均值为54.5dB（A），合格率为90%。固定噪声源昼、夜间达标率均为100%。建筑施工噪声昼夜合格率均为100%。区域环境噪声主要噪声源来自生活噪声和机动车辆。

气候特征

【概况】气温：年平均气温17.8℃，较历年平均值高1.1℃；年极端最高气温39.7℃（7月26日），年极端最低气温-1.1℃（12月17日）。

降水：年总降水量1470.0毫米，较历年平均值多191.3毫米，年一日最大降水量111.0毫米（6月23日），年暴雨日数3天。

日照：年日照总时数1375.1小时，较历年平均值少263.0小时，年日照百分率31%。

人工增雨：2017年7月份以来，全县降雨异常偏少，县城本站降水量仅6.5毫米，出现日最高气温35℃以上的连续高温天气达14天，由于降雨少、气温高、蒸发大，导致全县旱情发展迅猛。县气象局于8月1日07时47分至07时49分在陈二百草村炮点实施高炮人工增雨作业，06时25分至06时26分在太平水库炮点实施火箭炮人工增雨作业；8月12日08时09分至08时10分在陈二百草村炮点实施高炮人工增雨作业，08时43分至08时44分在太平水库炮点实施火箭炮人工增雨作业。

持续不利天气影响：1月14~16日48小时日最低气温降温幅度为7.3℃，达中等强度冷空气标准。2月20~22日48小时日最低气温降温幅度为8.1℃，达强冷空气标准。3月17~24日连续8

天降水总量为 122.1 毫米，且过程日平均日照时数为 0.0 小时，达到轻度连阴雨标准。4 月 8~10 日 48 小时日最低气温降温幅度为 9.8℃，达强冷空气标准。6 月 3~5 日 48 小时日最低气温降温幅度 7.1℃，达到中等强度冷空气标准。7 月 15~28 日连续 14 天日最高气温≥35℃，达中等高温热害标准；7 月以来无有效降水发生，月降水总量仅 6.5 毫米，出现了重度气象干旱。8 月 2~7 日连续 6 天日最高气温≥35℃，达轻度高温热害标准。10 月有两次冷空气过程分别是 2~5 日和 9~12 日，其中 2~4 日、9~11 日 48 小时降温幅度分别为 6.9℃、7.4℃，达中等强度冷空气标准。11 月有三次冷空气过程分别是 10~12 日、17~19 日、28~30 日，48 小时降温幅度分别为 7.3℃、6.8℃、7.1℃，达中等强度冷空气标准。

天气气候综合评价：本年度气温偏高，年内降水量偏多且时空分布不均，日照不足。年内出现中等强度冷空气、连阴雨、暴雨洪涝、干旱、高温热害等灾害性天气，给全县工农业生产及人体健康等造成不同程度的影响。总体而言，2017 年度临澧县气候年景评定为正常。

中国共产党临澧县委员会

概　述

2017年，中国共产党临澧县委员会团结带领全县人民，全面贯彻党的十九大和县第十二次党代会精神，全面推进“五大会战”“七大突破”，全力抓产业、促发展、保稳定，经济社会保持平稳健康发展。全年实现地区生产总值180.1亿元，增长8.3%；一般公共预算收入7.86亿元，增长7.8%，其中税收占比达到87.3%；固定资产投资114亿元；社会消费品零售总额65.5亿元，增长10.6%；城乡居民收入分别达到29473元、15402元，分别增长8.6%、8.7%。

一、产业发展。工业：新增规上企业17家，产值过10亿元企业2家，税收过千万元企业5家。园区规模工业产值突破百亿大关，新建标准化厂房12.2万平方米，开工亿元项目9个。签约过亿元项目17个，并与多家国企签订战略合作协议。农业：被评为全国粮食绿色高产高效创建标兵县、全省农业综合开发普惠扶持油茶新造试点县。兴办标准化养殖基地6个、新认证“三品一标”16个。培育新型农业经营主体，新增合作社50家、家庭农场50家。现代服务业：推进全域旅游，林伯渠故居、丁玲故居、太浮山、青山枢纽等重点景区配套提质，“休闲农业+乡村旅游”纵深拓展，刻木山国家石漠公园通过评审。商贸物流业新入限商贸企业8家，县级电商公共服务中心揭牌运营，福泰物流、顺丰车业纳入全市物流标准化试点体系。

二、城乡建设。城镇建设：私房禁建全面实施，县城区安全饮水工程PPP项目开工建设，青年路等11个路改项目建设加快，县法院审判大楼、县公安业务技术用房、老年康乐中心等重大项目进展顺利。城镇群建设试点有序推进，新安镇成功创建全国特色小镇，佘市桥镇入选全省美丽乡镇示范镇。交通建设：新改建干线公路59千米，建设农村公路111.7千米，成功创建首批“四好农村路”省级示范县，沅澧快速干线一号大道建成通车，临澧火车站开通动车，成功争取呼南高铁在临设站。水利建设：完成水利工程3700多处，河（湖）长制全面落实，被评为全国高效节水灌溉示范县、水土保持综合治理重点县、全省农村水价综合改革试点县。生态建设：坚持打好污染防治攻坚战，关闭小石灰窑117座、造纸企业11家，退出规模养殖场176家，建设污水处理厂3个，中央环保督察交办问题全部办结。

三、民本民生。脱贫攻坚“两个全覆盖”“五个精准到户”、新“六件实事”办理等重点工作扎实推进，全年减少贫困人口5732人、退出贫困村 10 个，产业扶贫经验被湖南卫视推介。各项事业进一步发展，改造农村薄弱学校 6 所，新建幼儿园 4 所，高考一二本上线率首破 60%，清华、北大录取 7 人；县人民医院、妇保院整体搬迁顺利推进，医疗卫生服务和重大疫病防控不断加强；群众性文化活动蓬勃开展，基层文化体育事业欣欣向荣，修梅镇高桥村荣获全省首批“经典文化村镇”称号；新增城镇就业、农村劳动力转移就业 8591 人，发放低保、医疗等各类救助金 1.3 亿元。深入推进平安临澧、法治临澧和无上访村（社区）建设，综治民调满意率居全省第一方阵。

四、改革创新。省市部署的 36 项涉改任务有序实施，供给侧结构性改革、行政审批、村改社区、土地确权等一批重点改革事项取得实质性进展。“中心城市+城镇群”建设试点、“产城融合”综合试点、交通城乡一体化试点等一批建设试点形成临澧经验，全市优秀改革项目推选获二等奖。园区“一权两制一司”改革继续深化，“放管服”改革深入推进，行业协会与行政机关全面脱钩，企业负担减轻，群众办事更加方便。高新技术产业增加值增长 47.2%，新增创业主体 2228 个。

五、党的建设。加强思想建设，“两学一做”学习教育常态化制度化有序推进，意识形态工作责任严格落实，广泛开展十九大精神学习宣讲活动，党员干部“四个意识”进一步增强。加强基础组织建设，圆满完成村（社区）“两委”换届，全县 131 个村级综合服务平台建设整体推进。全面推进从严治党，持之以恒纠“四风”、治陋习，深入开展扶贫领域突出问题、“雁过拔毛”式腐败等专项整治。派驻纪检组 10 个，全县 133 个单位实现派驻监督全覆盖；开展两轮巡察，巡察乡镇 4 个、县直单位 12 个。全年全县立案查处各类违法违纪案件 156 件，轻处分 140 人，重处分 14 人，其中移送司法机关 4 人。（办公室）

重要活动

一、推进“两学一做”学习教育常态化制度化。通过党委（党组）理论学习中心组学习、开展专题学习讨论、落实党支部“三会一课”制度、开展支部主题党日活动、开展“我是共产党员”主题实践活动等方式进行。

二、党的十九大精神集中宣讲。全县集中宣讲从 11 月中旬开始，12 月底结束，由全县各级党组织组织党的报告员具体实施。11 月 8 日至 10 日，从县委讲师团、县委特聘党的报告员和县直单位党的报告员中抽调部分党员领导干部组建宣讲团；11 月 11 日至 20 日，县委宣讲团成员进行集中备课，做好宣讲准备；11 月 21 日至 12 月 31 日，县委宣讲团成员到各单位进行集中宣讲。

三、深化国家监察体制改革试点工作。按照中央统一部署和省、市委的有关要求，成立县深化监察体制改革试点工作小组，制定深化国家监察体制改革试点工作实施细则，启动了有关程序。

四、开展“企业服务年”活动。在全县继续深入开展“企业服务年”活动。活动分四个阶段进行：2—3 月为全面启动阶段；3 月为深入调研阶段；3—12 月为协调落实阶段；12 月底为总结验收阶段。主要内容是指导企业用好政策、帮助企业拓宽融资渠道、提高企业管理水平、全面优化企业发展环境、集中精力协调解决问题等。

（办公室）

重要会议

一、县委经济工作会议。2017 年 1 月 22 日上午，县委经济工作会议在县丁玲大剧院隆重召开。全体县级领导，老干部代表，各乡镇（望城）、经济开发区全体班子成员，各村（社区）

党组织书记，县直单位党政“一把手”，规模口径工业企业法人代表及大型商贸流通企业、房地产开发企业法人代表参加会议。县委书记李正才总结全县2016年工作及取得的成绩，要求2017年全县要着力抓好现代城镇群建设试点，全力推进新创业、建设新临澧，努力寻求重点发展领域突破，扎实推进以现代化城镇群为特征的生态宜居特色县建设，以优异成绩迎接党的十九大召开。

二、中国共产党临澧县纪律检查委员会第十二届二次全体会议。3月7日上午在丁玲大剧院召开。会议由县委副书记、县长蒋颖群主持，县委书记李正才出席会议并作重要讲话。县委常委、县纪委书记杜权华总结2016年纪委工作，安排部署2017年工作。各乡镇党委书记、街道、经济开发区主要负责人向李正才递交《党风廉政建设责任书》。全体在家县级领导；县纪委全体委员，各乡镇党委书记，纪委书记，纪委副书记；县经济开发区主要负责人，纪检负责人，纪检专干；望城街道（筹），太平街道（筹）临时党委书记及纪检负责人，纪检专干；县直各单位主要负责人，纪检组长；县纪委监察局机关全体干部参加会议。

三、临澧县“五大会战”工作动员暨项目建设工作会议。3月8日在丁玲大剧院召开，会议由县委副书记、县长蒋颖群主持，县委书记李正才出席会议并作重要讲话。县委副书记、党校校长辛春生，县委常委、组织部部长王海波，县委常委、统战部部长、经开区党工委书记朱荣华，副县长陈清、汪年生、苏群英分别就脱贫攻坚、项目建设及争资争项、园区攻坚、交通跨越、水利建设、城镇带动等工作进行安排部署。蒋颖群简明介绍了县城区安全饮水工作PPP项目，该项目拟定总投资为17.2亿元，主要建设内容包括新建水厂及管网配套；河道治理水利工程，湿地保护建设；风光带建设等。全体在家的县级领导；各乡镇党委书记、乡镇长、望城街道（筹）、太平街道（筹）主要负责人，分管扶贫、工业、城建、水利、交通工作负责人，扶贫专干、水利站站长、公路养护办公室主任；安福镇全体班子成员、扶贫专干、水利站站长、公路养护办公室主任；经济开发区主要负责人、班子成员及中层骨干；县直有关单位主要负责人；县直有关单位全体班子成员、中层骨干；市委驻村帮扶工作队队长、27个县委驻村帮扶工作队副队长；各村（社区）党组织书记；部分工业企业、建筑房地产企业、路桥企业负责人；企业特派员参加会议。

四、县委常委（扩大）会议。12月20日上午，县委书记陈章杰主持召开县委常委（扩大）会议，学习贯彻习近平总书记重要批示精神。县委副书记、县长蒋颖群，县领导杨华桥、朱泽欣、毕金生、徐兴庭、杜权华、王海波、邓慈陵、叶春华、饶金山、盛绍文、王毅、苏群英参加会议。会议首先由县委常委、办公室主任邓慈陵领学习近平总书记就新华社一篇《形式主义、官僚主义新表现值得警惕》文章作出的重要批示精神。陈章杰就如何贯彻落实习近平总书记重要指示精神强调：一是在学习教育上坚持“全覆盖”，全县各级党组织要迅速组织专题学习。二是在整改落实上坚持“动真格”，深入查找“四风”突出问题特别是形式主义、官僚主义的新表现，摆现象、找差距、剖根源、严整改。

三是在制度建设上坚持“见长效”，修订完善进一步改进作风的相关制度，作出更为明确具体的规定，形成作风建设的长效机制。

四是在示范带动上坚持“当头雁”，从县委常委会做起，从县级领导干部做起，从各级各部门主要负责同志做起，切实改进思想作风、工作作风、生活作风，切实改进学风、文风、会风，形成持续加强作风建设的“头雁效应”，以实际行动推动全县作风建设取得更大成效。（办公室）

办公室工作

【概况】中共临澧县委办公室是县委重要工

作部门，内设机构有中共临澧县委保密委员会办公室、临澧县国家保密局、中共临澧县委机要局、临澧县国家密码局、中共临澧县委全面深化改革领导小组办公室。办公室共有行政编制数23个，工勤编制数4个，事业编制数5个。2017年，县委办公室紧紧围绕县委、县政府的中心工作，全面加强业务建设、制度建设、能力建设和作风建设，各项工作取得新成绩，并成功创建为市级文明单位。

一、综合调研工作。紧跟县委、县政府重大决策部署，深入开展“我为发展献策”活动，围绕县委经济工作会、“五大会战、七大突破”“开放强县、产业立县”、城镇群建设、脱贫攻坚、基层党建、新材料产业发展、信访维稳、创新创业以及经济社会发展中存在的突出问题和人民群众关注的热点、焦点问题，开展专题调研活动10多次，形成调研文稿9篇。撰写各类综合文稿300多篇，其中20多篇经验材料、领导署名文章被《湖南日报》《城市经济论坛》《常德内参》《常德通讯》等上级党报党刊采用，推介了临澧城镇群建设、脱贫攻坚、基层党建等工作。

二、办文办会工作。公文处理严格规范制发程序、内容和格式。全年共制发县委、县委办文件143个，其中县委文件71个，县委办文件72个，没有出现一次错误。筹办会议（活动）讲求规范，严谨有序，全年共组织各类会议和领导公务活动200多场（次），编发各类会议纪要38期。值班室全年共处理电话通知近1200多个，办理明传电报181份，上报各类资料33份，完成办公室夜间、周末及县委机关春节、国庆等法定假休期间值班工作的安排衔接，未发生一起责任事故。

三、信息报送工作。按照快速及时、真实客观、可靠实用、喜忧兼报的要求，改进提高党委信息报送工作，做到一般信息天天报、重大信息随时报、特色信息重点报，为上级和县委领导决策提供及时、真实、准确的信息服务。2017年向上级党委信息部门报送各类党委信息500余条，被采用50余条。其中，“5·16”事故发生后，信息组第一时间掌握、第一时间报送，为领导应急处置赢得主动，受到省委办公厅表扬。2017年被评为全省党委信息工作先进单位，1人被评为全省党委信息先进个人称号。

四、机要保密工作。紧扣保安全、保畅通两条主线，规范有序处理文电。各类文件资料、密码电报收发、传阅、办理做到高效、准确、及时，没有出现延误、丢失等重大情况。全年机要文电系统共收电报544份，其中明传电报219份、秘传电报325份。严格落实机要值班制度，值班值守不留空档，全天24小时不离人，全年365天不断档。强化保密安全保障，扎实开展保密法治宣传教育，优化保密管理与服务，部署推进全县保密检查管理应用系统配备，启动涉密计算机国产化替代工程工作。

五、督查工作。督主要围绕上级督办的重大事项、县委常委会议定的重要事项和县委主要领导的交办事项等，组织开展基层党建、脱贫攻坚、安全生产、信访维稳、棚改、中央环保交办问题整改、防汛抗旱等重点工作的专项督查30余次，编发《督查通报》16期，上报《督查专报》5期，办理领导批示件8件，办结率100%。按照省、市部署，开展全省村级组织换届准备工作情况督查调研，全省道路交通安全督促检查，中央八项规定、省委九项规定、市委十项规定精神贯彻执行情况，十九大安全稳定和建设“无上访村（社区）”等工作督查10多。加大与上级业务部门的交流力度，积极参加市委督查室组织开展的督查调研报告交流评选、督查业务工作大家谈等主题活动，《临澧县石膏产业发展状况调查报告》获二等奖。

六、全面小康工作。年初发文明确全面小康目标任务、职责责任、奖惩措施等，力促责任单位有的放矢开展工作，全年在市级以上主流媒体宣传报道临澧全面小康建设成果的文章达30多篇。引进优质项目，做大做强园区经济，推进脱贫攻坚，补齐全县全面小康短板指标。强化指标数据监测指导，强化责任单位调度督促，强化对上汇报对接，特别是对短板指标，坚持每月一监测一调度。从2017年度全县全面小康指标预测结果看，全县全面建成小康社会总体实现程度为90.4%，比2016年提高4.3个百分点。从指标监测体系的5大方面来看，经济发展类、人民生活类、社会发展类、民主法治类、生态文明类指标实现程度分别达到81.36%、96.53%、96.7%、100%、99.6%。

七、全面深化改革工作。省市部署的36项涉改任务有序实施，供给侧结构性改革、行政审批、村改社区、土地确权等一批重点改革事项取得实质性进展，“产城融合”、殡葬改革、农业综合开发普惠扶持油茶新造、水行政执法责任制建设、农村水价等进入上级试点，现代城镇群改革试点等经验得到上级媒体宣传推介，竞争性选拔调任县委改革办专职副主任（副科级）1名，全市优秀改革项目评选获二等奖，县委改革办被评为全市全面深化改革办公室工作优秀单位。（办公室）

纪检监察工作

【概况】2017年，全县纪检监察工作把全面从严治党作为推进各项工作的重要保证和切入点，出台《关于切实做好全面从严治党向纵深发展若干基础工作的实施意见》等规范性文件，推动基层正风反腐纵深发展。全县各级党组织和纪检监察组织认真履职，“两个责任”不断落实，全县党风廉政建设和反腐败工作取得新成效，政治生态持续向好，全面从严治党得到较好展现并取得实效。

一、监督检查工作。对标中央、省委、市委、县委重大决策部署，重点对环境整治、控违拆违、安全生产、脱贫攻坚等工作加强监督检查，综合运用提醒约谈、组织处理、纪律处分等方式促进工作落实。环保工作失职党纪处分7人，诫勉谈话7人、约谈13人；“5·16”安全生产责任事故党纪政纪处分7人，诫勉谈话7人、提醒谈话1人；控违拆违工作不力党纪处分4人，诫勉谈话4人，通报批评2人，提醒谈话1人；脱贫攻坚工作不力党纪处分15人，诫勉谈话37人，通报批评13人，提醒谈话6人。认真抓好村（社区）“两委”换届风气监督，做到纪律宣传全覆盖，巡回督查常态化，对2人作出否决审查结论，查处典型违纪案件3起，全县村（社区）换届工作风清气正。

二、纪律审查工作。全年受理信访举报126件，信访办理“双向承诺”得到省、市纪委肯定并在全省正式推广。全县立案查处各类违纪违法案件156件，涉及科级干部24人，同比分别增长26.8%，118.2%。严肃查办了“5·16”安全生产责任事故问责追责等一批典型案件。精准把握运用“四种形态”，共谈话函询325人次，轻处分140人、重处分14人，其中移送司法机关4人。下发《临纪通报》7期，对所查案件点名道姓公开通报，典型案件通过廉洁常德、三湘风纪持续曝光，释放出越往后执纪越严强烈信号。

三、专项整治工作。针对群众反映强烈的作风方面突出问题，重点整治公款吃喝、滥发乱补、违规操办婚丧喜庆事宜、涉赌涉毒等“四风”顽疾，立案审查67件，党纪政纪处分67人。开展危改、低保等民生资金清理行动，打造“互联网+监督”平台，“雁过拔毛”式腐败问题立案审查89件，党纪政纪处分87人。开展涉矿类专项整治，9名主动申报的公职人员按期退出经营，对未按要求申报退出的严肃问责，立案审查9人、诫勉谈话1人。开展中小学违规征订教辅材料、食堂违规牟利问题专项整治，清缴违纪资金54.52万元，全县中小学秋季学期教辅征订额减少563万元，减幅54%。政府重大投资项目预防腐败专项整治排查问题66个，问题线索逐一处置，问题存量有效消减。开展金融领域谋取私利问题清理，对有家属在金融领域就业的75名领导干部一一函询。

四、教育预防工作。将“两准则、四条例”

纳入县委中心组理论学习、“两学一做”学习教育、例行谈心谈话以及县委党校各类主体培训班，着力提升党员干部廉洁自律意识。县委领导带头“五种谈话”，领导干部个人有关事项报告制度、党内监督报告制度全面落实，廉洁档案启动试点，预防腐败调查、廉洁风险防控、制度廉洁性评估等工作整体推进，开展“荷花品格·梅花精神”七大系列廉洁文化活动，颂廉、倡廉、学廉、守廉氛围不断浓厚。

五、体制改革工作。“两个全覆盖”改革工作在全市第一批次部署到位。县委巡察办（组）分2轮分别对新安镇、四新岗镇、太浮镇、烽火乡、县人社局、县民政局、县环保局、县水利局、县公路局、县档案局、县妇联、县人防办、县安监局、县烟花局、县林业局、县国土资源局16个单位开展巡察。首轮巡察交办问题线索42条，已处置线索26条，立案审查20人，党纪政纪处分7人。10个派驻纪检组8月底进驻，实现对133个单位派驻监督全覆盖。县监察委员会正式成立并启动运行，监察范围覆盖全县所有行使公权力的国家公职人员。推进纪检监察一体化建设，建立交叉检查、联合办信办访等制度。（办公室）

【“两个全覆盖”改革全部到位】2017年5月12日，县委第一巡察组、县委第二巡察组正式挂牌成立。8月完成县纪委派驻机构全覆盖改革工作，全县设10个派驻纪检组，其中综合派驻9个，单独派驻1个。负责综合监督单位61家，授权监督单位72家。（办公室）

【举办全县纪检监察干部业务培训】10月11日上午在县委党校开班，县委常委、纪委书记杜权华出席开班仪式。此次培训从10月11日开始，为期三天。邀请市纪委领导、县纪委部室业务骨干进行授课，课程围绕《习近平7·26讲话精神》《中国共产党纪律监察机关监督执纪工作规则（试行）解读》《新常态下基层纪检组织面临的新任务新挑战》《如何开展基层党风政风监督工作》《纪检监察宣传信息写作方法技巧》等多项内容做专题辅导。通过政治理论和业务培训，进一步提高全县纪检干部队伍整体水平，推进全县巡察和纪检监察工作再上新台阶。各乡镇（区、街道筹）纪（工）委干部，县委巡察办（组）全体干部，县直单位内设纪检机构负责人，县纪委监察局机关及派驻纪检组全体干部共120多人参加培训。（办公室）

巡察工作

【概况】县委巡察办是县委工作部门，为县委巡察工作领导小组日常办事机构，2017年4月设立，设在县纪委，人员编制8名。县委第一、二巡察组2017年9月设立，为县委正科级单位，设在县纪委，人员编制各4名。县委巡察办主要职责是：贯彻落实县委和县委巡察工作领导小组工作部署，统筹安排巡察事宜，研究制定巡察工作制度、机制，做好巡察服务保障工作，建立巡察工作人才库，督促检查省委、市委、县委巡视（察）组反馈意见的整改落实，督办县委和县委巡察工作领导小组决定的事项等。

2017年6—12月县委巡察办分二轮对新安镇、四新岗镇、太浮镇、烽火乡、县人社局、县民政局、县环保局、县水利局、县公路局、县国土资源局、县档案局、县妇联、县人防办、县烟花局、县安监局、县林业局16家单位开展巡察，共发现问题线索220个，向县纪委移交线索56个，涉及对象88人，科级干部44人。巡察期间，巡察组还对全县农村安全饮水工程和烟花产业进行专题调研，形成专题报告和工作建议各1份。2017年9—10月，市委开展扶贫领域专项巡察，县委巡察办抽调精干力量组建专项巡察组，对武陵区、津市市专项巡察。2017年12月，县委巡察办组织开展市委扶贫领域专项巡察组对临澧县巡察反馈问题整改交办工作。（办公室）

组织工作

【概况】2017年，全县各级党组织以提升组织工作满意度为目标，坚持围绕中心，服务大局，开拓进取，整体推进各项工作，党建工作顺利通过省委组织部考核检查。

一、制度建设。年初研究出台党建工作要点和考核细则，月初下发工作清单，明确从县级领导到乡科级“一把手”、从机关干部到村（社区）干部的党建工作职责，推动形成上下联动的责任体系。建立目标管理纪实考核台账，严格落实“四考一综评”“双述双评”制度，并将考评结果纳入领导班子及党组织书记年度考核范畴。

二、基层党建工作。组织开展全县村级党组织换届选举，6月底全面完成，选举产生村（社区）干部971人，基层党组织班子结构更加优化。多途径筹措资金1.3亿元，对全县131个村（社区）综合服务平台进行新建或改扩建。提请县委常委会对抓党建促脱贫工作进行专题研究部署，出台驻村工作管理考核办法，成立脱贫攻坚观察员小组，多轮次开展扶贫干部业务培训。成立专门的工作班子，着力抓好“智慧党建”和干部管理大数据平台建设工作。扎实推进“两新”组织“两个覆盖”攻坚行动，通过“一企一策”“一社一策”、派驻党建指导员等措施，全面消除“两新”组织党建空白点。以村支两委换届为契机，对全县12个软弱涣散村（社区）“第一书记”进行调整，并按照“一村一策”“一票否决”原则进行集中整顿，补上党建工作短板。

三、干部教育工作。坚持“两学一做”学习教育常态化制度化，严格落实“三会一课”“主题党日”活动、党员积分管理等党员经常性教育制度。举办科级干部调训和专题培训班共18期业务培训班，培训干部2000多人次。在党员中全面深入开展“我是共产党员”系列主题活动，在年轻干部中分批开展“我到企业当工人”、到信访局跟班等活动，拓展干部教育培养新路径。

四、选人用人工作。因政府部门随届任免、县纪委派驻改革、学校医院届满续聘等原因，年内进行三次较大规模的干部调整，共任免干部594人次，其中提拔重用274人。加大人才引进、使用力度，出台《临澧县奖励机关事业单位引进的优秀人才暂行办法》。全年共考录公务员39名，接收选调生2名，招聘事业编制干部119名。

五、自身建设。认真落实省市组织部长会议关于打造“四个过硬”组工干部队伍要求，在部机关深入开展“干部成长感恩谁”“打铁还需自身硬”等专题讨论活动。部务会成员带头撰写调研信息，带头参加机关读书活动，坚持每周一次理论学习、每月读一本书、每季度一次学习交流发言，不断提高干部思想政治素质和政策理论水平。健全岗位责任制、限时办结制、首问负责制等内部工作机制，修订完善《部机关制度汇编》，推进自身建设规范化、制度化。2017年组织部机关成功创建“市级文明（标兵）单位”。

（杨开明）

宣传工作

【概况】中共临澧县委宣传部下设“四办三组一中心”，即办公室、党建办、文明办、网宣办、新闻组、理教组、宣传文艺组及新闻中心，核定编制17个。2017年，全县思想宣传工作以强化意识形态责任制为重点，着力加强理论阵地、新闻舆论阵地、网络阵地、文化阵地、外宣阵地的管理，进一步发挥了教育武装党员干部和组织引导群众的作用。

一、理论武装。全年组织6次县委中心组集中学习活动，先后围绕城镇建设、意识形态、安全生产等主题开展学习。把党的十九大精神列入各级中心组学习的内容，制定学习贯彻方案，成立县委讲师团，全面开启“五个党的报告员”宣讲工作，直面群众开展宣讲100多场次，并对全县各单位中心组学习情况进行集中督查。出台理论学习考试办法，分层分类开展党员干部学习十九大精神知识测试。

二、创学工作。开展“书香临澧读书会”系列主题活动。指导安福镇建成1家示范性社区图书馆，指导县人大机关等单位建立一批机关书屋（阅览室）。举办“百日阅读进万家”读书活动，评选表彰10个书香家庭、90个先进单位，助推全民阅读。

三、新闻宣传。全县在中央省市党报党刊上稿400余篇，其中头版头条15条（《湖南日报》2条、《常德日报》13条），专版5个。在央视上稿4条，湖南卫视新闻联播上稿1464秒，常德新闻上稿11983秒，其中产业扶贫经验被湖南卫视推介。组建县新闻中心，将全县新闻发布、对接上级媒体采访、对外宣传报道等职能归口合并，构建“一次采集、多元生成、多渠道传播”的工作格局，扩宽新闻传播的覆盖面。指导县公安局、一中、安监局、林伯渠故居纪念馆等单位建立微博微信平台。继续办好“微临澧”，发表原创作品就达700多件，粉丝量达8万多人，阅读总量达到58万次，微信直播点击突破20万人次，综合排名居全市第一。

四、网络舆情管理。制定《关于进一步加强临澧县新闻宣传工作的通知》和《涉临负面舆情应对机制》等制度，规范新闻发布、宣传报道、舆情处置等工作程序和纪律。妥善引导、处置涉临负面舆情110余起。妥善处理“5·16”事故，主动发声，正面引导，未发生舆情发酵引发不良影响等事故。加强对自媒体等新兴媒体的监管，先后3次对临澧红文化、临澧生活网、临澧新生活等自媒体违规发布信息等问题进行约谈，关停1家自媒体。

五、文化建设。加速平台建设，“早春园”文艺服务中心被确立为省级文艺惠民服务基地，组建县旅发委和全域旅游发展中心，建立融资平台指导和设计《临澧旅游开发规划编制》。成功争取“湖南省精品旅游线路重点县”建设项目，连续三年可获得1400万元项目扶持资金。全年争取文化项目资金200万元，扶持丁玲故居、太浮山历史文化广场、梅溪桥书香社区示范点等项目建设。启动30个重点贫困村综合文化服务中心建设，助推福船湿地旅游度假区、开泰山越野露营基地成为乡村旅游新热点。

六、社会宣传。开展历时4个多月的临澧八景评选活动，遴选出“林老故居、丁玲故里、金色浮山、宋玉古城、浪漫福船、青山流韵、亭水兰山、烽火开泰”等八景参评常德百景，广泛宣传临澧旅游景点和旅游特色。“丁玲讲坛”邀请省作协名誉主席水运宪，湖南省社会主义学院原常务副院长刘孝听来临讲学。组织参加全市百团大赛，临澧县7个团队参赛，获得11个奖项，获奖数量在全市排名第一；花鼓戏《自来水》获全省欢乐潇湘群文大赛一等奖。

七、文明创建。开展县城文明指数测评，制定工作方案，下达任务书，每月开展一次专项督查。设立文明创建曝光台，让市民参与测评活动。大力开展移风易俗活动。组织开展优秀“家风”、“家训”征集活动，收集优秀家训500余条。推进各级文明单位、文明村镇、文明窗口创建活动，邀请派驻纪检组全程监督争创活动，指导刻木山乡叶松枝家庭被评为市级文明家庭，指导17家单位成功创建县级以上文明单位，其中临澧县政协机关、临澧县委组织部被评为市级文明标兵单位，临澧县委办公室、临澧县人大常委会机关、临澧县委政法委被评为市级文明单位，临澧县国家税务局新安税务分局、中国太平洋财产保险股份有限公司临澧支公司被评为市级文明窗口单位，审计局、商务粮食局、统计局、食药工商质监局、消防大队、党校、佘市桥镇、总工会、统战部（工商联）、望城街道（筹）被评为县级文明单位。

八、队伍建设。选派50余人次参加省、市组织的中心组理论、网络舆情应急管理和新闻发言人、学习贯彻党的十九大精神等培训，举办1次全县微博、微信管理员培训，促进全县宣传思想系统干部提高政治理论和业务工作水平。

（金珂羽　王新荣）

【中共临澧县委讲师团成立】为加强思想理论建设，进一步发挥理论武装统一思想、凝聚力量的作用，经县委研究决定成立中共临澧县委讲师团。12月5日上午，中共临澧县委讲师团在县委党校挂牌成立，县委常委、宣传部长叶春华，县委党校常务副校长林德新出席挂牌仪式并与讲师团成员座谈。县委讲师团成员主要由县委党校理论教员、县委党史办（方志）骨干等组成，主要任务是负责抓好全县理论学习、社科理论研究、理论宣传；具体负责协助县委宣传部搞好理论学习双向反馈系统运用和考核；抓好各单位党委（党组）理论学习中心组学习辅导、检查、考试考核；围绕县委、县政府工作中心开展重大课题研究；组织县委特聘党的报告员为党员干部、基层群众理论学习提供指导和宣讲服务等。

（金珂羽　王新荣）

统战工作

【概况】中共临澧县委统战部是县委主管统一战线工作的部门，与台办合署办公，行政编制4个，县工商联、县台办为归口管理单位，县民宗局、县侨联为综合协调管理单位，县党外知识分子联谊会为归口管理社会团体组织。全县共有副科级以上党外干部37人，党外人大代表75人，党外政协委员128人，党外知识分子581人，工商联会员1112个，少数民族人口1.3万人，华侨、归侨及侨属侨眷、港澳同胞共8311人，一代台胞181人，涉台婚姻52对，佛教、基督教、道教、天主教4种宗教教派，宗教团体3个，正规宗教活动场所81处，教职人员59人，信教群众约3.4万人。

2017年，全县统战工作紧紧围绕县委“五大会战”“七大突破”的决策部署，扎实推进“凝心聚力‘十三五’行动”，为助推县域经济社会发展、改革与稳定汇聚新力量。临澧县委统战部评为全市统战调研工作先进单位、全市统战信息工作先进单位；《加强基层新阶层人士统战工作的机制探讨》获全市统战理论政策研究优秀成果三等奖；《实施“三聚工程”助推“两个健康”》获全市十大统战工作实践创新成果奖；临澧县黄花鱼产业项目评为市级“同心项目”、临澧县望城街道（筹）临安村评为市级“同心乡村”。县工商联再次获全国“五好”县级工商联荣誉称号。

一、教育宣传工作。继续在党外代表人士中开展“两学一助”（学系列讲话、学优良传统、助力新创业新临澧）学习教育，在非公有制经济人士中推进以“守法诚信、坚定信心”为重点的理想信念教育实践活动，在无党派人士中深入开展“不忘合作初心、继续携手前进”专题教育。全县17名党员县级领导带头与72名党外代表人士和非公有制经济人士结对交友（临发〔2017〕5号），组织召开全县党外科级干部座谈会，邀请部分非公经济人士参加人民大学百年明德企业大型公益讲座，组织统战部机关干部和知联会理事开展党的十九大精神学习调研活动，分次分批推荐和组织200余名统战领域代表人士参加省市县各级政策理论培训学习，进一步凝聚人心，增进共识。

二、服务发展工作。以“献策开放强县、助力产业立县”为主题，组织近百名党外知识分子联谊会会员开展调研建言活动，提交30多份调研报告，为县委政府在产业建设、城镇发展、文化旅游等方面提出意见建议。发挥工商联平台优势和异地商会作用，开展“引老乡、回故乡、建家乡”活动，迎接广东惠州商会组团赴临交流考察，促成一批项目合作意向。继续开展“同心项目”“同心园区”“同心乡村”及“同心社区”创建活动，加强培育指导，黄花鱼产业项目、望城临安村成为新的市级同心工程示范点。开展联企服务活动，重点宣传推介县金牛环保、高恒照明等10余家本地非公企业进行，促成政府采购本地名优产品额度近亿元，助推《帮扶工业企业十条》落实见效。推进“万企帮万村”“千侨帮困”“泛海助学”等品牌活动，争取香港吴星可基金会、马来西亚“星洲之星”、中国泛海集团泛海基金等慈善组织资金40多万元，使90名贫困学生、100名残疾人和低保对象得到救助。先淘卫浴公司作为市级“同心项目”，在佘市雅林、修梅高桥等地开办扶贫车间，探索企业+农户的扶贫新路子，带动贫困户就业脱贫，其做法经验得到省市统战部门的宣传推介。

三、党外人士工作。按程序补选7名党外人士担任县政协委员与人大代表，协同组织部门提拔重用、轮岗交流党外科级以上干部13名。对县工商联拟任执委的非公经济人士开展综合评价，对2名省人大代表侯选人进行审查与综合评价，推荐2名统战代表人士（何静、陈芳）补选为省政协委员。召开党外知识分子联谊会二届二次会员大会，推选优秀党外科级干部和新社会阶层代表人士进入知联会班子，纳入市级智库管理，新吸收40余名党外知识分子为县知联会会员。

四、民族宗教工作。成立县委民族宗教工作领导小组（临办〔2017〕43号），建立县、乡、村三级宗教管理工作网络和乡村两级责任制，着力化解一批涉稳难题。定期开展民族政策法规宣传教育与少数民族外来人口普查，保障合法权益。深入推进“和谐寺观教堂”创建、“宗教政策法规学习日”、“宗教慈善周”等系列活动，定期组织各宗教活动场所负责人及教职人员集中开展法制专题学习，集中整治宗教活动场所安全隐患，全面排查宗教干预教育等问题，审查换发81处宗教活动场所登记证。坚决抵御境内外宗教势力渗透，民族宗教领域未发生一起越级上访、群访事件及宗教场所安全事故。

五、港澳台侨交流。借助QQ群、“太浮山·两岸情”微信群等平台载体，加强与台胞台属及陆配的日常联系交流和宣传引导，参与市台办开展的“两岸一家亲·筑梦桃花源”台胞及后裔返乡行活动，对特困台胞台属开展走访慰问与生活救助活动。集中开展侨法宣传及涉侨权益保护，全面完成侨情摸底，更新充实信息库。根据摸底情况，有针对性地加强与外籍院士胡仕新等知名华人华侨的联谊力度。经市县侨联牵线搭桥，商务部门牵头服务，促成常德三屹进出口贸易有限公司在泰国新建泰中东盟建材产业经贸园。

六、自身建设。加强统战基层基础建设，统一规范乡镇统战委员由政协联络处主任担任，县直单位由分管政工的班子成员担任，各乡镇、街道（筹）都成立统战工作领导小组，初步形成党委统一领导、统战牵头协调、有关方面各负其责的大统战工作格局。建立健全工商联、台办、民族宗教与侨联等统战部门联席会议制度，每两月召开联席会议，统一调度统战工作，讨论解决相关问题。指导工商联完成乡镇、街道（筹）工商联分会（商会）换届或组建，会员增加至1112个。加强统战干部队伍建设，择优推荐参加中央、省市统战业务学习和知识竞赛，组织举办全县统战信息宣传与理论调研专题培训，邀请省社会主义学院副院长周述杰教授围绕新形势下的统一战线和十九大精神，为县委中心组集中授课。

存在的主要问题：一是少数单位和干部对抓好新时期统战工作的站位不高，动能不足；二是党外后备干部储备不充足，县直部门配备党外干部存在一定缺口；三是统战工作围绕中心、服务大局的作用发挥还不够充分。（办公室）

【全县党外科级干部座谈会】 1月12日，在县委三楼会议室召开，县委书记李正才，县委副书记辛春生，县委常委、组织部部长王海波，县委常委、统战部部长朱荣华出席会议。县委组织部、县委统战部相关负责人以及23名党外科级干部参加座谈会。参会党外科级干部结合自身工作经历和实践，畅谈收获体会，并就县委、县政府中心工作以及党外干部队伍建设提出意见建议。县委书记李正才就全县党外干部队伍建设提出三点要求：一是要充分认识党外干部队伍建设的重要性，增强工作信心；二是要全面提升履职能力，积极做到有为有位；三是要努力创造党外干部良

好政治生态，抓好党外干部的储备、培养、使用。（办公室）

【县委常委会讨论研究统战工作】 4月21日，县委召开常委会议，传达学习省委统战部长会议和市委统战对台暨民族宗教工作会议精神（常委会纪要2017第5号），统一明确乡镇统战委员由政协联络处主任担任，县直单位由分管政工的班子成员担任；调整完善统战工作联谊交友制度，同意以县委名义下发《临澧县委常委、党员副县长与党外代表人士及非公有制经济代表人士开展联谊交友活动的通知》；加大统战工作经费保障力度，所需经费经县财政审核后据实予以保障。（办公室）

【全县统战宣传信息与理论调研培训班】 7月19日在宋玉城二楼会议室开班，全县各乡镇、街道（筹）及县直有关单位统战委员、专干（信息员）与统战系统单位全体干部共55人参加培训学习。培训班邀请常德市委统战部宣信办主任梁传武、政研室主任刘双全分别以《统战信息宣传知识及有关问题交流》、《关于统战工作调研漫谈》为题授课。（办公室）

【“泛海助学行动”临澧捐助仪式】 9月8日，由县委统战部主办，县教育局、县扶贫移民开发局共同协办，在县教育局一楼大会议室举行。县委常委、统战部部长、经开区党工委书记朱荣华主持仪式，县教育局局长徐建新介绍2017年全县“泛海助学行动”活动情况，60名临澧籍建档立卡的贫困大学新生接受中国泛海集团泛海基金捐助30万元。（办公室）

【全县党外知识分子联谊会二届二次会员大会】 9月19日在县委党校二楼会议室召开。会议由统战部常务副部长李显钟主持，县委组织部副部长覃文山就知联会人事安排进行说明，知联会副会长、县房管局局长蒋鸣介绍知联会会员发展情况。会议审议通过《选举办法》（草案），按程序进行辞免增补后，会员总数达101名，选举会长1名，副会长2名，理事1名。县委常委、统战部部长、经开区党工委书记朱荣华出席会议并作重要讲话。会议还下发《关于调整和加强知联会活动组工作的意见》（临统发〔2017〕6号）、《关于组织开展“助力开放强县、献策产业立县”主题调研活动的通知》（临统发〔2017〕7号）等两个文件，明确分组安排和职责，单独成立医疗卫生组，新成立新社会阶层组，并就“助力开放强县、献策产业立县”主题调研活动进行具体安排部署。（办公室）

【省委统战部在临召开集中宣讲十九大精神调研座谈会】 12月22日，省委统战部临澧宣讲组洪真健处长一行4人，到临澧开展“下基层、摸实情、促学习”集中宣讲十九大精神调研活动。宣讲调研组实地参观考察了停弦渡镇铜山大庙、市级同心项目--湖南先淘不锈钢卫浴有限公司，并在县委三楼会议室召开调研座谈会，统战部及工商联、台办、民宗与侨联班子成员、干部职工，党外科级干部、党外知识分子、非公经济人士、新的社会阶层人士、宗教人士代表共30人参加会议。县委统战部常务副部长李显钟汇报全县统战工作情况和开展学习贯彻十九大精神情况，县党外知识分子联谊会会长涂杉杉、新阶层代表丁勇刚、民宗及侨联负责人尹启生、非公人士李晓明，围绕学习贯彻党的十九大精神和如何开展统战工作等方面进行交流发言。（办公室）

对台工作

【概况】 临澧县委台湾工作办公室（简称县委台办），对外加挂临澧县人民政府台湾事务办公室，现有编制4个，其中行政编制2个，事业编制2个。下设临澧县台胞服务中心，为股级公益一类事业单位，现挂牌在县委统战部办公。全县有一代台胞181人，涉台婚姻52对。

一、对台基础工作。 成立临澧县台胞服务中心，为县委台办下属股级独立法人单位，明确协调、服务等具体工作职责，建立相关运行机制，调配2名事业编制工作人员。健全对台工作机制，县委常委会明确各乡镇统战委员由政协联络处主任担任，具体负责统战、对台等工作的日常联络与安排落实（常委会纪要2017年第5号）。加强涉台人员动态管理，集中在各乡镇全面开展台胞、台属及陆配人员摸底，及时更新充实台账信息。通过申报登记、信息核实、联系沟通、走访慰问、强化服务等措施，着力帮助涉台困难群体解决入学、就医、就业等问题。利用重大节假日集中走访慰问周国良等10多名特困台胞台属。

二、涉台宣传教育。利用临澧统战网、常德统战网、常台两岸情、华夏经纬网等载体宣传对台工作，反映工作动态，扩大社会影响。将涉台宣传教育工作纳入党校科干班、中层骨干培训班等学习内容，开展涉台宣传教育进党委中心组活动，组织台办干部、乡镇对台工作联络员等认真学习对台方针政策及涉台相关知识，进一步深化对现阶段台海形势及两岸关系的正确认识。适时借助微信群、QQ群，或充分利用返乡祭祖探亲之际，向台胞、台属和陆配宣传国家对台政策，传递实现统一的愿望和支持和平的自信。尤其十九大召开后，积极加强与涉台人员的思想交流，切实增进对祖国大陆的政治认同，共同激发为实现祖国统一、推进和平发展进程的责任感和使命感。

三、对台联络工作。继续实施“互联网+”战略，利用“太浮山·两岸情”微信群、QQ群，与临澧籍陆配、旅台乡亲加强日常联系交流。交流人员从县级领导扩展到科级干部，交往对象从台商覆盖到二代台胞、陆配及青年学生，交流内容从经济发展逐步延伸到科学、文化及社会领域等方面。全年共接待回乡探亲的台胞8人次。其中4月，接待修梅籍台胞汪鼎杰老人一家，并邀请参加宋玉城生态休闲农庄、黄花鱼产业项目基地等，达成联谊交流与合作意向。7月，邀请邵彩云夫妇和朱宛昀夫妇参加由市台办组织开展的“两岸一家亲．筑梦桃花源”陆配返乡行活动。先后协助陆配朱虹联系落实儿子赴台上学相关事宜，帮助台属薛峰的幺爷（台胞）咨询回乡居住的相关政策等。（办公室）

机构编制工作

【概况】县委编委办主管全县机构编制工作，牵头负责全县体制机制改革工作和行政审批制度改革工作。共核定行政编制7名，实有5人。下属机构2个：县事业单位登记管理局，正科级，主要负责全县事业单位的登记、年度报告公示和监督管理，核定全额拨款事业编制5名，实有2人；县机构编制信息中心，正股级，主要负责全县机构编制信息管理维护工作，核定全额拨款事业编制3名，实有3人。2017年，县委编委办立足本职，服务大局，全面深化行政管理体制改革，严格机构编制管理，不断提升履职能力和服务水平，各项工作取得新成效，绩效评估考核排名全县第一。

一、行政管理体制改革工作。实现权力事项动态管理常态化、行政许可标准化，许可事项管理规范、许可流程规范、服务规范、受理场所建设规范、监督检查规范。全面完成经营类事业单位改革，先后对2家自来水公司、4家小水电、3家文化艺术演艺机构、2家农牧渔业经营单位进行转企改制，正式下文撤销广播电视服务部，收回自收自支事业编制，原有人员实行妥善安置，全县经营类事业单位全部取消。综合行政执法改革全面启动，食品药品、卫生计生、文化旅游、商务粮食综合执法改革基本到位，城市管理、住建规划、农林水利和交通运输领域综合执法改革统筹推进。推进纪检体制改革，县委巡察办、10个派驻纪检组和2个巡察组机构设置、编制划转、人员异动基本完成。

二、事业单位登记管理工作。全县386家事业单位已登记380家，登记率98.4%；已提交年度报告的366家，年度报告公示366家，公示率100%，合格率100%；新设立登记17家，注销登记 24 家，变更登记 178 家，变更事项达 256 项。发放事业单位统一社会信用代码证书 322 家，更换及发放行政机关证书 53 家、群团组织 9 家、垂直管理机关 1 家。

三、机构编制控管工作。加强机构编制集中统一管理，坚持编制在先原则，从紧控制考录计划，加强与组织、人社、财政等相关部门密切配合，以人、财、编一体化为目标，联合管控。畅通出口渠道，对所有自然减员人员及时办理下编手续，对 2015 年机构改革中提前退休人员全部办理下编手续，彻底清理清退“吃空饷”人员。创新方式方法，通过余缺调剂、内部挖潜、购买服务等手段，压减、空余编制，做到人编相符。

党史（方志）工作

【概况】中共临澧县党史资料征集办公室（县方志办）是县委、县政府负责征集地方党史及方志资料、编纂地方史志书籍的工作部门，事业单位编制，核定编制数 5 人（2017 年增加编制 1 人），核定领导职数 2 人（2017 年配备副主任 1 人）。2017 年，县党史办围绕史志资料编纂主业，扎实工作，克难奋进，实现了年度工作目标。

一、史志编修工作。调动本办干部的积极性，自主完成全年的修史编志业务工作。加快工作进度，《临澧年鉴》当年编纂，当年出版，扭转了《临澧年鉴》隔年出版的被动局面。按照出精品佳志的要求，对《临澧乡镇简志》进行反复修改完善，并送市党史主管部门及各区县（市）党史办进行评审，是 2017 年全市第一个完成乡镇简志正式出版工作的县级单位。正式启动《中国共产党临澧历史（1978—2012 年）》的初编工作，人员及各项保障全部到位。按照全市的部署，撰写《临澧县扶贫攻坚大会战专题》全面总结临澧县 2014 年以来的扶贫攻坚工作和成果，分综述、扶贫典型、脱贫故事、特色工作四大板块组织撰写专题资料，全面推介临澧扶贫工作。推进部门志编纂，《临澧财政志》正式出版，《临澧县人民医院志》《临澧教育志》完成初稿。

二、史志研究宣传工作。加强临澧藉党史人物的研究宣传，召开林伯渠精神研讨座谈会，省市专家及研究会会员共 60 多人参加，交流研究成果。组织再版印刷《林伯渠传》3000 册，为进一步研究宣传林伯渠提供资料。加强临澧老区历史的研究宣传，由县党史办牵头，组织县党史联络组老干部，开展临澧老区历史的研究，将研究成果编纂成《临澧老区简史》一书，印发 500 本，丰富临澧地方史宣传教育资料。全年开展党史联络组活动 3 次，组织老干部调研红色遗址保护工作，为崇秀寺南乡起义纪念设施建设和黄鳌烈士墓修缮分别支持资金 6 万元、1 万元，并将崇秀寺确定为临澧县党员干部党性教育基地。

三、其它工作。向省党史部门上报 2016 年临澧县委大事记、临澧县委工作概况、县级领导调研文章，修改审定《常德乡镇简志》临澧篇；为武陵、鼎城、桃源、石门、澧县的乡镇简志撰写评审意见，代表澧水流域在《常德乡镇简志》评审会上作专题发言。安排 1 名干部参加扶贫工作队工作，组织 3 名干部开展结对帮扶，每季度至少开展一次帮扶活动，落实帮扶资金 2 万元，送慰问金 2000 元；开展联校支教活动，支持资金 5000 元；参加防汛值班，支持防洪资金 1 万元；按要求逐一上门走访困难群众、复退军人、贫困学生等，送慰问金 3000 元。（办公室）

【林伯渠精神研讨座谈会】为纪念林伯渠诞辰 131 周年，传承林伯渠精神，3 月 20 日上午，临澧县召开林伯渠精神研讨座谈会。会议由临澧县林伯渠研究会主办，县党史办承办。县委常委、县委办主任邓慈陵，县委常委、宣传部部长叶春华，县人大常委会副主任刘朝年、黄新春，县政协副主席夏妍枝，县领导林德新，老领导王宏忠、黎卫平及省市专家学者、林老亲属代表，林伯渠研究会会员共 60 多人参加会议。林伯渠亲属代表齐放，省委党史研究室副主任、湖南省中共党史人物研究会常务副会长谢承新，中南大学政治学院教授、博士生导师、湖南省中共党史人物研究会副会长曾长秋，市委党史办主任刘李波及林伯渠研究会会员等专家学者就林伯渠的历史贡献、林伯渠研究宣传、林伯渠精神、林伯渠故居建设等主题进行了深入探讨。林老故居相关负责人详细汇报了林老故居景区建设情况，所有与会人员共同聆听了林伯渠在中国共产党第八次会议上的讲话录音。

座谈会现场（资料来源：临澧政府网）

【编纂《临澧老区简史》】 2017年5—10月，县党史办组织人员编纂《临澧老区简史》一书，并印刷500本。全书近5万字，内容包括党的建设、工农政权、群众运动、武装斗争、英雄人物、红色故事六大板块，主要历史事件详实准确，可读性强，是开展临澧地方史宣传教育的一本通俗简易教材。（办公室）

老干部工作

【概况】 中共临澧县委老干部局是县委主管离退休干部工作的主管部门，编制6个；县老干部活动中心，编制7个，为归口管理单位。至2017年12月，全县共有正科级以上离退休干部525人。其中离休干部23人，担任过实职的处级退休干部43人、享受处级待遇的退休干部30人，正科级以上退休干部429人。2017年，县委老干局以落实老干部两项待遇、加强离退休干部思想政治建设为抓手，紧扣“畅谈十八大、喜迎十九大”主题，深入开展老干部为党和人民增添正能量活动。全年为离退休干部整生祝寿33人次，生病看望41人次，去世吊唁24人次，妥善处理老干部信访3人次。

一、老干部基础工作。 提请县委常委会和县委老干部工作领导小组会议研究，同意成立县委离退休干部工委，为县委派出机构，在县委组织部指导下开展工作，主要负责指导全县离退休干部党建工作，日常管理由县委老干局负责，办公室设县委老干局，工作经费由县财政根据实际情况予以保障。强化离退休干部党支部活动经费保障。先后在临办发〔2017〕1号和临办〔2017〕54号两个文件中明确规定，凡离退休干部党员达3人以上的单位，要设立离退休干部党支部，并在行政经费中保障离退休干部党支部书记每月300元，支部委员100-200元工作补贴；各单位离退休干部党支部工作经费标准为每人每年不低于1000元，并按照不低于80%的比例将离退休干部党组织收缴党费下拨，用于离退休干部党员学习活动。创建“临澧老干之家”微信公众号，建立“临澧县老干部工作群”，在公众号和工作群中发布文件、解读政策、报道各单位老干工作动态等，整体推进全县老干部工作。

严格落实“三会一课”制度，以老干部党支部为单位，全力推进离退休干部“两学一做”学习教育常态化制度化。

二、老干部活动。 下发《关于在全县离退休干部中深入开展学习王新法同志先进事迹的通知》，组织老干部开展集中学习、交流讨论、撰写心得体会。以涉老组织为载体，围绕全市“聚力新常德、点赞新风尚、添彩新生活，喜迎十九大”正能量活动，引导全县离退休老干部深入开展“一心跟党走，点赞新临澧，喜迎十九大”为党和人民事业增添正能量活动。县关工委联合县教育局开展“百日阅读进万家”活动，下发《临澧县首届“书香临澧”·“百日阅读进万家”读书活动方案》，在县丁玲大剧院隆重举行“百日阅读进万家”颁奖活动，近300名学生、家庭获得奖励。县老年摄影协会组织会员为贫困户免费拍摄、洗印全家福照片。县老年诗词协会紧紧围绕县委、县政府中心工作开展诗词文化活动，撰写诗上万首，在市级以上刊物发表诗作及书画作品200多件次，获奖50多人次。县老年大学老年艺术团自创自编自演传承林伯渠精神的表演唱《马灯赞》和弘扬青山精神的湘北大鼓《不忘初心》参加市里会演。（办公室）

【全县涉老组织工作会议】 3月24日上午，县委、县政府在县老干局召开县关工委、老科协、老年大学、老年诗词书画协会、老年保健协会、老摄影家协会等涉老组织工作会议，总结和交流工作成绩与经验，探讨和加强今后工作的措施与办法。会议由临澧县委组织部部长王海波主持，县委副书记辛春生出席会议并讲话。辛春生重点强调各部门各单位要认真落实习总书记“用心用情做好老干部工作”的指示精神，要以高度的政治责任感做好老干部工作，以深厚感情关心照顾好老干部，积极支持相关涉老组织，在经费保障、阵地配套、活动开展方面推出新举措，把工作落到实处，充分发挥老干部的优势和特长，为“推进新创业、建设新临澧，建成以现代化城镇群为特征的生态宜居特色县”共同努力。全县各老年协会会长、副会长，各部门、各乡镇以及相关单位分管老干部工作的负责人和主管工作人员近百人参会。（办公室）

党校（行政学校）工作

【概况】 2017年，县委党校（行政学校）坚持“从严治校、品牌立校、创新强校、开放兴校”的办学方针，以争创全省示范性县级党校为目标，扎实开展各项工作。全年共举办学制1个月以上党校主体班次3期，其中：6月7日至7月6日年轻干部培训班，学员45人；9月18日至10月24日第一期科级干部进修班，学员52人；10月27日至11月24日第二期科级干部进修班，学员43人。协办党员发展对象、人大代表、纪检监察人员、办公室工作人员、城管执法人员、财务管理人员、烟花企业从业人员等各类培训班21期，培训各类人员3560人；协办各类会议35次。教研人员共撰写科研文章25篇，选送16篇参加省市各类研讨会征文，5篇获奖。《加强青少年健康心理素质培养刻不容缓》《关于设立并兴建林伯渠干部教育学院的几点思考》被市委党校系统批准立项，《新型城镇化背景下现代化城镇群建设相关问题的研究》被省委党校系统批准立项。选派8名教师参加党的十八届六中全会精神宣讲团和党的十九大精神宣讲团，共讲课150多场次，受众人数达到16000多人次。

（李光元）

概　　述

临澧县人大常委会是临澧县人民代表大会的常设机构，现有县第十七届人民代表大会代表208名，常务委员会组成人员31名，下设“七委一室”，即财经委、法制委、联工委、内司工委、农工委、教科文卫工委、环资城建工委和办公室。大会闭会期间，根据《宪法》和《地方组织法》的规定，其主要行使重大事项决定权、监督权、人事任免权。

2017年，县人大常委会共召开常委会会议9次、主任会议15次；听取和审议“一府两院”专项工作报告35个，发出审议意见13份，作出决议决定8个；开展视察调研3次、执法检查1次，配合省市人大检查调研9次；审查备案县政府规范性文件40件，评议部门工作5项，评议法官、检察官4人；任免国家机关工作人员35人次，其中任命30人、免职5人；督办代表议案建议46件，受理群众来信来访107件205人次。

一、服务大局工作。支持联系点刻木山乡岩龙村重点发展脐橙产业，助力脱贫攻坚，全村脐橙种植面积近8000亩，人均产业收入近5万元。推进产业立县，常委会先后作出关于做大做强全县油茶产业、关于整治烟花爆竹企业违法分包、转包行为等决议。听取和审议文化旅游产业发展情况汇报，开展文物保护工作集中视察，促进文化旅游融合发展。听取经开区运行体制情况汇报，对经开区健康发展提出意见建议。促进城镇发展，听取和审议县人民政府关于提请审议撤销安福镇、设立两个街道的议案，作出批准议案的决定。组织代表对合口镇等小城镇建设项目现场视察，对加快小城镇建设提出意见和建议。

二、人大监督工作。组织开展道路交通安全法执法检查，配合上级人大开展社会保险法、禁毒法、常德市饮用水源环境保护条例等法律法规的执法检查。先后听取和审议渔业法贯彻实施情况、县政府《关于开展第七个五年法制宣传教育的决议（草案）》及说明、县政府依法行政工作报告、2016年财政决算（草案）、2017年财政预算调整方案（草案）、2016年财政预算执行和其他财政收支审计报告、2016年融资使用情况的报告、关于政府融资平台启动棚改项目融资情况、环境状况和环境目标完成情况等，并做出相关决议。组织主任会议成员，现场视察县人民医院新建、道水河综合整治、县城自来水厂新址、老冷冻厂和梅溪路棚户区改造等县城区重点民生工程和建设项目。组织开展“环保世纪行”“农产品质量安全行”“农民健康行”“民族团结进步行动”“司法公正常德行”等主题活动。组织县人大代表对县政府教育、人力资源和社会保障、商务粮食、文体广新、畜牧水产5个方面的工作进行评议。听取和审议“一府两院”关于刑事侦查、公诉、刑事审判专项工作报告，对2名法官和2名检察官履职情况进行履职评议，进一步规范刑事诉讼涉案财物管理工作。组织代表参加旁听法庭审理3次，参加“5·26”检察开放日、法院“8·18”、“12·4”公众开放日和“11·15”集中执行等活动。

三、人大代表工作。4月，在县委党校举办全体县人大代表学习培训班；5月和9月，分别组织部分市县人大代表、人大工作者赴全国人大培训基地，集中开展业务培训。组织代表列席常委会会议、主任会议、“一府两院”重要会议，参与工作调研、执法检查、工作评议等活动，组织议政日活动2次，开展省市代表集中视察1次、市代表小组活动3次。对十七届人大二次会议代表提出的3件议案、43件建议，向“一府两院”交办。对3件议案，组织专题调研，分别作出决议。（吴桂彬）

重要会议

2017年2月8日至10日，县第十七届人民代表大会第二次会议。在县城丁玲大剧院召开，会议听取和审议了县政府工作报告、计划报告、财政报告和县人大常委会工作报告、法院工作报告、检察院工作报告，会议经过审议，依法批准了这些报告。会议还听取了县第十六届人大五次会议代表所提议案的情况汇报。会议期间，共收到代表提出的议案3件，建议、批评和意见43件。

3月21日至22日，县第十七届人大常委会召开第二次会议。会议审议了十七届人大二次会议议案办理要求和目标，并分别作出了《关于进一步加强县城区规模小区物业管理的决议》《关于做大做强临澧县油茶产业的决议》《关于加大对烟花爆竹企业违法分包、转包、多股东独立组织生产行为整治的决议》。会议决定组织人大代表2017年对县政府教育、人力资源和社会保障、文体广新、商务粮食、畜牧水产5个方面工作进行工作评议。会议决定任命高波为县人大常委会环境资源保护城乡建设工作委员会主任、肖承银为县人大常委会农业农村工作委员会主任、邓泽位为县人大常委会办公室副主任、陈文平为县人大常委会农业农村工作委员会副主任，决定免去刘常清的县人大常委会农业农村工作委员会主任职务、高波的县人大常委会办公室副主任职务、唐建军的县人大常委会农业农村工作委员会副主任职务，接受丁新楚等9人辞去临澧县第十七届人民代表大会代表职务。

5月10日，县第十七届人大常委会召开第三次会议。会议审议了县人民政府关于提请审议《关于开展第七个五年法治宣传教育的决议（草案）的议案》，作出了关于开展第七个五年法治宣传教育的决议，听取和审议了县人民政府依法行政工作情况的报告关于渔业法贯彻实施情况的报告。

6月30日，县第十七届人大常委会召开第四次会议。会议听取和审议了县人民政府关于县本级2016年财政决算（草案）的报告及预算执行情况的审计报告，审查批准2016年度财政决算；听取和审议了县公安局关于请求对县人大代表王和清执行行政拘留的报告。

9月1日，县第十七届人大常委会召开第五次会议。会议听取和审议了刑事侦查、公诉、刑事审判工作的情况报告；听取和审议了县人大常委会执行检查组关于道路交通安全法执法检查的情况报告；听取和审议了县人民政府关于落实渔业法审议意见的情况报告、关于落实依法行政工作审议意见的情况报告。评议了法官、检察官履职情况，对2名法官和2名检察官履职情况进行了评议。

10月9日，县第十七届人大常委会召开第六次会议。会议听取和审议了县人民政府关于提请审议撤销安福镇，设立两个街道的议案，作出了批准议案的决定。

10月31日，县第十七届人大常委会召开第七次会议。会议听取和审议了县人民政府关于2017年1—9月财政预算执行情况的报告，审查和批准了2017年财政预算调整议案；听取和审议了2016年财政预算执行情况和其他财政收支情况审计报告指出问题的整改意见；听取和审议了县人民政府关于代表议案建议办理情况的报告、关于油茶产业发展情况的报告、关于文化旅游产业“十三五”规划贯彻执行情况的报告。

12月13日，县第十七届人大常委会召开第八次会议。会议补选了常德市人大代表，决定免去肖斌、胡庭成的县人民法院副院长职务，接受唐建军辞去县第十七届人大常委会委员，接受陈勇辞去县第十七届人大代表。

12月22日，县第十七届人大常委会召开第九次会议。会议听取和审议了县人民政府关于2016年融资使用情况的报告；听取和审议了县教育局、县人力资源社会保障局、县文体广新局、县商务粮食局、县畜牧水产局关于2017年代表工作评议整改意见落实情况的报告；听取和审议了县公安局刑侦、检察院公诉、法院刑事审判工作审议意见落实情况的报告；听取和审议了县人民政府关于落实道路交通安全法执法检查审议意见情况的报告、关于环境状况和环境目标完成情况的报告，会议还审议决定召开县第十七届人大三次会议有关事宜。（吴桂彬）

重要活动

一、道路交通安全法执法检查活动。7—8月，县人大常委会组织开展道路交通安全法执法检查。7月28日，县人大常委会召开动员会，8月8日，执法检查组听取相关部门自查情况的报告，随后分4个小组通过召开座谈会、查阅资料、现场调查、电话回访等方式，对县政府有关部门、乡镇政府执行法律法规情况进行检查。9月1日，县第十七届人大常委会第五次会议听取和审议执法检查报告，指出了法律常识不普及、安全设施不完善、监管执法不到位、交通警力不充足等问题。12月22日，县第十七届人大常委会第九次会议听取和审议了县人民政府关于落实道路交通安全法执法检查报告审议意见的情况报告。

二、部门单位工作评议活动。2017年6—8月，县人大常委会组织50多名县人大代表分成5个组，对县政府教育、人力资源和社会保障、商务粮食、文体广新、畜牧水产等部门单位5进行工作评议。代表们围绕贯彻执行法律法规及党的方针政策、贯彻执行上级和本级人民代表大会及其常委会决议决定、接受县人大常委会的监督、办理人大代表议案建议、依法行政、执行财经纪律等方面工作进行评议调查，委托县审计局对相关部门进行审计。8月4日，县人大常委会召开代表评议大会，在听取各方面工作情况汇报、审计报告以及评议调查报告后，参会代表进行评议发言，最后进行无记名投票，5个方面工作均通过评议。会后，县人大常委会综合代表们的意见，形成评议整改意见，交相关部门整改落实，县政府及相关部门认真整改问题。12月22日，县人大常委会第九次会议听取和审议代表评议工作整改意见落实情况报告。（吴桂彬）

【《走进宋玉城》丛书出版发行】由临澧县人大常委会组织编纂、宋玉研究专家吴广平教授主编的《走进宋玉城》丛书，由湖南人民出版社于2016年12月出版，2017年面向海内外发行。整套书《走进宋玉城》丛书包括43万字的学术专著《宋玉与临澧》、46万字的学术论文集《中外学者论宋玉》、51万字的文艺作品集《宋玉颂》、61万字的电视和电影剧本《赋圣宋玉》四部书，合计201万字，汇集了临澧本土学者及法国、日本、韩国、马来西亚、中国大陆与台湾等国家与地区许多知名学者、艺术家的宋玉研究与创作成果，是迄今为止海内外编辑出版的篇幅最大、作品最多的宋玉研究丛书。（吴桂彬）

《走进宋玉城》丛书编纂工作于2014年5月

启动，8月12日丛书编纂办公室正式挂牌，史新林、颜家庆、江从镐、覃柏林等编纂人员经过一年多的紧张编纂，从收到的800多件稿件中精心筛选，于2016年9月最后确定271件作品入选本套丛书。其中《宋玉与临澧》一书收入探讨宋玉的生平、创作与临澧关系的学术论文35篇，并附录14篇宋玉辞赋的导读；《宋玉颂》一书汇集了以临澧本土艺术家为主创作的书法、美术、篆刻、诗歌、辞赋、散文、小说、曲艺演唱、戏曲剧本、歌曲作品183件（篇）；《赋圣宋玉》收入了临澧本土艺术家创作的描写宋玉的剧本两部（包括两集动画电影剧本一部和三十集电视连续剧剧本一部）；《中外学者论宋玉》选入法国、日本、韩国、马来西亚、中国大陆与台湾的学者研究宋玉的论文37篇。（吴桂彬）

临澧县人民政府

概　　述

【概况】2017 年，是新一届临澧县人民政府深入贯彻党的十九大精神，积极响应市委、市政府“开放强市、产业立市”战略，齐心协力、真抓实干，较好地完成了县第十七届人大二次会议确定的目标任务。全年实现一般公共预算收入 7.86 亿元，比上年增长 7.8%，其中税收占比 87.3%，纳税过千万元的工业企业增加 3 家。先后被评为全国粮食绿色高产高效创建标兵县、水土保持综合治理重点县，全省平安县市（区）创建示范单位、粮食生产先进县、环保工作先进县、“四好农村路”示范县、农村社区居家养老示范县、动物疫病防控绩效考核先进县；成为全国高效节水灌溉项目县、殡葬改革综合试点县，全省“产城融合”综合试点县、环洞庭湖精品旅游线路重点县、农业综合开发普惠扶持油茶新造试点县、水行政执法责任制建设试点县、农村水价综合改革试点县；县工商联被评为全国“五好”县级工商联、新安镇成功创建全国特色小镇、佘市桥镇入选全省美丽乡镇示范镇、修梅镇高桥村荣获全省首批“经典文化村镇”称号。

一、经济发展。全年全县实现地区生产总值 171 亿元，比上年增长 8%；三次产业结构比调整为 19∶36∶45。招商引资：参加“德商恳谈会”“港洽周”等大型经贸招商活动，签约项目 50 个，其中过亿元项目 17 个，到位内外资 68 亿元，增长 17%。争取棚户区改造中央和省补助到位资金 1.7 亿元，争取沅澧快速干线项目纳入省债券补助范围，全年到位上级资金 19.7 亿元，比上年增长 40.7%。工业：全县 117 家规模工业企业实现总产值 160 亿元、增加值 38 亿元，分别比上年增长 13%、9.2%。打造新材料产业孵化基地，入驻企业 28 家。实施园区攻坚大会战，投资 7.2 亿元配套建设园区基础设施，新建标准化厂房 12.2 万平方米，开工建设亿元以上工业项目 9 个，园区规模工业总产值突破百亿元大关。农业：种植粮食 95.8 万亩、油菜 44.5 万亩，新造低改油茶 2.15 万亩，新扩低改柑橘 1.1 万亩，种植烟叶 1.53 万亩，推广黄花鱼养殖水面 5.3 万亩。加强农业标准化生产，兴办标准化生产基地 6 个、新认证“三品一标”16 个。培育新型农业经营主体，新增农民合作社 88 家、家庭农场 288 家、种养大户 87 户。现代服务业：实现社会消费品零售总额 65.5 亿元，增长 10.6%。新入限商贸企业 8 家，福泰物流、顺丰车业被纳入全市物流标准化试点体系。成立县级电商公共服务中心，有销售业绩的大型电商平台达 200 多家、网（微）店 1000 多家，年交易额超过 4 亿元。推进全域旅游，林伯渠故居、丁玲故居、太浮山、环官亭湖、青山工程等重点景区配套提质，福船湿地旅游度假区、开泰山越野露营基地成为乡村旅游新热点，刻木山国家石漠公园通过国家评审。全县外贸行业有业绩企业总数达到17家，3家实现破零、3家实现倍增，完成外贸进出口总额3000万美元，境外劳务外派收入1800万美元。

二、城乡建设。城镇建设：实施城镇带动大会战，县城区投入2.9亿元。王家河路、九龙南路、灵泉西路等建成通车，寒溪路、青年路、梅溪路、农科路等项目进展顺利，基本消除城区断头路；县法院审判大楼、县公安业务技术用房、老年康乐中心完成主体工程，第一书香、曙光融城等房产开发进展顺利，碧桂园落户临澧。持续开展市容市貌、交通秩序、控违拆违等专项整治，全面实施私房禁建，国卫创建成果有效巩固。现代小城镇群建设试点有序推进。城乡基础建设：实施交通跨越大会战，沅澧快速干线一号大道太平至鼎城段建成通车，临澧火车站开通动车，争取到呼南高铁在临澧设站；投资10亿多元，新改建干线公路59千米、建设农村公路111.7千米、改造农村危桥8座，完成农村公路安保工程120千米。实施水利建设大会战，投资5亿多元，完成各类水利工程3700多处。改造农村电网33个，新建贫困村光伏电站5个、沼气工程12处。建设高标准农田4.8万亩、机耕道300千米。推进智慧临澧建设，互联网+监督、综治指挥中心、科技治超、智慧安监四大平台投入应用。生态建设：推进大气污染防治行动，117座小石灰窑全部关停，县城区27台燃煤锅炉全部关闭或“改烧”，淘汰黄标车274台，全县空气质量平均优良天数达到300天。实施水污染治理行动，关闭11家造纸企业、29家塑料粒子厂，176家规模养殖场完全退出，建设污水处理厂3个，全县四个考核断面地表水达标率100%。扎实推进河（湖）长制，构建了县、乡、村三级河（湖）长责任体系。严格建设项目环评审批，否决不符合环保政策项目6个。完成农村环境综合整治整县推进项目，办结中央环保督察交办的问题。继续加强土壤污染综合防治、生态红线划定、打击非法电捕鱼等工作。

三、改革攻坚。深化园区“一权两制一司”改革，完善协调和服务机制。深化商事制度改革，建立统一的事中事后监管平台。深化“放管服”改革，全县18家行业协会与行政机关全面脱钩。启动农村集体产权制度改革试点，实现公共资源交易平台与市级整合。医药卫生体制改革、税收征管体制改革、公车改革、供销社综合改革、不动产登记改革、农村土地确权登记颁证等稳步推进。激活融资经营体制。策划运作投资17.2亿元的县城区安全饮水工程PPP项目和投资15.7亿元的城乡一体化智能交通PPP项目；加大政府存量债务置换和化解力度，新增债券1.53亿元、置换债券5.2亿元；积极争取政府融资，累计到位18.78亿元，其中棚户区改造争取融资20亿元，到位10.45亿元。加强土地经营，实现土地综合收益3.57亿元。新增银行贷款16亿元。

四、民生社会事业。城乡居民人均可支配收入分别达29473元、15402元，分别增长8.6%、8.7%。脱贫攻坚：统筹各类财政资金8205万元，发放小额信贷7552万元；改造贫困农户危房768户，实施易地扶贫搬迁954人；全年脱贫5734人、贫困村退出10个。就业和社会保障：新增城镇就业4913人、农村劳动力转移就业3678人、创业主体2228个，发放创业担保贷款2685万元。入库各类社保基金11.48亿元，发放各类社会保险待遇10.9亿元，开通医保异地就医联网直接结算。城乡最低生活保障、困难群众兜底救助、居民基础养老金标准继续调高，发放各类救助金、特困供养资金1.3亿元。建成标准化农村留守儿童之家示范点10个、省级养老服务示范点7个。教育：改造农村薄弱学校10所，建设标准化学校2所，新建幼儿园4所；高考一二本上线率首次突破60%，清华、北大录取7人；城区义务教育学校起始年级消除“大班额”，建成校车4G动态监控平台。医疗卫生：县中医院新住院楼投入使用，县疾控实验检测大楼、县血防院综合楼基本竣工，县人民医院、县妇保院整体搬迁顺利推进，实施药品采购“两票制”，推进血防疫区封洲禁牧淘汰牛羊工作。安全维稳：汲取“5·16”事故教训，建立企业负责、职工参与、政府监管、行业自律和社会监督的安全生产责任体系。全面开展安全生产领域“打非治违”专项行动和安全生产大检查、百日整治大会战，严格落实“一单四制”，烟花鞭炮、非煤矿山、危险化学品、公共消防等10大行业领域的重大安全隐患有力整改。佘市桥镇被评为全省安全生产示范镇。推进建设“无上访村（社区）”工作和平安临澧建设综治民调满意率位居全省第一方阵。

五、政府效能建设。法治政府建设：出台法治政府建设纲要实施方案，落实专家咨询、法律顾问、政府合同审查、风险评估、重大决策听证等制度。自觉接受县人大及其常委会的法律监督、工作监督以及县政协的民主监督，定期向县人大报告工作，向县政协通报工作情况，全年办理人大代表议案建议44件、政协委员提案93件。干部作风：深入推进“两学一做”学习教育常态化制度化，贯彻落实党的十九大精神，党员干部“四个意识”进一步增强。严格落实改进干部作风各项规定，规范支出管理，“三公”经费比上年下降9.7%。从严查处国家公职人员违规参与涉矿等经营性活动、“雁过拔毛”式腐败等问题，转变全县政风行风。开展企业帮扶活动，为企业解决过桥资金4.1亿元，采购本地名优产品突破1亿元。改善经济环境，开展行政执法、企业和项目周边、办事服务、招投标环境专项整治，组织处理或政纪处分9人，行政和刑事拘留27人。提高办事效能，启动减证便民行动，继续推进行政审批“两集中、三到位”，加强网上政务服务和电子监察系统应用，没有因行政过错在网上产生红黄牌。推进行政许可标准化，调整权力事项58项，精简行政许可事项7项，对193项行政审批项目审批时限进行清理和压减，进厅各类事项现场办结率85%、按时办结率100%。

存在的主要问题和不足：一是工业经济基础不强，传统产业比较薄弱，新兴产业发展缓慢；二是财政收入增长有限，财源培植亟待加强；三是城乡基础设施还比较薄弱，污染治理、安全维稳的任务还很重；四是政府自身建设还存在不足，少数干部不担当、不作为、不勤不廉等问题依然存在，经济发展环境有待进一步优化。（办公室）

重要会议

一、政府全会：

7月12日，县政府十七届一次全体（扩大）会议暨县政府工作会议。全会主题：法治政府建设；县政府工作会议主题：总结上半年工作，安排部署下半年工作。出席人员：李正才、蒋颖群、杨华桥、朱泽欣、徐兴庭、夏雄英、陈清、汪年生、毛世秋、饶金山、盛绍文、王毅、苏群英、龚金宏、陈仲喜。

二、常务会议：

1.1月17日，县政府十七届二次常务会议，研究《政府工作报告（讨论稿）》和《2017年财政预算（草案）》。出席人员：蒋颖群、徐兴庭、陈清、汪年生、毛世秋、饶金山、盛绍文、苏群英。列席人员：黄新春、廖孝波、乔玉平

2.2月21日，县政府十七届三次常务会议，学习《中华人民共和国旅游法》，研究2017年重点项目建设方案，研究“六五”普法总结和“七五”普法工作思路，研究2017年棚改融资工作，

研究县城区安全饮水工程PPP项目建设工作，研究东常高速临澧连接线建设方案。出席人员：蒋颖群、陈清、汪年生、毛世秋、饶金山、盛绍文、王毅、苏群英。列席人员：刘朝年、蒋谟金、乔玉平、龚金宏。

3.5月3日，县政府十七届四次常务会议，学习《中华人民共和国政府采购法实施条例》，讨论《临澧县贯彻落实〈法治政府建设实施纲要（2015—2020年）〉实施方案》《临澧县领导干部经济责任审计领导小组议事和工作规则》《临澧县政府投资建设项目审计监督实施办法》《临澧县政府投资项目建设管理暂行办法》，研究农

村留守儿童关爱保护工作，研究殡葬改革工作，研究县城区建筑渣土运输规范管理工作。出席人员：蒋颖群、陈清、汪年生、毛世秋、饶金山、王毅、苏群英。列席人员：刘朝年、郭祖福、龚金宏。

4. 6月1日，县政府十七届五次常务会议，学习《烟花爆竹安全管理条例》，研究贯彻落实国家安监总局烟花爆竹安全监管工作会议精神，研究《临澧县县级党政领导安全生产责任清单》及《临澧县有关单位安全生产职责清单》，研究“互联网”+政务服务工作，研究校园安全工作，研究城乡低保及特困供养人员和社会保障兜底脱贫对象认定清理整顿工作，研究血吸虫病疫区封洲禁牧淘汰牛羊工作。出席人员：蒋颖群、陈清、汪年生、毛世秋、饶金山、盛绍文、王毅。列席人员：邓少剑、邹航、乔玉平、罗立杰、龚金宏

5. 6月13日，县政府十七届六次常务会议，研究贯彻落实6月12日市委常委扩大会议精神，研究县城区安全饮水PPP项目建设工作。出席人员：蒋颖群、徐兴庭、陈清、汪年生、毛世秋、饶金山、王毅、苏群英。列席人员：钟音、夏妍枝、乔玉平、龚金宏、陈仲喜。

6. 8月8日，县政府十七届七次常务会议，学习《中华人民共和国保密法》，研究县城区安全饮水工程PPP项目采购结果确认工作及城乡低保认定清理整顿、贯彻落实国家省市安全生产电视电话会议精神、太浮镇八仙村—陈二铺社区桥头组岩熔塌陷地灾防治、石膏矿无主采空区地质环境综合治理、《临澧县县级储备粮管理办法》、森林防火、县政府保密等工作。出席人员：蒋颖群、徐兴庭、陈清、汪年生、饶金山、王毅、苏群英。列席人员：杜权华、张平、邓少剑、郭祖福。

7. 9月4日，县政府十七届八次常务会议，学习《企业投资项目核准和备案管理办法》，研究安全生产、政府合同管理、健康扶贫工作。出席人员：蒋颖群、徐兴庭、陈清、饶金山、盛绍文、王毅、苏群英。列席人员：张平、刘朝年、夏妍枝。

8. 9月21日，县政府十七届九次常务会议，研究撤销安福镇设立街道工作。出席人员：蒋颖群、徐兴庭、陈清、汪年生、饶金山、王毅。列席人员：杨华桥、朱泽欣、夏雄英。

9. 10月28日，县政府十七届十次常务会议，研究2017年县财政预算调整工作。出席人员：蒋颖群、徐兴庭、陈清、汪年生、饶金山、盛绍文、王毅、苏群英。列席人员：郭祖福

10. 10月30日，县政府十七届十一次常务会议，学习《湖南省税收保障办法》，学习贯彻党的十九大精神，研究全市三季度经济形势分析会议精神贯彻落实工作及《临澧县突发事件总体应急预案》修订工作。出席人员：蒋颖群、徐兴庭、汪年生、饶金山、王毅。列席人员：邓少剑、蒋谟金、李强。

11. 12月7日，县政府十七届十二次常务会议，学习《中华人民共和国文物保护法》，贯彻落实市安委全体（扩大）会议精神，研究推行河（湖）长制、烟花爆竹生产企业视频监控系统运行、病死畜禽无害化处理体系建设、2017年度全县贫困村退出工作。出席人员：蒋颖群、陈清、汪年生、饶金山、盛绍文、王毅、苏群英。列席人员：张平、刘朝年、邹航。

12. 12月21日，县政府十七届十三次常务会议，研究《2018年财政预算（草案）》。出席人员：蒋颖群、徐兴庭、汪年生、饶金山、盛绍文、王毅、苏群英。列席人员：张平、林宜泉、夏妍枝。

三、县长办公会：

1. 5月27日，研究车改工、计划生育特殊家庭关爱机制建设洞庭湖区养殖环境综合整治行动第三期退养、农业农村、电子商务发展工作及临澧县参加市七运会等工作。出席人员：蒋颖群、陈清、饶金山、盛绍文、龚金宏。

2. 6月9日，研究脱贫攻坚、县城区安全饮水PPP项目相关工作。出席人员：蒋颖群、陈清、汪年生、毛世秋、饶金山、盛绍文、王毅、苏群英。

3.6月19日，研究县粮食储备库1万吨收纳仓项目建设及安全生产隐患交办工作。出席人员：蒋颖群、徐兴庭、陈清、汪年生、毛世秋、饶金山、苏群英。

4.9月4日，研究被征地农民生活保障费调整及新水厂平面布局设计工作。出席人员：蒋颖群、辛春生、徐兴庭、陈清、饶金山、盛绍文、王毅、苏群英。

5.9月11日，研究烟花爆竹企业复工、烟花爆竹流向管理系统建设及变更运输车辆和“打非”工作，研究加强全县安监队伍建设工作。出席人员：蒋颖群、汪年生、饶金山、王毅、廖孝波

6.12月7日，研究林伯渠故居创建国家AAAA级旅游景区建设项目结算有关工作。出席人员：蒋颖群、陈清、汪年生、盛绍文、王毅、苏群英、刘开新。（办公室）

办公室工作

【概况】 秘书机要保密工作。公文办理坚持“严格程序、控制数量、保证质量”的原则，严格执行规范性文件法制办审核、人大备案审查等制度，办文数量得到控制，全年共办理各类公文387期。筹备14次县政府常务会议、7次县长办公会议、21次县政府专题会议，牵头或协助组织全县性大会5次。机要保密严格执行机要保密工作制度，坚持通过省、市和县内网上办公系统等处理机要信息、文件资料，做到了手续清、传递快、保密严。

综合调研信息工作。全年共起草文稿210多篇，其中领导报告、讲话65篇，经验典型材料10篇，综合性调研文章、情况汇报47篇，编发《政情通报》1期。编发报送政务信息957条，其中被市以上采用109条，为各级领导知情临澧、把握全局、科学决策提供了信息参考。

机关事务工作。严格规范财务管理，从严控制机关“三公经费”，严格执行公函接待制度，公务支出下降。公务车辆实行定点维修、定点加油、季度公示，严禁公车私驾、私用、私用。机关院落推行物业管理，实行24小时巡查登记制度。

督查联络工作。全年共组织参与专项督查80多次，其中全县性大型督查32次，印发督查通报3期、督查专报18期；向市政府报送相关工作落实情况23次，组织迎接市委、市政府工作督查20次，调查处理群众来信来访领导批示文件25件。办理建议提案137件，其中人大代表议案3件、议案转建议21件、建议案20件，政协主席会议建议案3件、政协委员提案39件、提案转重点信访或建议件51件；承办县人大代表、政协委员议政日活动2次，省、市人大代表视察和代表小组活动4次，组织召开政府议定工作、两案及实事调度会议6次。所有建议提案都在法定期限内按期办理完毕，满意率或基本满意率达100%。

值班应急管理和县长热线工作。坚持24小时值班制度。开展“5·12”防灾减灾日应急宣传活动1次，发放宣传资料9000多份。县长热线办共处理各类咨询、建议、投诉等3800件左右，其中各类电话投诉2200件，县长信箱群众来信390件，市社会救助服务平台960件，市长热线交办件（市长信箱）50件、市长热线交办件（常德论坛）100件。（办公室）

发展改革及物价工作

【概况】 临澧县发展改革物价局是主管全县发展、经济体制改革、价格和收费工作的县人民政府工作部门。全局有在职人员29人，其中行政编人员17人，事业编人员12人；退休人员15人；44人中有党员38名。内设办公室、服务业发展办、重点办、价格监督检查局、现代小城镇群办、投资股、农经股、行政许可办（招标办）、

工交基础产业股、价费股（价格认证中心）、财务股等11个股室。同时承担易地扶贫搬迁、城镇群建设、项目建设、公车改革、高铁建设等县委、县政府中心工作的牵头任务。2017年，临澧县发改局紧扣县委、县政府决策部署，强化职能，改进作风，创新方式，各项工作取得新成效。

一、脱贫攻坚工作。全县异地搬迁工作："十三五"期间临澧县异地扶贫搬迁计划为1086人、总投资6516万元，其中，2017年搬迁954人、投资5724万。为扎实推进异地扶贫搬迁项目，先后制定下发《临澧县2017年异地扶贫搬迁工作方案》《临澧县异地扶贫搬迁项目和资金管理暂行办法》等文件，在烽火乡召开全市异地扶贫搬迁现场推进会，全县异地扶贫搬迁开工建设率达100%，竣工搬迁入住318户942人，占年度总计划的98.7%，完成总投资5621万元，占年度计划的98.2%。联系点王化点村扶贫工作：王化村有建档立卡贫困户100户295人，2017年任务是脱贫31户113人，同时王化村脱贫摘帽。至年底，31户贫困户人均纯收入超过3500元标准；全村25户以上联户自然道路均已实现通达，村内水库均已除险加固，绿化道路6.5千米，安装太阳能路灯103盏；无取水半径超过一千米的农户；100%农户家中通生活用电；适龄学生178人无因贫辍学情况；按计划危房改造20户，易地搬迁12户；贫困发生率为1.48%，村集体收入达9万元，实现贫困村退出。

二、"城镇群"建设工作。临澧"一城五镇"现代城镇群建设试点是近十年来临澧事务首次纳入市委决策视野的大事。县委、县政府成立工作领导小组，抽调业务骨干谋划总体思路，重点围绕现代小城镇群建设的现实基础、优势特色、发展定位、主要目标、战略任务和重大项目，进行7个方面的专题调研，形成了《临澧县现代小城镇群建设总体思路（送审稿）》；争取试点示范，"一轴两核"城镇群产城融合试点进入省发改委"产城融合"综合试点范围，交通城乡一体化试点进入省级示范范围，新安镇成功创建全国特色小镇，成为常德首个入选的特色小镇。

三、项目建设。重点工程项目：全县95个重点工程计划投资93亿元，开工项目85个，开工率89%，投资73亿元，占年计划的78%。老1836省道大中修工程、工业项目技扩改、众创服务中心及创福佳园建设等57个项目完成年度投资计划或竣工投产。项目前期工作：全年全县共安排重大项目前期42个，35个完成进度目标任务，拟转化为下年度重点项目18个，其中提前开工项目8个。项目开发：全年全县共安排111个重大项目开发任务，已开发92个，开发完成率83%，其中5000万元~1亿元项目58个，1亿~10亿元项目24个，10亿元以上项目10个。

固定资产投资项目：年底，入库项目270个，投资113.8亿元，增速-18.8%。其中，4000万元以上项目入库57个，投资44.94亿元，4000万元以下入库213个，投资62.52亿元，房地产投资6.36亿元。

四、争资争项工作。全县争取到位资金19.7亿元，占全年任务的102%，同比增长40.7%。其中中央、省预算内投资项目资金2.3亿元。各类项目资金中，到位资金1000万元以上的大项目有临澧县中医院扩建（3555万元）、保障性住房基础设施配套（6260万元）、四水治理（2000万元）、青山大坝水闸除险（1900万元）、老年养护院（1890万元）、粮食产能工程（1200万元）、农网改造（1943万元）、经开区污水处理厂（1050万元）、旅游发展（1400万元）、农业开发（1327万元）、水利发展（1860万元）、沅澧快速干线（9761万元）、高标准农田（1940万元）等13个。

五、行政审批工作。全年共受理审批事项286件，办结286件。其中政府投资项目125件，审批金额90.5亿元；企业投资项目1件，金额2938.79万元；企业投资项目备案89件，金额55.7亿元；工程建设项目招标事项71宗，核准标的金额36.2亿元。

六、物价管理工作。涉企收费项目清理：

2017年，取消收费项目5项，停征项目12项，市场化2项，涉及金额1000多万元；及时公布收费目录清单，印发了《临澧县2017年版政府定价的涉企行政审批前置服务收费目录清单》和《临澧县2017年版政府定价的涉企经营服务收费目录清单》。依法重新核定燃气入户安装费、农村自来水价格，审定出台殡仪馆服务收费文件，制定并公布了临澧县春秋季教育收费标准。价格监督检查：开展客运价格、商场、农贸市场、超市等场所商品价格、农资商品及成品油市场、建设领域、监管企业、金融、电力、协会及事业单位收费、商品房价格检查。全年共检查30家单位，查证违价金额200多万元。运用“12358”全国价格举报呼叫平台及“12358”价格监管平台举报业务处理系统，加强价格举报工作。全年共受理来电咨询55件，价格投诉41件，清退1.9万元办结率、回复率为100%。价格监测：在全县布置价格监测点14处，明确采价员18人，每星期、每月、每季度对化肥、农药、种子、粮油、肉禽、建材价格、居民服务、蔬菜、水果等200多种商品和服务价格进行定点定时采价，重点加强元旦、春节、“五一”、“十一”等重大节日期间的副食品、交通运输、住宿等价格和收费监测预警。加强医药价格监测。对县人民医院、县中医院二家县直医院的门诊及住院人均费用和单病种手术费用及基本药物制度执行情况予以调查，及时上报数据；实时监测药品超市的零售价格，随时掌握市场动态，维护药品市场价格稳定。

七、其他工作。公车改革：完成所有基础性工作，待县委、县政府相关会议研究通过后，启动车补发放。高铁建设：配合铁四院完成呼南高铁临澧段的可研方案，确定在临澧设置站点，具体线型布置待武汉铁四院、广铁、铁总评审后最终确定。涉案物鉴证：全年共计完成刑事、行政案件价格认定89宗，认定总金额为468万元。

（办公室）

【“1+5”现代城镇群建设试点】为落实中共常德市委2017年经济工作会议关于临澧建设以现代化城镇群为特征的生态宜居特色县的发展定位，1月13日，临澧县向省发改委申报的关于进行现代城镇群“产城融合”综合试点方案通过评审，确定临澧县为“1+5”现代城镇群建设试点县。“1”即县城，“5”即沅澧快速干线沿线新安镇、合口镇、停弦渡镇、修梅镇、四新岗镇。试点内容主要是产业与城市融合发展，以城市为基础，承载产业发展空间和发展产业经济，以产业为保障，驱动城市更新和完善服务配套，以达到产业、城市、人之间有活力、持续向上发展的模式。

（办公室）

统计工作

【概况】2017年，临澧县统计局以提高统计数据质量为核心，加快推进改革与建设，拓展统计服务领域，改进统计服务方式，为临澧经济社会发展提供优质的统计服务。先后获得“全省统计继续教育培训工作先进单位”“全市统计工作先进单位”“县直单位绩效管理优秀单位”“县级文明单位”等多项荣誉称号。

一、统计服务工作。编印《2017年临澧统计年鉴》《临澧统计月报》《临澧统计公报》等资料，加强统计调研分析全年共完成调研分析8篇，其中6篇被市级网站采用或被县主要领导批示。坚持每月调度分析各行业上报的数据汇总情况，每季度进行经济形势分析，与年度目标、历史同期及县市数据进行对比等，从不同角度反映全县主要经济指标的完成情况。加强信息报送，全年被市局、市队网站、县政府网站、手机报等媒体采用信息55条，县局发布各类信息70余条。

二、普查调查工作。组织2000多名农业普查工作者，全面完成全县11个乡镇、街道（筹）和156个行政村、97278个农户及2345家农业生产规模户、234家农业生产经营单位的现场登记工作。后期修改错误20多万笔，确保数据真实准确。组织实施各项常规统计调查工作，先后完成了小康监测、“两纲”监测、粮食、畜禽等统计监测及住户调查、工业者价格调查、非金融资产投资调查等专项统计调查工作。做好临澧县第四次全国经济普查前期准备，包括经费预算、清理企业名录库等。

三、统计队伍建设。先后派出多名干部赴成都、长沙、常德参加国家局、省局、市局举办的业务培训学习，并邀请市局相关统计专家来县局进行业务指导和讲课；9 月举办全县统计工作人员业务知识宣讲竞赛活动，并选派张松林参加全市比赛获得一等奖；开展统计继续教育培训 172 人次，临澧县统计局获 2017 年全省统计继续教育培训工作先进单位。全年共对 25 家企、事业单位进行统计执法检查，立案依法查处两起统计违法行为。（办公室）

民政工作

【概况】 2017 年以来，全县民政工作紧扣县委、县政府“推进新创业、建设新临澧”工作思路，各项工作持续推进。

一、民生保障。全面开展农村低保对象认定清理整顿工作，全县共认定农村低保 10346 户 15744 人，清退 5902 户 7468 人，保障率 4.2%。纳入建档立卡贫困户 7356 户 10538 人，其中兜底脱贫对象 811 户 1598 人，保障率 0.4%。全年城乡低保累计救助 32.05 万人次，救助金额 6362.66 万元；累计临时救助 0.59 万人次，救助金额 704 万元；累计医疗救助 4.46 万人次，救助金额 910 万元；累计特困供养救助 4.6 万人次，救助金额 1688.8 万元。

二、救灾救济。年内先后遭受“6·23”洪涝灾害、7 月份干旱灾害，全县 10 个乡镇受灾，受灾人口 21.56 万人，紧急转移安置人口 1892 人，因旱灾造成生活困难 7130 人；农作物受灾 31992.9 公顷，因受灾导致房屋倒塌 61 户 154 间，严重损坏房屋 13 户 36 间，一般损坏房屋 13 户 29 间，全县因灾造成直接经济损失 10237.6 万元。全年下拨冬令春荒生活救助资金 350 万元，棉被 300 床。下拨救灾生救活补助资金 450 万元，其中临时生活救助和过渡性生活救助 330 万元，恢复重建资金 120 万元。在烽火乡将军山村开展省级综合减灾示范社区创建、在修梅镇赵家巷村开展国家级综合减灾示范社区创建创建，在全县范围内开展政策性农村住房保险工作和“一元民生保险”。

三、优抚安置。全年共接收退役士兵 222 名，45 名政策性安置对象公平妥善安置到位。清理全县 1978 年冬季至 2014 年冬季符合政府安排工作条件退役士兵共 2261 人，其中转业志愿兵 373 人、转业士官 376 人、初级士官 283 人、城镇义务兵 1229 人。组织 101 名退役士兵参加汽车驾驶员培训。全年共发放自主就业退役士兵一次性经济补助 169.4 万元；发放各类抚恤补助资金 2585 万元，资助优抚对象参合参保 34.5 万元。继续开展优抚对象四帮活动，与 256 名优抚对象结成帮扶对子，着力解决“生活难、住房难、医疗难”问题。全年发放义务兵家庭优待金 261 万元，发放义务兵军功奖励 9.1 万元

四、社会事务。全年核减残疾对象 1487 人，新增残疾对象 1576 人，两项补贴发放对象 8508 人，2017 年发放两项补贴资金 498 万元。发放困难儿童基本生活保障资金 108 万元，6400 多名农村留守儿童和 1000 多名困境儿童基本信息录入全国信息系统，全县 10 个乡镇建立儿童福利工作站，建立儿童（留守儿童）之家 13 所。办理收养登记 9 例；救助各类流浪乞讨生活无着落的受助人员 1451 人次。办理结婚登记 2514 对，离婚登记 1050 对，补发婚姻证件 849 对，合格登记率 100%。全年福利彩票三大票种累计销售 3770 万元，募集善款 530.6 余万元。开展“精准扶贫·成就梦想”主题助学活动，资助贫困大学生 600 余人。

五、养老服务。全县新增养老床位259张，投资3590万元新建临澧县老年人养护院，12565人“五类”老年人缴纳保险金43.9775万元。对12名百岁老人补贴标准提标，补贴标准调整为每人每月600元；为全县1260名90岁以上老人发放高龄补贴160万元。全县社会老人投保人数22916人，全年保险金额达170万余元。全县共有2460人纳入基本养老服务补贴，补贴资金120万元，覆盖率100%。

六、殡葬管理。调整强制火葬区范围，将县城建成区和规划区，新安镇、合口镇的全部社区调整为强制火葬区，采取分阶段、分区域推进的方式强制执行。全年强制火葬区火化率100%，集中办丧率100%，集中安葬率100%，公墓管理处墓位销售111个，墓位安葬104个，其中庙山公墓墓位安葬63个，铜山公墓墓位安葬41个，骨灰塔安放23个，经营性公墓节地生态安葬率44.18%，公益性墓地节地生态安葬率100%。进一步规范清明等传统节日祭祀活动，提倡用鲜花或塑料花祭奠代替焚烧纸钱、香烛以及燃放鞭炮祭扫。

七、基层政权建设。全县160个村（社区）村（居）委会完成换届选举工作，66个社区、94个建制村的基础信息全部录入“村（居）委会统一赋码管理系统”，撤销县城所在地安福镇设立安福、望城两个街道。

八、社会组织管理。建成临澧县社会组织孵化基地，入驻10家社会组织。全年新登记社会组织18家，对114家社会组织年检，102家社会组织统一信用代码换证，年检率达96%；全年备案的社会组织100家。第二批行业协会商会与行政机关全部脱钩。全县成立社会组织党支部41个，联合党支部6个，派出指导员63个，实现社会组织党建全覆盖。（办公室）

【临澧县举行烈士公祭活动】 为传承中华民族气节血脉、告慰英烈忠魂，弘扬烈士精神，9月30日上午，中共临澧县委、临澧县人民政府在烈士墓园隆重举行烈士纪念日公祭活动。县党政军领导、县直机关和乡镇（街道）主要负责人、参战退役老兵及烈属代表、师生代表、政法干警及武警官兵代表及各界干部群众近400人参加公祭活动。9时许，礼兵就位，公祭活动正式开始，公祭仪式为：全体肃立奏唱《中华人民共和国国歌》，县委副书记辛春生宣读祭文，少先队员方阵献唱中国少年先锋队队歌《我们是共产主义接班人》，县委、县人大、县政府、县政协、县人武部向烈士纪念碑敬献花篮，全体人员向烈士纪念碑默哀鞠躬。随后，全体人员瞻仰了革命烈士纪念碑和烈士墓碑，深深缅怀长眠于此的烈士。

县政府常务副县长徐兴庭主持公祭仪式（办公室）

向烈士纪念碑敬献花篮（办公室）

【第二次全国地名普查工作通过省级验收】 2017年6月1日，湖南省地名普查专家验收组一行由省民政厅区划地名处副处长刘彬带队，检查验收临澧县第二次全国地名普查工作。验收专家组通过查看组织实施资料、国家地名数据库、外业普查实地比对、保密室建设等，严格按照国家普查办、省普查办《质量评价体系》对临澧县相关项目进行了评分。专家验收组听取了县民政局党组书记、局长、县地名普查领导小组办公室主任刘艳菊的工作汇报，市地名普查办通报了市级核查报告和复验情况，外包公司负责人作技术工作情况汇报。按程序完成各项验收程序后，专家组代表当场宣布临澧县第二次全国地名普查得分，刘彬副处长宣布临澧县通过省级检查验收，并推荐临澧县争创省级优秀工程奖。（办公室）

政务服务工作

【概况】 2017年，县政务中心认真贯彻国务院“放管服”改革精神，大力推进行政许可标准化，主动服务经济发展，方便群众办事，提升窗口形象。全年累计办理各类事项25万多件，按期办结率为99%，解答群众各类咨询25700余次，未出现一起群众对办理不满意投诉。

一、“两集中三到位”工作。 部分单位行政审批职能出现的“回流、游离、脱节”“人进事未进、人事分离”等现象，县人大组织开展政务服务中心“两集中、三到位”工作专题调研，并召开县第十七届人大常委会第三次会议听取和审议“两集中、三到位”的情况报告，提出了“加强整改治理，提升行政服务效能”的审议意见。县政府十七届五次常务会议对落实整改进行安排部署。经过近2个月的整改，7个部门申请频率高、发生量大的18个行政审批事项全部整改进厅。其中，县公安局有民用爆炸物购买、运输证换发、烟花爆竹运输许可证换发、旅馆业特种行业许可证换发、互联网上网服务营业场所信息网络安全审核5项；县民政局有社会团体成立、变更、注销登记1项；县水利局有建设项目水资源论证报告书审批和取水许可、特定范围内开发建设项目水土保持方案审批及设施竣工验收3项；县环保局有建设项目环境影响报告书（表）审批1项；县食品药品工商质量监督管理局有食品经营证核发许可、食品流通许可设立、变更、延续、注销登记等5项；非税局有房地产开发联合报建审批1项；文体广新局有文物保护单位建设控制地带内的建设工程设计方案审批和文物保护单位实施原址保护措施审批2项。县发改局、县地震局、县气象局等10个单位因办件量少，设立委托受理窗口。

二、行政许可审批工作。 精简管理事项。对2016年公布的2806项权力清单进行清理，共调整行政权力事项61项，通过政府门户网站、机构编制网站、各部门网站向社会公开。部门行政许可事项由2014年的258项精简为196项，精简24%。按照《常德市行政许可事项编码规则》，结合商事制度改革“三证合一”后各单位新的统一社会信用代码证，融入事项类型、办件类型等，对196项母项和68项子项编制行政许可事项的唯一编码，方便部门管理检索。优化办事流程。县政务中心会同相关部门对196项行政审批项目审批时限进行清理和压减，规定所有项目在法定时限50%的基础上再压减1/3，进厅各类事项现场办结率85%，按时办结率100%。完善服务指南和项目信息，对所有行政审批事项均编制服务指南和工作流程图，在政务中心大厅设置触摸屏系统，将中心基本情况、职责、各类政策法规、办事指南、服务事项、工作流程等全部录入，并将该系统升格与审批系统连接，增加办事查询等功能，满足群众查阅信息的需求。制定和完善联办流程，理清办理程序，划分办理责任，明确牵头部门，做到符合条件的随到随办。同时加大上下互动审批，通过网上直接呈报相关材料，为群众办事节约时间和成本。推行重大项目审批绿色通道，依据《临澧县促进工业项目投资优惠和奖励办法》，对投资千万元以上、投资强度符合标准的项目，由投资方提供完整资料后，由县商务粮食局全程代理，限时办结。所有窗口工作人员对来人来事首问必答，负责到底。各个窗口单位办理的项目，必须在规定期限或本窗口承诺的期限内办结。全面推行以窗口首席代表为重点的行政问责制度，明确问责范围，规范问责程序，加大责任追究力度，提高窗口办事的执行力和公信力。强化监督管理，严格落实首问负责制，加大大厅作风纪律检查通报的频率，由原来的一天一查、一月一汇总、一季一通报，变为全天候随机检查、一月一通报、重点问题随时通报。投资10多万元，在大厅新增28个高清摄像头，实行联网调度，对工作人员工作作风、服务态度和工作流程等进行全方位监督。

为“服务之星”颁奖（办公室）

三、农村综合服务平台建设。县委、县政府明确由县政务公开工作领导小组对基层政务服务体系建设负总责，县政务中心负责指导、督促和考核；各乡镇由乡镇长为本辖区政务服务体系建设第一责任人，各村（居）党组织书记为直接责任人负责村级代办点建设。县政府根据建设规模，验收合格后以奖代补的方式给予资金扶持，共兑现财政奖补资金近800多万元，新建和改造大厅式便民服务中心8个；以完美社区建设为契机，县财政安排专项资金290多万元，新建、改造29个城镇社区便民服务中心；采取组织部门项目资金扶建、村企联建、能（名）人捐建的方式，加强村级便民服务室建设，升级、改造96个村级代办点。把各乡镇便民服务体系建设纳入全县目标管理考核体系，实行政务公开工作“一票否决”，并由县长约谈乡镇长，对3个乡镇的政务公开工作实行“一票否决”，约谈乡镇长3人次。2017年，全县80%乡镇和60%村（居）建成便民服务体系，初步形成了县、乡（镇）、村（居）“三级联动”的政务服务体系。（办公室）

电子政务工作

【概况】 2017年，临澧政府门户网站根据《政府网站发展指引》及《全省政府网站绩效评估指标体系》相关要求，加强网站管理，重点围绕信息发布、解读回应、办事服务、互动交流四大功能，科学规划网站栏目，顺应网民需求，方便公众各级政务信息。

一、网站管理服务工作。建立政府网站信息发布机制，及时准确发布政府重视会议、重要活动、重大决策信息。全年发布各类政务信息12000余条。加大对政策的解读力度，主动、及时、全面、准确地公开重要方针政策和重大决策部署，增强政策的传播力、影响力。对涉及本地区的重大突发事件，按程序及时发布回应信息、动态信息，公布客观事实。按照政府网站办事服务功能的统一标准完善办事指南要素，补充表格、附件下载，整合完善服务功能。加强网民互动交流，开设“领导信箱”专栏，回应网民反映的各类问题，全年共收到各类咨询投诉450多件，办结率接近96%。

二、智慧临澧建设。拓展智慧城市应用平台。配合县纪委建设完善“互联网+监督”平台，依托全省统一的“互联网+政务服务”一体化平台和全省共建共享的政务资源共享数据库，整合各级各部门已有基础资源和数据，坚持开放共享、实时更新，强化互联互通，打通信息孤岛，优化资源配置，确保数据真实、完整，更新及时，形成以开放、共享为特征的建设运行新模式。在现有的智慧临澧平台上配置综治大数据平台、综治视联网系统，推动实战化实体化运行，网格化服务管理。全县录入实有人口45.78万人，录入率达到98%；10个乡镇综治中心视联网与县综治中心视联网联通。投资600多万元，以智慧临澧平台为基础，在白虎山、临佘公路、临夹公路新增3套高速不停车动态治超系统。投资建设智慧安监系统，构建事前预防、日常监管、事中应急、事后处理四环节互联互通的整体网络，实现县乡两级监管平台，全县72家烟花企业、四个安监站实现24小时全方位监控监测企业生产过程，确保企业安全、规范运行。

三、电子政务工程监管。修订《临澧县电子政务项目建设管理办法》，完善管理细则和工作流程，加强电子政务项目计划、评审、建设、应用等四个方面的管理，主要严把“三关”：项目入口关（5万元以上），工程运行关（监理），竣工验收关。没有电子政务办的审批与验收，电子政务工程项目不予拨款。先后对妇保院、法院、公安局等20家单位的电子政务工程项目进行评审，报审资金2000多万元，审减率在15%以上，为财政节省资金300多万元；对新安、血防院、人大办等12家单位电子政务工程项目进行验收，出具了验收报告。（办公室）

公共资源交易管理

【概况】临澧县交易中心是全县公共资源公开交易的唯一平台，成立于2012年5月，属县政务中心下设的二级机构，股级事业单位。2016年机构改革，升格为县政府正科级直属事业单位。2017年5月5日正式挂牌整合为常德市公共资源交易中心的分支机构，更名为常德市公共资源交易中心临澧县分中心；2017年12月底县交易中心机构撤销，业务划归全市统一管理。内设办公室、信息技术股、财务股、交易股共4个职能股（室）。全额拨款事业编制为9名，其中：主任1名，副主任2名；其他工作人员6名。

2017年，临澧县分中心着力加强平台建设，完善交易规则、优化交易流程、提高服务水平，打造公开、公平、公正的公共资源交易环境，服务全县经济发展大局。全年完成297场交易，交易金额达66.5407亿元，节约财政资金0.8022亿元。其中建设工程交易项目47项，交易额7.5952亿元；政府采购交易项目227项，交易额57.6002亿元；土地使用权出让7宗，交易额1.3239亿元；国有产权交易6项，交易额0.0214亿元。

一、平台整合工作。根据《常德市人民政府办公室关于印发〈整合建立统一的公共资源交易平台工作实施方案〉的通知》（常政办发〔2016〕36号），分中心按照市交易中心统一部署认真组织实施。按“应进必进”的要求撤销县国土、住建等部门原有相关机构，不再从事各类公共资源交易活动，实现彻底的“管办分离”，将国有土地使用权、矿业权交易项目纳入县分中心交易平台实施交易。分中心公共资源交易网与常德市公共资源交易网实现互联互通，各类交易信息在两个网站同步发布，统一信息系统，方便用户查询。加强抓评审专家库管理，安装省发改委开发的综合评标专家库自动抽取终端、省财政厅的政府采购专家库自动抽取终端，坚决停止使用市县两级不合规定的各类评标（评审）专家库。5月5日常德市公共资源交易中心临澧县分中心正式挂牌。12月31日，临澧县交易中心停止对外办理业务，所有业务进入市公共资源交易中心交易。

二、平台管理服务。修改完善《廉洁自律制度》等12个机关内部管理制度，制定完善《音视频监控资料管理制度》、《交易主体诚信库建设和使用制度》等共14个交易制度，优化操作流程，规范交易行为，提升交易平台规范化水平。加强评标区管理。重点规范评标区人员出入登记、专家评委身份核验、进入评标区人员通讯工具统一存放、评标室只准评委进入、无业主评委、评标纪律等制度，实现评标区“全封闭、零干扰”。

加强评标过程的录音录像管理，对评标活动进行全过程、多角度录音录像，长期保存，为监督部门处理投诉、质疑提供有力的证据。落实《湖南省综合评标专家库评标专家考评实施细则》，加强评标专家考评，预防评委迟到、泄密、应回避不回避等情况，规范评标活动。开展优质服务。进一步简化初审、复核等保证金退还手续，凡是未中标的投标保证金，公示期过后立即“原路”返还投标人，中标的投标保证金，则仅需提供合同书，即“原路”返还中标人。简化信息发布、专家抽取等操作流程，提高办事效率；按需安排交易场所，尽可能满足业主对时间和场地的要求；提供电脑、打印机、会标、茶水等必需用品，细化服务规范。继续严格执行网上报名制度和保证金保密制度，实现交易信息严格保密，预防投标人信息泄露，防止串标、围标现象发生。对摄像头、显示屏、音响等交易平台电子设备系统进行更新换代，为高质高效完成项目交易提供物质保障。

三、招投标活动集中整治。认真落实市资管办《关于开展违规招投标问题集中整治工作的通知》要求，分中心制定《开展违规招投标问题集中整治工作方案》，明确工作目标、整治范围、工作步骤和工作要求。组织发改、住建、财政、交通等共8个部门召开违规招投标问题集中整治

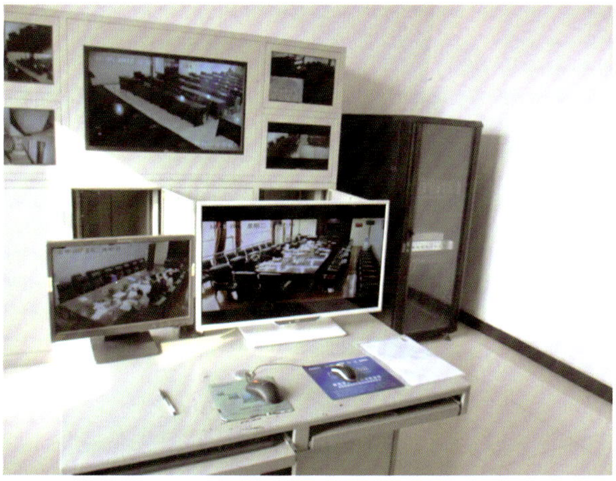

监控室监督评标过程（办公室）

工作调度会，分解落实工作任务。经过动员部署、自查自纠、重点督查和整改落实4个阶段的工作，对全县自2016年以来依法必须公开招标的项目进行了全面清理，查处和纠正了必须公开招标的项目在建设过程中不依法依规招标、规避招标、违规越权审批招标方式、串标围标等突出问题，打击了工程建设招投标中的暗箱操作、串标围标行为。（办公室）

档案工作

【概况】 临澧县档案局编制10名，在岗10人，其中领导班子成员4名，正科级干部3名、副科级干部5名。退休人员5名。下设办公室、业务指导法教股、查阅利用管理股。8月份增设档案服务中心（股级事业单位），增加编制2名，安置和调进2人。2017年，县档案局突出工作重点，规范档案管理，积极推进档案资源建设、档案信息化建设、档案队伍建设等，取得良好成效，被评为2017年度“全省档案宣传工作先进集体”，获常德市档案学会第二十次学术论文评选优秀组织奖。

一、档案业务培训指导。5—6月，县档案局采取分期分批、整体推进方式，由各单位档案员把上年度文书档案搬到档案局，进行集中学习、现场培训、规范整理，下半年，局业务法教股、查阅利用管理股人员下到单位开展检查督促和指导，巩固培训效果，提高基层档案管理、利用质量水平。

二、档案接收及查阅利用。分两年对全县各单位2001—2010年保管期限为永久、长期、30年的文书档案及有关业务档案、项目档案、民主档案等接收进馆。年内，接收文书档案2.5万卷（件）、2016年以前婚姻档案13万卷（对）、政务中心工程档案105卷册。年末，县档案馆档案全宗189个，馆藏294594卷（件），比2010年增加188461卷（件）。年内县档案局馆接受单位和个人900余人次，查阅各类档案2300余卷

(件)，其中查阅婚姻档案、知识青年下乡档案者较多

三、档案信息化工作。由外包公司承办，对馆藏的历史档案、重点档案、现代文书档案进行数字化加工、纸质扫描、文件级目录采录等。年内收录数字化总目录60万条，扫描总页数280余万页。聘请人员对数字化加工质量和数量进行检查校对，对不合格的条目进行整改，合格后再内网挂接和利用。县档案局聘请5~6名有文字功底的老同志，对馆藏3000余卷（册）民国时期档案进行文件级目录著录，2016年8月至2017年共著录文件级目录12万条，为该批次档案数字化加工打下了基础。

四、依法治档工作。贯彻落实国家档案局8号令、9号令、10号令、30号令精神，抓好基层单位档案执法检查和年检年审，建立完善基层单位档案工作制度，实行档案工作年度目标考核评估。12月份，对全县111个单位和乡镇开展档案行政执法检查和年检年审，检查合格率为90 %，存在问题单位11个，下达整改通知书，要求1个月内整改到位。严格档案工作年度目标考核评定，根据各单位工作实效划分为一、二、三类，与各单位绩效评先评优挂钩。

五、档案信息宣传。年内报送档案工作稿件、信息30余篇，先后被中国档案网采用3篇、湖南《档案时空》采用1篇、湖南档案信息网采用3篇、常德档案信息网采用8篇、《常德日报》采用1篇。年内，县档案局网站更新添加档案工作信息文章96篇。

六、档案学会工作。组织全县档案工作者参加省市档案学会活动，撰写理论研讨文章，向国家档案局报送征文2篇，其中朱发元撰写的《发扬林老精神，将改革进行到底》获国家档案局2017“档案——我们共同的记忆”征文评选三等奖，黄开俊撰写的《湖南省临澧县档案事业创新发展实践之思考》2017年2月在中央党校出版社《中国思想政治工作与“两学一做”学习教育全书》下卷发表。报送档案学术论文16篇，获市档案学会二等奖1篇、三等奖2篇，并获优秀组织奖。（黄开俊）

【编纂《临澧县抗战档案宣传分卷》】 2017年，根据湖南省档案局部署，县档案局聘请人员编纂《抗日战争档案汇编·临澧县抗日战争宣传档案分卷》。共查阅和清理馆藏、梳理涉及临澧县抗日战争时期的历史档案10个全宗号，281卷(册)。经遴选、编辑和整理，收录“国防动员、民训鼓动、役政宣导、后援发动、捐募劝导、军情通报、会议策动、节庆活动、标语宣示、文艺宣传、图文照片”等11辑500余页。初稿送湖南省档案局审核，待出版。（黄开俊）

【设立临澧县档案服务中心】 为增强档案服务整体功能，应用现代科学技术，指导和督促档案综合管理，推进档案服务体系建设、档案资源体系建设和档案信息化工作，县档案局经过申报，县机构编制委员会办公室临编办发〔2017〕17号文件批复，设立临澧县档案服务中心，核定档案服务中心全额拨款事业编制2名，其中主任1名，工作人员1名，编制来源从县内待分配全额拨款事业编制中调剂，人员来源从县内全额拨款事业编制人员中公开选调。（黄开俊）

信访工作

【概况】 临澧县信访局成立于2002年，属县委、县政府管理的工作机构，2012年加挂县委群众工作部，与县信访局合署办公，下设临澧县信访接待中心，属正股级事业单位。县信访局内设临澧县处理信访突出问题及群体性事件联席会议办公室。现有行政编制5人，事业编制8人。主要负责受理、交办、转送信访人提出的信访事项；承办上级和县委、县政府交由处理的信访事项；协调处理重要信访事项；督促检查信访事项的处理，研究分析信访情况等。

2017年，全县信访工作以推行“无上访村

（社区）”建设为总揽，密切党和政府同人民群众的联系，维护信访群众合法权益，推动事要解决。全年接待群众来信来访1169批3569人次，网上转办、交办来信来访和网上投诉1259件。办结国家信访局、省、市上级交办案件20件，其中国家信访局5件，省信访局4件。办结复查复核案件16件。开展信访积案清零专项行动，妥善解决安福镇蒋某英、郭某金、郭某林3人反映的征地补偿信访、徐某平反映的涉军待遇信访，原建设局工程公司下岗职工陈某上访3个积案。全县登记到市上访76批141人次，同比下降6%；赴省上访58批82人次，同比下降8%；进京上访22批38人次，同比下降12%，其中进京非接待场所登记2人次，同比下降60%；全县“三无”村（社区）的占比从2016年的39.7%上升到56.7%。全县未发生严重滋事信访行为，未发生严重扰乱公共秩序事件，未发生涉访重大负面舆情。全国“两会”、省党代会、“一带一路”高峰论坛、党的十九大特护期实现进京非访“零登记”。全省信访问题源头治理暨信访积案清零工作专项行动现场会、全市建设上访村（社区）总结表彰暨工作推进会，重点推介了临澧工作经验。（办公室）

【信访工作联席会议】2017年8月15日下午，县委书记李正才在政法委三楼会议室主持信访工作联席会议，专题研究涉军群体、再就业援助对象等10个特殊疑难信访问题，形成了处理决议。2017年12月18日上午，县委书记陈章杰主持召开信访工作联席会议，审议并通过了《关于临澧县信访积案、信访突出问题包案方案》《临澧县县级领导轮流坐班接访制度》《临澧县县级领导定期约访制度》《临澧县县级领导突发事件应急处置制度》。（沈华）

【县级领导坐班接访】2017年全县17名县级领导轮流到县信访局座班接访，共接待信访群众356批897人次，化解信访突出问题98件。先后组织召开信访工作联席会议办公会17次，四新岗镇毛某早，青山局朱某发等一大批信访积案得到解决，信访人签订了息访息诉承诺书。（沈华）

县委书记陈章杰在县信访局坐班接待信访群众

【无上访（社区）创建】2017年4月6日，县委召开县委常委会，决定在全县开展“无上访村（社区）”创建工作。县委、县政府制定下发《关于建设无上访村（社区）的实施办法》，明确了创新基层社会治理、深化网格化管理、开展“三联四大”活动、实行群众接待日制度等14项创建工作任务。县委政法委、县委组织部、县民政局、县司法局、县财政局、县农业局、县信访局共同研究制定《临澧县建设“无上访村（社区）”实施细则》，明确定“三无六率”的具体目标，“三无”即无越级访、无集体访、无极端访，“六率”即人民群众满意率87%以上、干部走访见面率100%、矛盾纠纷排查率100%、矛盾纠纷化解率97%以上、信访积案办结率100%、重点对象稳控率100%。创建工作中，县乡整合公安、司法、信访部门力量，建成综治视联网、网格化平台建设，全县160个村（社区）建立信访接待室；将全县划分为212个网格，支部书记任网格长，聘用专职网格员，服务群众，化解矛盾；全县建立网格微信群813个，实名录入人数15万人；将每月5日、6日、7日，15日、16日、17日，25日、26日、27日分别确定为村（社区）、乡镇（街道）、县级领导干部群众接待日，明确每周三为县级领导约访日，全年县乡村三级群众接待日共接待群众4337批次；对32名重点对象实现建档管理，对赴省进京上访事项，建立通报交办制度，落实劝返后期管理；依法打击非法信访，全县2017年共处置违法信访行为6批14人次，其中行政处罚11人次，刑事处罚3人次。年底经过市县两级综合考评，全县160个村（社区）有99个村（社区）被评为合格村（社区），每个村（社区）奖励2万元，共计198万元；合口镇、刻木山乡、烽火乡、佘市桥镇及新安镇高兴社区、安福镇金宝路社区被评为全市无上访村（社区）创建工作先进单位，纳入市委经济工作会议表彰。（沈华）

民族宗教工作

【概况】 民族工作方面：完善少数民族工作管理机制，县民宗局制定《少数民族人员来临备案登记制度》，各乡镇、街道办、经济开发区等制定《来临少数民族人中管理工作细则》，管理责任。对享受民族优惠政策的78名高考考生依法进行民族成分资格审查，做到零差错。以“阵地宣传”“流动宣传”两种形式，在全县开展民族团结进步教育宣传活动发放宣传单3000多份，普及民族政策法规。对全县来临少数民族流动人口调查摸底，全县共有来临少数民族流动人口经商、务工人员15人。其中，维吾尔族5人，回族9人，壮族1人。县民宗局工作人员多次深入来临少数民族群众务工经商的摊位和店铺中，与他们交心交谈，关心和了解他们的生产生活及经营状况，宣传民族优惠政策。宗教工作方面：在合口镇三圣寺举办全县宗教教职人员、宗教场所负责人和宗教界人士宗教政策法律法规及消防知识法制培训班，参加人员达300多人。按照省、市宗教部门的工作要求，对全县81处宗教活动场所登记证进行严格审查（其中佛教：寺观教堂14处，固定处所52处；道教：寺观教堂1处，固定处所4处；基督教：固定处所10处。），核准场所名称、地址、人员信息准确，并按要求换发新证。联合各乡人民镇政府、街道（筹）、各宗教团体组织对全县81处宗教场所安全稳定隐患进行全面调查摸底，与各乡镇、街道（筹）分管宗教工作负责人领签《宗教活动场所安全稳定隐患排查责任状》，对房屋存在安全隐患的西引寺、基督教合心堂予以关停查封，并责令拆除维修改造。化解宗教场所矛盾纠纷，先后化解新安镇龙凤山寺、修梅镇仙女寺、修梅镇观音洞寺等几个宗教场所的矛盾纠纷，维护了社会稳定。引导宗教界开展践行新时代社会主义核心价值观和爱国主义教育，组织开展“宗教慈善月”等系列活动，全县宗教界共捐款捐物，走访看望孤寡老人和资助贫困学生资金达6万余元。积极推荐宗教界人士参政议政，县政协九届政协委员中有3名宗教界人士，其中佛教2人（灵泉寺住持、县佛教协会会长释印勤，铜山寺住持、县佛教协会副会长：释百祥），基督教1人（基督教两会副会长：朱翠玲，县政协九届常委）。（办公室）

侨务工作

【概况】 临澧县归国华侨联合会（简称县侨联）成立于2016年4月，属人民团体机构序列，正科级，事业单位。核定编制6名，主席1名，副主席1名，工作人员4名，与县外侨办合署办公。2017年，全县共有华人华侨104人，归侨3人，侨眷1038人，侨属5060人，港澳居民56人，港澳同胞眷属2050人，共计8311人。

一、以侨引资工作。县侨联通过省市侨联，先后诚邀泰国、西班牙的侨商会来临考察顶春建材等15家企业。3月11日，县工业园区常德三屹进出口贸易有限公司与泰国筑泰集团有限公司签署在泰国巴吞他尼府共建泰国湖南建材产业园合作协议，将临澧优质石材销往东南亚。建立临澧名优产品信息库，重点向泰国、马来西亚、印尼、西班牙、英国等国的侨商社团推介。

二、涉侨帮扶工作。与省市侨联和侨办联系，争取资金对27户贫困侨眷家庭和归侨开展走访慰问活动，共发放慰问金21300元。与马来西亚“星洲之星”报业集团华侨社团联系，开展“星洲之星”扶贫助学活动，资助贫困学生30名，每名学生1850元，共5.55万元。开展" 千侨帮千户" 帮困活动，引援香港吴星可基金会帮扶贫困家庭和孤寡老人101人，帮扶资金达5.15万元。

三、侨界代表参政议政工作。推荐侨眷陈芳（县人民街社区干部干部）当选为省政协委员，推荐侨属刘坤初（刻木山中学教师）当选为县政协委员。（办公室）

安全生产工作

【概况】临澧县安全生产监督管理局是临澧县人民政府工作部门，编制12人，内设办公室（人事股）、法规股（安全生产综合协调股）、烟花爆竹安全监督管理股、非煤矿山安全监督管理股（安全生产责任保险防灾防损股）、行政许可办公室（危险化学品安全监督管理股）和职业安全健康监督管理股（行业安全监督管理股）6个职能股（室），县安全生产监察大队、县安全生产应急救援中心为归口管理单位，县职业安全健康协会为归口管理社会团体组织。2017年，全县共有烟花爆竹及原材料生产企业50家，非煤矿山企业38家，危险化学品生产经营企业89家，涉危经营网点312个，规模口径一般工业企业89家，属于全国烟花爆竹重点县，是全市乃至全省高危企业较多的县（市、区）之一。全年安全生产事故死亡控制指标25人，共发生事故7起，死亡10人。其中：化工和危险化学品1起，死亡0人；铁路运输业事故2起，死亡2人，核销1起1人；农业机械事故1起，死亡1人；烟花爆竹事故1起，死亡5人；道路运输业事故2起，死亡2人。

一、安全生产责任落实工作。制定《临澧县县级党政领导安全生产责任清单》和《临澧县有关单位安全生产工作职责清单》，全面厘清各级领导和负有监管职责部门的安全生产责任。先后召开全县安全生产工作会议、全县集中开展危险化学品、烟花爆竹专项整治工作会议、全县安全生产百日整治大会战工作推进会、全县烟花爆竹生产企业转包分包整治工作推进会、临澧县安全生产委员会全体会议暨夏季消防安全工作调度会等，进一步压实各项工作责任。开展“四书”签订活动，即各乡镇（区）和各县直单位与县政府签订安全生产责任书，高危企业与所在地乡镇政府签订安全生产诚信书，高危企业员工与企业法人代表签订安全操作保证书，全县每家每户与所在村、居委会签订安全生产遵章守纪承诺书。全县共签订“四书”30多万份，确保安全生产责任落实无死角、无盲区。

二、安全生产隐患排查整改工作。组建4个联合督察组，组织各乡镇（区、街道）和县安监、烟花、公安、质监、工商、环保、国土、工信等部门开展烟花爆竹、非煤矿山、危险化学品、工贸企业安全生产大检查，聘请各行业领域相关专家深入企业进行全面体检，全面彻底排查隐患、治理隐患。全县共开展大规模隐患排查行动6次，排查隐患307处，交办事故隐患159处，已销号87处，其余72处正在整改之中，现场交办的148处一般性隐患均已督促整改到位。其他安委会成员单位和乡镇分行业、分区域开展安全隐患排查127次，排查隐患1338处，交办重大隐患421处，已销号371处，其余50处继续整改。全县共曝光重大事故隐患40处，惩治典型违法行为12起，通报“黑名单”企业2家，停产整顿企业67家，取缔关闭不符合安全生产条件企业2家。

三、安全生产专项整治工作。烟花爆竹专项整治：集中开展黑火药、引火线、企业生产秩序专项整治行动、打击分包转包、淘汰落后烟花爆竹产能等专项整治行动。规范黑火药、引火线生产、经营、运输、使用各环节的安全监管。先后聘请第三方安全机构技术专家对全县烟花爆竹生产企业进行为期2个月的安全体检，对13家存在重大隐患的企业实行跟踪整改销号，全县烟花爆竹企业共投入整改资金8000多万元。制定详烟花企业股份制改造“六统一”标准（统一采购、统一生产、统一销售、统一财务、统一检测、统一分红），县政府联合组成工作组，深入企业一对一指导股份制改造，全县有45家企业按“六统一”经营模式完成股份制改造。采取政策宣传、引导退出、奖补自愿退出等具体措施推动落后烟花产能退出，13家烟花爆竹生产企业签订退出协议，其中8家企业拆除工房，5家企业处理半成品。开展烟花爆竹经营专项整治工作，对全县7家烟花爆竹批发公司进行全面的体检，下达限期整改指令6份。开展烟花爆竹零售经营“前店后宅、下店上宅”专项整治行动，取缔不符合安全条件烟花爆竹零售经营户65家。矿山专项治理：县政府出资40多万元聘请专家对11家石膏矿山企业进行专家会诊，针对会诊发现的问题，专家组出具整改措施，做到一矿一策，分类指导。除2家停产1家拟关闭矿山外，其他11家石膏矿山企业均按照“采空区治理（预防）方案”对采空区进行治理。职业病防治专项整治：组织全县各生产经营单位的劳动者3300余人进行在岗期间的职业健康体检，对全县存在职业病危害因素的122家生产经营单位进行检测，对16家职业病危害因素较重的职业病危害场所进行现状评价，3家新建的项目按照《职业病防治法》的规定开展职业卫生“三同时”建设。全县烟花爆竹、非煤矿山、危险化学品生产企业已全面为员工建立完善职业健康监护档案。其它行业领域专项整治：县交警大队每月开展“交通违法清零”行动，定期组织GPS动态监管情况检查，对客运车辆、校车实行24小时监督制，彻底杜绝客运车辆凌晨2点至5点上路行驶，杜绝放假期间校车违规出借等行为。县交通局对全县600多条校车运行线路进行摸排，投入资金200多万元，设置警示标牌100余处，标志标线300平米，防护栏2000多米，及时处置23起水毁、灾损路段。县住建局重点整治危险性较大的分部分项工程、安全防护、起重机械、脚手架、支模架、施工消防等方面不规范施工行为，无证经营、非法运输、非法储存、倒罐燃气、异地偷购气源等燃气行业违法违规行为，共下发整改通知书78份，下发起重机械停止使用通知书12份，下发停工通知书26份，下发严重不良行为记录告知书4份，主要查处违法案件8宗，对存在突出问题的企业法人和项目负责人约谈了28人，确定了6个差别化管理项目，行政拘留涉案人员5人。

四、安全生产执法检查工作。年初制订行政执法工作计划，做到“有计划、全覆盖、规范化”。特别是在春秋两季，将烟花爆竹、非煤矿山等高危企业的停产复工作为执法检查的重点，严格验收复工程序和标准，确保企业不“带病生产”。全年共开展执法活动356次，出动执法人员920人次，检查生产经营单位286家，下达执法文书251份，立案查处33起，实施经济处罚152.7万元，责令停产停业整顿19家。县安监等部门与各乡镇（区）签订了安全生产行政执法委托书，将部分安全生产行政执法权实行委托执法，促进安全监管“关口前移，重心下移”。严厉打非治违，对非法从事涉药工序生产的行为从严从重处理，共查处取缔厂外非法组盆串引生产点13处、非法储存1起、非法运输2起，办理案件16起，行政拘留20人。

五、安全生产教育培训工作。利用电视、网站、微信公众号、手机报、户外电子显示屏等媒介，宣传安全生产法律法规等相关知识，提高群众安全意识。开展安全生产月活动，设立咨询点23个，展板230块，发放新安全生产法读本2500本、宣传资料3万多份；加大安全培训力度，培训高危企业一般操作员工7000多人、特种作业人员1200人。加强警示教育县政府出资300多万元，以“5·16”事故为原型，还原事故现场，

建成湖南省安全生产警示教育基地。（办公室）

全县安全生产工作会议现场（办公室）

【民泰黑火药有限责任公司妙音分公司火药爆炸事故】2017年5月16日14时左右，临澧县民泰黑火药有限责任公司妙音分公司38号油压工房因机械故障发生爆炸，引起在38号油压工房和39号凉片工房之间的转运板车（板车上有粒状黑火药）爆炸，导致39号凉片工房、36号包片中转工房、35号潮药/包片工房、34号潮药/包片工房、33号三味中转工房爆炸，上述工房全部被炸毁，并导致37号电控室和5号锅炉房垮塌，其他部分工房损坏。事故造成5人死亡（其中1人在送往医院后抢救无效后死亡），1人受伤。直接经济损失666万元。

经专家组、技术组鉴定，该事故的直接原因为：一是38号油压工房因机械故障。二是油压工陈以国违反操作规程作业。间接原因主要是：一是妙音分公司作为高危行业，法人、负责人更换频繁，造成管理混乱，安全制度、安全教育落实不到位，对机械日常保养、检查不到位，安全操作规定落实流于形式。二是修梅镇人民政府作为该行政管理区域的安全生产监管职责主体，对企业实施属地监管的过程中履职履责不到位。三是临澧县安监局作为烟花爆竹行业安全生产监管的主管部门，未严格依法依规对妙音分公司安全生产进行监管。

事故发生后，县委、县政府迅速启动应急预案，主要领导、分管领导及县委办、县政府办、县安监局、县公安局、县消防大队、县卫计局等部门迅速赶赴现场，成立事故救援组、伤员救治组、善后处置组等，组织抢险救援，维护社会治安，安抚周边群众。时任市委副书记、市长周德睿，市委副书记徐正宪第一时间安排调度时任市委常委、常务副市长朱水平，市政府副市长、市公安局长唐恒忠和相关市直部门主要负责人赶赴现场，对事故处置工作做出部署安排。死者及时得到安葬，伤者及时送往医院救治，伤情得到控制，周边群众情绪稳定，社会治安良好。从5月17日开始，由县级领导带队组成8个工作组，开展为期一个月的事故善后处理工作，周边受损民房基本得到补偿，社会秩序稳定。（办公室）

人防工作

【概况】临澧县人民防空办公室是县政府人民防空主管部门，县国防动员委员会下设七个职能办公室中唯一的常设办事机构，全县唯一的军政双重管理单位。主要负责人防工程建设与维护的监督管理，征收防空地下室易地建设费，防空通信、警报网建设及管理，防空知识宣传教育与防空袭预案修编等工作。政府机构改革后，县人防办被纳入县政府工作部门序列（不计个数），核定行政编制4名，其中领导职数2名。2017年度，临澧县人防办坚持“长期准备、重点建设、平战结合”的方针，扎实推进各项业务工作和中心工作，被评为2017年全市人防工作先进单位。

一、宣传教育工作。印发年度人防宣传教育工作方案，召开年度宣传教育工作会议，配合县人武部、县教育局在新安中心完小（新安人防疏散广场对面）筹备建立国防人防宣传教育阵地，开展人防教育进学校活动，在“5·12”全国防灾减灾日开展人防宣传“一条街”活动。

二、指挥通信工作。将县人防指挥中心建设项目、县人防信息化系统建设项目和人防宣传教育战时大厅项目申报进入全省人防项目数据库；

对 1 台警报器进行移址，并对警报器点逐个检查保养，排除故障隐患，确保所有警报器信号发送、接收正常，保证鸣响率。“11·1”防空袭警报试鸣日，利用电视、网站、手机短信等平台发布试鸣公告。参加市办组织的“2017-常德人防”指挥通信分队跨区机动拉练，进行实战演练。

三、行政审批工作。人防易地建设实行审收分离，人防易地建设费纳入“一站式”收费，由县非税局统一收取，由县人防办办与县非税局、县住建局定期对房地产联合报建项目进行核对，优化人防行政审批事项的服务指南和流程图。严格项目验收，建立与规划、住建、房管等单位形成联合验收制度，未经县人防办审批盖章的项目一律不得通过验收。

四、工程建设工作。全县累计报批人防结建工程 5 个，总面积 24300 平方米。包括：金牛岭 3000 平方米人防物资库工程、县人民医院 1300 平方米医疗救护站工程、御景城 5000 平方米人防工程、月亮岛 10000 平方米人防工程、朝阳新城 5000 平方米人防工程，其中朝阳新城人防工程年内未动工。（办公室）

【指挥通信分队跨区机动拉练】 为提高人防指挥通信队伍的业务和军事素质，提升指挥通信分队的应急反应能力，9 月 4 日至 9 日，临澧县人防办组队参加“2017-常德人防”指挥通信分队跨区机动拉练，出动指挥通信车 1 台，启用车载短波电台和超短波通信等设备。此次拉练经过湘、鄂、川、渝地区部分市县，全程约 2000 千米，途中对机动指挥通信系统的开设、联调和撤收，卫星、短波和超短波通信联络，单兵无线图传等科目进行了训练。（办公室）

【迎宾中路单建式平战结合人防工程项目签约】 9 月 1 日上午，临澧县人民政府与新合作城市地下空间发展有限公司就迎宾中路单建式平战结合人防工程项目正式签约。县领导辛春生、徐兴庭、夏雄英、苏群英、龚金宏和“新合作”负责人王永威、张日平等出席签约仪式。该项目选址临澧县城迎宾中路，总投资约 3 亿元。工程计划 2018 年 6 月动工，年内完成工程主体建设及主路面改造，2019 年正式运营。项目建成后能进一步完善城市防护体系、提高整体防护能力。

（办公室）

概　　述

政协临澧县第九届委员会内设机构：办公室、提案联谊委、文教卫体（学习文史）委、经济科技委、法制群团委。政协临澧县第九届委员会委员208名，政协常委41名。2017年，临澧县政协按照“贯穿一条红线、突出两个重点、抓好三项工作、提升四种水平”的工作思路，履行政协职能，服务发展大局，实现了九届政协工作良好开局。

一、委员学习培训。针对换届后新委员较多的实际，采取专题培训、以会代训、开展学习交流、组织外出学习、发放学习资料等形式，积极为委员加强学习搭建平台。举办一期全体政协委员参加的专题学习培训班，邀请市政协研究室朱碧文副主任和县委党校教员讲授政协基本知识，解读十八届六中全会精神。组织全体政协常委、政协联络处（组）负责人、部分政协委员等政协骨干50人，赴中国革命的摇篮井冈山举办为期一周的革命传统主题培训班，系统接受革命传统教育。

二、委员调研视察。重点围绕培育高成长性企业、乡镇行政区划调整后工作运行情况两个重点课题组织委员开展调研，撰写调研报告，其中《乡镇行政区划调整后工作运行情况》获得省、市政协课题调研二等奖。组织全体县政协委员、住临省市政协委员，分成6组，对12个乡镇、街道（筹）开展交叉视察，视察活动结束后，县政协办公室综合整理委员协商发言意见，向县委县政府呈送交叉视察情况综述，对各乡镇、街道（筹）下发具体的协商建议。

三、提案办理落实。县政协九届二次会议共收到委员提案103件，经严格审查把关，立案39件（其中合并立案13件），作为重点信访或建议转有关部门研究处理51件。为督促办理落实，县政协提案委、县人大联工委、县政府办组成联合督查组，对45家“两案”承办部门的办理工作进行专题督查，并对提案办理落实情况进行回访，开展提案办理满意度“背靠背”测评，满意率及落实率均达92%以上。

四、脱贫攻坚工作。组织委员和机关干部积参与“五送下乡”、捐资助学等形式多样的扶贫帮困活动，引导企业界委员优先为贫困家庭提供就业岗位。全县共有209名市县委员和原委员结对帮扶贫困户198户，资助贫困学生200余人，帮助解决贫困群众就业189人，争取各类帮扶资金300多万元。其中，县政协委员周兵充分利用自身岗位优势，争取公司支持以及个人捐助累计8万元，资助困难学生70余人次。

（办公室）

重要会议

一、全体会议：

县政协九届二次全体会议。2月8日，政协临澧县第九届委员会第二次会议在丁玲大剧院开幕。临澧县委书记李正才，县委副书记、县长蒋颖群等县领导出席会议。县政协主席朱泽欣代表县政协第八届委员会常务委员会做工作报告。县政协副主席夏妍枝向大会做政协临澧县第八届委员会常务委员会关于提案工作情况的报告。全体与会人员观看八届县政协履职工作纪实电视专题片——《使命与智慧的交响》。

二、常委会议：

1. 县政协九届二次常委会。1月19日召开，县政协主席朱泽欣主持会议。县政协副主席郭祖福、夏妍枝、邹航、廖孝波，秘书长陈金波及全体政协常委，各政协联络处（组）负责人等参加会议。会议审议通过《政协临澧县委员会2017年工作要点》；协商通过2月7日至10日召开政协临澧县第九届委员会第二次会议的决定（草案）、议程（草案）、日程（草案）、联组讨论安排（草案）、政治决议（草案）；协商通过提案审查委员会组成人员名单；会议还对提案征集情况进行通报和安排。

2. 县政协九届三次常委会议。5月5日在县委礼堂一楼会议室召开。县政协主席朱泽欣主持会议，副主席郭祖福、蒋谟金、邹航、廖孝波，党组成员刘茂梅，秘书长陈金波及其他常委会组成人员，各政协联络处（组）负责人等参加会议。会议协商通过了委员增免名单，同意杨鸣等9人辞去县政协第九届委员会委员；同意增补叶华山等16人为县政协第九届委员会委员。会议还协商通过了有关委办主任、副主任名单。各政协联络处（组）负责人分别汇报1—4月工作开展情况；工业交通政协联络组负责人介绍工作经验；部分常委汇报重大社情民意信息。

3. 县政协九届四次常委会议。7月4日在县委礼堂一楼会议室召开，专题协商县政府关于“两园一带”项目规划。

4. 县政协九届五次常委会议。9月12日召开，会议专题视察交通跨越大会战和“村村响”项目。县政协主席朱泽欣主持会议，副县长陈清列席会议。与会人员先后视察沅澧快速干线一号大道建设现场、修梅镇高桥“村村响”项目、二号大道建设现场，对建成后的管理、使用、维护等方面提出了意见建议。

5. 县政协九届六次常委会议。10月10日召开，由县政协主席朱泽欣主持，县委常委、常务副县长徐兴庭应邀参加会议。会议听取并协商县人民政府关于撤销安福镇设立安福、望城两个街道的工作情况，同意县人民政府撤销安福镇设立两个街道。会议研究关于增补政协临澧县第九届委员会委员的决定，通过了关于王春芳等3人辞去政协委员的决定和增补王振华等3人为政协委员的决定。县政协副主席郭祖福、夏妍枝、蒋谟金、邹航、廖孝波参加会议。

6. 县政协九届七次常委会议。12月22日召开，通报临澧县政情与协商第九届三次会议有关事项，会议决定在2018年1月8日至11日召开政协临澧县第九届三次全会。县委常委、常务副县长徐兴庭通报全县经济社会发展情况，县政协秘书长就市政协临澧活动组委员参加政协常德市第七届委员会第二次会议注意事项作说明；会议审议通过《常委会工作报告（讨论稿）》《提案工作报告（讨论稿）》《政协临澧县委员会2018年工作要点》；审议通过关于召开九届三次会议的决定、议程、日程、联组讨论安排；审议通过有关人事任免；协商补选县政协常委、大会表决方式等事项。县政协副主席郭祖福、夏妍枝、蒋谟金、邹航、廖孝波参加会议。

三、主席会议：

1. 县政协九届四次主席会议。2月9日召开，通报本次会议提案审查方式和提案征集情况，对本次会议征集的提案进行立案审查。本次会议共收到委员提案103件，经过主席会议审查，共立案39件（合并处理14件），提案转信访50件。县政协副主席郭祖福、夏妍枝、蒋谟金、邹航、廖孝波，秘书长陈金波参加会议。

2. 县政协九届五次主席会议。9月8日召开，听取和审议县政协九届二次会议以来主席会议建议案、重点提案办理情况，研究近期相关工作。县委副书记、县长蒋颖群应邀出席会议。县政协主席朱泽欣主持会议，政协副主席郭祖福、夏妍枝、蒋谟金、邹航、廖孝波，秘书长陈金波参加会议。县政府办汇报县政协主席会议建议案及重点提案办理情况；主席会议组成人员及与会委办主任、副主任围绕提案办理情况进行协商发言；各承办单位“一把手”就抓好提案办理工作进行表态。（办公室）

重大活动

提案办理专项督查及“回头看”活动。5月8日至10日，县政协提案委会同县政府督查室、县政府办联络组组成联合督查组，对政协九届二次会议以来收到的提案办理情况开展专项督查。督查组通过听汇报、问情况、查资料、看现场等方式，全面了解和掌握各承办责任单位提案办理的责任落实、办理方式、工作进度和实际效果等。7月份，县政协提案委会同县政府办组成联合督查组，对5月初提案办理督查中存在问题单位的整改落实情况以及3件主席会议建议案、6件重点提案承办单位的办理落实情况，进行“回头看”督办活动。督查组要求各承办单位进一步加强与委员的沟通，了解委员对提案办理的意见和建议；对已着手解决暂未完成的事项要抓紧落实；对涉及面广、解决难度大的问题，要进一步明确分步落实的方案和措施，并要求在9月中旬前向委员进行书面回复。（办公室）

【临澧县成立政协委员工作室】为创新政协创新履职载体、延伸履职触角、拓展履职渠道，10月18日上午，临澧县举行县政协委员工作室授牌仪式。县政协主席朱泽欣主持授牌仪式，县委副书记、县长蒋颖群为首批成立的李世平委员工作室、苏宏平委员工作室授牌。县委副书记辛春生对办好委员工作室提出要求和希望。县政协副主席蒋谟金、邹航、廖孝波出席授牌仪式。

（办公室）

政协委员工作室授牌仪式（办公室）

【临澧县政协机关获常德市文明标兵单位】2017年，临澧县政协机关高举中国特色社会主义伟大旗帜，认真学习贯彻习近平新时代中国特色社会主义思想，坚持培育和践行社会主义核心价值观，大力推进社会主义精神建设，深入开展文明单位创建活动，经市县文明委检查考核，获得2017年度常德市文明标兵单位称号（常文明委〔2018〕2号）。（办公室）

工　　会

【概况】 全县共有25家工会联合会，其中：县直工会联合会13家，乡镇（区）工会联合会12家。共组建基层工会400家，其中：行政机关76家，事业单位79家，企业245家。工会会员30712人，工会组建率96%。2017年，县总工会坚持“贴近中心促发展、贴近职工办实事、贴近基层搞服务”，扎实推进劳动技能竞赛，强化职工维权帮扶，大力发展和谐劳动关系，深入落实“两个普遍”，推进“一户一产业”工人队伍建设，团结动员广大职工推进新创业、建设新临澧。县总工会先后荣获全国“书香三八”活动优秀组织单位、市工会工作先进单位、市职工维权工作先进单位、县直目标管理良好单位、县级文明单位等荣誉称号。

一、宣传教育工作。 县总工会与县委宣传部联合下发《关于开展全县工人阶级宣传月活动的通知》，开展为期一个月的工人阶级宣传月活动。县电视台对10名先进劳模工匠的优秀事迹进行专题报道，同时宣传厂务公开、民主管理等知识。全县各级工会组织共发送慰问短信2000余条，制作和悬挂横幅标语80多幅，树立宣传盾牌近130块，组织技能比赛和文体活动150多场。

二、工资集体协商工作。 按照《湖南省企业工资集体协商条例》规定，在县政府主导下，与县人社局、科工局、工商联配合，全县企业工资集体协商面达98%；完成女职工专项集体合同单份327个，区域性行业性合同38份。

三、民主管理工作。 进一步完善厂务公开民主管理各项工作制度和运行机制。以推进企业工资集体协商制度为重点，开展行业性企业工资专题调研。全县共有国有及其国有控股企业、集体企业和企业化管理事业单位95家建立职代会制度，建制率达100%；国有及其国有控股企业、集体企业和企业化管理事业单位实现厂务（校务、院务）公开面达100%；规模口径以上非公企业实行厂务公开面达95%。

四、“双联”和困难职工帮扶工作。 县委工会工作领导小组出台“双联”帮扶文件，全县36名县级领导、94家机关事业单位参联帮扶94家企业，1535名机关干部与1535名困难职工结对帮扶。参联帮扶单位帮助28家企业解困、23家企业减亏增效，有50多家参联帮扶单位，为企业引进新技术、新材料等项目112项次，引进各类资金2.8亿元，提出合理化建议282条次，推动纳入低保260多人，落实养老保险、医保1200多人，帮助解决廉租、公租等保障性住房200多户，培训被联企业职工和农民工1300多人，实施送温暖、送清凉等生活困难救助16300多人。

五、技能培训竞赛工作。 建立三个“一户一产业工人”培训基地，实行挂牌培训。即油茶种植技术培训基地，全县 235 名农民工参加学习，聘请市林科所专家实地讲授生产操作要领。县农机手培训基地，共有全县 12 个乡镇（区）的 85 名农民工在县农机校学习收割机、拖拉机等农业机械驾驶技术，有 38 名农民工取得初级资格证。县扶贫培训基地，指导天伦先淘有限公司将企业发展与贫困村帮扶相结合，将车间建到扶贫村，就地招工，就地培训，就地上岗，传授当前卫浴产业最先进的水磨抛光技术，培训农民和农民工近 500 人。以中泰特种装备、安福气门、美华尼龙等优秀非公企业为龙头，构建重点工程、工业企业、服务行业和“安康杯”、女职工“芙蓉杯”竞赛五位一体的劳动竞赛格局。共举办企业职工技术比武 68 场次，企业之间技能竞赛 35 场次，并选派 8 名优秀技术工人参加市级竞赛。

（办公室）

【书香三八读书大讲堂活动】 2017 年 3 月 3 日，全国首场“注重家教家风・培育家国情怀”书香三八读书大讲堂活动在临澧举行，全国“书香三八”读书活动组委会秘书长金玮教授作《阅读与家教家风》的专题讲座，近千名女职工代表现场聆听讲座。在全县女职工中开展读书征文活动，共征集作品 70 余篇，有 10 篇分别获得全国和市级奖项，临澧县总工会获得全国及全市“书香三八”活动优秀组织奖。（办公室）

【关爱行动】 2017 年 7 月 28 日，县总工会启动“送清凉”活动，为县城一线环卫工人、县老年康乐中心建筑工地和一号大道的一线建筑工人送去了防暑降温用品。本次活动，全县共筹集慰问资金 52.8 万元，慰问重点建设项目共 5 个，慰问建筑工人 390 人；慰问环卫工人作业场所 15 处，慰问环卫工人 280 人；慰问高温作业企业 60 家，慰问职工 3000 余人。8 月 18 日，县总工会和县关工委联合举行 2017 年全县“金秋助学”活动助学金发放仪式，为全县 26 名特困学子共发放 9 万元助学金，全县各级工会累计助学 335 万元。

（办公室）

【全县职工拔河比赛】 为丰富全县职工的业余文化生活，展示临澧职工新风采，2017 年 10 月 10 日，由县总工会、县文体广新局联合主办的“临澧烟花杯”职工拔河比赛在县博物馆广场隆重举行，来自全县各工会联合会、基层工会的 26 支代表队，500 多名运动员参加比赛。（办公室）

共青团

【概况】 共青团临澧县委是由中共临澧县委领导的群团组织，是党联系青年的桥梁和纽带。现有办公室和组宣部 2 个内设机构，行政编制 4 名。2017 年，共青团临澧县委坚持“凝聚青年、服务大局、当好桥梁、从严治团”的工作思路，推进工作落实，服务全县团员青年。

一、共青团组织建设。 以党建为依托，加大团组织建设，在非公企业、社会组织新成立团组织 25 个，全县 153 个村（社区）团组织完成换届工作。推进学校共青团改革，16 所中学制定改革方案，在修梅镇团委、县一中团委、县农商行团委、安福镇朝阳社区团支部开展基层团组织标准化建设试点。已建成省级示范性“青年之家”2 家，县级“青年之家”6 家

二、共青团主题活动。 开展“青春伙伴”精准扶贫活动。联合县心身健康咨询服务中心、县志愿者协会和 9 家县直单位团委，组织义务医疗队为贫困户免费体检 600 多人次；组织劳动力就业培训 2 期，介绍青年就业 30 多人次；关爱留守儿童，开展心理疏导、亲情陪护、自护教育和周末课堂 350 人次；争取助学资金 16.5 万元结对帮扶贫困学子 115 人次，对修梅镇 11 名事实孤儿实现长期结对帮扶；组织贫困学子 10 人参加全省“情相连・爱相助”青少年礼仪特训营活动；与罗兰婚纱合作，赠送棉被、牛奶、书包等物资近 10 万元，免费拍摄全家福 230 多张。开展“扬五四精神・建文明城市”志愿服务活动。组织青年志愿者在县城区主要交通路口进行文明礼仪示范

和文明交通劝导。开展无烟日志愿宣传、“世界环境日”及“盛夏萤星队”大学生暑期志愿服务，组织团员青年参与留守儿童关爱、弱势群体帮扶、法制宣讲、司法援助、社区巡逻等活动。联合县人社局开展青年创新创业大赛，评选出青年创业典型10名；协办古渡文化旅游节“福船之夜”大型文艺晚会，推介青年创新创业典型，宣传本土旅游资源。（办公室）

【临澧县青少年心身健康咨询中心成立】 2017年5月在县城安福路社区挂牌成立。中心以促进青少年健康的性格塑造和人格养成为目标，配置7名专业的心理教师，设置咨询交流室、图书阅览室、心灵筑造室、音乐放松室、情绪宣泄室、沙盘游戏室与团体活动室。除日常咨询外，还经常性开展留守儿童心理疏导、四点半课堂、青年父母培训、暑期夏令营等活动。成立以来，服务青少年或青少年家庭600多人次。（办公室）

妇联

【概况】 县妇联是由县委、县政府直接领导的社会团体，现有编制6个。2017年县妇联统筹谋划推进全县妇女工作，县实验小学获全国巾帼建功先进集体称号，县地税局办税服务厅被评为全国巾帼文明岗，县政务中心大厅被评为省级巾帼文明岗，湖南中泰特种装备有限责任公司UD分厂丝架工岗位被评为市级巾帼文明岗；县妇联被市妇联评为目标管理优秀单位、被县委、县政府评为县级目标管理先进单位。

一、妇联基层组织改革工作。全县12个乡镇（街道筹），160个村（社区）妇联组织改革工作全部完成，选举产生乡镇妇联执委312人，妇联主席12人，专职副主席12人，新增兼职副主席24人；选举产生了村级妇联执委2402人，妇联主席160人，兼职副主席320人。

二、妇女创业和事业发展工作。开展职业技能培训政策宣传活动2场次，发布职业培训信息20余条，组织132人次参加职业。和县人社局联合举办了2017年“喜迎新春春风送岗暨农民工出国劳务”专场招聘会，103名女性找到就业岗位，23人签订出国劳务意向书。解决妇女创业资金瓶颈问题，为70名妇女发放贷款金额880万元。与县人力资源和社会保障局等单位联合举办“临澧县2017年创新创业大赛”，5家女性领办的企业进入决赛。召开临澧县妇联庆“三八”暨最美创业女性颁奖大会，为十佳优秀创业女性颁奖。

三、妇女儿童维权工作。联合县卫计局、县妇幼保健院等部门在朝阳广场举办主题为“关爱女性健康，科学防治两癌”的“三八”维权周妇女法制宣传咨询活动，邀请县妇幼保健院的专业医护人员群众讲述防治女性两癌主要知识，发放健康知识小册子。做好信访接待工作，落实信访首问制和接访值班日制度，维护全县广大妇女儿童合法权益，为贫困妇女儿童争取法律帮助。共接待来信来访来电67件，其中来访62件，来电5件。反映的主要问题依次为：婚姻家庭权益类50件，占74.6%；劳动和社会保障权益类5件，占7.5%；财产权益类3件，占4.5%；文化教育权益类2件，占3.0%；其他类7件，占10.4%。多层面开展反家庭暴力系列宣传教育活动，联合县司法局分别在全县12个乡镇举办至少1场次以上的专题普法宣讲，在社区（村）开展“家庭律师行”讲座；与县人民法院、县公安局、县卫计局等多家单位在县朝阳广场展出以《反家暴法》为内容的展牌进行集中宣传。成立临澧县婚姻家庭纠纷人民调解委员会，依托乡镇综治办建立乡镇婚调室，建立社区婚调工作室示范点，化解家庭纠纷。联合县司法局为符合条件的家庭暴力受害者提供及时有效的法律援助，依托巾帼维权志愿者、心理咨询师、人民陪审员等维权队伍，为家庭暴力受害人提供法律咨询、伤情鉴定和情绪疏导。

四、妇联家庭儿童工作。制定《临澧县妇女发展规划（2016—2020年）》《临澧县儿童发展规划（2016—2020年）》（临政发〔2017〕11

号），明确妇联家庭儿童工作目标任务及工作重点。开展系列活动推进工作落实。与县总工会联合在丁玲大剧院举办“书香三八”大讲堂首场巡讲活动，全县部分干部职工、学生家长等700余人参加活动；发出“廉洁文化进家庭”活动倡议书，举办10余场“科学家教进家庭”宣讲活动，受众达3000余人，推荐的临澧太浮镇王化村杨小平家庭被评为市级“最美家庭”。与县委宣传部联合举办首届“书香临澧”“百日阅读进万家”读书活动，在丁玲大剧院举行颁奖典礼，对周娅等“书香家庭”10个及获奖学生、获奖家庭、获奖单位予以表彰奖励。争取省妇联、省妇女儿童发展基金会“知心屋”项目，推荐临澧一中为湖南省农村留守儿童第三批心理健康辅导中心，9月正式挂牌，项目到位资金5万元（含物资2万元）。

五、关爱帮困扶贫工作。将全县294名贫困儿童与全县12个乡镇（区）、县直86个机关、企事业单位领导干部结成帮扶对子，按每人每年不低于500元的标准进行必要的经济扶助，并定期对贫困儿童进行生活、学业和情感帮扶，全县各级共投入各类送温暖资金14.61万元，总受益困难家庭达290多户。与四川博川生物科技有限公司联合，为全县100名留守儿童捐赠100个爱心书包，价值2万多元。在泰平山庄举行中华救助基金会“成长关爱行”Ofmom妈咪爱奶粉捐赠仪式，为285名贫困婴幼儿家庭捐赠900盒价值97200元Ofmom妈咪爱奶粉。对4462名妇女进行“两癌”免费检查工作，筛查出乳腺异常117人，确诊为乳腺癌3人，宫颈异常23人，确诊为宫颈癌3人。对所有阳性人群均实施治疗并跟踪随访。开展“两癌”贫苦妇女情况调查，“一人一档”建立详细档案资料，为其中51名“两癌”患者发放救助金52.8万元。（办公室）

科　协

【概况】2017年，临澧县科协切实履行“四个服务”的工作职责,、在全国农民网络科普知识竞赛工作中获得全省第5、全国第32的成绩，再次被评为全县目标管理先进单位。

一、科普宣传培训工作。举办“送科普下乡”活动，免费赠送技术资料1000本，印发科普宣传单6000份。举办《柑桔栽培技术》培训班，讲授柑桔病虫害防治、柑桔冬季修剪、果园土肥管理等柑桔高产栽培技术，48名果农参训。利用手机APP开设“科普临澧”，设立前沿科技、生活百科、本地科普、实用技术、科普动态等子栏目，”累计发布科普信息438期，订阅用户最高时达8000人。推进创建科普示范社区，安福镇安福路社区通过市级科普示范社区的评选，全县有县级科普示范社区8个，市级科普示范社区5个，省级科普示范社区1个。与教育局联合组织参加了常德市第十六届青少年科技创新大赛，共征集科技创新作品55件。召开“全国农民科普知识网络竞赛”动员大会，组织全县近3万人参加了全国农民科普知识网络竞赛，临澧县科协组织工作位居全省第5位，全国第32位。

二、科普服务工作。新授牌科普示范基地12个，新成立农业产业协会7个。为农技协和基地解决用电负荷、排灌、仓储、运输、用地等问题27个，争取100多万元贴息贷款用于协会、基地发展，为县油菜研究协会争取省级科普惠农兴村计划奖补资金10万元。（办公室）

文　联

【概况】临澧县文学艺术界联合会（简称文联）是县委宣传部主管文学艺术工作的人民团体，编制4个，设置有党组、机关党支部，县作家协会、县书法家协会、县美术家协会、县摄影家协会、县音乐家协会、县戏剧曲艺舞蹈家协会为归口管理的专业文艺家协会，单位级别为正科级。6家专业文艺家协会共联络和服务各门类文艺家及文艺爱好者2000余名，其中中作协会员1名、中摄协会员5名、中音协会员1名、中美协会员1名、中戏协会员1名，省级各文艺家协会会员86名，市级各文艺家协会会员127名，县级各文艺家协会会员422名。2017年，县文联履行团结引导、联络协调、服务管理、自律维权的工作职能，服务县域经济建设，繁荣文艺创作，开展文艺活动，获全市文联系统先进单位荣誉称号。

一、文艺创作。全县全年在市级以上报刊、网站发表及参展参赛各类文艺作品220多件（次），其中有30多件获得各种奖励，出版文学艺术作品集5部。突出成果有：文学方面，宋庆莲出版长篇儿童文学《风来跳支舞》，在《中国作家》《儿童文学》《小溪流》等国家级刊物上发表作品6件；尹德立潜心创作的长达50余万字、反映林伯渠光辉一生的纪实文学《风云际会》获得省作协重点作品选题扶持及省文联资助；刘金国历经10年创作完成的长篇小说《洞庭听风》获得省作协选题扶持，已进入出版程序；76岁的老作家覃柏林从自己平生以来创作的近千万字的作品中精选400余万字，分各类体裁整理成册拟出版10集全集；正规出版文学集的还有张小平的诗集《一抹冬绿》、戴志刚的散文集《凉月微弄》、杨云庭的《电影剧本选》（由市委宣传部策划出版）、已故老作家杨贤洲的短篇小说集《素琴》等。另有欧阳白云的诗集《在路上》、胡素文的人物传记文集《伟星之父明丕白》分获第十届丁玲文学奖提名奖；金国峰电影剧本《云浮之魂》发表于国家级刊物《电影文学》并获县级"五个一工程"奖。艺术方面，杜朝霞的梦田园系列美术作品1件分别入选省展、国展，画家李长锦在长沙举办个人画展，张锐华作曲的音乐作品《自由之歌》在市委、市政府主办的社会主义核心价值传唱汇演中获一等奖并晋省汇演，金国峰编剧的舞台小戏《自来水》获市级一等奖、省级二等奖。

二、文艺活动。举办两期"丁玲讲坛"，分别接请省作协名誉主席、国家一级作家水运宪主讲《生活的真实性与艺术的真实感》；原湖南省社会主义学院常务副院长、正厅级巡视员、国学知名学者刘孝听主讲了《中华传统文化在干部修身、立德方面的作用以及家训、家规、家风的重要性》。主办"五彩临澧"摄影大赛，精选100多幅反映临澧优美风光、淳朴民风、名胜古迹和发展成就的佳作进行为期一个多月的公开展览。举办迎新春音乐会及"清新临澧"书画影作品征集暨大型展览，丰富群众文化生活，助推廉政文化建设。开展为群众义务送福送春联活动，组织书法家40多人次，为群众义务书写春联、大红福字1000多幅，用书法艺术连结民心。

三、队伍建设。组建6家文艺家协会联合党支部，实现全县文艺界党组织全覆盖；按章程进行协会换届，改善班子结构。新发展县级以上协会会员20名，其中1人加入中国摄协，全县国家级专业文艺家协会会员达到9名。（蒋国顺）

工商联（总商会）

【概况】工商联（总商会）是党领导下的具有统战性、经济性和民间性的人民团体和商会组织，是党和政府联系非公经济人士的桥梁和纽带。工商联机关现有编制4个，在编人数3个，退休人员3个，兼职副主席（副会长）13个，常执委80人，共有工商联会员1112个，其中企业会员598个，个人会员496个，团体会员18个。2017年，临澧县工商联被再次确认为全国"五好县级工商联"，并被评为全市工商联工作先进单位、临澧县直绩效管理优秀单位。

一、组织机构建设。召开临澧县工商联（总商会）第十二届执委会三次会议，补选常执委19名。指导望城街道（筹）太平街道（筹）及刻木山乡组建分会，指导新安等10个乡镇完成分会换届工作。

二、商会交流工作。先后配合县委、县政府接待湖南省长沙市常德商会、广东省湖南常德商会、惠州市常德商会成员来临澧考察投资环境，了解投资政策。年底和县委、县政府赴深圳参加广东省湖南临澧商会在深圳举行周年庆暨临澧县招商引资推介会，协同县人民政府、广东省湖南临澧商会开展“爱心回家路，我们与你同行”接您回家过年活动，加强了与当地临澧籍工商界人士的联系。

三、非公企业工作。强化非公企业政治引领，指导非公企业党组织扎实开展“两学一做”学习教育，利用微信群、QQ 等平台开辟学习专栏，推进非公企业党建。举办党的十八届六中全会精神学习培训班和十九大知识讲座，系统宣讲党的路线、方针、政策，推进习近平新时代中国特色社会主义思想进非公企业工作。服务非公企业发展，组织非公人士参与省市相关部门关于“非公经济发展法治环境”调研，撰写《临澧县非公经济发展环境的调研报告》，向县委县政府提出优化非公企业经济发展环境的意见建议；联合县科工局对符合政府采购的十家企业进行调研，推动落实《工业企业帮扶十条》，加大政府采购倾斜力度，同等条件下优先采购使用本地产品，2017 年全县政府采购优先使用本地产品达 1.1 亿元。

四、其他工作。招商引资：联合县人大共同引进木塑板材系列产品生产和石膏深加工两个项目，木塑板材项目购买开发区 6 幢标准化厂房，完成设备安装，石膏深加工项目完成前期建设工作。精准扶贫：帮助点村刻木山乡俄井村争取项目，整合资金 310 万元，新发展脐橙基地 3500 亩。推进“万企帮万村”活动，组织全县 64 家企业对接 29 个贫困村，帮扶贫困户 602 个，提供 1 就业岗位 60 个。县非公党工委牵头开展“我想有个家”安居工程募捐活动，向全县非公经济人士发出倡议，博川石膏、陈湖矿业、伟厦包装等 6 家企业现场各捐赠 5000 元。（办公室）

【工商联（总商会）第十二届执行委员会第三次会议】6 月 9 日下午在县人大常务会议室召开。会议由副县长王毅主持，县人大常委会副主任、县工商联主席、县总商会会长钟音安排部署相关工作。会议听取临澧县工商联第十二届班子人事调整说明，审议并通过了《临澧县工商业联合会（总商会）第十二届三次执委会选举办法（草案）》，并以举手表决方式，补选了临澧县工商联第十二届执行委员会委员、常委、副主席（副会长）19 名。县委常委、统战部部长、经济开发区党工委书记朱荣华出席会议并讲话。

（办公室）

【企业家参加中国人民大学培训】7 月 19 日至 25 日，县工商联主席钟音，带领部分临澧企业家前往人民大学参加“百年明德企业管理大型公益讲座”培训班。此次培训内容包括宏观经济形势和金融热点、“营改增”背景下的企业税收风险与控制、企业危机管理与突发事件应对、奇门遁甲、商业模式创新与企业转型升级、捍卫中国——习近平总体国家安全观等。参训企业家们还参观了汇源果汁有限公司展示中心，了解上市公司的企业情况、发展思路以及企业文化。通过培训，开阔了临澧企业家的思路理念，增强了发展信心。（办公室）

【中泰特装进入全国《军民两用高新技术民营企业及产品推荐目录》】2016 年，经湖南省工商业联合会推荐和全国工商联军民融合发展专家组评审，湖南中泰特种装备有限责任公司进入全国《军民两用高新技术民营企业及产品推荐目录（第六册）》。全国仅有 80 余家民企进入推荐目录，湖南仅 5 家。进入推荐目录将有助于中泰特装产品参与军工装备竞争性采购。（办公室）

残　　联

【概况】2017 年，临澧县残联创造条件，创新举措，狠抓康复、就业、宣传、培训等各项工作。

一、残疾人康复工作。成功申报县残疾人康复中心建设中央预算内投资项目，共筹集残疾人康复经费 65 万元，使 2980 名贫困残疾人享受到免费康复服务。新建社区康复站 3 个，培训社区康复人才 50 余名。全年为 29 名残疾儿童开进行免费抢救性康复治疗，为 26 名残疾人免费安装假肢和矫型器，配发各类残疾人辅助器具 1965 件（套），其中上门配送 100 余件（套）。完善县、乡、村精神病三级预防、治疗、康复网络，为 200 名精神病人免费发药，与县精神病医院共建精神病人工疗站，接纳 60 多位精神病人进行后期康复。依托县中医院和人民医院眼科，开展白内障普查、筛查，为 100 多名患者实施免费复明手术。

二、残疾人居家托养工作。采取政府购买服务的方式，由残联向家政服务公司购买服务，通过公开招标，对居住在安福镇文塘、四季红等社区的 100 名智力、精神和重度肢体残疾人开展居家托养服务。服务内容包括做饭、洗衣、理发等个人生活照料服务，打扫卫生、晾晒被褥、购物和递送物品等综合家居照顾服务，协助服药、基本保健等个人康复服务。县残联采取电话抽查、上门复查、问卷调查等形式，对提供服务的家政公司加强质量监督与考核，确保服务质量。

三、助残扶残工作。在经常性开展走访慰问、上门服务的基础上，重点开展教育资助。和县教育局紧密合作，为应届残疾人高中毕业生和残疾人家庭子女中的高中毕业生，申报教育资助项目，全年共申报 12 名残疾人家庭大学生子女、残疾人大学生资助对象，申报 39 名残疾人高中生子女、残疾人高中生资助对象，资助资金近 8 万元。开展电商、蔬菜种植、养殖等残疾人职业技能和实用技术培训 8 场次培训，培训残疾人 320 余名。扶持刻木山乡肢体残疾人余祥振新种 170 余亩脐橙，成为当地种植大户，被市委组织部拍摄成产业扶贫微电影。严格落实各项残疾人优惠政策，全县共有 956 名符合条件的残疾人享受残疾人机动轮椅车燃油补贴，对 30 户贫困残疾人家庭实施无障碍设施改造。全年接待残疾人咨询 600 余人次，接受残疾人法律咨询 60 余人次，为 4 名残疾人提供免费法律诉讼代理。（办公室）

【临澧县残疾人联合会第四次代表大会】 10 月 31 日在该县泰平山庄大酒店召开，全体会员代表参加，主要任务是按《中国残疾人联合会章程》进行换届选举。通过全体代表公开投票，选举产生 21 名主席团委员。经第四届主席团集体表决，选举县人民政府副县长饶金山为县残联第四届主席团主席，选举吴传冰、张明兰、刘秋珍三人为副主席；按照换届工作程序和要求，通过了聘请县委副书记辛春生、县人大常委会副主任黄新春、县政协副主席夏妍枝为第四届主席团名誉主席的决议；产生了张明兰为理事长，万春生为副理事长，陈秀红为理事的新一届执行理事会；选举产生了出席市残联第六次代表大会的 11 名代表和各专门协会主席、副主席。（办公室）

人民武装

【概况】 2017 年，临澧县武装部认真贯彻习主席系列重要讲话精神和强军兴军重大战略思想，对表“五部”职能和“四铁”机关建设标准，坚持突出“四个强化”（强化政治定力抓改革，强化政治担当抓主业，强化政治规矩抓作风，强化政治责任抓安全）科学筹划，真抓实干，创新进取，完成年度各项工作任务，武装部全面发展势头持续向好。

一、思想政治工作。 强化思想武装，坚持政治强军。把习主席“7·26”、朱日和阅兵、建军90周年大会等系列重要讲话精神，作为“两学一做”重要内容，多次组织专题学习讨论，从严从紧落实过组织生活。扎实开展“维护核心、听从指挥”和“改革强军”两项主题教育活动，坚决彻底肃清郭、徐流毒影响，严肃政治纪律和政治规矩。制度下发《关于推进全县民兵开展“学习宣讲系列讲话活动”的通知》，专题召开全县民兵学习宣讲十九大精神部署会，统一编印《习主席系列重要讲话口袋书》《十九大精神应知应会手册》《十九大精神学习宣讲教案》等学习资料，组织学习宣讲 20 场次，促进习总书记系列讲话和十九大精神入脑入心。中央七台播放了临澧县部分学习活动视频素材，《临澧县人武部坚持全方位融合、推进十九大精神学习贯彻落地见效》被省军区要讯转发。开展“新体制新职能新使命”三新大讨论活动组织作风纪律整顿，抓好针对性教育，严格按改革期间纪律规定搞好工作衔接、物资交接、接续保障等工作，确保机关平稳顺利运行。

二、军事训练工作。 坚持以战领建、以建促战、抓建谋战，修订完善 7 大类 107 份战备方案，正规了日常战备秩序。严格落实军事训练。组织机关干部开展基础理论、体能和战术作业训练，参加上级集训考核，部长和政工科长参加军分区研究作业考核分别取得第 2 名和第 5 名。民兵训练以森林灭火、抗洪抢险、反恐维稳、民兵骨干教学法和新兵役前集训等为主要内容，全年共举办训练班 7 期 400 余人次。6 月 23 日至 24 日，因强降雨引发洪涝灾害后，应县防指要求，县人武部迅速组织民兵舟桥分队 130 余人次，连续奋战19 小时，转移四新岗镇双桥村、白云村受灾群众106 人，圆满完成应急救援任务。

三、国防动员工作。 坚持以营连部室建设、装备器材建设和应急队伍建设三项内容为重点，按照调研准备、重点建设、全面展开的步骤，扎实推进民兵整组工作。加大依法征兵力度，按照兵役登记、宣传发动、业务培训等工作规程，严密组织体格检查、政治考核、役前教育训练，提高兵员征集质量；公开廉洁征兵承诺、选聘督导员、实行零报告制度，着力纠治征兵“微腐败”，完成征兵任务，无一起廉洁征兵问题举报，无一起思想原因退换兵，无一起责任问题退兵，临澧县廉洁征兵和开展新兵役前训练的做法被省征兵办转发。配合完成军队院校招生工作，完成30余名青年考生的政治考核、面试、体检工作。

四、国防教育工作。坚持把国防教育纳入党校培训计划、纳入中小学教学课程，认真制定年度国防教育计划。普及深化国防教育，协调落实国防教育教材进学校工作，组织全县中小学生和县委党校轮训班学员到县一中国防教育示范基地参观见学，举办国防教育知识展板巡展和国家公祭日公祭等活动，组织县一中参加市国教委举办的全市大专院校和普通高中国防教育电视知识大奖赛获二等奖。扩大国防教育的覆盖面和影响力，启动新安中心小学教育示范学校的建设工作，对2831名高中新生进行军训。

五、双拥工作。主动对接县扶贫工作规划，组织后盾单位和乡村两级在烽火乡南田村、烽火村开展脱贫攻坚突出问题集中整治，协调争取经费53万元，组织实施扶贫项目4类9个。积极倡导“送走一个合格兵，摘掉一个贫困户”，全县建档立卡贫困户适龄青年参军8人。开展扶贫助学活动，帮扶杨板桥中心小学配套塑胶跑道和部分文体器材。配合做好退役人员稳定工作，参与“无上访村”创建和军地平安创建活动，协调军地处理1起军属土地纠纷、1起军属经济纠纷、1起军属治安事件纠纷、1起军婚保护问题。

六、后勤保障工作。成立财经秩序整治小组，对2013年以来经费收支、资产存量、设备器材、在建工程等重点进行全面清查整改，停止对外有偿服务工作，按关停时限关停全部12个租赁项目，没有不稳定因素和遗留问题。继续完善营院基础设施建设，协调县政府投入25万余元维修指挥大楼屋顶，投入86万元进行靶场后期施工建设。

（办公室）

消　防

【概况】临澧县共有二级消防安全重点单位57家，三级重点单位1000多家，火灾高危单位3家，有风险的“九小场所”700余家。2017年，临澧消防大队竭诚服务“推进新创业、建设新临澧”发展大局，竭力守护全县消防安全，大队被评为“全省十九大消防安全保卫先进单位”，2名官兵被评为“全省抗洪抢险先进个人”，临澧县被湖南省人民政府评为“全省消防工作先进县”。

一、消防队伍建设。新建刻木山、停弦、佘市3支政府专职队。深入澧北乡镇调研，整合澧北乡镇灭火救援力量，探索建立联勤联动管理新模式。指导福泰物流公司成立全县首家企业消防队，配备消防车等设施。安福路社区开展消防安全标准示范社区创建，并召开全县“平安社区创建”现场会，推动安福镇所有社区建立微型消防站。先后举办乡镇消防专业队员、公安派出所干警消防知识等培训班，培训人员近百人，提高了消防实战技能。

二、消防隐患整治。先后开展元旦、春节及“九小场所”等消防执法检查和隐患排查行动，检查单位800余家，发现整改火灾隐患2000余处。按照“一单四制”的要求，集中约谈重点消防单位法人代表120多人次，交办65处火灾隐患单位，挂牌督办9家重大火灾隐患单位，整改率达66.6%。出台八项消防便民利民措施，精简办事程序，推行网上执法和政务窗口“一站式”集中办理，开辟“消防绿色通道”，主动上门为重点单位和重点建设项目服务，行政效能同比提升20%，群众满意率99%以上，执法质量考评在全市消防部队排名第二。

三、接处警救援。2017年共接警161起，出动消防车403辆次，出动警力1935人次，抢救遇险人员59人，疏散被困人员733人，抢救财产价值1327.1万元。全县共发生火灾128起，受伤8

人，直接财产损失548万元。分别上升37.63%、20%、28.6%，火灾扑救起数占接处警总量的75.7%。全县火灾起数在全市排名第五，人均火灾发生率在全市排名第二。其中，农村共发生火灾79起，占火灾总数的61.72%；城区发生火灾49起，占火灾总数的38.28%；居民住宅发生火灾65起，占火灾总数的50.78%；“九小场所”发生火灾21起，占火灾总数的16.41%。电气火灾62起，占比48.44%；用火不慎引发火灾38起，占比29.69%；安福镇发生火灾60起，占比46.88%；合口镇发生火灾11起，占比9.73%；烽火乡、修梅镇均发生火灾10起，占比7.81%；佘市桥镇发生火灾9起，占比7.03%；刻木山乡发生火灾7起，占比5.47%；新安镇、停弦渡镇均发生火灾6起，占比4.68%；四新岗镇发生火灾5起，占比3.91%；太浮镇发生火灾4起，占比3.13%。

存在的主要问题：一是火灾防控基础薄弱。商市场、劳动密集型企业、养老机构、卫生机构、教育机构等领域部分单位存在未办理消防行政许可手续、消防设施配备不齐、消防制度不健全等问题，“企业赚钱、政府买单、执法部门担责”的现象较为普遍；老旧城区、城乡结合部无序建设问题严重，全民消防宣传教育覆盖率、普及率不高，全民消防安全意识和消防素质还有待强化。二是监管手段落后。全县重点消防单位普遍具有人员流量多、监管难度大、火灾荷载重、扑救处置难等特点，一旦发生火灾极易造成群死群伤。没有形成群防群治、群策群力的监管工作局面，消防信息化建设滞后，运用物联网、大数据创新监管手段亟待加强。三是公共消防基础设施建设滞后。全县还有83个市政消火栓没有按照技术规范进行建设。除安福镇外，其他乡镇社区未启动微型消防站建设，太浮、烽火、修梅乡镇政府专职消防队还是空白，已建成的镇专职队仅仅能够对一般性居民火灾蔓延进行保护控制。（办公室）

【“119安全共享”消防宣传活动】为进一步增强全民消防安全意识，提升全社会消防安全素质，11月9日，临澧县政府在丁玲广场举行“安全共享消防我代言”119消防宣传活动启动仪式。副县长王毅、县公安局政委罗立杰、县公安局党委委员邹纯国出席启动仪式。消防大队全体官兵及消安委成员单位分管领导、社区及安全重点单位代表、消防志愿者共计200余人参加启动仪式。县公安局党委委员邹纯国宣读“安全共享、消防我代言”119消防安全宣传月活动方案，农民科学家、临澧县消防宣传志愿服务队队长沈昌健发出消防安全倡仪，为消防代言人颁发荣誉证书。副县长王毅宣布以“安全共享，消防我代言”为主题的消防宣传活动正式启动，讲解员为现场观众讲解各类消防器材使用等消防基础知识。

宣传活动启动仪式现场（办公室）

政法和综治工作

【概况】县委政法委是县委主管政法工作的部门，与县社会治安综合治理委员会、县维护稳定工作领导小组合署办公，现有编制17个，设办公室、政工室、执法监督室、综治办、维稳办等机构，下设临澧县综治中心（副科级事业单位）。综合协调管理公安局、检察院、法院、司法局、交警大队等单位。2017年，全县政法工作突出法治引领、创新驱动、科技支撑，深入推进平安、法治临澧和“无上访村（社区）”建设，在全省民意调查中稳居全省第一方阵，被评为“全省平安县市（区）创建示范单位”、“全市建设无上访村（社区）先进单位”、“全市维稳工作先进单位”，县委政法委荣获“市级文明单位”称号。

一、维护稳定工作。开展矛盾排查与风险评估，推动风险前置。先后对丁玲故居修缮工程、柳林棚改安置基地建设等33个重大项目实施社会稳定风险评估，未发生一起因稳评不到位引发的阻工、扰工事件；召开各类社会稳定形势分析研判会议113次，研究解决突出涉稳问题157个；排查各类矛盾纠纷7211起，其中重点涉稳矛盾137起，全年未发生一起因矛盾纠纷排查或调处不到位引发的重大涉稳事件，未发生一起民转刑案件。强化预案演练和应急处置，突发事件及时稳妥处置，实现零发酵、零升级。对26件信访积案，落实县级领导包案化解，对一时难以转化的重点工作对象，坚持管控为主，采取循序渐进式教育转化。

二、综合治理工作。健全综治目标责任制和考核指标体系，将社会治安综合治理工作纳入县委、县政府年度绩效考核范畴；成立县社会治理指挥中心，实现县、乡两级综治视联网实时畅通对接。优化基层网格设置，配齐网格队伍；建成县视频监控系统中心机房，整合公安视频监控平台和“智慧临澧”指挥中心信息数据，基本实现全城覆盖、全网共享、全时可用。开展十大平安创建活动，推广“两见警”工作机制，探索建立“一警多元”的农村社会治安巡防体系，推行“四联”工作机制和综治民调“三包”责任制；开展“回应民调关注，打击违法犯罪”“雷霆60”“春雷100”等专项整治行动，实现命案全破，督促整改火灾隐患2771处，临时查封31家，责令“三停”16家，罚款40.6万元，拘留14人。

三、公正司法工作。全面推行“阳光执法”，组织开展案件质量评查4次，评查案件3668件，其中优秀案件3495件，合格案件173件，无不合格案件；加大干警执法档案建设力度和法律法规的培训力度，提高执法质量。畅通群众申诉渠道，全县共受理涉法涉诉信访事项312件，依法导入法律程序116件，均得到依法处理，其中化解市委政法委交办的信访积案6件；依法刑事打击无理上访、缠访人员3人；为28人提供法律援助，为3人提供困难救助，为17人垫付补偿或赔偿资金。广泛开展“法制宣传教育月”、“送法下乡”等活动，建立县、乡、村三级法律服务平台；针对“黑律师”、“土律师”等问题，开展为期5个月的法律服务市场专项整顿活动。

四、法治队伍建设。坚持政治建警，组织全县748名政法干警开展政法系统队伍建设集中教育整训活动，开展“四个合格”党员标准研讨学习。强化培训考核，举办政法系统骨干培训班，开展各警种岗位练兵竞赛活动，研究出台《关于建立全县政法队伍纪律作风建设量化考核机制》，实行10分制量化管理。坚持从优待警，先后晋升职级21名，同其他单位交流干部19名。

（办公室）

【省委常委、省委政法委书记黄关春调研临澧政法工作】 2017年11月23日，省委常委、省委政法委书记黄关春调研临澧政法综治基层基础、警务机制改革等工作，先后视察了佘市桥镇综治维稳中心、安福派出所、县综治中心，并走访慰问奋战在政法综治一线的干警。黄关春指出，要继续稳中求进推进政法综治工作，以社区网格化建设为主要抓手，强力推进社区平安建设，形成“党委政府统一领导、各部门同心协力、社区各方大力参与”的良好格局。市委书记周德睿，市委常委、市委政法委书记黄清宇，市委常委、市委秘书长罗先东等全程陪同。

【临澧县成立县综治中心】 2017年，在县政务中心挂牌成立，与县社会治理指挥中心（副科级事业单位，具体负责网格化服务管理工作）一体运行，设有“一厅两办三室”，配备事业编制人员5人，整合综治、维稳、信访、公安、司法等部门人员8名，由县综治办主任兼任中心主任。县综治中心配置综治大数据平台、综治视联网系统、雪亮工程平台，建立平安网格微信群，全县录入实有人口45.78万人、实有单位9900个、实有房屋14.32万间，录入率达到98%。县乡村网格四级建立微信群1164多个，实名入群成员14159多人，基本实现一户一人入群，所有公职人员全部入群。县综治中心视联网与10个乡镇综治中心视联网实现联通，接入监控探头3200多路。其中县城区1800多路，乡镇800多路、农村600多路。

（办公室）

【太浮镇居民鄢尹被评为“全省见义勇为先进个人】”2016年10月17日下午13时30分许，三名犯罪嫌疑人在太浮镇人民街杨芳服装店盗窃2万元现金逃离时被店主杨芳发现，嫌疑人与杨芳厮打至店外后驾驶摩托车将杨芳一路拖行而去。鄢尹发现后毫不犹豫冲上前用身体挡住摩托车去路并大喊“停车”，被摩托车撞倒侧翻，鄢尹忍痛抓住一名嫌疑人并高声呼喊“抓人啊”。在路人的帮助下，三名犯罪嫌疑人全部被制服，随后交给赶来的派出所民警。经医院检查，鄢尹腹部瘀伤，左腿划破一条6厘米长的伤口。2017年，鄢尹被省见义勇为先进个人评选表彰工作领导小组办公室评为“全省见义勇为先进个人”。

（办公室）

公安工作

【概况】 2017年，临澧县公安局以“四项建设”和警务机制改革为载体，创新开展打防工作，牢牢掌握治安主动权，社会大局持续稳定、人民群众安全感持续上升。2017年5月，临澧县局第九次被评为“全国优秀公安局”。年度全省民调测评中临澧县位居全市前列。

一、维护治安稳定工作。针对春节、“两会”、国庆及村委换届等重点时段，“一号大道”等县委县政府重点项目，开展维稳排查，先后排查掌控重点人员1936人，清查整治重点部位、场所1412处，化解处置59批次176人次涉稳苗头，成功处置突发性、群体性事件21起，成功处置停弦镇胜芝化工厂火灾事故和“5·16”爆炸事件等突发事件。针对各类非法上访行为，强化法治思维，依法严厉打击，共打击处理非法上访人员7人次，警示谈话55人次。

城管执勤室揭牌仪式

二、打击违法犯罪工作。深入开展“霹雳”行动、“春雷100”和“三打击一整治”等专项行动，对各类违法犯罪行为保持高压态势。2017年共立刑案871起，共破获各类刑事案件394起，查处行政案件671起，刑事拘留306人，逮捕109人，移送起诉299人，强戒86人，追回各类逃犯141人。其中，破获“11·27”持枪杀人案、“6·11”戴某珍故意杀人案、“7·28”故意伤害致死案、“11·19”杀人焚尸案等共4起命案；打掉2个涉恶团伙，瓦解团伙成员18人；开展“追逃”专项行动，历年逃犯到案率达64%，位居全市第一；破获四类多发性侵财案件126起，为群众挽回经济损失300余万元；破获涉毒刑事案件30起，收缴毒品376.5克，铲除罂粟4437株；侦办6起网络贩枪案，共收缴枪支32支以及大量其它涉爆物品；打击经济犯罪一审判决19人。以服务经济发展为目标，组织开展“霹雳行动”，打击危害有关国计民生的违法犯罪行为，刑拘15人，破刑事案件4起，行政拘留12人，调解纠纷13起。

三、公正执法工作。以提高办案质量和执法能力为核心，通报部分案件在执法质量方面存在的问题，开展提高执法质量专题讨论，组织全局民警分别进行基本级、中级和高级执法资格考试，提升民警总体执法能力和水平。加强法制宣传，先后组织开展道路交通、反恐应急、防范集资诈骗、安全生产、禁毒、110接处警等主题教育活动10多次。加强网上执法巡查，整改执法瑕疵如涉案物品入库不及时、受案超期、录入不规范等400余处。

四、公安队伍建设。突出政治建警，认真组织开展“迎接十九大、忠诚保平安”学教活动、党支部换届选举、民主生活会等活动，坚定“立警为公、执法为民”的政治方向。突出从严治警，开展队伍建设教育整训活动，实行上班指纹打卡制度，着力整改迟到早退、滥用职权、公车私用等突出问题。突出素质强警，坚持每周日晚政治、业务学习例会制度，举办6期民警随岗培训，加强“书香警营”建设，推行“青蓝工程”，培养业务骨干和办案能手。突出文化育警，组织摄影、围棋、羽毛球、乒乓球、登山、篮球等文体活动，树立“全省雷锋式公仆”戴涛等一批先进典型，凝聚士气、激发公安队伍活力。

（办公室）

【为从警30年民警颁发湖南公安荣誉勋章】为进一步加强公安队伍理想信念教育和忠诚教育，切实增强广大民警的职业荣誉感和归属感，不断增强公安队伍凝聚力，向心力，按照公安部《公安机关人民警察荣誉仪式规范（试行）》要求，12月21日下午，临澧县公安局举行从警30年湖南公安荣誉勋章颁发仪式，政委罗立杰代表局党委为15名从警30年的民警颁发荣誉勋章并一一合影留念。全局各二层单位骨干、民警参加颁发仪式。

（办公室）

检察工作

【概况】2017年，临澧县人民检察院注重窗口建设，连续九届22年获评全国“文明接待室”；注重规范执法，执法状况连续八年位居全市检察机关第一方阵；注重创新引领，顺利通过第五届全国“二级规范化检察室”的达标验收。

一、职务犯罪侦查工作反贪、反渎两局突出新立案件侦查和积案消化处理，全年立案查处职务犯罪案件6件7人，案件数和人数较往年分别增加了50%和75%；侦查终结11件12人（含积案）；审查职务犯罪案件14件15人（含指定管辖），提起公诉5件6人。

二、职务犯罪预防工作强化职务犯罪源头预防，先后开展扶贫领域职务犯罪预防，组织临澧冀东水泥有限公司管理人员前往县看守所接受警示教育，会同邮政部门开辟“预防职务犯罪邮路”。做好行贿犯罪档案查询工作，为全县重大工程建设招投标提供查询服务659人次。

三、刑事检察工作严厉打击严重暴力刑事犯罪。全年共批准逮捕各类刑事犯罪嫌疑人97人，提起公诉255人。其中故意杀人、故意伤害、抢劫抢夺等侵犯人身权利的犯罪，批准逮捕13人，提起公诉30人；盗窃、诈骗等侵财型犯罪，批准逮捕52人，提起公诉78人；涉黄、涉赌、涉毒等扰乱公共秩序的犯罪，批准逮捕25人，提起公诉26人。严厉打击涉众型经济犯罪，指控被告人刘宁、冉启均等组织、领导传销活动犯罪。对应当立案而未立案的，监督立案1件；对不应当立案而立案的，监督撤案3件。对应当逮捕而未提请批准逮捕、应当起诉而未移送起诉的，追加逮捕5人，追加起诉2人。纠正侦查期限超期、文书送达超期等违法27起。推进形成以抗诉为中心的刑事审判监督格局，检察长列席人民法院审判委员会会议4次。审查人民法院刑事判决书151份，提请抗诉1件1人。依法打击信访领域违法犯罪行为，对赴省进京非访的犯罪嫌疑人王先菊，以寻衅滋事罪批准逮捕。准确适用刑事和解特别程序，妥善处理轻微刑事案件，对涉嫌犯罪但无社会危险性的，决定不批准逮捕2人，决定不起诉13人，化解社会矛盾。参与社会综合治理。运用“两法衔接”工作平台，监督行政执法部门向公安机关移送涉嫌拒不支付劳动报酬犯罪案件2件2人，维护农民工的合法利益；会同教育、公安、法院等部门开展校园欺凌专项治理，批准逮捕并提起公诉1人；落实“护苗”专项活动要求，针对校园周边治安秩序，食品安全等问题，及时向有关部门发出检察建议，督促整改。

四、控告申诉检察工作强化举报线索集中统一管理，加强对职务犯罪侦查部门不立案线索的审查，落实检察长接待日制度和首办责任制，受理群众来信来访48件次。按照诉访分离原则，推进律师参与化解和代理涉法涉诉信访案件工作，妥善处理并案结涉检信访案件3件。

五、刑事执行检察工作开展羁押必要性审查，向办案机关发出变更强制措施建议书13份。开展监管场所及监管活动检察监督，对违法收监、违反规定留所服刑等24起违法活动予以纠正。开展集中清理判处实刑罪犯未交付执行刑罚专项活动，建议司法局向人民法院提请收监执行1人。开展财产刑执行检察工作，重点对判决生效的12件职务犯罪案件罚金和违法所得进行检察。

六、民事行政检察工作贯彻《最高人民法院、最高人民检察院关于民事执行活动法律监督若干问题的规定》，办理执行监督案件10件。针对企业未按规定缴纳排污费行为，发出检察建议，督促环保部门追缴到位。审慎办理公益诉讼案件，立案办理3件欠缴土地出让金案件。

七、案件管理工作制定《案件管理实施办法》，推进“万案大公开”“千案大评查”“百种类案大评议”活动，评查各类案件370件，案件优秀率达98%。依法公开重大活动8个，重要事项3项，重要案件信息4条，案件程序性信息477条，生效法律文书111份。人民监督员监督评议拟撤案、拟不起诉案件7件。（办公室）

法院工作

【概况】临澧县人民法院始建于1950年1月，现址迎宾北路229号。全院设20个职能部门，在编干警83人。2017年，临澧法院共受理各类案件3538件，审执结3048件，收结案较上年度分别增加21.83%和19.76%。先后被评为全市文明标兵单位、全市法院司法网络宣传工作先进集体、全市司法新闻宣传先进集体、全市法院信息工作先进集体、全市法院案例编报工作先进集体，陈芳同志被评为全省法院先进个人。

一、刑事审判工作。全年受理刑事案件193件，审结171件，判处罪犯259人。其中审结故意杀人、故意伤害、强奸、聚众斗殴、寻衅滋事等严重暴力犯罪案件35件，判处罪犯60人；审结抢劫、抢夺、盗窃等侵财型犯罪案件56件，判处罪犯86人；审结毒品犯罪案件25件，判处罪犯25人。妥善处理未成年人犯罪，坚持“教育为主、惩罚为辅”原则，推行“圆桌审判”“犯罪记录封存”等制度，审结未成年人犯罪案件4件8人。审理涉案金额达15亿的刘宁、冉启均等组织、领导传销活动案。

二、民事审判工作。共受理各类民事案件2003件，审结1814件，其中调解撤诉结案859件，调撤率47.35%。妥善审理婚姻家庭、机动车交通事故、人身损害赔偿、农民工工资等民生类纠纷874件。依法办理民间借贷、金融借款、建设工程等合同类案件860件。依法妥善办理企业破产重整、破产和解、破产清算等涉重点企业、重点行业商事纠纷，依法化解企业债务，防范社会风险。

三、行政审判工作。共受理各类行政诉讼案件17件，审结15件。全年判决撤销行政机关具体行政行为的3件。推进行政机关负责人依法出庭应诉，解决“告官不见官”的问题，出庭应诉率达86.7%。受理行政非诉执行审查案件32件，裁定准予执行案件32件。

四、执行工作。全年共执结案件1016件，执结标的额1.84亿元。将涉及社会弱势群体的案件作为重点，加大对损害赔偿、拖欠农民工工资等案件的执行力度，运用强制手段查封被执行人房产33套，扣押车辆24台，并开始实施网络司法拍卖，全年开展网络司法拍卖16件。加强惩戒力度，公布失信被执行人320人，对逃避执行、抗拒执行、暴力阻扰执行的，依法拘留40人，罚款27人次，以涉嫌“拒执罪”移送公安机关立案侦查4人，公安机关刑事拘留3人。

五、司法为民工作。完善诉讼服务。为诉讼当事人提供诉讼指南、举证须知、文书样本等资料；开展跨区域立案服务5件，方便当事人立案。化解信访难题。强化裁判文书说理和判后释法答疑，开展院领导值班接访、上门走访，化解涉诉信访18件。加强司法救助。落实司法救助制度，对于追索劳动报酬、社会保险、抚养、赡养及经济确实困难的当事人，予以减免缓交诉讼费，全年共减免缓诉讼费41.31万元，为48名生活特别困难的申请执行人和刑事被害人发放司法救助金84万元。推进司法公开。全面落实裁判文书、审判流程、执行信息公开三项制度，生效裁判文书上网率达100%；建成庭审网络直播系统，对3件社会关注度较高的案件实行互联网直播开庭；人民陪审员参审案件520件，普通程序参审率达99.6%；开展“法院开放日”活动2次，邀请60余名人大代表、政协委员和社会群众参与。

六、制度机制工作。严格实行办案质量终身负责制和错案责任倒查问责制，健全完善院领导办案常态化机制，院领导共办理案件90件，较上年度增加51件。推进人员分类管理。通过购买社会服务方式招录聘任制书记员、法警等司法辅助人员20名，按照一名法官、一名法官助理、一名书记员组成一个审判团队的模式运行。强化审判监督管理。落实审判流程管理、态势分析、均衡结案、数据核查等举措，每月发布《审判管理动态》，对案件质效各项指标进行通报；开展案件、文书、庭审“三评查”活动，共评查案件1200余件，优秀率达93%。

七、接受监督工作。接受人大及其常委会法律监督。执行人大及其常委会决议、决定，认真办理代表议案2件；邀请代表参加旁听、视察、座谈等活动60余人次，并通过《工作汇报专刊》、官方微博微信等载体，接受代表监督。开展“司法公正常德行”活动，2名法官接受人大代表履职评议。加强与政协联络沟通，主动邀请政协委员视察法院、旁听庭审，听取意见建议。接受检察机关的诉讼监督，邀请检察长列席审判委员会讨论案件。召开律师代表座谈会，征求律师代表意见、建议17条。接受案件当事人监督，随案发放廉政监督卡，开展案件回访，全年共回访案件当事人130人。（办公室）

【临澧县法院启动网络司法拍卖工作】为切实规范人民法院司法拍卖行为，充分维护当事人的合法权益，临澧县人民法院经过一系列的筹建工作，于2017年4月24日，在淘宝网司法拍卖平台发布湖南省临澧县人民法院首例拍卖公告，拍卖的两宗标的物分别是：位于临澧县安福镇正街一栋五层楼房的二楼，建筑面积230.94平方米，起拍价人民币106.2万元；临澧县坤财新型建材有限公司名下所有的机械设备共61项、国有土地使用权、生产车间、锅炉房、办公楼、编组车间以及厂房相关配套设施，起拍价1236.5万元，两宗标的物首拍时间确定在2017年5月29日上午10时，其中房屋以88.84万元的价格公开拍卖成功。（办公室）

【临澧县法院首次进行庭审网络直播】2017年8月17日上午，临澧县人民法院在数字化审判庭首次进行庭审网络直播，审理一起被告人李某涉嫌故意伤害案件。公众可通过“中国庭审公开网”多方位、深层次的同步观看庭审情况，实时了解审判动态。庭审结束后，公众还可通过该网站庭审回顾栏目，随时观看以往直播案件。庭审直播，将庭审过程置于群众的监督下，增强了司法审判的透明度，有利于审判的公平公正，拓宽了人民群众参与、监督案件审理的渠道，是深入推进司法公开、实现阳光司法的重要举措。

（办公室）

【临澧县法院公共法律服务工作站挂牌运行】2017年9月26日上午，临澧县人民法院公共法律服务工作站正式挂牌运行。该工作站是临澧县司法局常设的驻临澧县法院的法律服务工作站，主要开展司法调解、法律咨询、普法教育等服务，民众在进行立案、庭审等诉讼活动之前，可以先向该工作站了解相关法律事宜，咨询有关法律问题等。（办公室）

【临澧县法院招录首批聘用制司法辅助人员】为推进法院人员分类管理和法官职业化、专业化建设，2017年9月，根据司法改革和队伍建设有关要求，临澧县法院报经上级有关部门批准，采取劳务派遣方式，面向社会公开考录聘用制书记员及司法警察，经过报名、资格审查、笔试、面试、体检、政审等程序，10月下旬，14名司法辅助人员正式上岗。（办公室）

【陈芳被评为全省法院系统先进个人】陈芳，女，1975年11月出生，中共党员，1997年大学毕业后进入临澧县人民法院工作，历任书记员、助理审判员、审判员，2013年4月起任办公室主任，2015年4月至今任民三庭庭长。陈芳立足本职工作，不求名、不图利，兢兢业业、认真履责，其本人和所在的庭室均取得较好的业绩。2011年、2014年二次荣立个人三等功，2012年被评为全省法院办案标兵，2013年陈芳制作的一起保险合同纠纷案件案例被编入《最高人民法院案例选》；担任办公室主任期间，办公室工作每年都获“全市法院系统先进单位”荣誉称号。2017年被湖南省高级人民法院评为全省法院系统先进个人。（办公室）

司法行政工作

【概况】2017年，临澧县司法局按照“内强素质，外树形象，夯实基层基础，全面争先创优”的年度工作思路，励精图治，迎难而上，为“开放强县，产业立县”提供有力的法制宣传、法律服务和法律保障。临澧县司法局被评为全市司法行政全面工作先进单位、司法所标准化建设先进单位，被县委、县政府评为全县目标管理先进单位。

一、人民调解工作。在全县范围内开展“三联四大”、“创建无上访村（社区）”等专项调解活动，发挥人民调解维护社会稳定第一道防线的作用，依法依理化解土地补偿、邻里纠纷、婚姻家庭、承包经营、道路交通赔偿等社会矛盾纠纷。全县各级调解组织累计组织排查化解纠纷 2630 件，调解成功 2626 件，涉及当事人 4698 人，涉及金额 6122.32 万元，调解成功率达到 99.8%。防止民转刑案件 3 起 3 人次，防止群体性上访事件 8 起 138 人次，防止群体性械斗 3 起 76 人次。

二、社区矫正和安置帮教工作。全年共开展社区矫正社会调查评估共 130 起，出具社会调查评估报告 130 份，采信率达 100%。开展社区服刑人员行为规范教育活动，增强社区服刑人员的服刑意识、身份意识、规矩意识；开展“延伸监所帮教矫治手臂”工作，对监所服刑人员的困难家庭，与当地党委政府衔接，给予适当的救济；对于刑满释放人员，真心帮教，妥善安置就业，预防重新犯罪。全县累计接收社区服刑人员 667 名，累计解除矫正 504 名，在册人员 183 名，其中管制 6 人、缓刑 168 人、假释 5 人、暂予监外执行 4 人。共有刑满释放人员 416 名，2017 年回归 23 人。全县两类人员重新犯罪率严格控制在 1.5% 以内。

三、法律服务工作。开展政府法律服务，组织律师参与“5·16”修梅黑火药爆炸案、“6·16”新安重大交通事故案各项赔偿事宜，及时平息事端；审查总投资 17 亿元的县政府 PPP 安全饮水项目工程合同，提出法律意见 6 条被采纳；县公证处协助县拆迁办对棚户区改造项目选择评估机构进行现场监督（抽签）17 次，为全县重大工程合同签署提供法律保障。实施法律援助，兑现“应援尽援”的承诺，修订考评考核细则、量化考核指标全县共办理法律援助案件 245 件，位列全市第三位。开展为期 5 个月的法律服务市场专项整顿活动，重点整治黑律师、土律师等突出问题。县朝阳、远大律师事务所办理的民事、行政、仲裁案件 258 件，刑事辩护 37 件，非诉讼事务 44 件，法援中心办理的 245 件法律援助案件，县公证处办理的 445 件公证，杏德司法鉴定所办理的 342 件司法鉴定案件，均没有发生因服务不优而引起的投诉事件。

四、法制宣传工作。全县共抽调专业宣讲人员 16 名，组织编写讲稿 15 课，为县委党校科干班上法律辅导课 2 次，进村开展专题法律讲座 5 堂次，到实验小学等八所中小学讲课 8 堂次，受训近 1.3 万人次，制作宣传展牌 200 余块、免费发放各种宣传资料 2 万余份，面对面为群众解答法律咨询 500 余人次，制作宣传橱窗 100 多块，张贴宣传标语 120 余条。丰富法治宣传载体，创建“临澧司法”微信公众号、“临澧司法”微博，共有粉丝 2.5 万余人，“双微”普法点击率在 80 万次以上；利用临澧手机报宣传法律知识 32 期，受众达 22 万人次；利用手机发送普法信息 12 万条；利用广场显示屏宣传普法工作 216 期。突出重点，开展农村法制宣传教育月、送法进校园、“12·4”宪法宣誓等法治宣传活动，组织相关单位开展“3·15”、土地日、环保日、禁毒日等部门法宣传活动，促进全县群众学法守法。组织全县公职人员年度学法用法考试，全县近 7000 人参考，参考率达 99%，合格率达 98.5%。（办公室）

【临澧县公共法律服务实现全覆盖】为确保基层群众享受优质高效的法律服务，2017 年，县司法局投资 5 万元，在全县 12 个乡镇（街道）、160 个村（居）、600 多个人流量密集点设立公共法律服务站（点）和联系站（点）标识牌，并与全县两家律师事务所沟通协调，为每个村（居）配备一名社会律师承担法律顾问工作，在公示牌上注明法律顾问的姓名和联系方式，服务内容包括法律咨询、法律援助、人民调解、法治宣传、社区矫正、刑释人员安置帮教、公证办理等。9 月 21 日，全县最后一个公共法律服务工作点和公共法律服务联系点公示牌在佘市桥镇荆岗村设立，至此，全县公共法律服务实现全覆盖。（办公室）

【临澧县社区矫正局机构升格】2017 年 6 月份，临澧县组织部正式发文，明确临澧县社区矫正局为副科级行政单位，社区矫正局局长为任实职的副主任科员，县编办核定编编制数 5 人。

（办公室）

道路交通安全管理

【概况】2017 年，临澧县公安局交警大队以整肃警风警纪、规范文明执法为出发点，以营造良好的道路交通环境、预防道路交通事故为工作中心，以各项整治行动为载体，扎实推进公安交通管理各项基础工作，全县道路交通环境进一步优化。

一、道路交通秩序管控工作。开展道路交通安全隐患排查，督办整改 8 起道路交通安全隐患。开展道路秩序整治，从严查处城市道路“三驾”、“三乱”、“两闯”，农村公路面包车超员，低速货车、拖拉机、三轮汽车违法载人、摩托车超载等违法行为，共查处交通违法 40233 起，其中现场查处 8591 起，非现场查处 31642 起，其中查获酒驾 96 起，行政拘留 72 人，刑事拘留 14 人。

加强春运安全宣传，强化巡查、管控、值守、处突等工作，春运期间，全县道路交通安全有序畅通未发生一起重特大交通事故，未发生严重交通拥堵情况。开展“百日会战”行动，从严查处超员超速、疲劳驾驶、涉牌涉证、酒驾毒驾、违法载人、违法占道等“六类重点违法”，同时充分发挥电子监控、视频监控多点位、全天候抓拍的优势，对碾压双黄线、随意实线变道、不按导向车道通行等违法行为进行重点打击，共查处交通违法 34133 起（现场违法 6390 起，非现场违法 27743 起），其中查获酒驾 156 起，涉牌涉证 1028 起，非法载人 418 起，超员 73 起，疲劳驾驶 2 起，城市乱源违法 21807 起，行政拘留 53 人，刑事立案 2 起。

二、道路交通安全执法工作。规范事故处理。要求事故处理民警接到报警后无论警情大小、是否职责范围，都必须做到先出警、先处置，在第一时间到达现场；明确事故处理标准化流程，对辖区发生的每一起事故，严格按照规定程序登记台账，对每一个环节责任落实到人；严格执行案件倒查追究制度，加强日常执法检查和执法监督，杜绝错案发生。规范违法处理。出台执法工作规范，按照“谁办案谁负责、谁审核谁负责、谁审批谁负责”的执法岗位责任制和执法质量责任制，对应记分的交通违法不予记分、违法对重点车辆只罚款不记分、与“黄牛”内外勾结谋取不正当利益等问题，按照“一岗双责”严肃追究执法民警及分管领导的责任。规范窗口服务。完善窗口交通违法处理工作制度、流程，设置公示栏，粘贴民警本人免冠照片，公开民警的姓名、警号、所属单位、工作职责等信息；建立值日民警巡查值守制度，负责接待群众咨询投诉，收集意见建议，引导办理业务，解决疑难问题。全年交警大队未发生一起因执法不公，因办案办事引发的投诉上访，群众满意度明显提升。

交警上路检查校车安全

三、道路交通交通安全宣传工作。筹资300余万元，在城区和部分干道新增标识标牌63块，施划标线1万多平米，新增停车泊位200余个，新装红绿灯电子警察系统2套，新增高清视频卡口1套，改善城区交通秩序硬件环境。组织民警开展“五进”（进农村、进学校、进企业、进机关、进站场）交通安全知识宣传，全年共发放交通安全宣传资料5万余份，展出宣传展板100余块，发放交通安全短信提示8万多人次。加大违法曝光力度，利用电视、网络及微博、微信等新媒体，及时发布路况信息、道路交通安全法律法规、交通安全提示语，同时对查处的无证驾驶、饮酒驾驶、闯红灯等重点交通违法行为进行大曝光，增强了全县交通参与者的安全意识、文明意识、守法意识。（办公室）

交通运输

【概况】 2017年，临澧县交通运输局以新一轮交通跨越大会战为总揽，突出项目建设，加强行业管理，各项工作有序推进。临澧县被评为全省首批“四好农村路”示范县。

一、项目建设。 2017年，全年累计实现交通投入10.3亿元，较去年增长30%以上。沅澧快速干线一号大道太平至斋阳桥段建成通车；二号大道续建有序推进；启动城乡一体化智能交通PPP公路工程项目，征地拆迁准备工作基本完成；改造建成九五公路7.5千米沥青砼路面；开工太浮山旅游公路一期工程，土路基工程基本完工；提质改造农村公路43.3千米、建设县乡断头路68.4千米、实施安保工程120千米、改造危桥8座。先后组织资金6550万元，为主办理“两案”17件，办理率、见面率、回复率、满意率均达100%。

二、行业管理。 建设项目管理方面：严格实施建设项目“七公开”，依计划报建、报监，所有开工的公路建设项目实行台账式管理，定期检查，流动巡查，实行全过程监控，严把安全、质量关口，工程项目验收合格率100%。安全管理方面：开展道路运输行业“两客一危”安全隐患清零工作，突出整治危货运输车辆运输途中脱离监管行为，全年共整改道路运输行业安全隐患122处，省、市、县交办隐患整改任务全部完成；突出水上安全管理，全面落实河长制，整合部门力量，开展僵尸船清理整治工作，共清理僵尸船20艘。道路、水上、在建工程连续多年没有发生较大以上安全生产责任事故。公路养护方面：全年新接养农村公路72千米，纳入常年养护公路达1300多千米，通过提高养护巡查检查频次，养护质量与经费紧密挂钩等手段，提升公路日常养护效果；发挥乡镇养护办的作用，建立微信互动平台，全年共处置公路水毁39处，确保了县域公路畅通；有针对性地开展公路小修保养和预防性养护，全年共处置破碎板5000平方米，清灌缝280千米；探索农村公路养护信息化管理，与长沙公司合作开发的软件管理系统进入后期处理阶段。道路运输管理方面：严把市场准入、质量信誉考核关口，严厉处罚各类违法违章行为，累计查处违法违规参运行为812起，约谈驾驶员、企业法人51次，开展专项安全培训教育21次；稳步完成40台城区的士经营期到期续牌；突出应对节假日旅客运输的疏导转运，严格落实长途客车实名制等系列制度，全年累计发送旅客450万人次。

（庞拥军）

【临澧县开通动车】 2017年9月21日，石长铁路石门县北到长沙的动车正式开通，并在临澧火车站停靠，标志临澧县县步入动车时代。石长铁路全长262.8千米，设有长沙、宁乡、益阳、汉寿、常德、临澧、石门县北7个车站。从石门县北到长沙共3个小时车程，其中临澧到常德大约耗时25分钟，临澧到益阳大约耗时1小时10分钟，临澧到长沙大约耗时2小时25分钟，二等座票价66元。

临澧到长沙往返有6趟动车停靠，具体车次为：

D7574 长沙-石门县北到开时间 13：51/53

D7564 长沙-石门县北到开时间 15：26/28

D7566 长沙-石门县北到开时间 22：09/11

D7571 石门县北-长沙到开时间 8：18/20

D7573 石门县北-长沙到开时间 14：52/54

D7563 石门县北-长沙到开时间 16：52/53

（资料来源：临澧政府网）

【全市“四好农村路”暨沅澧干线公路建设推进会】4月23日在临澧召开。全市各区、县、市分管交通负责人；交通运输局局长、分管农村公路负责人；市交通运输局、市公路局部分班子成员；市交通运输局相关二级机构负责人参加会议，市政府副市长曾艳阳出席。与会人员参观了临澧县沅澧快速干线一号大道建设及“四好农村路”创建现场，观看我县创建省级示范县工作视频资料；临澧县政府县长蒋颖群汇报介绍临澧创建工作经验；市交通运输局局长向美华全面分析当前全市“四好农村路”创建暨沅澧干线公路建设形势，安排部署下阶段交通运输工作重点。市政府副市长曾艳阳就交通运输“四好农村路创建、沅澧干线公路建设、道路运输隐患清零、公路治超、交通安全监管、长途客运实名制、交通领域改革稳定及行风塑造”八个方面工作提出明确要求。（庞拥军）

与会人员参观一号大道临澧段（资料来源：临澧政府网）

【临澧县城乡一体化智能交通PPP项目公路工程开工】12月29日上午，临澧县城乡一体化智能交通PPP项目公路工程集中开工仪式在沅澧快速干线一号大道修梅镇段举行，标志着临澧县城乡一体化智能交通PPP项目公路工程正式启动建设。此次集中开工的项目有：烽火至县城、沅澧快速干线一号大道太平至张公庙段、合口澧水大桥至林夹公路改建项目。部分县领导、县直有关单位主要负责人、沿线乡镇（街道）主要负责人、沿线村（居）支部书记、及建设单位施工代表参加开工仪式。（资料来源：临澧政府网）

开工仪式现场（资料来源：临澧政府网）

【安慈高速公路正式开工建设】3月1日上午，安慈高速公路开工动员暨常德市重点建设项目集中开工仪式，在临澧县修梅镇隆重举行，安慈高速公路项目建设正式启动。安乡至慈利高速公路，是我省规划的“七纵九横三环”高速公路路网的重要组成部分，是连接常德市北部五个县（市）和张家界市的主动脉。项目全长121.14千米，途径安乡、津市、澧县、临澧、石门、慈利，按照双向四车道标准建设，设计时速100千米。其中临澧县境内主线长22.1千米，途径修梅镇玉皇庙、杨板桥、云林、七重、高桥、林家垭、观音洞；佘市桥镇白洋；停弦渡镇牛头等9个村（居）。安慈高速公路是湖南省交通运输厅代表湖南省政府招标，由中国铁建投资集团中标的BOT项目，总投资102.51亿元，建设工期三年。

公路管理

【概况】临澧县公路管理局于2014年年初由市管下放到县政府主管，属正科级事业单位，局机关下设办公室、政工股、养护工程股、财务服、机务安全股、路政大队6个股室及工会办公室，下辖白虎山车辆超限超载检测站、佘市车辆超限超载检测站、公路养护中心3个二级机构。其中，白虎山检测站为正科级二级机构。总编制数178名。其中机关编制26人，局长1名，副局长3名，纪检组长1名；白虎山检测站43名，站长1名（正科），副站长2名；佘市检测站12名，站长1名，副站长1名；养护中心编制95名，主任1名、副主任3名。机关编制为财政全额拨款供养人员，其余150名为差额拨款编制人员。2017年，全局有干部职工235人，其中，退休86人，在职149人（局机关21人、白虎山站43人、佘市站9人、养护中心76人）。

按2016年底年报数据，县公路管理局负责养护15条国、省、县、乡道公路主干线公路，总长184.208千米（去除重复里程）。其中管养国道2条54.491千米，省道5条86.125千米，县道6条41.482千米，乡道2条8.33千米。

一、公路养护。加强日常养护巡路保洁，8个道班33名一线养护人员，坚持每天巡查公路一次以上并做好巡路登记，清扫保洁。开展雨季养护竞赛，道班清通排水沟约95处约1.2万米，清铲路肩60多千米约12万元平方米，路肩打药除草2次250多千米；养护清除临时路障250多处，修补路面坑槽约1.5万平方米，修补水泥路破碎板约4500平方米，水泥路清灌缝约36千米1.4万米，较好地维护了路况稳定。先后为全市“四好”农村公路养护现场会在临澧召开提供参观现场，迎接了省公路局年终公路检查、桥梁检测和2次路况检测。

二、公路建设。完成临澧县X108线（老1836线）沥青砼路面宽6米、长4.085千米路面大修工程的设计、财政评审、招标工作，财政评审定总金额为687.644万元，其中建安费为655.929万元（招投标金额为653.8万元），该项目基层铺装、透层、封层已经完成，春节前可通车。

三、路政管理。局路政大队查处路政案件303起，其中路政路面执法处理超限案件198起，行政许可案件1起，公路赔补偿案件4起；清除路障400余处，拆除非标75块；参与联合执法150余天1200余人次，查处车辆256台次，卸载货物790余吨；协助白虎山站、佘市站打击冲关56台次，行政拘留2人；利用科技系统事后查处超限案件298起，法院强制执行12起，结案率100%。白虎山检测站共检测车辆21万余台，处理超载车辆630台，处理超限车辆6台，卸载超限货物近万吨吨，信息抄告车辆65台，非现场执法利用短信平台发送短信1500余条，点对点给车主发送整改短信220余条，发送挂号信40余封，非现场处理超限车辆110余台。佘市检测站共检测车辆6200余辆，处理超载车辆560余台，卸载货物300余吨。路政大队和2个站点共检测车辆24万多台，查处车辆1600台。加强路政执法宣传。开展“路政宣传月活动”，在政府网站、临澧手机报、常德日报、湖南日报宣传路政工作，印发宣传资料2万余份，宣传手册5000余份，移动短信发送4.8万余条，走访企业31家。

四、公路治超。根据《临澧县2017年治理车辆超限超载工作方案》和县委县政府的治超工作部署，开展治超专项行动。割箱板专项行动（5月16日至8月15日）：，以白虎山超限检测站为依托，由交警、公路、交通运管、农机等部门组成联合执法队伍，抽调交警人员4人，交通运管人员4人，公路局路政人员4人，警车2台，宣传车1台，自行恢复改装车辆原貌200余台，强制性恢复50余台。“夏日风暴”治超专项行动（7月1日至7月31日）：县治超办抽调交警6人、交通运管4人、公安干警2人参与联合执法。调用警车2台，路政车1台，24小时不间断执法，落实“一车四查”，即查超限超载车司机、查车主单位、查货源单位、查改装单位，落实信息抄告。行动共计处罚超限车辆48台，卸载超限货物519.63吨，交警对违法驾驶人员扣分260分。流动稽查和源头监管专项行动：会同交警部门，对城乡结合部、未设站点的干线、农村公路、盲区死角加大流动稽查频率，打击“躲猫猫、避站绕行、冲关闯关”等违法行为；执法人员走访涉超货运企业和矿、砂等单位，讲解治超政策，发放非现场执法宣传手册，对重点源头企业进行登记、统计、检查，实行“四定”，即定乡镇、定人员、定责任、定监管单位，实行全天候驻守监管。高速公路出入口大整顿行动：由县治超办、交警、交通运管、公路和白虎山检测站流动稽查队等部门参与，自7月至10月在临澧烽火东常高速出入口查处超限车辆20余台，对违法运输驾驶人扣分120分，卸载超限货物101.88吨。

五、安全生产。建立完善安全管理制度，制定突发事件应急预案，每月定期召开安全生产例会，落实“一岗双责”制度，执行安全生产隐患治理“一单四制”要求，严格考核测评。加强安全生产宣传，利用微、短信平台发送信息10多次，出动宣传车3次，设立宣传牌20块，标语15幅，发放宣传单800余份，举办宣传窗3期，举办4期专题安全生产讲座、学习班；开展安全月、安全生产百日整治大会战活动；加强春节、国庆、中秋等节假日及特殊时段的安全值守、巡查、防范。排查整治隐患，投资近30万元对24处隐患及路面病害进行彻底整治，增设公路安全警示标牌35块，安全防护栏200米，标线300平方米，处理路面病害2500平方米，保证了安全生产零事故。

六、重点工程。一号大道：完成路基土石方100%，完成桥梁桩基、梁板梁T梁100%，完成涵洞通道100%，完成防护排水工程95.5%，完成水稳基层100%，铺设主线双层沥青路面17千米，实现产值7.85亿元。二号大道：路基施工完成98%，路面垫层完成75%，路面水稳层完成75%，路面基层完成55%，挡墙完成100%，桥梁完成90%，中央分隔带完成60%，实现产值1.96亿元。

二号大道路面基层施工

存在的主要问题：一是机械化养护水平程度不高，公路养护基本处于人工操作状态，工作效率低、养护效果差。二是公路路政管理和公路治超工作有待进一步规范，对全县几大砂石厂出口路面抛洒物问题，始终没有较好解决。（办公室）

邮　政

【概况】临澧县邮政公司属于国有企业单位，内设有7个部门，分别为：经理室、办公室、金融代理中心、集邮与文化传媒部、市场经营部、渠道平台中心、快包中心；设12个营业网点，分别为：迎宾、合口、佘市、烽火、官亭、修梅、太浮、四新岗、杨板、柏枝、停弦、新安（纯邮政网点）；共有在职员工133人，综平站点190个，空白乡镇邮政服务网点5个。主要经营范围：邮政储蓄、国内报刊发行、销售；国内、国际汇兑；国内、国际函件；国内、国际包件（含直递包裹）；国内、国际特快专递；机要业务；邮资凭证销售；邮政礼仪；农村电子商务；邮政媒体广告；邮送广告；信息服务；集邮品开发、销售；代办电信、电信增值业务；各类邮政代理业务；农业生产资料（限面向农村以连锁经营方式）、日用品配送、销售。

2017年，临澧县邮政公司坚持“一体两翼”协调发展，整合资源，创新转型，全力以赴推动各项工作全面开展。被评为全市邮政评为先进企业、全市内保工作先进单位及工会、党建纪检监察工作先进单位。

一、经营业务。2017年公司全年业务收入计划为3957万元，实际完成业务收入3960万元。金融业务全年新增总资产3.71万元，期末余额18.89亿元。集邮与文化传媒业务完成收入11万。发行零售流转额突破130万元。销售校园图书16.5万元，其他图书类销售20.1万元，创收14.7万元。收订党报党刊215.5万元。批销业务引进一批优质县级代理商加盟，农村电商模式初具雏形，综合服务平台站点190个，构建了县、乡、村三级农村电商服务渠道体系，并举办“邮政919扶贫助农电商节”，全年批销额近900万元。

二、基础建设。对太浮、佘市、四新岗、修梅、杨板五个网点进行装修、改造，提升营业窗口的服务环境和服务管理水平。安装网运自动装卸皮带机设备，改造网运作业场地，租赁1400平方米的场地作为仓配和物流储存中心，双十一、春节等旺季运邮期间无积压、爆仓。实施投递改革创新，乡镇以下农村“周五班”覆盖率达到100%；推进农村“私车公助”，建立“县—乡—村”三级物流配送体系。

临澧县邮政公司主要业务数据统计表

邮政业务总量	3820.79万元
邮政汽车	11台
城区日均投递次数	2次
农村周投递次数	5次
订阅杂志累计份数	254349份
订阅各类报纸累计份数	4708685份

（办公室）

电　信

【概况】2017年，中国电信股份有限公司临澧分公司坚持以“发展大数据、共筑信息新生活”为己任，以满足地方经济发展需求为宗旨，以“宽带光网推进、移动全面4G、渠道开放合作”为主线，开展了一系列行之有效的工作。

一、实事办理工作。根据2017年《政府工作报告》提出的加大为民办实事的要求，结合企业特点加大投入。投入资金200多万元，实施了6项光网改造项目，建成光网端口5300个，新建光纤宽带行政村58个，99%的行政村实现光网覆盖；配合“三改四化”重点工作，投资180多万元，实施安福镇四季红路、梅溪路、柏枝、杉板、烽火、修梅、刻木山、佘市、新安等乡镇道路扩宽12个通信线路迁改项目，新布放主干光缆100皮长千米，抢修光缆障碍100多次，搬运、拆除各类机箱、设备30多台/次；为联系点村（佘市镇丰登村）筹集建设资金5万多元。

二、通信服务建设。通信能力建设方面：全年共争取投资1000多万元，其中完成4G+基站投资400多万元，完成光纤小区、光纤村改造投资200多万元，临澧至常德主干光纤带宽达到8×10000G；全县光网络基本建成，用户可免费体验200M光速宽带。加强网络设备建设与维护，面启动“青春行动”杆线优化工程，投入资金200多万元，其中更换和扶正电杆400余根，更换拉线1100余条，更换吊线250千米。设备维护方面：完成抢修电源障碍30起，传输障碍20起，处理移动基站障碍100多起，抢修政企客户、重点客户各类故障80多起，智慧临澧维护抢修60多起。

三、综合智能信息服务。先后在临澧电信市场推出移动流量不限量、200M光纤宽带、家庭智能组网、WIFI宽带、物联网、校园云等新型业务，满足临澧用户的信息通信新需求。引导客户使用网上购、销等新业务应用，大力推进物联网、

智慧临澧、临澧一中校园云、烟草 e 通等行业应用，为临澧各行各业精确管理、快速反应提供智能信息服务支撑。（办公室）

移动通信

【概况】 2017 年，临澧移动分公司移动用户达到 12.8 万户，宽带用户达到 1.5 万户，数字化服务收入占比 12.89%，期末通话客户份额 65.29%，各项业务指标呈现良好态势。

一、站网建设。 新建 2G 及 2G 拉远基站 6 个，开通 4G 宏站 41 个、微站 15 个、室分 3 个，物理站点总数达到 265 个，其中 2G 宏站 138 个，4G 宏站 265 个，NB 站点设备换型 12 个。传输省干光缆长度达到 50 皮长千米，本干长度达到 52 皮长千米，接入网光缆长度达 2169 皮长千米。

二、宽带建设。 建设互联网专线宽带共计 226 条，均按时间要求架设开通；建成家宽小区 92 个，可用端口达 109890 个。

三、安全保障。 由综合部牵头，对各办公现场进行不定期安全生产检查，按月对县城基站、机房进行抽查，确保安全隐患及时整改到位。邀请消防专业人士对员工进行消防安全生产的现场培训和指导，强化安全生产意识，落实消防控防措施。全年网络运行安全平稳，未发生一起包括干线光缆阻碍超时在内的重大事故，也未发生一起包括代维人员在内的安全生产事故。（办公室）

联通通信

【概况】 2017 年，临澧联通分公司开通入网 3G 基站 15 个，全县 3G 基站达到 175 个，新入网 3G 基站主要集中在临澧新办公楼、大鹏建材城及兴隆街等区域；开通入网 4G 基站 30 个，全县 4G 基站达到 180 个，县城 4G 道路覆盖率达到 98%（大于-95dBm）左右。市场经营方面：共实现移网出账收入 2220 万元；全县 2G3G 出账用户 31588 户，4G 出账用户 10341 户；全年新增一级渠道 1 家、新增便利化渠道 10 家。固定网络方面：2017 年收入任务 200.79 万元，完成 159.06 万元，欠产 41.73 万元，同比 2016 年增长 234.40%；出账用户数 3100 户。集团用户方面：实现收入 204.03 万元：移网新增 3680 户相比上年同比新增 1731 户，固网新增 29 户。（办公室）

城乡规划

【概况】2017年，县城乡规划管理办公室围绕“建成以现代化城镇群为特征的生态宜居特色县”的总目标，提升规划管理理念，创新机制，稳步推进城乡规划编制各项工作。

一、规划编制工作。正式启动县城控制性详细规划编制工作。先后编制道水河综合整治初步方案、县城主出入口（高桥组）改造修建性详细规划；对护城社区爱民公寓巷道、人民街社区八方楼巷道、安福社区陈家巷、安福社区江波台巷、朝阳社区裴家巷、朝阳社区幺堰巷共六条小街小巷的道路及管线改造进行方案设计；对桥头、泉坪路—朝阳街道路交叉口方案设计；划定县城2017年度棚改范围，组织编制3个安置区的规划设计及四季红路、四季红改造片区方案设计；配合国土收储中心设计宋玉楚文化展示馆、临澧县文体广活动中心、临澧县蔬菜直销市场、临澧县电商产业园4个项目的初步方案；配合四中棚改工作编制四中拆迁规划设计方案。

二、规划审批工作。严格落实规划审批制度，依法按程序进行规划审批，实行“阳光操作”。全年在用地规划管理方面累计核发规划设计条件32份，核发湘北农贸市场、莲花路二期等拟挂牌土地规划图则13宗；制定县城区安全饮水工程PPP项目、楚城旅游度假区等建设项目规划选址意见书64份，发放炳屹商业广场三号地块、曙光商业城、滨河家园、农村商业银行等建设用地规划许可证15份；审查尚东漫城、月亮岛西侧地块等13处城市建设规划方案；审批限建区及一般控制区私人住宅建设用地规划许可证15份。工程规划管理方面，审批公房10宗，审批一批次72户的私人翻修建房；先后完成沅澧快速干线1号、2号大道规划设计项目30平方千米及道水河治理项目10平方千米测量任务；对东城世家一期、月亮岛一期、合口花园二期、御景城二期、盐业公司办公楼、新安车站及湘北烟花市场七个项目进行规划竣工测量工作。

存在的主要问题：一是县城控规覆盖率低，2017年年初才启动编制；二是乡镇由于行政区划的调整，需要重新编总体规划；三是乡镇规划机构不健全，没有专设乡镇规划管理站，规划行政审批及行政执法存在一定盲区。（办公室）

城镇建设与管理

【概况】2017年，全县城镇建设以实施“城镇带动大会战”为契机，加大城建项目开发力度，推进城镇群建设，启动城建工程52个，总建筑面积167.5万平方米，总投资约20.5亿元，其中房产开发项目17个，开发面积118.7万平方米，共完成投资6.45亿元，新增住房7045套。

一、县城提质改造。县城路网建设：2017年县城路网建设项目共完成投资2.3亿元。金峰东路、王家河路、九龙路、灵泉路、建设路、青年南路、寒溪路、农科路、安福路慢车道改造项目建成通车；灵泉东路、梅溪中路改造、金宝南路及滨河路西延、青年北路新建等工程有序推进。县城安全饮水工程PPP项目：新水厂选址在征求PPP合作方首创水务公司意见后，由中南勘测设计院和湖南大学设计院对水厂新址进行专业比选，基本确定水厂建设地块，启动相关建设前期工作。启动旧水厂改制摸底调查，了解涉改职工思想动态，对自来水公司资产、债权、债务和经营情况进行统计，控制改制前资产流失。“两园一带”：柳林公园、金宝滩湿地公园、道水南岸风光带建设工程，已启动征拆程序，安置基地建设全面启动。

二、小城镇建设。组织编制和完善合乡并村后乡镇规划和村镇布局规划，准确定位：新安——边贸重镇、合口——美食小镇、停弦渡——陶瓷古镇、修梅——红色旅游镇、四新岗——养老小镇、佘市桥——精品小镇、太浮——风景旅游名镇，形成特色城镇群。新安镇被评为全国特色小镇，佘市桥镇被评为第三批全省美丽乡镇示范镇。指导小城镇瞄准国家投资政策和产业导向，包装项目，向上争取政策资金，结合《湖南省农村双改四年行动计划》上报农村双改项目库，项目库共80个项目，计划总投资171.5亿元。

三、行业监管工作。质量安全监管：以常德市工程质量安全提升行动为抓手，继续推进工程质量治理两年行动，促进各方责任主体落实工程质量终身责任制。严格落实工程开工安全生产条件审查制度，重点加强悬挑脚手架、高支架、高处作业、卸料平台、深基坑、建筑扬尘、临时用电、特种作业人员等方面监管。工地扬尘治理：落实施工现场扬尘治理“六必须、六不准”要求，建立治理考核机制，重点加强施工现场主次道路及场地硬化、洗车设施、围挡、材料堆码、加工棚、排水沟、厕所、食堂、裸露土方和建筑垃圾等方面监管。全县共安装自动洗车机12台，县城区建筑工地均在围墙和塔吊上安装喷雾及喷淋系统，建筑面积10000平方米以上的工程均安装雾炮机；开展建筑工地扬尘治理专项检查4次，下发停工通知书7份，立案查处2起。监察执法：对涉违的项目采取停工整顿、关闭取缔、处罚和追责等强制措施；推进差别化管理，定期上报安全质量差别化管理施工企业、监理企业及施工项目部，违法违规行为执法率、处罚率、结案率均达100%。

四、园林绿化工作。建立“绿色图章”制度，凡在县城市规划区内所有新建、改建、扩建的建设项目、建设单位，必须按照基本建设程序，在申请建设工程规划许可证之前，先到县城市园林绿化主管部门审验其附属绿化工程规划方案，并落实绿化项目竣工验收制度。将城区绿化养护推向市场化，共计养护经费125万元（含城区鲜花置换补植等）。投资40万元对王家河路、兴隆西街进行绿化；投资250万元实施环城路绿化工程；投资1900万元实施工业园区景观工程；投入资金95万元修复县城区绿化带及绿化配套设施；制定棚改绿化小游园工程前期方案设计，预算资金350万元。

五、争资争项工作。主动对接上级部门，多渠道了解和掌握各项信息，吃透政策，挖掘、申报项目，确保项目落地。全年实际争取上级项目资金2892万元。其中争取到农村危房改造补助资金1665万元，城市公用事业附加费省级统筹金200万元，新安、合口污水处理厂项目80万元，美丽城镇试点建设补助奖励资金90万元，新型城镇化试点奖补资金108万元，城市照明节能改造工程预算内资金280万元，河湖沿岸垃圾治理补助资金469万元。

六、点村扶贫工作。筹措资金100多万元，帮助联系贫困村（四新岗众胜村）发展柑桔产业，新增种植面积400亩，全村达到2000亩规模，实现点村贫困户全覆盖。筹资180万元消灭合乡并村后村级“断头路”，其中通组公路 4.3 千米、村级公路 8 千米；改造全村电网，建成村级综合服务平台。（办公室）

市政公用事业

【概况】2017 年，县公用事业管理处紧扣年度责任目标，完善职能职责，制定各项工作规划，齐抓共管推进市政建设与管理。

一、公用设施维修管理。投资 12 万元，修复红军路、兴隆街、迎宾路、安福路、九龙路、滨河路、下河街、文化街、人民街、朝阳街等街道破损检查井、雨水井 265 处。投资约 16 万元，清理九龙路、文化街、迎宾路等街道下水道 8700 米，出动联合吸污车 26 次。投资约 32 万元，维修迎宾路、朝阳街、人民街上、九龙路人行道，维修面积 1490 平方米。

二、公用基础设施建设。实施安福路慢车道、人行道改造工程，开挖 1300 米路基，铺设雨污水管网 1100 米。启动寒溪路、建设路新建工程，寒溪路完成半幅路基换填，浇筑雨水箱涵 60 米，建设路完成基换填和雨水管网铺设。动工建设泉坪路与朝阳东街交叉口红绿灯改造工程，对工业园拖拉机厂污水管网进行改造。江波台、陈家巷、幺堰巷三条小街小巷改造及朝阳东街（泉坪路—莲花路）南侧污水管网改造已通过政府采购，计划投资 200 万元。

三、路灯管理工作。投资约 50 万元，在春节期间，对朝阳广场、丁玲广场、安福广场、迎宾路、安福路、人民街、兴隆街、滨河路等重点部位进行亮化。维修落地柜及监控终端 15 台次，处置和恢复交通肇事被撞路灯及其他施工损毁路灯 11 组，路灯设施完好率达 95%以上，路灯亮灯率达 98%以上。共清除路灯灯杆和箱变小广告 125 余处，加固校正灯杆 358 根。在王家河路、兴隆街西段等路段安装路灯 76 组（76 盏）、其中太阳能路灯 36 组，夹角杆灯 4 组，敷设电缆 2400 米，安装箱变 1 台，安装控制箱 2 个，更换控制箱 3 个，更换 110 瓦镇流器 558 个，110 瓦钠灯管 960 个，150 瓦钠灯 100 多个，更换灯头 200 多个，节能灯 500 多个，250 瓦钠灯 180 多个 250 瓦镇流器 558 个。在朝阳东、西街、金宝路、迎宾路开展 LED 路灯节能试点工作，安装 LED 路灯 588 盏，敷设电缆 20 千米，安装 3 台箱变。在王家河路安装了。共接收报修热线 38 起、网络投诉 21 起，回复率 100%，满意率 98%以上。

四、市政监察执法工作。落实安全责任制度，与全县燃气企业签订安全责任状。协助燃气办到各乡镇液化气站进行燃气安全检查，落实隐患整改工作，组织开展燃气行业应急消防演练。加强市政巡查，清理整顿县城违规乱挖乱建现象，对朝阳西路律师楼在建项目私自开挖人行道案件进行查处，查处临澧中燃清洁能源有限公司无证经营燃气行为，处罚 5 万元，对三峡天然气有限公司擅自违规开挖、铺埋管线行为予以行政处罚。

（办公室）

城市管理与执法

【概况】临澧县城管执法局内设办公室、财务装备股、政工人事股、行政许可办公室、政策法规股、建筑垃圾管理办公室、监督考核股、直属综合执法机构共 11 个股室、队、办，管理县环境卫生管理处、县规划管理监察大队、县生活垃圾无害化处理场 3 个事业单位。机关在编在岗人员 52 人；县环卫处在编在岗人员 33 人、特殊用工 12 人、临时清扫、保洁人员 279 人；县规划管理监察大队在编在岗人员 35 人；县生活垃圾无害化处理场在编在岗人员 12 人。

2017 年，全县城市管理工作坚持“素质城管、智慧城管、法制城管、服务城管”工作理念，深化城市管理执法体制改革，改进城市管理工作，巩固国家卫生县城创建成果，临澧县被国家爱卫委授予“国家卫生县城”称号。

一、市容市貌整治工作。对照国卫县城市容秩序检查标准，对县城区出店经营、流摊乱摆、横幅乱拉、夜市烧烤占道、牛皮癣乱贴、建筑垃圾乱倒等城市乱象开展专项整治，全年共下达责令整改通知书670余份，取缔主要街道及校园周边流动摊担265个、纠正流动水果摊贩沿街叫卖3510余起，清理违章占道1658余起，暂扣各类违章物品1563余件，规范1500余家临街门店经营行为。开展两次户外广告专项整治行动，对县城规划区内所有户外广告拍照登记在册，对不符合户外广告设置要求的业主按程序下达了整改通知书或限期拆除通知书，对逾期未拆除的广告牌依法强制拆除，共拆除大型违规广告牌100多块，其他小型违规户外广告牌、横幅标语等1100多块（条）。配合交警、交通、公安等部门，开展县城区机动车辆乱停乱靠，摩托车、电动车、三轮车、自行车乱停乱放，电动慢慢游乱停乱靠、非法营运载客等违规行为的专项整治，暂扣违规停靠机动三轮车7辆、人力三轮车3辆、非法营运摩托车18辆，批评教育乱停乱靠车辆行为2600余人次。

二、环境卫生管理工作。建立完善环卫作业精细管理标准与要求，实行清扫保洁分区划段，定人、定责、定酬，落实“朝5晚9”作业制度；加大机械化清扫作业率，机扫面积由20万平方米增加到40万平方米。增加洒水压尘和主要街道清洗频次，由原来的1台洒水车增至2台。县城区主次街道晴天实行夜间、上午、中午、下午、晚间五次洒水降尘（凌晨1点~6点、上午8点~11点、中午12点~14点、下午15点~17点、晚上18点~20点），工业园区和临岗公路每天二次洒水降尘。县城区分成56个人工作业路段，实行夏季早5：00晚10：30，冬季早5：00晚9：30，重点路段全天候作业制度，人工清扫保洁前，先洒水降尘再作业，并增加机械清扫作业频次和作业面积，确保街道卫生整洁。开展“牛皮癣”治理，安排专人进行清理、清除，县城主要街道及公用设施上基本无随意张贴的小广告。规范垃圾处理。更新完善管理区、库区及渗滤液处理的各种标志牌；对县城区生活垃圾收集站32座，安排专人进行除臭、灭蚊维护管理，实行生活垃圾日产日清，无暴露垃圾，运输垃圾全封闭。对乡镇生活垃圾进场集中处理实行称重检测、登记备案。严格执行《生活垃圾卫生填埋技术规范》和《生活垃圾填埋场污染控制标准》的要求与规定，按照“检测—计量—倾倒—摊铺—消杀—压实—覆盖”的流程对城乡生活垃圾进行规范处理。全年处理县城区和修梅、新安、合口、烽火、佘市、四新岗、停弦渡、刻木山、太浮、望城（筹）、太平（筹）等11个乡镇街道的生活垃圾5万余吨（其中乡镇生活垃圾1万余吨），处理渗滤液3.7万余吨，场区基本无臭味、无蚊蝇、无漂浮物、无水质污染，无害化处理率达100%。实施垃圾处理场雨污分流项目建设，施工覆膜总面积为5.5万平方米，投资总额230万元。加强渣土运输管理。制定《关于加强县城区渣土运输管理的通告》《临澧县城区渣土管理办法》。报请县政府常务会研究通过，公开招标组建常临鸿福、福顺、原丰成、环洁等四家渣土运输公司，购买40台新型环保车辆。向建筑工地、运输方和社区下发《关于加强县城区渣土运输管理的通告》500余份，要求所有建筑工地车辆进出口设立洗车平台，严禁带泥上路，督促施工单位安排专人对施工场地外渣土余泥及时进行清理，严肃查处渣土运输车辆超速超载、不密闭行驶、运输途中抛洒、滴漏、随意倾倒渣土等违法违规行为。

三、私房禁建和控违拆违工作。全年共查处违章建筑面积14784平方米，总计123户（安福镇97户、望城8户、太平18户），其中强拆37户，面积3636平方米；现场督促自行拆除46户，面积1755平方米；强制停止违法建设9户，面积886平方米；配合棚改拆迁依法拆违28户，面积4500平方米，启动强拆3户，面积4007平方米。

四、依法行政工作。印发《临澧县城管执法局行政执法指南》《案件审理暂行规定》《城管执法全过程记录暂行规定》《城市管理行政执法文书文号格式规范》。邀请市城管执法局、县政府办专家对城管行政执法文书进行梳理规范，成立案件审理委员会，全年共办理行政执法案件168件，在全县行政执法案卷公开评议中获得第三名。

五、宣传教育工作。制定“城管三进”工作方案，入推进城市管理“三进”活动开展。联合县委组织部，以安福镇朝阳街社区和望城街道（筹）文塘社区为试点单位开展城市管理活动，引导社区党员开展城市管理法律法规知识宣讲、秩序维护、街头劝导等活动。争取县教育局支持，全面构建“社会—学校—家庭”三位一体的城市管理宣教模式，在县实验小学组织开展城市管理知识、法规宣传，将城管宣传教育和学校素质教育有机结合，发放宣传单2500余份。与团县委联手，开展城管进志愿者组织活动，在老正街、下河街和迎宾路红绿灯路口等繁华地段定期开展文明劝导活动，积极宣传城市管理的有关法律、法规和文明城市创建工作。另外，还采取多种形式、渠道广泛进行宣传教育，引导广大市民自觉遵守城市管理规定，积极参与城市创建。（黄晴）

【临澧城管执法队伍统一换装】12月22日上午，县城市管理和行政执法局在县博物馆广场举行换装仪式，全县城管执法队伍换上全国统一的城市管理执法队伍的制式服装和标志标识。县委副书记辛春生出席仪式。此次换装是落实国务院关于在2017年年底以前统一全国城市管理执法队伍的制式服装和标志标识的要求，服装颜色为藏青色，搭配金色的标识，采用国徽、飘带、盾牌、牡丹花和橄榄枝等元素，制式服装及标志标识文字统一使用“城管管理执法”字样，表明着装者身份，行业特点鲜明。（资料来源：临澧政府网）

房地产管理与开发

【概况】临澧县房地产管理局简称县房管局，正科级，为县住房和城乡建设局管理的公益一类事业单位。内设办公室等8个机构，另有县国有土地上房屋征收与补偿办公室等9个下属事业单位。2017年，临澧县房管局围绕发展主线，着力规范管理，日常工作有序推进，重点工作取得突破。荣获全县争资工作一等奖、新型城镇化建设先进单位奖等荣誉。

一、房地产开发管理。2017年，全县房地产市场呈现“五增一减”新态势。“五超”即：商品房销售面积增加，全年商品房销售面积为27.58万平方米，比上年增长56%；房地产开发市场投资增加，全年投资12.1亿元，比上年增长118.4%；商品房新开工面积增加，全年新开工面积55.84万平方米，比上年增长160%；商品房成交均价超历史，全县商品房累计成交均价3855元/平方米，同比增长4.1%，全县住宅成交均价3632元/平方米，同比增长6.4%，县城区住宅成交均价3788元/平方米，同比增长6.6%；房地产税收增加，全年完成税收1.83亿元，同比增长8.4%。“一减”即全县库存面积减少，全县库存面积为27.9万平方米，同比上年减少4%。其中，县城区住宅库存面积为11.28万平方米，783套，同比去年减少12.4%。

二、物业管理。加强物业法律法规宣传，编印《物业管理法律法规知识宣传手册》《物业管理相关法律法规及政策汇编》2万余册，发放到相关职能部门，乡镇（街道）、社区、业委会、物业公司、房地产开发公司及小区业主。理顺物业管理工作机制，出台《临澧县物业管理办法》，落实物业管理属地管理原则，明确乡镇（街道）、社区及物业主管部门和相关职能部门的工作职责。提升物业行业服务水平，完善《临澧县物业管理考核办法》和《物业服务企业服务标准》，举办三期物业服务企业从业人员培训班，在全县物业企业中开展创建示范小区活动，规范物业企业行为。完善物业矛盾调解机制，新设立技术审查股，加强“两房”“两共”建设技术审查，新建房产开发项目从设计、施工到验收全程参与，从源头抓好物业管理工作。完善投诉处置机制，设立县物业投诉受理中心，各物业公司建立客户服务中心，建立物业管理联席会议制度和物业管理恳谈会制度，完善物业投诉处置机制，物业矛盾和信访逐渐减少。

三、棚改征收工作。2017 年全县争取棚改指标 5080 户，争取中央和省补助到位资金 1.7 亿元，完成县政府下达年度任务 141%，完成棚改项目融资 20 个亿。启动棚改征收 2152 户，签订征收协议 1800 户，货币化安置达到 100%。

存在的主要问题：一是商品房供大于求，产能过剩现象凸现；二是土地投放量大，房地产存在潜在泡沫风险；三是房地产企业整体实力不足，抗风险能力差。（办公室）

城市建设开发

【概况】 2017 年，县城市建设开发办公室紧盯全年 50 亿元融资目标不动摇，全年策划包装 9 个融资项目，扎实推进项目建设和经营增效等工作，为城镇建设和县域经济发展提供有力支持。被评为全县新型城镇化建设先进单位、绩效管理良好单位。

一、项目融资。全年落实融资项目有 6 个，实际到位融资资金 11.91 亿元，主要包括：2016 年棚改项目，本年实际到位资金 3.2 亿元；2016 年棚改（城中村）融资项目，本年实际到位 3.3 亿；双水源供水及配套管网项目，计划融资 3 亿元，本年实际到位资金 2.3 亿元；县城西区路网项目，本年实际到位资金 2 亿元；县农村综合服务平台项目，计划融资 0.65 亿元，本年实际到位资金 5100 万元；救灾应急贷款 6000 万元。签订融资项目 2 个，融资额 20 亿元，分别是：2017 年棚改项目，计划向国开行融资 15 亿元；2017 年棚改（城中村）项目，计划向农发行融资 5 亿元。初步落实融资项目 2 个，融资额度 13 亿元，分别是：2017 年棚改资本金项目，计划向长沙银行融资 3 亿元；棚改安置房建设项目，计划发行企业债券 10 亿元。

二、项目建设。先后启动一批重点建设工程，主要包括：青年北路新建工程、青年南路改造工程、青年中路改造工程、灵泉路及九龙路改造工程、金宝南路及滨河西路延伸工程、梅溪中路改造工程、环城路绿化工程等，总投资 1.3 多亿元。火车站广场改造工程项目完成景观方案设计及车站路道路工程方案设计。金家桥路建设工程、灵泉东路建设工程、梅溪南路建设工程、朝阳西街延伸工程完成总承包招标。

三、招商经营。金诚创业基地新入驻企业 12 家，总共入驻企业 22 家，租赁标准化厂房 45528 平方米（含食堂 770 平方米），已租赁公租房 4500 平方米，每月可收公租房租金 22500 元左右。

自主经营的公交站台、大型户外广告等，已收取租金近 47 万元；安福农贸市场即将启动新一轮招租。自主招商 4 家企业入驻临澧县金诚创业基地，包括投资 1000 万元的常德市科敏传感器有限公司、投资 1500 万元的临澧县芷兰仿真花有限公司、投资 1500 万元的常德市鑫华泰工贸有限公司，投资 1500 万元的临澧格盛广机械制造有限公司。（祝海波）

住房保障

【概况】 临澧县住房保障办公室，简称住保办，2012 年 3 月成立，为县住房和城乡建设局管理的公益一类事业单位，属财政全额拨款的副科级事业单位，内设综合股、建设股、分配营运股、安置股 4 个职能股室，共有事业编制 10 名，现有实有工作人员 10 名，主要工作职责是负责公共租赁住房的发展规划编制、计划申报、建设与筹集，公共租赁住房分配、营运与后期管理等。2017 年，县住保办以提高公共租赁住房使用效率和管理水平为重点，着力打好公共租赁住房分配入住攻坚战，规范住宅小区后续管理，建立健全退出机制，各项工作取得新成效，被评为常德市住房保障工作先进单位。

一、租赁补贴发放。修订完善《临澧县公共租赁住房租赁补贴工作方案》，规范租赁补贴发放程序，严格杜绝违规发放现象，全年分两次打卡发放租赁补贴，上半年发放547户，发放资金46.8万元。下半年发放1009户，发放资金122.76万元。

二、分配入住情况。全县共修建公租房6501套，其中2015年以前共修建4358套，131套未入住，入住率97%；2015年修建1252套，242套未入住，入住率81%；2016年修建851套，340套未入住，入住率60%。

三、公租房后期管理。实施公租房小区分类管理，对安和家园、芭蕉安居小区等封闭式小区实行物业管理，对文福、药材等敞开式小区实行业主委员会与社区管理，将学校、医院、乡镇政府、行政事业单位和园区自主修建的公租房小区纳入机关管理。严格公租房年审，对全县6501套公租房入住对象进行全面年审，清退不符合条件入住对象20户。严格公租房产权登记，县政府召开专题会议调度，安和家园、金诚创业园产权登记办理完毕，其它项目单位均已启动产权登记工作。盘活公租房空置闲置资产，已将闲置的部分乡镇公租房改建为敬老院和幼儿园，并进行资产整体划拨。

四、公寓楼安置。从2014年7月1日开始，在县城规划区推行公寓楼安置，共修建公寓楼安置房276套，总建筑面积4.2万平方米。2017年，共安置119户125套房屋，其中：安置原织布厂职工86户90套；征地拆迁安置对象33户35套。（办公室）

【租赁补贴扩面提标】从2017年开始，调整后租赁补贴对象扩大到在县城区稳定就业的外来务工人员，贴租金补贴标准提高到1人户120元/月、2人户180元/月、3人及以上户240元/月，分别提高20元、55元、40元，每月人均可支配收入在1000元以下的家庭均可申请。全县新增申报对象1000户左右，增发放租赁补贴200多万元。（办公室）

【人民医院公租房项目】该项目位于新建的人民医院旁，共18层100套，总投资768万元，占地面积6000平方米，2016年8月动工，2017年6月22日主体封顶。（办公室）

自来水供应

【概况】临澧县自来水公司成立于1975年，是一家集体所有制性质的具有公益性的集中式供水企业。公司主要经营自来水、水管及水管零配件、水管安装等业务，下设政办室、考核办、安全生产监督管理办公室、财计股、生产技术股、材料保管室、抄表室、收费室、供水监察中队、水表检定站、管网所、水厂、沃特市政临澧分公司共13个部门，在册员工195人，其中在岗人员104人、停薪留职15人、内退3人、退休职工73人。日供水能力共计3.5万吨，供水用户3.14万户。2017年公司资产总额4648万元，其中固定资产原值5764万元；净资产总额2959万元；负债总额2102万元。在建工程账面价值1010万元。

一、主要经营指标。2017年公司全年完成总产值2315万元，实现收入1375万元，同比增长12%。其中：供水水量538万吨，同比增长2%，供水收入1110万元，同比增长3%；全年发展新用水户1161户，棚改销户366户；工程收入1135万元，同比增长27%。全年为职工支付薪酬及五险一金691万元，职工收入增长幅度为7.6%。

二、生产经营管理。全年总投资1217.95万元新建和改造供水管网14451米。其中投资940.26万元新建安福西路、青年路等11条道路的供水管网8604米；投资158.18万元改造四季红路、余市蒋家村等供水管网4873米；投资

119.51万元配套安装凯诚广场、玉龙文化广场等小区管网974米；临时安装梅溪路、四季红路棚改区水管2432米。抢修漏点600余处，维修和更换消防栓15台，维修损坏的闸阀30个及井盖50余个。更换水表2062台，其中免费更换水表1786台。查处建筑施工损坏水管案23起，违章用水案例13起，机动车辆撞坏消防栓案2起。更换芭蕉水厂2台卧式22千瓦水泵和望城水厂1台5.5千瓦潜水泵。（办公室）

【九龙水厂提质改造工程】 为确实保障新水厂投入运行前县城区居民的用水需求，经县城建领导小组会议研究，按程序启动县自来水公司九龙水厂提质改造工程。由县级财政投资344万元，新建1.5万吨/天沉淀池和容积为500吨的清水池各一座，新增取水泵1台、轴流泵2台、空气泵1台，更换部分机组、管道和设施，添加管网检测设备，改造厂区管网。工程于2017年4月26日开工，7月投入试运行，8月13日竣工验收。改造后水厂日供水能力增加到5000吨/天以上，出水水质、水压、水量明显改善。（办公室）

九龙水厂提质改造工程现场

【安福西路供水管网新建工程】 为配合县城区“三改四化”路改工程进度，做好新水厂的配套管网建设，2017年8—12月，投资473.33万元，在安福西路南侧敷设全长1963米的供水管网，包括：DN800给水管1310米、DN600给水管279米、DN300给水管374米。（办公室）

安福西路供水管网新建工程现场

【青年路供水管网新建工程】 2017年7—12月，投资177.58万元，沿青年路东侧敷设全长1100米的供水管网，包括：DN800给水管212米、DN600给水管316米、DN500给水管230米、DN300给水管60米、DN160给水管110米、DN110给水管172米。

（办公室）

概　　述

2017年，全县实现工业总产值198.81亿元，比上年增长11.7%。全县共有规模以上工业企业114家，规模以上工业产值140.43亿元，比上年增长17.2%；规模以下工业完成总产值58.38亿元。实现工业增加值48.89亿元，增长8.4%；其中，规模以上工业增加值30.21亿元，增长9.9%；规模以下工业增加值18.68亿元，增长2.0%。从区域来看，园区规模以上企业增长较快，全年完成产值107.3亿元，比上年增长25.6%，占全部规上企业产值的76.4%。从8大主要行业分布看，化学纤维制造业、电力、燃气及水的生产和供应业、非金属矿采选业增长很快，分别完成产值6.9亿元、3.9亿元、4.0亿元，分别增长42.5%、29.4%和24.7%；造纸及纸制品业、非金属矿物制品业、农副食品加工业、纺织品业增长较快，分别完成产值5.5亿元、23.8亿元、11.5亿元、17.0亿元，分别增长19.9%、19.7%、15.7%、13.0%；化学原料及化学制品业则首次出现负增长，全年实现产值16.0亿元，下降10.8%。

全县规模以上工业实现利润总额5.06亿元，比上年增长21.05%；规模工业全年上缴税收1.52亿元，同比增长4.4%。（县工信局办公室）

临澧县新材料产业简介

膨润土新材料产业：

一、膨润土的概念和用途

膨润土是以蒙脱石为主要成分的黏土矿物，是一种重要的非金属矿产资源。膨润土也叫斑脱岩、皂土或膨土岩。其特性遇水就膨胀，广泛用于石油、钢铁铸造、造纸、水利、塑料等领域，被誉为“万能矿物”。

二、临澧县膨润土储量及检测报告

据1986年、1988年、1996年省地质局403队、中国科学院长沙土地构造研究所等单位的地质资料，仅分布在本县修梅镇和佘市桥镇的膨润土储量在3000万吨左右，其品质好、矿层浅、易露天开采，为发展膨润土新材料产业提供了较充实的资源保障。

三、临澧县膨润土企业生产状况

全县共有6家企业开采、加工膨润土，分别是众帮化工、向阳非金属材料有限公司、兴瑞化工、永盈化工、正立膨润土有限公司、安福化工。其中，安福化工、正立膨润土有限公司已停产。4家企业年产量在6万吨，销售收入2000万元，缴纳税金200万元，其中临澧县众帮化工有限公司年产3万吨，缴纳税金110万元。

四、临澧县膨润土材料发展前景和机遇

发展趋势：膨润土是黏土矿物中最具开发价值和潜力的资源之一，其市场需求量不断增加，如铸造、钻井泥浆、铁矿球团，目前国内年需求量1000万吨，随着科技进步和现代工业的发展，膨润土的产品结构与应用又有了一些突破，新用途主要表现为：环境保护、沙漠改良、地下工程、防水领域、纳米材料、柱撑土、有机凝胶、精细化工产品等。

科研成果：为占领行业制高点，增加科技含量，提升产品附加值，众帮化工有限公司从2011年以来投资150万元与武汉理工大学、湖北地矿研究所、中南大学球团研究所合作研发出临澧低蒙脱石含量膨润土产品，产品达到国际标准和行业标准，随着国家“一带一路”战略的推进，产品远销全国各地和出口南美洲，主要用于石油、化工、勘探、铸造、冶金球团等行业，特别是用于基础防渗、隧道、桥梁桩基施工、泥浆效果居国内首位。2017年众帮化工投资200万元拟与广东暨南大学材料工程系刘明贤教授带领的博士生团队合作成立研发中心研究临澧县膨润土纳米材料，可广泛用于塑料、橡胶填充材料，增加防腐和摩擦系数，产品技术前沿，附加值高。

交通条件：矿区主要位于临澧县修梅镇、佘市桥镇，距石长铁路临澧站5千米，207国道自矿区东侧通过，距澧水码头13千米，交通极其方便。

水文地质：矿区为低缓丘岗地貌，地形高差一般在20米以内，地表无泾流和大的地表水体，黏土层为隔水层，水文地质条件简单。除大量降水外，地表水不构成对露天开采的充水因素。

开发环境：矿区无阵级滑坡、泥石流地质灾体存在，矿区范围内主要为疏林地、露天采场，易于复垦还林。

生产安全：矿山均可机械化露天开采，不含瓦斯及其有害有毒的气体和化学成分，不存在爆破和塌方等直接危及人身安全的因素。

发展机遇：全县膨润土储量在3000万吨，品质好、矿层浅、易露天开采，且江南一带资源储量不多，就近澧县过度开采资源枯竭面临全面停产，这对临澧县来说是一个千载难逢的机遇。立足于高起点、深加工高附加值产品、规模化做大做强、形成膨润土新材料产业势在必行。按年产量30万吨计算，税收可增加3000万元。

（县工信局办公室）

重点企业简介

常德美华尼龙有限公司 创建于2004年2月，是由广东新会美达锦纶股份有限公司的子公司新会德华尼龙切片有限公司与（香港）导通投资有限公司共同投资建成的中外合资企业（港资）。公司注册资本22400万元人民币，总占地面积200多亩，总资产逾8亿多元，年生产能力达6万吨，年工业总产值达18亿元。公司拥有POY纺丝生产线14条，DTY加弹机40台，FDY纺丝生产线22条，其中22条FDY纺丝生产线均从韩国、日本进口，是目前国际最先进的FDY纺丝设备。产品涉及DTY、HOY、FDY，规格8D-800D，已形成含包纱、织袜、无缝内衣、纬编、手套等为主的产品超市，因规格多、颜色全，产品质量优良，在海内外用户中均已形成良好声誉，树立了自己独特的品牌形象，产能规模超6万吨/年。公司现有职工800余人，其中高、中、初级工程师50多名，化纤、化工专业人员120多名。公司产品并先后获得“湖南省质量信用AA级企业”“湖南省纳税A级信用单位”“2012年年度优秀企业”等荣誉。

临澧冀东水泥有限公司 是中国建材行业大型骨干企业——唐山冀东水泥股份有限公司的全资子公司。公司坐落于湖南临澧县新安镇境内，建设规模为1×4500吨/日新型干法水泥熟料生产线带纯低温余热发电系统，年产熟料150万吨，年产水泥200万吨，2009年7月，生产线建成投产，项目总投资7.5亿元人民币。2017年公司工业总产值44545万元，税金5100万元。公司以

P. O42.5 和 P. C32.5“盾石”牌水泥为主导产品，各项质量控制指标优于国家标准。公司“盾石”商标2005年被国家工商总局评定为中国驰名商标，也是中国建材行业最著名的品牌之一。首都国际机场、“鸟巢”、秦沈客运专线、京沪高速铁路、京津铁路客运专线、曹妃甸港口、北京奥林匹克中心等国家重点工程均采用“盾石”牌水泥。

金健面制品有限公司 由中国粮食第一股金健米业股份有限公司投资兴建，主要从事面粉、面条产品研发及生产经营的专业公司，座落在常德市临澧县安福工业园金健米业临澧食品基地，占地面积140亩，注册资本9000万元，现拥有资产1.3亿元。公司下辖五个管理部门一个面粉生产车间、两个面条生产车间。公司现有员工320余人，大专以上学历60人，中高级以上职称10人。公司拥有具有国内先进水平年产7万吨面粉生产线一条，年产5万吨挂面生产线八条，挂面产销规模位于国内十强。公司的主要产品是“金健”牌挂面及面粉，“麦王”牌挂面，其中面粉现有专用面粉及通用面粉共15种，挂面有金健颐养、果蔬、精品强力、合家欢、强力等七大系列及70个品类规格产品，能满足不同消费者的需求。公司“金健”商标为中国驰名商标，“金健”面粉为湖南省名牌产品，已通过ISO 9001、HACCP、ISO 18000和ISO 14001四大管理体系认证。2007年，“金健”牌面条以行业综合排名第一的成绩被评为“中国名牌产品”，并在湖南、湖北、广东、江西市场具有较高的市场知名度和美誉度。

临澧县凯迪绿色能源开发公司 由武汉凯迪控股投资公司投资，主要进行2×25兆瓦生物质能发电及余热供气项目建设。项目总投资5亿元，占地300亩，分二期建设。一期占地150亩，计划投资2.4亿元，于2010年动工建设，2011年8月建成投产。该项目已完成投资1.58亿元，正在进行主厂房、冷却塔及厂区道路、绿化等配套设施施工，锅炉、发电机组等设备也正在同步安装。项目一期将建成1台25兆瓦机组，年消耗秸秆20万吨，年发电量1.44千瓦时，余热供气30吨/时，可安置就业人员100人，年新增农民收入3600万元，实现销售收入5200万元，创税收600万元。

湖南凯元纺织有限公司 于2009年8月开工筹建，2009年11月在临澧县工商行政管理局登记注册，注册资本1000万元，厂址设在安福工业园区，占地面积120亩，主要经营纯棉纱、竹节纱、麻棉纱、化纤、布匹的生产，主要产品系牛仔服装用的竹节纱、绦棉混纺纱，科技含量高，工艺水平在国内领先。一期安装调试2万锭的设备生产线，有员工395人，2010年4月试生产，二期1.5万锭在2011年10月投产，已累计完成投资2.2亿元。公司年产量大约在万吨左右，年生产3.5万锭棉纺加工。公司2011年被常德市政府授予“市工业旅游定点单位”“市农业产业化龙头企业”。2017年，公司完成产值2亿元，实现销售收入1.6亿元，入库税金437万元。

湖南先淘不锈钢卫浴有限公司 是中国卫浴百强企业，于2011年4月落户临澧经济开发区，占地面积100亩。公司专业生产三大系列产品：不锈钢水龙头系列，不锈钢重型工业地漏、不锈钢洁净地漏，实验室系列。公司现有员工300多人。其中，高级技术人员35名，中级技术人员80名，高级管理人员18名，本科，大专学历120人。公司拥有SENTO、先淘、双桃、JOSEN、祖莎恩等多个知名品牌。产品主要出口欧美、东南亚和澳洲市场。产品先后获得ISO 9001-2008国际质量体系认证、美国CUPC认证、荷兰的KIWA认证、丹麦VA认证、澳大利亚WATERMARK认证、香港水务处WARS检测、美国SGS检测标准、欧盟EN817检测标准、第二届中国品牌建设高峰会最具创新能力品牌大奖、中国厨卫百强企业、2013年度绿色环保产品认证、中国制造网认证供应商、中国制造之美优秀奖等认证及荣誉。公司先后荣获“临澧县十佳工业企业”

“常德市十佳优秀创业计划企业”“常德市重合同守信用单位”、湖南省“创业计划”企业等荣誉称号。公司于2010年通过国际质量管理体系ISO 9001-2008认证。

湖南祥民制药有限公司 成立于2015年8月，注册资本5000万元。公司座落于湖南临澧县经济开发区，占地195亩，总投资5亿元，主要致力于拓展生物制药领域，现已与国内多所名校及中医药科研机构合作研发，拥有国内外先进的提取、制药技术。公司目前正在快速发展成为集中药材种植、中药材提取、中药制剂（片剂、胶囊、颗粒）、中药研发、保健食品生产为一体的现代化生物医药企业。公司一期工程2015年11月动工建设，完成投资15000万元，建设完成醇提车间、水提车间、化验室、综合仓库、原药材仓库、辅料库、内包材库、危险品库、机修车间等共计35000平方米，引进多功能热回流提取机组、连续逆流提取机组等各种先进提取及辅助设备，中药材处理能力达10000吨/年。2017年9月，公司醇提车间、水提车间成功通过国家药监局提取物生产备案，成为湖南省内首家通过此类备案的中药提取物专业生产企业。公司相继申请通过了ISO 9001质量管理体系认证、ISO 14001环境管理体系认证、OHSAS18001职业健康与安全管理认证以及HACCP危害分析和关键控制点体系认证等多个国际管理体系认证。

博川集团新材料产业园 是临澧县政府2015年重点招商引资项目，由青海葳格创业投资有限公司与青海博川矿业开发集团有限公司联合投资建设。2016年10月正式进驻湖南临澧经济开发区。占地面积100亩，在临澧修梅镇有10000多亩的石膏矿开采区，总投资20亿元。主营土壤修复/改良剂与石膏高科技环保新材料，产业园内有四家全资子公司。湖南博川农业发展有限责任公司：成立于2016年11月，“年产十万吨土壤调理剂”生产线已试运行，计划总投资15000万元，已投资12000万元，年产值25000万元。湖南博川生物质新材料科技有限公司：成产于2016年9月，现已投资建设两条生产线，其中金湘木集成墙板生产线计划总投资14000万元，已投资12000万元，年产值20880万元。

上海纯翠实业股份公司湖南分公司 成立于2016年12月，目前投资建设的有3条生产线：GFG全自动无纸面石膏板生产线，产能200万平主米/年，产值8000万元/年，计划总投资7000万元，已投资5200万元，生产线已进入正常生产阶段。石膏异形GRG、GRC板生产线，产能10万平主米/年，产值8000万元/年，计划总投资3000万元，已投资2000万元，生产线已进入试生产阶段。

装饰功能板生产线，产能100万平主米/年，产值10000万元/年，计划总投资5000万元，已投资840万元，现正在建设中。湖南博川石膏新材料有限公司：成立于2016年11月15日，已取得赵家坪矿区石膏矿探矿权，因长期无法办理探转采矿权工作，一直未开工。（县工信局办公室）

湖南天顺建设有限公司 始建于1984年，为“房屋建筑工程总承包一级企业”，同时具有“市政工程施工总承包二级、地基基础工程专业承包二级、建筑装饰工程专业二级、公路工程施工总承包二级、水利水电工程施工总承包三级、钢结构工程专业承包三级”等资质。

公司承建的御景城项目施工现场

公司注册资金5110万元，现有净资产10170万元，现有专业技术管理人员513人，其中高级职称人员16人，中级职称人员101人，壹级建造师22人，贰级建造师62人，九大员专业技术人员442人，机械设备162件，机械设备原值2686万元，净值1958万元，总功率3323千瓦。公司下设综合办公室、质量技术部、安全生产部、经营业务部、财务审计部、投标预算部、人力资源部及临澧分公司、德山分公司等工作部门、分支机构和多个项目部，公司还创建了“湖南汉顺置业有限公司”“常德金汉物业有限公司”，全面构建了以开发、建设、劳务、物业为一体的现代企业的管理机构。

公司自2007年以来，承建了常德泽云广场一期二标、二期一标的高层项目，单体3/1万平方米的临澧县百货大楼，群体建筑面积33万平方米的尊德天成商住小区一、二、三期工程；群体建筑10万平方米以内的和远公园世家商住楼二期、富华领秀公馆、临澧新城外滩等大型房建工程，同时公司还承建了多项各类市政公用项目，工程项目涉及到了工业、农业、商业、市政、交通、住房、电力、教育、医疗、旅游等各个行业，范围覆盖到了长沙、安徽、桑植、凤凰、安乡、澧县、临澧、鼎城、德山、武陵等区域。企业所承建的工程交验合格率100%，累计创优秀工程60多项，为企业赢得了良好的社会信誉，公司多次被市、县两级行政管理部门授予“纳税大户”“重合同守信用企业”“对外拓展优秀企业”“建筑企业优秀单位”“优良工程”等光荣称号。

（公司办公室）

公司承建的临澧月亮岛小区

临澧县金元粮油有限责任公司　是一家以食用植物油料收购、加工、销售为主的私营有限责任公司，公司成立于2004年8月，注册号91430724000000737E，注册地址为临澧县佘市桥镇荷花村街口组，经营范围为食用植物油生产、销售；粮食收购；油脂、油料及其副产品收购、销售；普通货物仓储服务。公司法定代表人滕云，至2017年2月底，公司的注册资本为300万元，共有员工32人。公司先后被评为市级农业产业化龙头企业、信贷诚信单位，公司“湘金元”牌食用植物油被评为常德市著名商标。

公司生产的油茶籽油、菜籽油

公司的主导产品有2L、4L、5L、21L等各种规格的“湘金元”牌菜籽油、茶籽油、茶籽调和油和茶粕。全部产品采用纯天然、无污染油料，经物理压榨，科学配制而成，并通过了质量技术监督局的质量认证体系，取得了QS证书，公司占地面积9150平方米（14亩），其中车间3栋，面积为1700平方米；仓库2栋，有效仓容3000吨，加上常年租借仓库，仓容达1万吨，具备年加工能力达2.5万吨油料，储油能力（大型油罐6个）达5500吨。　（公司办公室）

常德广飞建材有限责任公司　座落常德临澧四新岗镇青林村，是县工业园招商引资重点企业，于2012年8月入驻临澧经济开发区并与政府签约，注册资本3200万元，固定投资达到2700万元左右，总投资达6000万元左右，占地面积达33527平方，是一家专业生产超细度矿渣微粉的新型建材企业。公司共有45余名员工，其中工程技术人员10人，中专以上学历人员20人。

现代化的公司厂区

公司拥有整条年产40万吨矿渣微粉的生产线，工艺采用国内先进的技术，自动化程度高，市场主要覆盖常德市范围及张家界、慈利等区域。公司先后被评为招商引资先进单位、安全生产工作先进单位，获得科技推新奖、新增投资奖及年度税收入库进步奖。（公司办公室）

临澧顶春混凝土有限公司 属中国建材南方新材料科技有限公司全资子公司，为生产商品混凝土的专业企业，公司位于临澧县安福工业园，占地面积约30亩，投资2000多万元，装配有预拌混凝土180生产线两条，年生产能力为90万立方。公司于2011年3月正式进入临澧县市场以来，历经了7年跨越式的发展，特别是2015年至2017年期间，实现销售收入13061万元，上缴税金1213.72万元，实现净利润1752.41万元，成为县域利税大户。公司是临澧县混凝土行业领军企业，先后为九龙月亮岛、东城世家、县人民医院整体搬迁工程、县中医院住院大楼、曙光融城、圣特立·未来城、尚东漫城、碧桂园等多个具有广泛社会影响的重大项目提供了近50万方优质混凝土。

临澧顶春混凝土有限公司厂区

公司拥有国内外知名企业中联重科和三一重工的先进搅拌设备，配备有专业输送46米和37米高度的天泵车各一台，搅拌车14台。建有专业检测实验室，拥有先进的试验设备和检测仪器，能够自主设计混凝土配合比，具备生产C10-C60优质标准等级混凝土的能力，自主成功研发出具有透水性能的特殊混凝土，还可根据客户要求生产出抗渗、防冻、早强等特殊要求的混凝土。

（公司办公室）

公司承建工程施工现场

湖南安福气门有限公司 是一家以生产各种内燃机气门、气门座这对摩擦幅为主导产品的民营企业。公司占地面积180000平方米，建筑面积45000平方米，拥有固定资产8600多万元，各种加工及检测设备589台套，年生产气门1000万支，气门座800万支，辅助轴50万支 。公司拥有全国最大的气门机加生产线，新建了一条较高水准的载重车、轿车、摩托车气门生产线，与中南大学合作建成了一条具有国内高新技术水准的环保节能粉末冶金气门座生产线，与华中科技大学合作建成了国内首家气门和气门座材料摩擦实验室，并与天津大学内燃机研究院，湖南大学、美国Winsert公司保持长期的技术合作关系。公司通过了ISO/TS 16949：2002国际质量体系认证，并被评为湖南省优秀企业，湖南名牌产品，“安福”商标被评为湖南省著名商标。生产的产品主要为一汽大众、上海大众、重庆长安、柳州五菱、东风康明斯、潍柴动力、东风公司、玉柴、上柴、扬柴、锡柴、大柴等国内各大汽车发动机厂、内燃机厂及社会维修站提供配套和服务，产品出口欧美、中东、东南亚等国家和地区。

（公司办公室）

安福气门有限公司气门生产车间

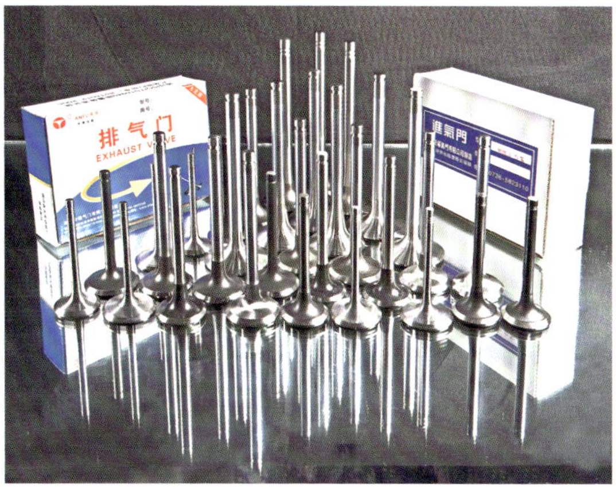

安福气门有限公司气门产品

临澧县规模企业名录

企 业 名 称	负 责 人 姓 名
常德美华尼龙有限公司	高元庆
湖南中泰特种装备有限责任公司	高　波
临澧县华力热电有限公司	林明清
湖南安福气门有限公司	李家喜
临澧县安福精工有限公司	李家喜
金健面制品有限公司	黄　亚
湖南顶春新型建材科技有限公司	汪顶春
湖南世旭食品有限公司	肖志平
临澧县天裕纺织有限公司	欧阳志斌
湖南凯元纺织有限公司	周献群
临澧金华天机械制造有限公司	刘松平
湖南金兴机械有限公司	周加强
湖南安泰包装有限公司	简泽春
湖南欧亚碳纤维复合材料有限公司	周宇君
湖南省国鸿氟化学有限公司	朱海林
湖南金诚工具有限公司	唐植文
湖南安福粉末冶金有限公司	阙湘峰
湖南顺丰车业有限公司	欧守忠
常德华海液压机械制造有限公司	周东洋
常德泰富新型建材有限公司	庞道发
湖南先淘不锈钢卫浴有限公司	谢海涛
临澧顶春混凝土有限公司	于乾杰
湖南省康宇纺织有限公司	谢小兵

企 业 名 称	负 责 人 姓 名
常德九鼎农牧有限公司	吴练兵
湖南杰进纺织有限公司	伍慧城
临澧县凯迪绿色能源开发有限公司	黄素波
湖南康洁母婴用品股份有限公司	朱晓初
湖南安福环保科技股份有限公司	王汝元
临澧力拓金属结构有限公司	马泽平
临澧县泰安建材有限公司	刘茂军
安福锦湖（湖南）气门有限公司	李家喜
临澧双辰光学有限公司	高　飞
湖南奔骥环保能源科技有限责任公司	肖国华
常德天蛟服饰有限公司	李　颖
临澧县楚福机械有限公司	张楚福
临澧临泰燃料油有限公司	谭金波
常德高恒照明有限公司	邹志红
常德凯岭食品有限公司	黄延艺
湖南中航精工有限公司	方少勇
湖南永固塑胶科技有限公司	邓先树
湖南祥民制药有限公司	蒋　奇
湖南博川生物质新材料科技有限公司	王世刚
湖南博川农业发展有限责任公司	王世刚
常德市德泰电子科技有限公司	钟琳琳
常德星辉布业有限公司	刘德星
临澧县众帮化工有限公司	孙圣烟
常德亿达食品有限公司	黎晓璐
常德安福拖拉机有限公司	刘必清

企业名称	负责人姓名
常德市天伦精密铸造有限公司	谢海涛
临澧县清水鸭开发有限公司	邵国峰
临澧县汇丰米业有限责任公司	王先华
临澧县合口镇人参花炮厂	徐联初
临澧县天兴石膏有限公司	张启泉
湖南兆生棉业有限公司	孙建平
湖南隆信烟花鞭炮有限公司	胡云清
湖南常盛玻璃有限公司	李经义
常德傅大姐风味食品有限责任公司	刘小星
常德柯恩饲料有限公司	谢　仁
临澧县金利石膏有限公司	孟德刚
临澧县石膏粉厂	陈长金
临澧县金岗石膏有限公司	刘临庆
临澧冀东水泥有限公司	马强勇
临澧县锦桥机械有限公司	张晓军
临澧县新安耐磨材料制造有限责任公司	王先平
临澧县新鑫烟花爆竹有限公司	邱兵程
临澧县百家缘烟花爆竹产业发展有限公司	谭兰清
临澧县欣荣花炮有限责任公司	熊景清
临澧县新河鞭炮厂	王　结
湖南省芙蓉烟花有限公司	傅延辉
临澧伟厦包装有限公司	张　振
临澧县龙凤山矿渣粉磨有限公司	唐生元
临澧大宇新型建材有限公司	唐生元
临澧鑫众矿业有限公司	张运铜

企业名称	负责人姓名
临澧县湘北铸造有限责任公司	骆公元
湖南临澧县裕荣花炮厂	邓泽云
临澧县安盛烟花鞭炮有限责任公司	叶明辉
临澧县九里福兴烟花爆竹有限公司	李世钊
临澧县九里泉水花炮厂	黄更昌
常德市燕新生物技术有限公司	王燕平
临澧县建兴特种石膏有限责任公司	卿建国
湖南省胜芝化工有限公司	王　华
临澧恒璋瓷业有限责任公司	章　莉
临澧县天工瓷业有限公司	张建新
湖南汇鑫铜业有限公司	黎　达
湖南中鑫陶瓷有限公司	祁圣忠
临澧县伟临纸制品有限公司	付必金
临澧县金渲纸业有限公司	苏栓超
临澧金利纸业有限责任公司	刘　波
临澧县和平烟花花炮有限公司	吕吉祥
临澧县长源瓦业有限公司	祁圣国
临澧宏鑫科技发展有限公司	许世学
临澧县金元粮油有限责任公司	滕　云
临澧县中粮石膏矿业有限公司	蒋　辉
临澧县尖峰石膏矿业有限责任公司	于乾陆
临澧县新泰特种矿业有限责任公司（临澧县特种石膏矿）	夏国华
临澧县福源米业有限公司	尹复元
湖南省华兴米业有限公司	淳　波
临澧县今顺食品有限公司	杨　斌

企 业 名 称	负 责 人 姓 名
湖南省临澧新厦建材股份有限公司（常德同欢建材有限公司）	郭　平
临澧广森铸业有限公司	卢志刚
临澧县米扬米业有限责任公司	杨定友
临澧县定升机电有限责任公司	彭爱华
湖南金牛环保设备有限公司	邢光志
湖南金永安烟花有限公司	鲁　忠
湖南九五石业有限公司	陈志勇
常德广飞建材有限责任公司	于乾春
常德德瑞护栏有限公司	张显然
湖南盛润泰生物科技有限公司	邵启武
临澧县晟峰米业有限公司	杨华平
常德鸿鹏新型石材有限公司	吴敏军
湖南盛华一力农业有限公司	李　平
临澧县醴临氯酸盐有限责任公司	柴志林
湖南中加国际水电有限公司	秦乃荣
临澧县来顺铸造有限责任公司	李来顺
临澧县青山水电管理所	张　诚
临澧县杰富新型建筑材料有限公司	赵春富

科　技

【概况】2017年，临澧县实施科技创新驱动发展战略，以提升区域科技创新能力为主线，努力营造创新创业良好环境，大力发展高新技术产业，搭建科技创新平台，取得显著成效。

一、科技项目申报实施。全年申报实施各级科技计划项目35项，其中市级以上项目16项。争取项目资金536万元，其中湖南中航精工有限公司“通过式多级自动工业清洗及防锈工艺”项目获省科技厅创新创业投资技术项目立项支持，争取到项目资金280万元。

二、高新技术产业发展。新增高新技术企业3家，分别是湖南奔骥环保能源科技有限责任公司、湖南汇鑫铜业有限公司、湖南先淘不锈钢卫浴有限公司；新增26家规企纳入高新统计范围。

2017年全县全社会科研投入达3.2亿元，同比增长77%；高新技术产值75亿元，同比增长78%，高新技术增加值17.2亿元，同比增长68%。2017年全县兑现各类科技创新奖励扶持资金205万元。

三、产学研合作。县科技企业孵化器与正润创服公司对接，签订营运服务协议，以三大高性能纤维研究中心为技术支撑，致力打造临澧新材料产业创新孵化基地。安塑环保与湖南文理学院，中泰公司与湖南林科大，中航精工与中航所，博川科技与湖南农大，奔骥环保与重庆文理学院已达成合作意向，签订产学研合作协议5项。

四、科技创新平台建设。安福环保与湖南文理学院化工学院合作，创建常德市塑料循环利用重点创新团队，中航精工与中航所合作，建立饱和蒸汽超精密清洗工程技术研究中心，梅林果业现代农业星创天地通过市级星创天地认定。

五、知识产权工作。全年全县专利申请206件，同比增长83.9%。其中发明专利56件，同比增长86.7%，专利授权48件。县政府成立全县知识产权和打击侵权假冒工作领导小组，开展大型联合执法行动8次，共抽查300多种商品，查处50多起假冒专利案件。

六、农村科技服务。新增佘市铁皮石斛、四新岗生态水稻、梅林果业3个特色产业示范基地服务站点；建立特派员制度，完善科技特派员工作体系，共选派企业特派员8名，科技特派员20名，分别下到8个重点企业和全县22个贫困村，开展企业帮扶和科技扶贫。确立先淘卫浴和梅林果业两家扶贫帮扶企业，带动刻木山乡、安福镇5个贫困村30多农户开展特色种养，扶贫脱困。

七、科普宣传。抓住“4·26”世界知识产权日以及科技活动周时间节点，先后两次联系10多个相关县直部门，在县城朝阳广场开展创新创业专题宣传活动，制作宣传展板进行巡展，大力宣传创新创业政策，向市民展示中泰、欧亚、奔骥、先淘等企业技术创新成果，发放宣传资料5000余份（册），接受咨询人员300余人次，同时组织中泰特装、先淘卫浴、康洁母婴等5家企业参加省、市创新创业大赛。先淘卫浴代表常德地区参加上海首届科创园区博览会，成功签回订单。（杨桦）

防震减灾

【概况】临澧县地震局为县委、县政府管理的公益一类事业单位，是具有行政职能的县政府直属副科级事业单位，县编委核编5人，实际工作人员5人，下设2个职能股室（办公室和业务股），属财政全额拨款单位。2017年，全县防震减灾工作贯彻“预防为主、防御与救助相结合”的工作方针，大力开展“地震监测预报、地震灾害预防、地震应急救援”为主要内容的三大体系建设，被评为全市防震减灾综合管理先进单位。

一、防震减灾知识宣传。在“防灾减灾日”开展以“减轻社区灾害风险，提升基层减灾能力”为主题的地震知识宣传活动，发放地震科普知识读本等各类地震科普宣传资料1600多份。组织县丁玲学校全校师生1000多人开展地震应急避险演练活动，现场讲解地震基本知识和地震来临时躲避、逃生的基本技能。7月28日唐山地震纪念日，组织新安镇广场星城小区居民开展地震应急演练，向小区居民发放地震科普宣传手册和资料1200余份。

二、抗震设防管理。加强建设工程项目抗震设防审批，将抗震设防管理纳入所有建设工程的图纸会审及竣工验收，全年共审批在建工程项目11项，建筑面积共840785平方米。结合美丽乡村建设、危房改造、移民建镇、搬迁安置等工作，开展农村民居防震保安工程建设，全县新建农村民居1015户，农村新建住房抗震设防率达到100%。

三、示范创建工作。在新安镇高兴社区广场星城小区开展常德市地震安全示范社区创建工作，制定地震安全社区规章制度，明确社区灾害信息员，制定地震应急预案，开设防震减灾宣传栏，建立应急物资储备室，投入3万多元配备应急物资和应急器材。该社区先后被评为市级、省级地震安全示范社区。在县丁玲学校开展防震减灾科普教育示范学校创建工作，按照“教育一个孩子，影响一个家庭，带动整个社会”的要求，开展系列“防震减灾”科普教育实践活动，在师生中普及防震常识及应急避险、自救互救、求生等技能。

四、监测预报管理。强化地震台网运行管理，制定地震台站、监测监视仪器的检查维护制度，开展定期和不定期的检查，确保地震监测仪器运行正常。加强宏观观测管理，对宏观观测人员进行业务培训，严格工作规程，建立专门的观测结果登记台帐，每日按时收集相关数据，保证前兆资料的连续性、准确性和可靠性。

五、地震应急管理。启动临澧县地震应急指挥综合服务平台项目建设。项目由省地震局立项，计划分两期完成。一期工程省地震局拨款5万元，地方以电子政务综合服务工程为依托，财政配套近40万元，相关设备安装完成，覆盖县城所有重点领域，可对党政机关、学校、医院、车站、商场、宾馆和重点交通路口实行全天候监控。

（办公室）

临澧县地震应急指挥中心（办公室）

【刻木山乡发生2.1级地震】 2017年9月21日00时12分33秒，北纬29.71度，东经111.50度，震级2.1级，震源深度8千米，震感不强烈。

（办公室）

电　力

【概况】 国网临澧县供电公司设10个职能部门，6个供电所，各类员工共311人。主要负责临澧县地区的电网建设与运行维护和供电服务工作，供电面积1210平方千米。2017年，临澧电网共有变电站11座，其中220千伏变1座（七重堰变）、110千伏变4座（兰田变、合口变、临澧变、芭蕉变）、35千伏变6座（官亭变、停弦变、九里变、佘市变、柏枝变、四新岗变），共计总容量577.43兆伏安。35千伏线路9条、10千伏线路59条，共15.57千米。全年最大负荷149.2兆瓦，年售电量为7.35亿千瓦时。

一、电网建设。电网建设与改造项目总投资7188万元。先后对七重堰变、官亭变、四新岗变等主网进行增容；新建、改造10千伏线路109.26千米，变压器142台（其中新购变压器117台，利旧变压器25台），总容量6.88兆伏安；新建、改造低压线路228.71千米；对河街社区伟新1号台区、合口镇大丰村、太浮镇万付村、四新岗镇杨桥村、望城乡桂花村等涉及33个行政村电网改造（含14个贫困村），新建8个县城变压器台区。实施网光伏扶贫项目5个，容量300万千瓦。

供电主网安装

二、供电服务。全年销售电量7.35亿千瓦时，回收电费4.06亿元，安全生产纪录达5181天。2017年，全县共有用电客户150324户。其中高压837户，低压149487户。光伏并网客户55户，其中10千伏并网5户，220/380千伏并网50户。全年新增高压用电客户104户/46535千伏安，低压用电客户3504户，光伏客户40户/751.8千瓦（其中扶贫光伏3户/180千瓦、低压上网40户/751.8千瓦）。制定重要客户年度检查计划，与县安监局、县科工局共同对临澧火车站、胜芝化工2家重要客户进行用电安全检查。服务县域经济发展，推广电能替代，宣传互联网终端缴费，建立掌上电力、微信、支付宝等手机APP等服务平台方便用户缴费。国网临澧县供电公司先后获“湖南省文明单位”、国网常德供电公司“先进单位”、临澧县“绩效管理良好单位”和“平安单位创建优秀单位”等荣誉。

上门服务（以上资料及图片均由办公室提供）

烟花鞭炮产业

【概况】2017年，全县共有50家烟花鞭炮生产企业，其中：纯鞭炮企业6家，烟花鞭炮混合型企业41家，黑火药企业1家（辖5个工区，9条生产线），引线企业2家，分布于全县9个乡镇（街道）。全县烟花鞭炮行业上下游从业人员超过3万人，年发放员工工资10亿元以上，涉及造纸、印刷、包装、运输、机械制造等；2016年，生产企业产值超过60亿元，上缴综合税费4000万元，2017年，由于多种原因，产值为20亿元左右，上缴综合税费3000万元。主要产品为组合烟花类笛音蕾，市场占有份额为全国的百分之七十左右，畅销全国20多个省市。

为促进全县烟花鞭炮产业升级发展，2017年，县委县政府相继出台《临澧县烟花爆竹产业升级发展实施方案》《临澧县烟花爆竹产业升级发展责任追究办法》《临澧县打击烟花爆竹产非法生产经营行为实施办法》《临澧县烟花爆竹行业违法违规行为举报奖励办法》《临澧县烟花爆竹产品质量监督管理实施方案》《临澧县黑火药管理暂行办法》等系列文件，明确产业发展方向，规范行业管理。专题召开烟花产业升级发展工作推进会，有序引导不安全企业退出，淘汰落后产能企业，全县退出合法有证生产企业13家，合并重组1家；全面推行企业股改，全县保留的50家生产企业，除民泰黑火药1家公司尚未完成股份制改造外，其他生产企业基本实现由工厂向公司的转变，临澧县推进烟花鞭炮企业股份制改造工作得到国家和省安监部门推介。（办公室）

农业和农村工作

概　　述

【概况】临澧县总面积1203平方千米，辖10个乡镇、2个街道（筹）、1个经济开发区、160个村（社区），总人口45.5万，其中农业人口35.1万；境内共有耕地67.2万亩，其中水田57.46万亩，旱地9.74万亩；全县有林地77.3万亩，森林覆盖率达42.37%，有水面11.2万亩，其中可养水面5.96万亩。先后被确定为全省最早的绿色食品基地县和无公害农产品示范基地县、全国无公害农产品（蔬菜）生产示范基地县、全国绿色食品原料（水稻、油菜、柑橘）标准化生产基地、全省机插秧示范县等。

2017年，全县农业农村工作突出发展现代农业、实施脱贫攻坚、建设美丽乡村，积极争创“三个中国之乡”（中国油茶之乡、中国黄花鱼之乡、中国杂柑之乡），努力增加农民收入、增加农业效益、增强农业竞争力。全县全年实现农业总产值57.45亿元、农民人均可支配收入15402元，同比分别增长3.6%、8.7%。全县2017年农业增加值29.6亿元，同比增长3.6%；财政支农投入达到9581万元，同比增长10.5%。

一、粮油生产。继续巩固全省粮油生产大县地位。以“湘米工程”为抓手，发展高档优质稻，推广早、晚稻优良品种5个以上。推进高产高效创建，全县兴办3个万亩双季稻示范片，各乡镇兴办3个千亩示范片，每个村兴办1个百亩示范片，全程实行标准化生产。坚持适度规模经营，完善激励政策，全县种粮大户达到2423户，其中，1000亩以上规模的有12户，共流转耕地11.2万亩。全县早稻播种面积35.5万亩，中稻播种面积4.5万亩；种植晚稻44万亩，其中超级稻12万亩，再生稻5万亩。油菜夏收面积44.5万亩，总产5.2万吨，同比增长1万吨。

二、特色种养。畜牧水产业稳步增长，全年出栏生猪69万头、肉牛3.5万头、山羊25万只，出笼家禽3900万羽，水产品产量2.7万吨，禽蛋产量3.5万吨，实现养殖业产值33.3亿元，同比增长4.3%。蔬菜产业稳中有增，全县蔬菜生产面积16万亩，总产值近5亿元，同比增长9%。将油茶产业发展列为县人大1号议案，促进产业提质纵深推进，争取600万元以上的扶持资金，油茶新造1万亩，常规改造1万亩，带状更新改造5000亩。柑橘产业全县新增脐橙面积8000多亩、杂柑面积5000亩。全县种植烟叶1.5万亩，专业化生产技术实行全覆盖。

三、美丽乡村建设。编制佘市桥镇美丽乡村示范片建设规划，明确特色产业、基础设施、环境整治、脱贫攻坚四大建设项目，丁玲文学创作基地和丁玲故居主体工程建成，启动蒋家村综合服务中心、丁玲故居配套工程、美丽屋场、黄牛养殖等项目，累计完成投入2900多万元。推进美丽乡村“五化”工作，建成厕所无害化1100座；编制10个乡镇建房规范化村镇布局规划和8个建制镇的排水规划，佘市桥镇蒋家村、四新岗镇青林村、修梅镇仙女村成为特色民居集中联建示范亮点，在全县办点11个示范村，加大集镇垃圾简易填埋场整改力度，集镇垃圾无害化处理全覆盖。推进示范村和美丽屋场建设，完善第二轮10个市级美丽乡村示范村3年发展规划和11个美丽屋场建设规划，累计投入3000多万元。

四、生态建设。林业生态建设：工程造林6000亩，完成封山育林10000亩；开展村镇绿化行动，累计完成义务植树3万多株，带动全县群众植树40万株，乡镇集镇新增绿地5公顷以上；启动国家湿地公园建设，道水河国家湿地公园总面积990公顷，其中湿地966.5公顷，湿地率97.63%；刻木山国家石漠公园通过国家评审，该项目拟建在刻木山乡境内，总建设面积1629.5公顷。生态保护与治理：加强林木采伐、生态公益林、林地资源管理，全县林业用地面积达46482公顷，活立木总蓄积量125.37万立方米，蓄积量增长率达到4.3%；加强畜禽养殖污染治理，推进禁养清空，共退出规模养殖场（户）176家，拆除栏舍1.7万平方米，整治畜禽规模养殖场257家，累计投入资金3000万元。

五、现代农业装备。田间设施装备：累计筹措水利建设资金5亿元，完成各类水利工程3700多处；累计投入资金1000多万元，新建机耕道300千米，整修机耕道200千米；荣获“全国高效节水灌溉示范县”“全国水土保持综合治理重点县”“全省农村水价综合改革试点县”三大荣誉；农机装备：全县全年共发放农机购置补贴资金759万元，补贴各类农机具414台（套），全县农业机械化水平达到70%以上。清洁能源装备：累计投入资金1300多万元，建成大型沼气项目2处、中型沼气项目10处。

六、脱贫攻坚。探索推广三种产业扶贫新模式：采取“政府引导、企业带动、示范引领、贫困户参与”的模式，在刻木山乡发展脐橙产业全乡共种植脐橙12500亩、受益面积达7500亩，每亩收益达8000多元，累计已有2700名贫困人口参与；采取“企业+基地+合作社+贫困户”的模式，在四新岗镇久丰村、烽火乡南田村分别发展油茶产业和旅游产业，贫困户每亩油茶分红1500元以上；采取“村企合作”的模式，把县工业园民营企业的加工车间向农村转移，在贫困村建立“扶贫车间”，将部分工序外包给村民，村民按照要求加工，按件计酬，全县30个贫困村开展村企合作，让，解决贫困群众就业2000多人；在全县30个贫困村建设了村级电商服务站，每村开设了1个以上网店，建设16家村级金融服务站。推进易地扶贫搬迁，全县异地扶贫搬迁项目开工率达100%，竣工316户934人，占年度总计划的97.90%，总投资4619万元。“五个精准到户”、“六件实事”办理全部完成年度规划。

七、农村改革。稳步推进农村土地确权登记颁证，县政府在新安镇樟木社区9组举行全县首批“农村土地承包经营权证”颁发仪式，12月中旬，全县完成合同签订、权证发放工作。打造水阁桃源家庭农场、徐氏粮油家庭农场两个“三权分置”示范点，引导农村土地规模化流转，全县新增农村土地流转面积2.2万亩，总面积达到24.65万亩，占全县耕地面积的46.8%。培育新型经营主体，着力发展休闲农业，全县休闲农庄发展到42家，其中五星级3家，接待游客120万人次，实现营业收入13380万元，同比增长8%。全县新注册农民合作社50家、家庭农场120家，有3家合作社和85家家庭农场进入中央财政扶持笼子，共争取扶持资金200多万元。

存在的主要问题：一是新型农业经营主体培植亟待加强；二是农村基础设施后续管护难；三是缺少农业知名品牌。（办公室）

【临澧县8家农产品企业参加中国食品餐饮博览会】2017年9月14日，中国食品餐饮博览会在长沙国际会展中心开幕，临澧县伍大姐农庄、湖南亚特农有限公司、临澧山仓林食电子商务公司、陈二郎电子商务公司等8家企业参展，共展

示食品水果及各类土特产等 40 多个品种，产品预定突破 130 万元。（办公室）

种植业

【概况】2017 年，临澧县继续保持全国粮油生产大县地位。全县粮食播种面积 95.79 万亩，总产达 34.56 万吨。其中早稻 35.5 万亩，中稻 4.5 万亩，晚稻 44 万亩，水稻总产 31.83 万吨；玉米 5.37 万亩，总产 1.81 万吨；小麦 1.5 万亩，总产 0.27 万吨。油菜夏收面积 44.5 万亩，其中杂交优质油菜种植面积 42.5 万亩，总产 5.2 万吨；下半年完成播种面积 45 万亩。棉花共种植 5.8 万亩，总产 0.61 万吨。柑橘全县实有面积 15.4 万亩，总产 7.95 万吨。葡萄全县共种植 6000 亩，总产 1 万多吨。蔬菜全县共复种 12 万亩，总产 20 万吨。烟叶全县种植 1.53 万亩，共收购烟叶 36000 担。

一、新品种新技术扩面推广。新品种推广：水稻主要选用湘晚籼 13 号、桃优香占等高档优质品种，种植面积达 28 万亩，占水稻播种面积的 33.3%。油菜主要选用沣油 737、常杂油 9 号等含油率高、“双低”、抗逆性强的品种，全县播种面积 42 万亩以上。柑桔重点推广纽荷尔、园丰脐橙和临澧杂柑，全县新扩脐橙面积 6000 亩。经济作物引进药材加工新品种甜叶菊，合口镇种植面积达 500 亩，亩产值达到 2500 元。新技术推广：实施水稻智能密室快速催芽齐苗和集中育秧技术，全县面积 15 万亩。实施超级稻“种三产四”技术，全县种植超级杂交稻 18.022 万亩，平均亩产 612.5 千克，平均产量亩增 154.5 千克。实施病虫专业化统防统治与绿色防控技术，全县专业化服务组织达到 17 家，日服务能力 6 万亩以上，实施面积达到 35 万亩。实施秸秆催腐还田有机质提升技术，全县秸秆腐熟还田率达到 30%。四新岗、望城、新安发展绿肥 5 万多亩。

二、农业品牌建设。续展 5 个到期的绿色食品（赵家红提、观山红蜜橘、临澧杂柑、临澧脐橙、临澧蜜橘）、申报 5 个绿色食品（临澧县清水堰蔬菜种植专业合作社的冬瓜和莴笋、临澧长裕猕猴桃生态种植专业合作社的猕猴桃、临澧县仙女山庄绿色果品专业合作社的脐橙、临澧县九牛生态水稻农民专业合作社的大米）和 9 个无公害产品认证（临澧县清水堰蔬菜种植专业合作社的 8 个产品、临澧县大丰马蹄种植专业合作社的芋）。支持临澧县科信达农机服务有限公司申报有机大米，支持临澧县艺龙家庭农场的生产的艺垄大米申报绿色食品，支持临澧福船湿地旅游度假区生产的黄瓜、苦瓜申报无公害产品。全县已认证绿色食品 15 个，无公害农产品 19 个，地理标志产品 2 个。

三、农产品质量安全管理。推进标准化生产，全县兴办 6 个标准化生产基地，示范面积达到 2 万亩，确保标准化入户率 100%。加强监督检验检测，创建新安镇、修梅镇两个省级农产品质量监管示范站，健全“县—乡—村—组”四级农产品质量安全监管体系全年累计抽样检测样品 6 万个，合格率为 100%，未发生一起农产品质量安全事故。加强农业行政执法，累计共抽取水稻种子样品 67 个，棉花种子样品 29 个，农药样品 41 个，肥料样品 16 个，发现标示标签不符合规定的水稻种子 3 个，不合格的农药 4 个，不合格的肥料 1 个，处理农民投诉 22 起，为农民挽回经济损失 38.2 万元。（办公室）

养殖业

【概况】临澧县畜牧兽医水产局是县农业局管理的公益一类事业单位，主要有全县畜牧渔业发展、动物疫病预防与控制、动物卫生监督管理、渔业管理和渔政执法、屠宰管理执法、兽药饲料管理六项工作职责。局内设办公室、财务股、人事股、业务股、兽药饲料管理站、法制股 6 个职能股室，下辖动物卫生监督所、水产渔政站、动物疫病预防与控制中心、畜牧水产技术推广中心、屠宰办5个全额拨款的事业单位和县种畜场、县鱼苗鱼种场2个自收自支的事业单位。全局共有干部职工86人，党组班子成员5人。

2017年，全县畜牧水产系统全面落实动物疫病防控措施，扎实开展养殖环境、打击非法捕捞和畜禽水产品质量安全专项整治行动，促进全县养殖业健康可持续发展。全年出栏生猪67.06万头，出栏肉牛3.16万头，出栏山羊23.7万只；出笼家禽2780万羽；禽蛋产量3.5万吨；水产品起水总量2.4万吨；实现养殖业产值26.5亿元。临澧县被评为全省动物疫病防控先进县，县畜牧兽医水产局被评为全市畜牧工作、水产工作先进单位和全县目标责任管理良好单位。

一、动物疫病防控。开展春季和秋季动物防疫工作，对全县12个乡镇（街道）、160个村（社区）的重大动物疫病进行强制免疫，存栏动物免疫密度100%，抗体水平全部达标。推进无害化处理体系建设，建成乡镇固定收集点8个，启动县级病死畜禽无害化处理收集中心建设。加强疫情监测，开展免疫抗体监测和动物疫病流调查，实施动物血吸虫病农业综合治理项目，开展奶牛“两病”和疫区血吸虫病化疗工作。

二、养殖环境整治。出台《临澧县畜禽水产养殖管理办法》（临政办发〔2017〕4号），从养殖准入、禁养退出、污染治理、执法监管、保障措施、责任追究等六个方面，依法规范养殖行为，划定禁养区、可养区范围，完善规模养殖场准入审批程序，全面强化日常巡查监管。开展洞庭湖区养殖环境整治专项行动，共退出规模养殖场（户）176家，拆除栏舍1.7万平方米，压减生猪64012头、家禽512550万羽、肉羊240只，减少粪污排放14.5万吨/年。投入资金3000余万元，共整治畜禽规模养殖场257家，配套建设沼气池27个、6000立方米，购置干湿分离机、污水泵等设备91台（套）。全县456家规模养殖场基本配套粪污治理设施设备，其中162家整治达标，通过环评审查。

三、渔业资源保护。3月10日至6月30日，在澧水流域开展春季禁渔，禁渔面积1.5万亩，实时监控渔民85人、渔船57艘，共出动宣传车20台（次），印发《关于严厉打击非法电捕鱼行为的通告》3000余份，上门宣传29次，渔民见面率达到96%以上。在道水河城区段举办人工放流活动，共投放四大家鱼、黄花鱼春片100多万尾，补充渔业资源种群数量。联合环保、公安等部门，开展打击非法捕捞专项行动5次，收缴背包式电捕鱼器475台、电船3只，行政拘留4人、刑拘2人。

四、行业监管。加强兽药市场经营管理，对8家兽药经营门店进行兽药GSP达标验收，重新核发“兽药经营许可证”。在养殖、加工、经营等环节抽样9000余份，“瘦肉精”检出率为零。开展“生鲜乳”“水产品违禁药物”“瘦肉精”“兽药抗生素”“生猪扫雷”等专项整治行动，检查水产养殖场50家、集贸市场5个、饲料生产企业2家、兽药经营门店33家、冷鲜肉门店50家、肉品摊位105个，监测乳制品6批次、抽检尿样6500份。加强屠宰监管。升级改造澧北定点屠宰场，联合公安、市场管理等部门，对澧北地区屠商进行归市整治，杜绝“白板肉”上市，城镇市场的生猪定点屠宰率达到100%。开展定点屠宰稽查6次，出动执法人员80人（次），印发宣传资料2000份，下达整改通知书2份，查处违规人员2名，断掉私宰窝点1个。

存在的主要问题：一是产业发展受阻。由于禁养退出，新建养殖场准入门槛较高，环境要素约束趋紧，制约养殖规模扩展。

二是支持力度减弱。由于县域规模和地理位置等原因，产业项目难以争取，上级政策资金投入不足。三是专业人才缺乏。全县专业技术人才青黄不接，乡镇专职防疫人员大量流失，基层防控力量逐年减弱。（办公室）

【临澧县生猪育种创新基地项目获农业部批准】根据农业部《畜禽良种工程项目可行性研究报告的批复》（农计发〔2017〕80号）精神，临澧县生猪育种创新基地项目获准建设。项目总投资1387万元，其中中央财政支持550万元，建设种公猪站1个，栏舍2栋（面积2120平方米），配套实验室、隔离舍、种猪测定、育种管理、自动采精、精液稀释、公猪定位栏等设施设备，存栏种公猪200头，年供精液18万份。项目已完成立项选址、用地审批和审查等前期工作，在四新岗镇牯牛社区动工建设，计划2019年6月建成投产。

【临澧三家养殖企业参加中国中部（湖南）农业博览会】 11月17—24日，中国中部（湖南）农业博览会在长沙国际会展中心举行，临澧宋玉黄花鱼专业合作社、临澧天心种业有限公司、临澧清水鸭开发有限公司等三家养殖企业参加展览。三家企业在博览会期间开展了图册宣传、产品推介、论坛交流、合同签约等活动，展示了临澧县水产、生猪、家禽三大主导产业龙头企业的风采，扩大了临澧黄花鱼、天心种猪、洞庭清水鸭等特色产品的品牌影响。（办公室）

临澧宋玉黄花鱼专业合作社在博览会展出产品

【全省生猪人工受精培训班】 为进一步推广生猪人工受精技术应用，提高生猪品种质量，推进全省生猪产业提质升级，10月26—28日，2017年全省人工受精培训班在临澧举办，全省畜牧系统良种项目负责人和种公猪站技术员300余人参加培训。本次培训由省畜牧水产局主办，临澧天心种业有限公司承办，培训内容主要是种公猪饲养管理、选种培育、疫病防控、产品检测等方面。培训学员还在临澧天心种业有限公司进行了现场观摩学习。（办公室）

林　业

【概况】 临澧县林业局有在职干部职工42人，在职党员28名。局内设5个职能股室办公室、计划财务股、造林股、行政许可办公室、资源林政股），二级行政机构1个，二级事业机构8个。2017年，全县林业部门围绕生态建设、资源管理、产业发展等方面统筹推进各项工作，取得较好成绩。

一、生态建设。 全县工程造林6000亩，其中，以樟、杉、栾树等为主的乔木生态造林2000亩，以油茶等为主经济林4000亩；封山育林10000亩，完成国家森林抚育项目7800亩，累计投入2000万元。制定义务植树活动方案，全县开展义务植树活动达150余次，参与干部职工近8000人次，累计植树80万多株。以集镇绿化、村庄绿化、道路绿化及沟渠绿化工作为重点，开展村镇绿化建设行动，全县“三边”绿化345千米。

二、资源保护。 加强林木采伐、生态公益林、林地资源管理，全县林业用地面积达46482.0公顷，森林覆盖率42.38%，活立木总蓄积量125.37万立方米，蓄积量增长率达到4.3%。实施森林禁伐减伐三年行动，对国家级公益林、省级公益林，铁路、高速公路、国（省）道两旁第一层山脊以内的森林全面实施禁伐，聘请102名管护人员，全县禁伐总面积16.9万亩。坚持森林采伐限额制度、采伐指标阳光分配政策，全面禁止天然林的商业性采伐。严把建设项目征占用林地审核关，依法依规上报审批，共审批临时用地3宗，面积3公顷；申报办理永久性占地项目11个，面积16.5公顷，征缴植被恢复费323.4万元。严格林业执法，先后开展打击破坏森林和野生动植物资源违法犯罪专项打击行动，代号“2017利剑行动”、缉枪治暴专项行动，共办理各类涉林案件39件，其中立刑事案件5件，移送起诉3件，判决1起1人，林业行政案件34起。开展森林植物检疫和林业有害生物普查，普查监测面积达16.6万亩，实施防治及预防面积

0.32万亩。结合“世界湿地日”、“世界野生动植物日”“爱鸟周”等主题活动，开展生态资源保护宣传法律知识宣传，共出动宣传车6台次，发放各类宣传资料1000多份。

三、油茶产业发展。全县整合1000万元，油茶新造8500亩，油茶低产林改造1.3万亩。举办油茶栽培生产技术培训班，培训乡镇林业站长及技术员、重点油茶村干部、油茶种植大户、公司技术骨干等130人。争取省农开办油茶新造普惠项目试点，对全县新造油茶5亩以上的，验收合格后给予每亩600元补贴，调动全县全县群众发展油茶产业的积极性，共收到新造油茶申报意向1.47万亩。加强油茶适时采摘管理，印发县政府《关于加强油茶油桐采摘秩序管理的通告》1000份，乡村两级组建巡逻队伍维护油茶适时采摘秩序，全县大面积在10月5日左右采摘。

四、森林防火。举办全县森林防火指挥员、油茶种植大户防火培训班，全县各乡镇林业站干部和种植大户120多人参加培训。开展森林防火宣传，全县共出动宣传车150台次、印发禁火令10000多份等。开展森林火灾隐患排查，在重要地段设立防火检查哨卡，安排巡逻人员严防死守，杜绝火种进山。强化应急队伍培训演练，县森林防火指挥部成立58人的民兵应急分队，各乡镇成立50~100人的救火应急队伍，由县人武部进行培训演练。加强应急值班值守，节假日、森林火灾高发期，县林业局、县森林公安局、各乡镇（街道）坚持24小时值班制度和领导带班制度。2017年，全县未发生较大以上森林火灾事故。（办公室）

森林防火应急演练（黄锐）

【临澧刻木山申报国家石漠公园试点成功】 2017年11月29日—30日，国家沙漠（石漠）公园专家评审会在北京召开，临澧申报的刻木山国家石漠公园总体规划通过专家评审团评审，并由《国家林业局关于同意建设山西偏关林湖等33个国家沙漠（石漠）公园的通知》（林沙发〔2017〕153号）确认。拟建的湖南临澧刻木山国家石漠公园规划总面积为1629.5公顷，以“湘北岩溶园、德孝刻木山”为主题，以刻木山区典型的岩溶丘岗地貌和植物景观资源为基础，以岩溶森林生态系统与生物多样性保护为核心，以生态文化、德孝文化为文化内涵，集岩溶生态环境保护、科研与科普宣教、生态观光休闲、文化体验等功能于一体。（黄锐）

水　利

【概况】 临澧县水利局是主管全县水利经济发展的县人民政府工作部门，内设6个职能股（室）（办公室、人事股、水政水资源股、财务股、行政许可办公室、规划计划股），下辖二级事业单位11个，企业2个。全局在编人员50人，其中9人为机关行政编制，41人为事业单位编制。2017年，临澧县成功入选“全国高效节水灌溉项目县”“全国水土保持综合治理重点县”“全省农村水价综合改革试点县”“全省水行政执法责任制建设试点县”，再次被评为“全市最严格水资源管理考核优秀单位”“全市防汛抗旱先进单位”“全市水行政执法先进单位”“全县绩效管理优秀单位”。

一、防汛抗旱。成功应对“6·24”暴雨等洪涝灾害，抗御了沙溪河有水文记载以来的最大洪水，实现不溃一堤一垸、不垮一库一坝、不因灾死亡一人的目标。面对涝旱急转，在青山枢纽紧急实施压电提水，加强官亭灌区用水精细调度，开启固定提灌机埠223处3696千瓦，出动小型抗旱机具13000多台套，拦河筑坝65处，清淤疏洗渠道740多千米，最大限度确保农村群众生活用水和主要农作物抗旱用水，实现了抗旱保丰收。

二、水利建设。全年筹措水利资金5亿多元，争取到位省以上专项资金6000多万元，完成各类水利工程3700多处。上半年，重点实施泵站更新改造、洞坪垸治理、朱伦河治理、湖区沟渠疏浚、小农水设施养护、山洪灾害防治等八大类重点工程扫尾；下半年，重点实施高效节水灌溉、吴家场河治理、湖区沟渠疏洗、四水治理（山洲垸和关山垸治理）等国投项目，堰塘和渠道清淤整修、机埠更新改造、水毁修复等自办工程进度均达90%以上。其中，临澧县高效节水项目作为全省样板迎接了水利部的督查。

三、水生态管理。全县禁投水域从151座水库、8条河流（澧水、道水临澧段及大溪河、沙溪河、朱伦河、朱家河、英溪、澹水）和1座湖泊（合口龙池堰）扩展到骨干山塘。2017年，全市水质四次检测临澧县三次排名第一，一次第二。有序推进澧水砂石资源拍卖，持续整治山砂筛洗，河道采砂、山砂洗砂行为进一步规范；落实最严格的水资源管理制度，严格取用水总量控制、用水效率控制，实施水功能区限制纳污；严格涉河湖检查执法，开展巡查123次，处理群众举报11件、市县长热线9件、群众来信来访7件，立案查处水事违纪案例19起。

四、农村安全饮水。落实省重点民生实事“农村饮水安全巩固提升项目”，对18处规模水厂进行管网改造和管网延伸，解决8100人贫困人口饮水安全，惠及10个乡镇49个行政村，完成工程总投资510万元。（办公室）

【2017年度中央财政农田水利项目县建设】项目总投资2160万元，于12月底全面完成，主要包括高效节水灌溉工程和堰塘清淤整修工程。其中高效节水灌溉工程总面积8000亩，涉及刻木山乡青龙村和九里岗村，项目实施后可增产15%以上，年增产值为320万元，并从根本上解决项目区林果业无灌溉的问题。堰塘清淤整修工程涉及刻木山乡、停弦渡镇及修梅镇，共计3个乡镇9个村（社区），堰塘清淤整治后可改善灌溉面积0.38万亩，新增粮食产量收益可达90万元。

（办公室）

停弦渡镇江家大堰清淤整修后效果（办公室）

【吴家厂河杉板段治理项目】2017年，吴家厂河杉板段纳入全国中小河流治理重点项目，项目总投资900多万元。项目内容包括河段治理2.25千米，河道清障疏挖1.1千米，新建两岸固脚护坡挡墙4.38千米，新建桥、坝6处，12月底完工。（办公室）

治理工程后吴家厂河杉板段（办公室）

【四水治理项目】2017年四水治理项目主要涉及三大堤垸。一是山洲垸，总投资2760万元，主要是大堤加高培厚及护坡、堤顶3千米防汛路整修、涵闸重建1处、填塘固基2处，基础防渗高喷灌浆1.7千米；二是关山垸，总投资400万元，主要是大堤整修加培及护坡护脚、堤基防渗处理、1处涵闸翻修重建；三是洞坪垸，总投资

800万元，主要是大堤整修加培3.3千米、新建防汛公路5千米、新电站闸、毛湾闸翻修重建，堤基防渗0.5千米。（办公室）

【6.24强降雨】 2017年6月22日20时开始，临澧县遭遇入汛以来强度最大、范围集中的强降雨天气。至6月24日20时，全县面雨量97.5毫米，其中100～200毫米的有14站，超过200毫米有3站，最大站四新岗镇群英水库站达208毫米，该站最大1小时降雨68毫米、最大3小时降雨142.5毫米、最大6小时降雨183毫米。强降雨导致全县8镇2乡受灾，其中四新岗、太浮、佘市桥、安福、望城街道（筹）、烽火等乡镇受灾严重，受灾人口8.3万人，成灾人口5.4万人，紧急转移安置人口1892人。全县因灾造成直接经济损失7300多万元。强降雨致烽火乡龚家冲水库、彭山堰水库、竹龙水库坝脚渗漏；堰塘溃口水毁221处；群英水库北干渠滑坡300米、曹家垱引水渠外坡垮塌200米、江家峪水库泄洪渠淤塞300米、临岗公路段渠道淤塞200米；中小河流及河坝损毁28处。（办公室）

【水利部领导督导检查临澧县高效节水灌溉工程】 11月11日，水利部安全监督司副司长祝瑞祥、调研员何兰超，稽察办专家郭善群一行到常德市临澧县督查2017高效节水灌溉工程，省水利厅、市水利局、临澧县政府、临澧县水利局等相关人员陪同督查。（办公室）

检查施工现场（办公室）

【水利部长江委领导检查临澧河道管理工作】 9月27日，长江委水政与安全监督局局长、水政监察总队常务副总队长滕建仁带领检查组来到临澧县，开展河湖执法现场检查。检查组一行实地检查了官亭水库、澧阳灌区总干渠新安段综合治理工程，对全县河湖执法检查工作给予充分肯定。（办公室）

【临澧建立河湖信息系统平台】 系统平台由河长制网络专栏、河长微信群、QQ群、微信公众号等构成，主要功能是及时向全县各级河长传达“河长制”工作信息、政策，快速发布紧急工作任务，开展入河排污口、农业面源污染、畜禽水产养殖、黑臭水体、临河垃圾堆放点、码头以及非法采砂、违法乱建、非法围垦等方面的问题排查和资料收集。该平台还在临澧辖区内的澧水河段安装高清远程监控设施6处，每处监控范围直径达4千米，联合可对长约20千米的澧水临澧段实现全范围、全时段、全方位远程监控。（办公室）

河湖信息系统（办公室）

农业综合开发

【概况】 临澧县农业综合开发办公室有干部职工9人，专业技术人员6人，其中中级职称2人，有固定资产58万元。2017年，县农开办在四新岗镇鳌山实施高标准农田建设项目，项目区面积1.09万亩，主体工程为：新建机埠1处16千瓦，整治堰塘 26 处，整修拦水坝 2 处，硬化骨干灌渠 4.009 千米，硬化排渠 4.257 千米，衬砌田间渠道 4.359 千米，新修机耕路 31 条总长 13.353 千米。工程总造价 1667.1 万元，其中：财政无偿资金 1667.1 万元。项目区通过土地治理每年可新增粮食 50 万公斤，油菜籽 5 万公斤，增加农业总产值 202 万元，新增纯收入 94 万元，人平增加纯收入 120 元。县农开办还对临澧县云海油茶等 4 家农民专业合作社扩建予以扶持，总投资 599.68 万元，其中财政投资 238 万元，帮助建设仓库 4202 平米、晒坪 4000 平米，添置设备 50 台套。（办公室）

农业机械化

【概况】 2017 年年末，全县农业机械总动力达 365399 千瓦．比上年减少 8460 千瓦，农业机械总台数达 57286 台（套），比上年减少 283 台套（报废机具 283 台套）。全县农机产业经营总收入 41720 万元，机耕面积 80646 公顷，机播面积 21866 公顷，机电灌溉面积 45630 公顷，机械植保面积 49100 公顷，机收面积 60024 公顷。水稻生产耕、种、收综合机械水平达 80.2%。

一、农机安全监理。 全年共办理行政许可 380 余件，其中机车注册登记许可 260 件、驾驶员办证申请许可 120 件，年检机车 590 余台，共上路 280 人次，查车 800 多台次。纠正违章 56 台次，下达隐患整改通知书 9 份，签订各类农机安全生产责任状近 700 份，安装安全宣传橱窗 45 个，刷永久性宣传标语 46 条，发放宣传资料 2350 份，创建“平安农机”安全村 2 个，160 个村（居委会）配齐村级农机安全员，发展互保会员 297 人，上交保费 123500 元，事故零死亡。

二、农机教育培训。 全年培训拖拉机联合收割机驾驶人员 120 人，考试合格后发放结业证 120 人；培训机插秧手 50 人；与县总工会联合，开展“一户以产业工人”培养工程培训班 6 期，400 人次；与县扶贫办联合，开展贫困户实用技术培训班 9 期，880 人次；举办农村劳动力专业技能培训班 5 期，250 人次；举办新型职业农民培训班 1 期，50 人次。

三、机插秧推广。 2017 年临澧县是全省机插秧项目示范县，全年完成高速插秧机推广 15 台，推广早稻机插秧面积 5.5 万亩，中稻机插秧面积 1.5 万亩，晚稻机插秧面积 2.6 万亩，超额完成省市下达的机插秧推广任务。

四、农机购置补贴。 共发放指标确认书 386 份，受益农户 201 户，补贴机具数量 445 台，总补贴额 797.832 万元。其中补贴拖拉机 113 台、收割机 93 台、高速插秧机 15 台、粮食烘干机 39 台。

五、农机专业合作社建设。 全县已注册成立农机专业合作社 45 家，2017 年新增获省“百千万”工程扶持的现代农机专业合作社 12 家，获得省财政补助资金 180 万元。“盈农现代农机专业合作社、春旭现代农机合作社”被评为 2017 年省级现代农机合作示范社，获得省市项目资金 20 万元。（办公室）

移民、扶贫工作

【概况】 临澧县共有大中型水库 5 座（官亭、高桥、浮山、同欢、群英水库），水电站 2 座（青山水电站及澧县滟洲电站停弦淹没区），大中型水库移民后期扶持人口 30406 人。2017 年直补到人 9832 人，两者结合 14546 人，项目扶持 6028 人，分布在全县 10 个乡镇 150 个村（居）委员会及 2 个县直属单位。

一、后扶基金计划编制。 开展全县移民后扶人口动态管理调查摸底，2017 年全县直补移民人数 24378 人，项目扶持人数 2141 人，编制移民直补基金计划 1076.5 万元；编制基金项目资金计划 747.86 万元，拟实施项目 69 个，其中 A 类项目

27个233.22万元；B类项目42个514.64万元。移民后扶直补资金通过财政惠农资金“一卡通”打卡到人，按季发放12月前全部发放到位。

二、移民扶助金计划及规划项目编制。先后编制两批规划项目计划，其中第一批规划项目计划627万元，拟实施项目64个；第二批规划项目计划467万元，拟实施项目39个。编制2017年移民扶助金计划67万元，拟实施项目18个；编制2017年救灾项目计划19万元，拟实施项目3个。其中，编制油茶建设4030亩，项目14个；水果开发2020亩，项目10个。所有移民后扶项目的确定，均经省市批复后张榜公布，20万元及以上项目进行财政投资评审及政府采购，50万元及以上重点项目进场招投标。对已实施完成的项目逐一检查验收，项目照片存档。

三、贫困移民扶持工作。经多次人口清理、复核，2017年全县确认建档立卡大中型水库贫困移民2622人。针对贫困移民情况，在后扶基金项目中编制“临澧县贫困移民精准脱贫”项目1个，安排移民资金20万元，重点以油茶及水果为主开展产业扶持，引导贫困移民脱贫致富。

（办公室）

农民素质教育

【概况】2017年，全县共举办农村实用技术培训、农村劳动力技能培训、新型职业农民培训和农村经济人培训等各类培训281期，培训人员3.1万多人次。其中，以农民实用技术为重点的“春季农民大培训”活动，培训农民115期1.1万多人次；举办养鱼技术人员培训一期，培训人员240人；举办常德市现代青年农场主培训班一期，培训人员50人；新型职业农民培训150人；举办移民农业技术培训10期，培训2000人次，培训内容包括油茶、蔬菜生产、养猪技术。举办两期家畜养殖技术培训班，培训农民100人。

（办公室）

【临澧县成功创建全省第一批农民田间学校示范县】2017年，临澧县开展争创全省田间学校示范县工作。全县围绕主导农业产业，通过财政资金投入、合作社、农业企业自筹，共建农民田间学校11所，由省级财政投入30万元重点建设其中5所农民田间学校。全县各田间学校按照“六个有”规范化标准开展创建工作：即有一间设施齐全的培训教室、一块田间实训基地、一处加工实训基地、一处高标准农产品展示及宣传平台、一个电子商务平台、一系列管理制度。学校根据农民需求和生产季节要求，定期组织开展各项农业技术培训活动，共培训学员1万余人。经湖南省农业委考核，临澧县被确定为湖南省第一批农民田间学校示范县。（办公室）

农村能源建设

【概况】临澧县农村能源服务中心受县农业局委托，承担农村能源建设管理相关行政职能。2017年，共争取到2个国家农村能源建设项目，即湖南盛华一力有限公司大型沼气综合利用工程项目，总投资348万元；大唐牧业生态循环农业模式推广项目，总投资100万元，重点发展以养猪、莲藕、水稻、桃树种植的生态循环农业模式。全县共开工大型沼气工程2处，即文家乡张家村的湖南一霖生态经济发展有限公司新建800立方米大型沼气工程，总投资343万元；湖南天心种业有限公司新建3000立方米规模化大型沼气工程，总投资840万元。建成10处中小型沼气工程，总投资100万元，分布在佘市镇、新安镇、刻木山乡、烽火乡、合口镇等。着力发展以沼气工程为主的循环农业模式，推广沼气、沼渣、沼液的循环再利用，天心种业和大唐牧业利用沼气发电，新安镇上坪村形成“猪—沼—果”的生态

循环农业模式，盛华一力形成“生猪养殖—粪便—沼气（沼液、沼渣）—有机肥-果园生产或水面养鱼”产业链。（办公室）

大型沼气综合利用工程施工现场（办公室）

青山灌区

【概况】2017年，青山主坝水闸除险加固项目投资3167万元，其中中央投资1900万元，已完成启闭机房建设及启闭设备配套等项目，右汉桥新建项目开工建设；青山灌区续建配套建设项目投入资金900万元，总干渠清淤4段6519米，总干渠除险1处长130米，干支渠防渗19024米，改造干渠渠系建设物4处和部分附属建设物等。全年共发电5417万千瓦时，实现产值2158万元，上缴税收80万元。为缓解灌区旱情，自7月18日开始，连续25天压电提水，提水近2千万方，基本保障了灌区生产生活用水需求。在抗旱期间，还通过澧阳分水闸引水3000多万立方米灌溉澧阳平原。助力脱贫攻坚。筹集资金183万元，帮助点村改造机埠、修建高标准抗旱引水渠4.3千米；筹资186万元，扩建村级主干公路5.17千米。开展产业扶贫，点村贫困户脐橙种植面积新增650余亩。开展扶贫助学及慈善救助，全年点村40名贫困学生获得助学金，2名学生得到“雨露计划”帮扶，2名学生获得慈善捐助，40个贫困人口得到社会救助；危房改造9户贫困户，易地搬迁4户贫困户，41户贫困户获得小额金融贴息贷款，81户贫困户享受特惠保。（办公室）

青山大坝

青山灌渠

青山枢纽工程全景

商务粮食

【概况】 2017年，是临澧县商务粮食局成立后的第一年，县商务粮食局主动适应改革要求，积极履行新的职责职能，推动全县商务粮食工作不断发展，被省商务厅评为全省商务工作（外经）先进单位，被市商务局评为全市完成目标任务发展资金先进单位，被县委县政府评为绩效管理优秀单位，获得县级文明单位等荣誉。

一、招商引资。继续实施招商引资“一号工程”，突出引老乡回故乡建家乡，突出突出产业招商，全县全年到位内外资总额68亿元，共签约项目50个，其中过亿元项目17个。特别是在招引国企、央企、上市公司方面较往年取得较大突破，成功引进首创集团投资17.2亿元的城区安全饮水及湿地公园PPP项目、中化环保投资10亿元的石膏新材料项目、中节能集团投资7.9亿元的桐山风力发电项目、普利特集团入股中泰投资4.5亿元的战略合作项目、新合作集团投资4亿元的迎宾路地下商城项目等。

二、商贸流通。大力促进商贸流通业发展，成立临澧县现代商贸物流业发展领导小组，县政府将商贸行业发展纳入县乡绩效考核范畴，同时将商贸流通业纳入招商引资范围，实行与工业项目同等奖励政策，先后引进肯德基、联合易购、六和电器等一批商贸物流项目。新安物流中心、农产品大市场、医药物流园、电商物流园等重点项目洽谈取得进展。开展企业清理入限工作。全县摸底商贸规模企业33家，清理入限商贸企业8家。开展全方位产品促销。组织县内8家企业参加长沙2017年中国食品餐饮博览会，组织15家名品企业参加全市品牌推广活动；组织艺垄大米、陈二郎等商贸企业参加“湘品出湘”“德品出境”活动；利用本地微信公众号、京东及淘宝等网络平台进行线上促销，全年社会消费品零售总额实现65.68亿元，增速达10.6%。

三、外经外贸。全县进一步扩大对外开放，增强企业外向度，加快“走出去”步伐，外贸实现业绩5136万美元，外经完成1800万美元，增幅达30%。全县外贸资质企业达到43家，外贸业绩企业达到17家；祥民制药、临澧芷兰仿真花、湖南妙音贸易3家企业实现外贸业绩破零，湖南三屹、安福环保、安福锦湖3家企业实现倍增；通过大力引进外贸总部，“有色金属进口”“固体塑料粒子进口”两个项目洽谈取得进展；推动海外园区建设工作，面积达2万平方米的建材产业经贸园在泰国曼谷开建，邓权管业、天伦先淘等11家企业入园。

四、电子商务。创建全国电子商务进农村综合示范县，着力本土资源开发和品牌打造。启动绿色优质农产品电商平台建设，初步建成“淘宝临澧绿色优质农产品旗舰店”“道澧人家临澧农副土特产电商平台”，对余市湘莲、猕猴桃等专业合作社进行电商孵化。建设县乡村三级电商服务网络，建成30个贫困村及16个非贫困村村级电商服务站，全年培训农村电商从业人员1839人次。建设快递配送站点，在安福镇和新安镇分别建设1个高标准仓配中心、小件快递中心，将服务延伸到乡镇及村居。启动电商产业园建设，合理规划布局产业园功能区，入驻电商企业7家。开展网货“一乡一品”建设，加大全县网络品牌的扶持和培育，“艺垄大米”、“亚特农猕猴桃”、“伍大姐香干”等成为知名网货品牌。年内全县农副特产品实现网销额1亿元以上，从事“一乡一品”营销的电商企业15家以上。

残疾人电子商务培训现场（办公室）

五、粮食购销。全年粮食购销总量21039万千克，其中收购粮食11694万千克，销售粮食9345万千克（不含储备粮轮出销售）。粮食收购方面：运用多种媒体宣传国家和地方粮食收购和质价政策，合理规划收购网点，全县早籼稻收购共设网点4个，中晚稻收购设网点5个。督促粮食收储企业严格执行国家粮食收购政策，全县早稻（中等）收购价130元/50千克、晚稻（中等）136元/50千克，对违反质价政策、扰乱市场秩序等违规行为严厉查处。粮食销售方面：引导企业开展粮食购销贸易、库场租赁并购以及代收、代储、代销等多种形式合作，组织企业参加省粮食局组织的两次大型产销战略合作联系会议，签订长期稳定的购销合作协议。积极推进粮食电子联网交易，组织本县种粮大户、购销企业与销区用粮企业对接，促进产销衔接。

六、宏观调控。完善粮食市场调控机制，推行监管“双随机一公开”，即随机抽取检查对象，随机选派执法检查人员，抽查情况及查处结果及时向社会公开。落实“一单”（抽查事项清单）、“两库”（市场主体名录库、执法检查人员名录库）、“一细则”（实施细则），实现“双随机一公开”监管全覆盖，初步建立起粮食经营企业诚信评价体系。加强粮情监测预警。认真执行《粮食流通统计制度》，指导督促辖区内入统对象建立统计台账，全县共有11家粮食企业通过国家粮食局网站直报系统上报报表；实城乡居民固定调查点43个，建立调查户台账，按时收集调查信息并及时通过国家粮食局网站直报系统上报。建立粮食监测预警体系，全县选定13个粮食价格监测点，定期向省市报送监测信息。

七、行政执法。加强成品油市场监管，在全县范围开展成品油市场联合执法专项检查，共查处非法储存柴油点6个、非法流动加油车5台、非法加油点2处、抽样检测单位35家108批次，共立案14起，入库罚金42.7万元。加强商业预付卡管理，在“五一”、国庆等节假日，对步步高、百佳等单用途商业预付卡备案企业开展实名登记、限额发行、非现金购买等三项制度执行情况监督检查。整顿汽车、二手车交易市场，按《汽车销售管理办法》要求，对全县范围内汽车经销商进行全面摸底调查，全县备案登记汽车经销商企业25家。规范特种行业管理，对全县城区所有典当行的从业人员、经营情况、财务报告等进行定期或不定期检查，对无证无照经营的典当行和再生资源回收经营户责令其停业整顿。健全粮食质量安全监管保障体系，加大粮食行政执法力度，制定《收获粮食质量安全监测方案》，对早稻和中晚稻收获粮食质量实行采样抽检监测，共采样74个，其中早稻20个，中晚稻42个，油菜籽12个。强化重点粮油企业和重点粮油品种监控管理，建立监测数据对比、校核、分析制度，对粮油加工、批发、零售企业进行排查登记，掌握粮油库存、加工和销售情况。加强政策性粮食监管，开展粮食库存安全监督检查及政策性粮食出库监督检查，对6家粮食应急加工企业和1家粮食应急供应企业实行挂牌管理。全县年内无重大涉粮案件发生，粮食企业未出现重特大粮油储存事故、政策性粮食出库难和擅自动用、盗卖政策性粮油等问题，未发生重特大食品安全和安全生产事故。（办公室）

【临澧县商务、粮食机构改革】2016年10月18日，根据临澧县机构改革精神，原临澧县商务局和原临澧县粮食局合并，新成立临澧县商务粮食局。2017年3月15日，原临澧县商务局和原临澧县粮食局正式合署办公，人员、编制全部到位，按改革后确定的新的职责职能运行。新成立的县商务粮食局，为县人民政府工作部门，正科级，主要承担全县招商引资，内贸流通，对外经贸，市场体系建设，粮油购销、储存、运输及质量监管，军粮供应及商务粮食综合行政执法等工作，归口管理县市场服务中心。单位内设办公室（行政许可办）、财务股、政工人事股、市场秩序股（法规股、市场体系建设股）、外经外贸股、投资管理股、电子商务股（现代物流办）、粮食调控储备股、行业发展股（市场运行监测股）、机关工会（文明机关创建办）、综治办（老干办、纪检监察联络办、国资办、控违拆违棚改办）等11个股室，下设县投资促进事务局、县商务粮食综合行政执法大队（监督检查股、成品油办）、县军粮供应站、县粮油食品质量监督管理办公室、县政策性粮油管理结算中心、县电子商务服务中心等6个二级机构。全局编制总数97个，实有人数83人，即：行政编制14个，工勤编2个，全额拨款事业编45个，自收自支事业编22个，另有退休干部93名。（办公室）

【招商项目集中签约仪式】8月11日在县政府举行，县委副书记、县长蒋颖群主持仪式，县委书记李正才出席签约仪式并致辞，副县长陈清，经开区管委会主任、党工委副书记李强分别与企业签约。本次集中签约9个项目，总投资金额达12亿元，主要是：桐山风电项目、福达仓储物流项目、烽火汽车露营项目、安达汽贸4S店项目、万辉电子科技项目、裕盛广机械制造项目、水暖床垫项目、建筑垃圾项目、化妆品添加剂生产线项目等。（办公室）

【电商企业现场与贫困户对接】9月27日，县商务粮食局联合四新岗镇政府，组织县禾易电商、梅林电商等10家本地电商企业，在四新岗镇久丰村、珠日桥村举行电商产业扶贫现场对接会。10家电商企业分别与久丰村、珠日桥村的20位贫困户村民签订电商扶贫到户项目协议书，代卖销售土鸡、土猪、大米等农特产品，助力贫困群众增加收入，脱贫致富。（办公室）

供销工作

【概况】临澧县供销合作社联合社是参照公务员管理的事业单位，核定编制人数19人，下设办公室、人事股、业务股、财务股、资产股、信息办。2017年，县联社着力深化供销社综合改革，全县先后制定出台《中共临澧县委临澧县人民政府关于深化供销合作社综合改革的实施意见》（临发〔2017〕2号）、《中共临澧县委办公室临澧县人民政府办公室关于成立临澧县供销合作社综合改革工作领导小组的通知》（临办〔2017〕23号）、《临澧县深化供销合作社综合改革实施方案》（临供改组办〔2017〕1号）、《2017年度全县深化供销合作社综合改革示范创建工作方案》（临供改组办〔2017〕2号）5个文件，重点推进县级惠农综合服务平台、乡镇服务平台建设和土地托管服务项目建设。县供销联社和湖南智慧民生信息科技有限公司共同注册入股，组建成立临澧县供销社电子商务有限公司，主要开展电子商务、农资配送、农技服务、信息服务等业务。与各乡镇、街道（筹）进行对接，先期确立新安、合口、刻木山、望城4家市级以上标杆社建设主体，注册公司，开展相关农业服务。参办领办农民专业合作社、参股控股社有企业，县供销联社先后参办领办的农民专业合作社有梅林果业、新农民柑橘、观山红柑橘、赵家红提等7家。搭建服务实体，参股控股新合作、新三湘、湖南菌冠农业服务公司等5家社有企业。以参与农业产业化为切入点，建设农产品流通服务网络体系，帮助企业开展技能培训，参与电商业务，引导企业进行网上直销。（办公室）

烟草专卖

【概况】 临澧县烟草专卖局（分公司）有员工61人，下设7个部门、1个标准化烟叶收购站。2017年，全局（分公司）围绕年度目标任务，创新思路，开拓进取，各项工作稳步推进。全年共销售卷烟1.60万箱，同比降低3.94%；不含税销售额40771.45万元，同比降低0.67%；不含税毛利12334.38万元，同比降低2.19%；毛利率30.25%，同比降低1.53%；单箱均价29894元，同比增长3.41%。共查处各类违法案件124起，一般案件124起。按案值分类，5万元以上大要案4起，5万元以下案件120起；按案件类别分类，无证运输案件15起（假冒），销售非法生产的卷烟7起（假冒），非法渠道进货案件102起（含4起5万元案件），假冒卷烟案件共22起。依法查处各类品牌卷烟244.68万支（其中假冒卷烟58.80万支），案值88.31万元，罚没款4.80万元。

2017年，全县落实种烟乡镇3个，种烟村37个，烟叶种植面积15008.3亩，同比减少面积3823亩；烟叶收购计划3.75万担，同比减少0.4万担；烟农663户，同比减少181户；20亩至50亩基本烟农共计225户，占比33.9%，同比增加2.6个百分点。全县共计收购烟叶收购量36052.8担，收购均价13.29元/斤，中部上等烟比例39.57%，亩均产量2.4担，亩均收入3600元（含补贴），较2016年收购均价上升0.4元/斤，亩均收入上升9.48%，中部上等烟比例上升21%，亩均产量上升14.2%。（办公室）

烟叶烘烤技术培训暨工作调度会

烟叶基地

集中育苗大棚

【太浮龙潭烟叶精益化生产示范园】 为提高烟叶生产质量效益，临澧县烟叶专卖局在太浮镇龙潭村建立烟叶精益化生产示范园。示范园建设面积3500亩，主要通过实施烟叶精益生产，逐步实现技术精良化、作业精准化、管理精细化，解决烟叶生产技术到位难、经营管理较粗放、烟叶安全性等方面的问题，推进烟叶生产由粗放管理向精细管理、传统生产向集约经营的转型升级。一是与湖南中烟开展技术项目合作。重点开展植烟土壤保育技术及烟叶成熟采摘与烘烤技术的研究，逐步建立工业需求中间香型烟叶生产技术标准体系，为中间香型优质烟叶开发技术落地提供强有力地支撑和保障；二是提升技术到位率。督促各基层站点完善网格化生产服务模式，加强对烟农的技术培训和指导，严格落实标准化生产，狠抓“9+1”关键技术落实，加大生物技术推广力度，减少化肥农药施用量，确保烟叶质量安全。

（办公室）

市场服务与管理

【概况】2017 年，县市场服务中心按照“一年打基础，两年上水平，三年争一流”的总体目标，真抓实干，市场规范化管理、服务保障水平明显提升，全年实现招租收入 398 万元，门面摊位出租率达 90%以上（其中一市场、新安市场、合口市场达 100%），中心所辖市场年交易额约 3 亿元左右，同比去年均略有上升。

一、管理服务。取消承包制，理顺财务管理体制，严格实行收支两条线管理。推进层级管理服务，以经营户为中心，构建班子成员联单位、市场主任包市场、干部职工联经营户的工作格局，健全各级责任体系，强化考核奖惩，促进干部职工开展优质服务，为经营户解决实际困难和问题。全年通报 16 人次，扣发绩效奖 2956 元，勉诫谈话 1 人次，撤职 1 人。

二、安全管理。加强《中华人民共和国食品安全法》及《食用农产品市场销售质量安全监管管理办法》的宣传教育。投入 8 万元专项经费开展经营户和干部职工食品安全培训，发宣传资料近 2500 份。制定食品安全管理制度，实行市场准入制，建立食品安全台帐，加强日常巡查，及时发现并消除食品质量安全隐患。始终紧绷消防安全这根弦，制定消防预案，与各市场管理处签订安全责任状，对消防工作实行一票否决制度。投入 10 万元，配套改造消防硬件设施，建立市场义务消防队，建立微型消防站，请专业人员开展消防培训，并与消防大队配合进行消防演练 2 次，共排查整改消防隐患 20 多起，全年未发生安全责任事故。以化解矛盾纠纷为主线，完善社会治安综合治理工作机制，加强辖区内治安防控体系建设，投入 20 多万元加强“一中心，五网络”和监控系统建设，落实包保责任，建立协调机制，制定应急预案，建立群防群治体系。定期召开会议，找准不稳定因素，分析形势，制定对策，提早预防。加强民调培训，召开伤残军人座谈会 2 次，接待经营户 5 批次 100 多人次，加强沟通交流，加强政策宣传解释，未发生到市、赴省、进京上访事件。

（办公室）

金融·保险

中国人民银行临澧支行

【概况】 2017年，中国人民银行临澧支行围绕争创2017年度中国人民银行常德市中心支行目标管理先进单位、2015—2017年度武汉分行级文明单位的工作目标，着力打造高效支行、文明支行、平安支行，各项工作稳步推进。全县金融机构各项存款余额为180.07亿元，比年初增加21.55亿元；各项贷款余额112.23亿元，比年初增加18.86亿元，贷存比为62.33%，居全市七县市之首。临澧支行被湖南省爱国卫生运动委员授予省级文明卫生单位，获得中国人民银行长沙中支湖南省诚信文化教育基地原创微信作品竞赛一等奖。

一、金融支持地方经济发展工作。 开展金融扶贫。联合县扶贫办、县财政局、县商务局等职能部门，建立金融扶贫联席会议制度，协调解决金融扶贫存在的问题。配合县政府出台《关于在全县贫困村开展金融扶贫服务站建设的指导意见》《临澧县贫困村金融扶贫服务站建设规划和实施方案》等政策文件，推动县政府将服务站建设情况纳入各乡镇年度考核体系，30个贫困村金融扶贫服务站提前半年完成。积极整合多元化金融扶贫融资渠道，采取“企业+”和“合作社+”模式推动小额扶贫贷款，全年发放扶贫小额贷款5046万元，涉及农户2128户。贯彻落实稳健中性货币政策和MPA双支柱，强化支农再贷款管理、使用和监督评估，全县支农再贷款余额2.5亿元。制定《临澧县金融支持工业园区企业主办行服务实施方案》，助推实体经济的发展，共为24家企业发放贷款6.57亿元，有效缓解了工业企业融资难问题。

二、狠抓调研信息高效反馈。 深入研究稳健货币政策的实施效果，落实重大政策调整快速反馈机制，及时反馈金融政策实施情况。先后开展“地方法人银行机构同业业务存在的问题值得关注”“临澧县保险公司展业情况应予关注”等42个课题调研，为上级行和县委县政府决策提供了参考。积极参与编译工作，共上稿130多篇，其中《准美联储主席鲍威尔听证会的主要内容、市场反应和各方评论》《专家媒体关于比特币价格突破万元关口的评论综述》等20多篇材料被国办采用，全市辖内人行系统信息调研排名第三。

三、金融管理及风险防控工作。 加大执法检查力度，全年共开展人民币账户管理、征信管理、反假货币、准备金管理等专项执法检查4次。加强金融消保工作评估考核，全年金融消费投诉3起，化解3起，矛盾化解率100%。推进金融创安工作，开展金融生态环境指标评估，扩大机构代码和征信报告使用范围，继续推进信用体系试验区建设，打造“诚信临澧”品牌。严格征信业务操作，全年共新发放信用代码证333张、查询企业信用报告219次，个人信用报告3768人次。加强金融风险监测评估突出风险监测分析工作，重点开展中小法人机构风险监测、民间融资定点季度监测、农发行信贷收支情况监测等。加强宏观审慎评估，二季度县农商行宏观审慎评估由B级降为C级，及时进行约谈话，规范经营行为，优化经营指标。加强反洗钱风险监测评估，对县农商行发现的全省首笔涉税洗钱案进行侦办。

四、金融服务工作。防范和化解国库风险，继续畅通“国库资金直通车”，国库直拨城市低保资金509.43万元，惠及低保人群2041户，年累计1.85万人次。加大残损币回笼销毁力度，规范流通纪念币的发行，推进假币“零容忍”工作，对县农行假币流出事情进行警示谈话。全年共鉴定烧毁、虫蛀、霉烂等残损人民币2.1万元，收缴假币25.93万元，清理历年结存假币21.76万元，全部封存上缴。优化支付结算，ACS实现零差错。（办公室）

中国农业银行股份有限公司临澧县支行

【概况】截至2017年年末，农行临澧支行有在职员工79人，离退休人员54人；共有中共党员61人。机关内设行长室、综合管理部、风险管理部、财会运营部、个人金融部、公司业务部6个机构；设支行营业部、新安支行、合口支行、供销商场分理处和文化街分理处5个营业网点。2017年，农行临澧支行围绕农总行治行兴行“六维方略”，紧扣转型发展思路，加快推进服务三农经济和实体经济步伐，严格风险管控，较好完成各项年度计划，全年无案件和重大违规违纪问题发生。先后被评为常德分行“2017党风廉政建设及内控案防先进单位”、常德分行“2017公司治理先进单位”，支行营业部通过2017银行业协会三星级文明服务网点创建验收，新安支行被评为2017湖南分行“三线一网格”管理先进单位，王亚运等10人被常德分行评为“行业之星”。

临澧支行庆“七一”暨“两优一先”表彰大会现场（办公室）

一、业务发展情况。截至2017年12月31日，全行各项存款余额313928万元，比年初净增24871万元，日平净增25659万元。其中对公存款余额47051万元，净增8307万元，日平净增14282万元；个人存款余额266877万元，比年初净增16563万元，日平净增16562万元。各项贷款余额7.295亿元，比年初增加2.850亿元。其中，法人贷款余额4.043亿元，较年初增加2.5亿元；个人贷款余额3.1519亿元，较年初增加6024万元。全行贷存比为23.24%。实现中间业务收入1178万元，拨备前利润4279万元，拨备后利润3711万元。

二、“三农”服务工作。年末，全行涉农贷款为55132万元，占比为75.57%，涉农贷款增速为42.94%。抢抓优质农户贷款客户群体，加强与担保公司合作，发展烟农贷、粮食贷、油茶贷，全年发展家庭农场、专业大户37户，累计投放农户贷款5372万元，净增家庭农场、专业大户贷款1350万元。发展安家贷，支持266户农民通过“农民安家贷”进城购房，贷款金额6492万元。继续推进惠农通工程建设，年末实现惠农通有效商户350户，惠农通机具覆盖率85.23%，惠农通机具有效率89.94%，台月均交易笔数180笔。

三、风险管控工作。2017年年末，全口径不良贷款率比年初下降0.09个百分点，其中农户贷款不良率控制在2%以内，信用卡不良率比年初下降0.33个百分点。全年共清收不良贷款本息217.59万元。（办公室）

中国银行股份有限公司临澧支行

【概况】中国银行股份有限公司临澧支行是国有股份制商业银行的分支机构，立足县域，以服务县域经济发展为主。全行在职员工34人，支行下辖营业部、综合管理部两个部门及临澧迎宾大道支行、临澧合口支行两个经营性支行。2017年，全行人民币核心存款114522万元，较年初净增14853万元。其中：储蓄存款94897万元，较年初净增8351万元；公司存款19577万元，比年初净增6492万元；外币存款余额147.78万美元，较年初净增24.91万美元。各项人民币贷款余额14484万元。其中公司贷款3430万元，较年初净增327万元，累计投放3130万元；个人贷款余额7739万元，较年初净增517万元，累计投放1595万元；累计贴现870万元，信用卡应收款3312万元，卡分期业务量1769万元。到2017年年末，临澧支行不良率为零。全行全年实现计费净收入1852万元，其中：净利息收入1479万元，非利息收入373万元；实现拨备前利润990万元，净利润716万元。（办公室）

中国建设银行临澧支行

【概况】中国建设银行临澧支行下设办公室、客户经理组、营业部、步行街分理处4个部门，在岗员工26人。全行金融渠道有附行式自助区2个，离行式自助区1个，ATM13台，其中：存取款一体机10台、取款机3台，智慧柜员机8台，在各乡镇布放“金湘通”设备102台，“悦生活”网上缴水费项目1个。2017年，全行一般性存款余174712万元，比年初增加16082万元，其中：个人存款136125万元，比年初增加9790万元，对公存款38588万元，比年初新增6292万元。全行各类贷款余额为40315万元，比年初增加12170万元。全年累计发放个人贷款12012万元，单位贷款新增158万元。不良贷款余额158.15万元，比年初减少81.4万元，不良率为0.39%。全年实现经营收入3698万元，实现税前利润2611万元，缴纳税款193万元。（办公室）

中国农业发展银行临澧县支行

【概况】中国农业发展银行临澧县支行是临澧县唯一的农业政策性银行，主要职责是按照国家的法律、法规和方针、政策，以国家信用为基础，筹集资金，承担国家规定的农业政策性金融业务，代理财政性支农资金的拨付，为当地农业和农村经济发展服务。2017年，临澧县支行以服务农业供给侧结构性改革为主线，强化“三农”支持职能和地位。截至12月末，支行各项贷款余额45.49亿元，较年初增加7.5亿元，增幅为19.95%；无不良贷款；农发重点建设基金余额3亿元；各项存款余额8.44亿元，比年初增加4.8亿元，增幅135%；存款日均余额4.6亿元，比年初增加1.7亿元；实现利润2166万元。

一、粮食收储信贷工作。服务粮食安全大局，主动作为，全年发放中央、地方储备贷款8300万元，支持收购稻谷5.138万吨、轮换食用油3000吨、调整增加规模1227.6万元；发放最低收购价贷款2.90亿元，支持收购最低收购价稻谷10.53万吨；发放产业化龙头企业流动资金贷款2000万元，收购油脂0.3万吨。

二、金融支持脱贫攻坚。动员系统资源力量，支持收储企业与建档立卡贫困人口签订帮扶协议，全年发放各类收储扶贫贷款3.84亿元，并对中储粮临澧直属库2017年以前的13.38亿元贷款进行扶贫贷款认定。发放城中村改造非PSL中长期扶贫贷款5亿元，安排棚户改造区建档立卡贫困人口就业，为扶贫人口增加收入约1.9万元。

三、金融支持基础建设。依法合规开展中长期信贷业务，支持农业农村基础设施建设，支持棚户区改造，全年发放3.3亿元PSL城中村改造棚改贷款，惠及城中村棚户区改造居民696户；发放5亿元棚户区改造中长期扶贫贷款，支持寒溪片区棚改项目二期建设，涉及拆迁户数1200户、拆迁房屋面积约126000平方米。（办公室）

湖南临澧农村商业银行股份有限公司

【概况】湖南临澧农村商业银行股份有限公司拥有营业网点26个，内设14个机关部门，在职员工290人。至2017年末，实现总收入3.73亿元，实现经营利润1.63亿元，同比增加2255万元，增长16.11%。各项存款余额56.18亿元，比年初增加6.6亿元，增长13.31%，存款市场份额31.20%。全年累放各类贷款26.10亿元，发放扶贫贷款6830万元。发放校园卡8000张，社保卡4万余张；新增手机银行用户1.22万户；新建助农金融服务点3家、学校自助银行4家，全行自助设备布放达68台，基本实现自助设备布放网点全覆盖；农信通POS累计拓展1313户；全行手机银行动户率37%、电子银行替代率69%。（办公室）

【临澧农商银行获全省农信系统服务礼仪大赛一等奖】2017年6月5日，临澧县农商银行代表常德地区参加全省农信系统举办的“最美农信人”服务礼仪大赛，荣获大赛一等奖。此次大赛由省农村信用社联合社主办，共有来自全省14个市州的19支队伍参赛，县农商银行13名青年员工用微笑和标准的服务礼仪展示了他们的服务行为规范，获得现场评委的一致好评。（办公室）

临澧农商银行代表队参赛节目（办公室）

中国邮政储蓄银行股份有限公司临澧县支行

【概况】中国邮政储蓄银行股份有限公司临澧县支行成立于2008年4月，现有3个自营网点，即营业部、人民街支行、新安支行，11个代理网点，共设三个部门，分别为行长室、综合管理部、综合业务部。临澧县支行共有职工46人，其中正式工39人，劳务工7人。截至2017年底，邮银储蓄存款余额为252853万元，其中银行余额为63991万元；各项贷款余额为39531万元。实现收入2383.01万元，实现利润1064.06万元。其中储蓄利差收入853.66万，信贷业务收入979.48万元，公司业务收入308.46万元，中间业务收入241.41万元。清收不良贷款165.85万元；核销共19笔，金额为159.47万元，其中信用卡核销5笔共7.52万元。全行不良贷款总额为287.64万元万元，不良率0.73%，资产质量总体可控。（办公室）

中国人寿临澧支公司

【概况】中国人寿临澧支公司是中国人寿保险集团公司的子公司，1996年分设至今，位于安福镇迎宾中路123号。公司现有员工24人，下设综合管理部、客户服务中心、个险销售部、银行保险部、团体保险销售部五个部门；在全县乡镇设立保险服务部8个，拥有代理人队伍800多人，村村有民生专员。业务发展主要为意外伤害保险、健康险、理财险三大类。2017年，共收取保费19736万元，其中期缴保费11500万元，一年期短险保费1093万元；新开办计划生育保险、老年人保险、扶贫保险，承保老年人33000人、扶贫对象7500户。（办公室）

中国太平洋财产保险股份有限公司临澧支公司

公司喜迁新址（办公室）

【概况】中国太平洋财产保险股份有限公司临澧支公司于2011年12月成立，位于湖南省临澧县安福镇朝阳西街433号。拥有13名合同制员工、50名代理人团队以及近400人的产寿交叉营销员队伍。截至2017年12月31日，全年共完成保费收入2662.53万元，其中车险保费1470.3万元，非车险313万元，农险保费879.38万元，所有模块全部超额完成全年计划任务。车险核心渠道发展较快，其中，电销渠道完成524.98万元，同比增幅55.03%；车商渠道完成277.77万元；交叉渠道完成436.19万，同比增幅22.15%。全年支公司综合成本率为89%，产生利润276万元。获得省公司2017年度优秀支公司，被市文明委评为市级文明窗口单位。（办公室）

中华联合财产保险股份有限公司临澧县支公司

【概况】中华联合财产保险股份有限公司临澧县支公司成立于2006年10月，原址位于临澧县丁玲广场，2013年12月迁址于临澧县安福工业园安福汽车城。统一社会信用代码为91430724794703073T，经营保险业务许可证的机构编码为000012430724。业务经营范围涵盖非寿险业务的各个领域，包括机动车辆保险、企业财产保险、家庭财产保险、工程保险、船舶保险、货物运输保险、责任保险、信用保证保险、农业保险以及短期健康保险和意外伤害保险等。2017年保费收入4096万元，赔款支出3123万元；依法按时申报缴纳营业税1111802.83元，城建税55590.14元，教育附加33354.08元，地方教育附加22236.06元，印花税19798.1元，个人所得税338808.11元，代扣代缴车船税1567710.96元。（办公室）

公司迁址安福工业园汽车城（办公室）

财政·税务

财　　政

【概况】2017年，临澧县财政工作坚持以“抓收入、保运转、促发展”为工作重点，依法聚财、理财、生财，保障民生、促进发展，财政运行较为平稳。全县完成一般公共预算收入78595万元，为调整预算的99.8%，比2016年增长7.8%。其中：地方一般公共预算收入44630万元，为调整预算的100.4%，增长0.5%；完成上划中央“两税”和中央所得税收入27268万元，增长28.8%；完成上划省级增值税、资源税、城镇土地使用税和省级所得税收入6697万元，下降8.8%。全县地方一般公共预算收入44630万元，加上级补助收入225775万元、债务转贷收入66297万元、上年结转结余22384万元、调入资金13240万元，全年收入合计372326万元。2017年，全县完成一般公共预算支出288621万元、增长9%，上解支出2371万元，债务还本支出50997万元。年终结转结余30337万元。

一、财政促发展工作。积极发挥财政资金导向作用，多渠道、多途径支持县域经济平稳较快增长。县级安排2600万元园区发展资金，重点支持园区基础设施建设，引导优质项目向园区聚集；争取标准化厂房补贴资金500多万元，补贴面积9.07万平方米。安排1000万元中小企业发展资金，落实招商引资优惠政策；安排400多万元奖励资金，重奖优质发展项目和招商引资功臣；安排1000万元产业发展资金，重点扶持烟花、生物医药、商贸物流等七大支柱产业的发展。新的产业发展格局初步形成，支柱财源快速成长，2017年全县纳税过1000万元的企业达到15家，比2016年增加8家。加强融资项目包装，推进与金融机构深度合作，全年新增到位融资18.78亿元，推进沅澧快速干线、棚户区改造、城区安全饮水等重点项目和民生项目建设。建立以奖代投机制，安排美丽乡村专项资金700万元，积极支持美丽乡村示范村和示范片建设。投入1180万元农业发展资金、1000万元烟叶发展资金、整合资金2970万元，促进粮食、烟叶、油茶等产业发展。投入1786万元交通建设资金，积极推进农村公路建设、农村危桥改造；投入一事一议财政奖补资金1563万元，支持81个项目村完成道路、水利及公共卫生设施等项目建设。

二、财政惠民生工作。坚持把脱贫攻坚和支持“三农”工作放在财政优先扶持的位置，统筹城乡协调发展。2017年，全县共安排县级财政专项扶贫资金1306万元，占省级财政专项扶贫资金1045万元的125%，达到省扶贫部门和省财政部门规定的90%以上的要求。全县10个贫困村顺利退出贫困村序列，5736人实现脱贫。完善社会救助体系，提高“两保”标准，城市低保月保障标准提高到500元，月人均补助水平提高了320元，农村低保月保障标准提高到290元，月人均补助水平提高了160元。全县累计城乡低保救助32.05万人次，特困供养救助4.46万人次，临时救助0.59万人次，医疗救助4.46万人次，发放各类救助金1.3亿元。争取上级资金1365万元，改造9所农村义务教育薄弱学校；争取义务教育校舍维修改造资金612万元，改造4所农村中小学校舍；继续实施普通高中、中职国家助学金及中等职业教育免学费政策，共拨付补助金614万元，补助贫困学生2920人。支持卫生事业发展。共拨付基本公共卫生服务补助1918万元，补助城乡居民基本医疗保险基金14840万元；积极支持县人民医院、妇育保健院整体搬迁和临澧血防院、中医院改造项目，群众就医条件日益改善。

三、财政改革工作。推进乡镇国库集中支付改革。乡镇（街道）建立国库单一账户体系，实行收支两条线、零余额账户管理，实现了全县国库集中支付全覆盖。推进工资一体化发放。取消财政打卡代发，启用全省统一工资发放系统，采取财政审核、单位发放的办法，并按照政务公开要求，与“我的常德”公共服务平台联网对接，实现工资发放明细和代扣款项实时查询。推进预算绩效管理。全县一级预算单位绩效目标管理实现全覆盖，对20万元以上的县级专项资金开展了绩效评价，对7个专项资金和县规划局的整体绩效情况实施第三方重点评价。

四、财政监管工作。以规范化、科学化管理为工作重心，进一步加强财政管理，确保财政资金安全、高效使用。加强预算管理。积极推行全口径预算，编制一般公共预算、政府性基金预算、国有资本经营预算、社会保险基金预算，将政府的全部收入和支出纳入预算管理，接受县人大监督；全面推行预算公开，公开县级财政预算、部门预算和“三公”经费预算，同时公开了2016年度各项预算的决算情况。加强“三公”经费管理。依托集中支付平台，实施预算执行动态监控，执行“三公”经费预警止付，落实了省财政部门提出的“2017年一般性支出比上年压减5%以上”的要求。加强财政监督管理。积极推进“互联网+监督”，规范民生资金数据和村级财务数据的录入与管理，对民生项目资金分配、拨付、发放情况进行了及时公开。开展“雁过拔毛”、落实“八项规定”专项整治，集中督促突出问题整改；开展财政监督检查，共检查8个县直单位、4个乡镇（街道）、9个村（社区），处罚收缴违规金额51万元。（周斌）

【临澧县城区安全饮水PPP项目】临澧县城区安全饮水工程PPP项目是一个集城区供水、河道治理、生态保护、居民休闲于一体的综合配套建设项目。该项目是国家和湖南省第三批示范项目，于2017年3月份进入采购程序，2017年8月份正式确定北京首创股份有限公司为社会资本合作方。项目总投资17.2亿元，预期四年建成。2017年8月18日，该项目举行开工仪式，省财政厅PPP办公室、北京首创股份有限公司及临澧县委、县政府等政企单位负责人出席了开工仪式。临澧县城区安全饮水PPP项目的实施，将有助于优化临澧县城空间布局、提升城市品位形象、改善居民生活环境。

城市安全饮水工程开工仪式现场（周斌）

非税收入管理

【概况】临澧县非税局系县财政局管理的正科级事业单位（公益一类），内设三股一室（票据核算股，稽查股，征管股，办公室），现有事业编制17名，其中领导职数5名，工作人员12名。2017年底实有人数14名，其中班子成员5

名，工作人员9名；男8名，女6名；中共党员14名。临澧县非税局主要职责职能是按照《湖南省非税收入管理条例》管理政府非税收入，设立非税收入汇缴结算户，定期将账户内资金划解国库或财政专户，办理各单位非税收入的退库和上级分成划解；负责全县罚没物资的管理和处置；负责全县财政票据的领购、保管、发放、核销工作；负责全县非税收入、财政票据稽查等。2017年全县共实现全口径非税收入3.13亿元，为年度预算137.98%，比上年增长9.71%。其中一般公共预算收入9969万元，政府性基金收入1.81亿元，财政专户收入3050万元，国有资本经营预算收入252万元。

2017年度临澧县非税收入完成情况

单位：万元

收入类别	年度预算	实际完成	实际完成占年度预算（%）	上年完成数	增减（%）
一、一般公共预算收入	14，799.00	9，969.00	67.36	13，092.00	-23.85
（一）专项收入	3，429.00	2，343.00	68.33	2，766.00	-15.29
（二）行政事业性收费收入	3，000.00	1，667.00	55.57	1，536.00	8.53
（三）罚没收入	5，500.00	2，271.00	41.29	2，104.00	7.94
（四）国有资本经营收入	0.00	0.00	0.00	0.00	100.00
（五）国有资源（资产）有偿使用收入	200.00	1，322.00	661.00	2，989.00	-55.77
（六）捐赠收入	0.00	0.00	0.00	0.00	100.00
（七）政府住房基金收入	100.00	485.00	485.00	733.00	-33.83
（八）其他收入	2，570.00	1，881.00	73.19	2，964.00	-36.54
二、政府性基金收入	4，910.00	18，063.00	367.88	12，412.00	45.53
三、财政专户收入	3，000.00	3，050.00	101.67	3，058.00	-0.26
四、国有资本经营预算收入	0.00	252.00	0.00	0.00	100.00
合计：全口径非税收入	22，709.00	31，334.00	137.98	28，562.00	9.71

一、非税征管工作。严格部门综合预算。将实行部门预算管理单位的所有非税收入纳入部门预算编制范围，全额纳入财政统筹安排。，根据单位性质、职责和履行职能的需要，细化支出项目，按照规定标准安排支出额度，实现收入与支出分离。严格收入计划管理。参考执收单位近三年非税收入完成情况、收费项目及收费标准的增减变化情况、执收单位职能的增减转移情况以及执收成本的多少等方面因素，合理确定年度非税收入计划。严格政府统筹金征收管理。为解决政府统筹金征收比例“一刀切”问题，报请县政府出台文件（临政办函〔2017〕46号）区别征收：对部门预算单位有执收执罚职能已下达收入计划的，超收部分严格兑现分成；有职能而未下收入计划的单位，收入按20%统筹；没有职能取得收入的按10%统筹。未纳入部门预算管理单位，收入按10%统筹。强化非税网络管理。投入9万多元更换2台非税征管系统服务器，确保非税征管系统的安全、高效运行。推进POS机刷卡收费工作，在县政务中心及各执收单位免费安装30台POS机刷卡收费。规范开展房地产项目打捆收费工作，投入6万元开发房地产联合报建收费系统，实现从报建、算费、审核、收费、分账的网络一体化管理，简化办事程序，规范规费征缴。

干部集中学习业务（办公室）

二、票据管理工作。严格执行“购前审批、限量发放、核旧领新、票款同步”的管理原则，把好“四道关”。严把购领资格关。坚持单位首次购领票据，必须提交收取非税收入的法律、法规依据和相关资料，经审查符合规定后再核发《购领证》。严把限量发放关。票据发放坚持按年计划，按月购领，限量发放。严把票据核销关。票据缴销坚持逐份检查填开要素是否齐全、项目标准是否合规、资金是否缴库。严把票据年检关。2017年，对全县169家用票单位开展票据年检，年检合格率达到99%。对票据年检中发现的问题，及时向用票单位发出通知，限期整改，在整改期间停止供票，直至整改完毕。同时大力推进票据电子化工作，全县所有非税收入通用票据、所有专用票据及部分其它财政票据均实现电子化管理。

三、非税稽查工作。全年共重点检查非税收入执收单位24家，查处违纪违规金额100多万元，全部追缴入库或督促整改，入库政府统筹金及罚没收入11.9万元。认真落实《临澧县罚没物资处置工作规程》，罚没物资处置步入规范化轨道。配合县人大开展涉案物资处置调研，拟建立全县涉案物资集中保管场所，开发涉案物资电子化管理平台，实行多部门联合动态监管。

（办公室）

住房公积金管理

【概况】 2017年，临澧县住房公积金管理部强化管理、规范运作，加强住房公积金宣传力度，提高贷款发放效率，严格按照政策办理提取业务。全年完成归集资金19639.03万元，同比增长10.48%；新增缴存人数1115人；发放住房公积金个人贷款13599.9万元；贷存比为78.92%。审批提取住房公积金13240.65万元，公积金贷款逾期率为0，有效控制了贷款回收风险。（办公室）

国　税

【概况】临澧县国家税务局于1994年成立，是中央实行垂直管理的正科级行政单位，位于临澧县安福镇安福西路368号。该局下属11个内设机构，1个直属机构，2个派出机构，1个事业单位。现有在职干部职工125人，其中共产党员84人，研究生3人，大学本科生92人。2017年，临澧县国家税务局荣获全省“一窗一人”联合办税先进单位、全县绩效管理优秀单位、综治维稳（平安建设）及信访工作先进单位、党风廉政建设先进单位、基层党组织建设先进单位、意识形态及舆论引导工作先进单位、优化经济发展环境先进单位、服务企业先进单位等荣誉，办税服务厅获得“常德市巾帼文明岗”称号，并获得全市国税系统纳税人满意度调查第二名。

一、组织税收工作。2017年全县共组织各项收入46416万元，同比增收11731万元，增长33.82%。其中：入库增值税33697万元，同比增收10922万元，增长47.96%；入库消费税258万元，同比增收22万元，增长9.32%；入库企业所得税8485万元，同比增收731万元，增长9.43%；入库车辆购置税3609万元，同比增收515万元，增长16.65%，代征地方各税367万元，同比减少459万元，减少55.57%（详见统计表）。深入重点企业逐户开展调查，精准预测，认真分析，分解年度计划，按季召开收入分析会，准确把握税情变化，抓重点、抓关键、抓难点，及时解决税收工作中的“疑难杂症”。积极落实各项税收优惠政策，汇缴期内49户纳税人办理优惠政策备案，全年共减免企业所得税823万元，其中：小微企业优惠减免380万元，高新技术企业减免119万元、研发费加计扣除减免16万元、农林牧渔减免211万元。对18户企业进行出口分类管理评定，共办理出口退税481万元；办理资源综合利用增值税退税3459万元。落实1.6排气量以下车购税优惠政策，按7.5%减免征收车购税545万元。

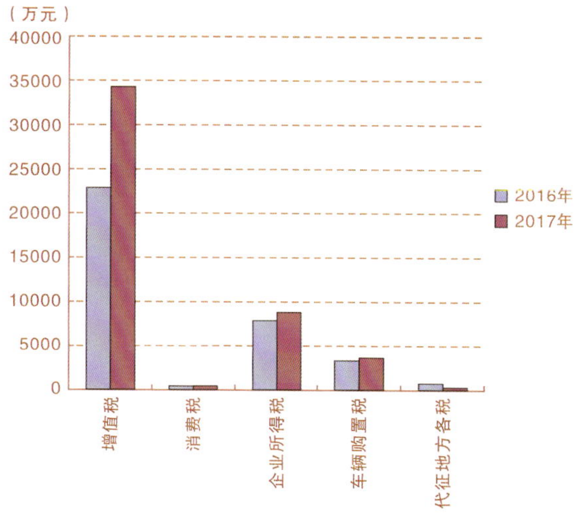

二、税收征管工作。成立税收风险管理领导小组，统筹协调，提高征管效能。接收风险应对指令15批，合计63户次，其中：纳税评估41户，税务稽查18户，税务核查4户。税务稽查和纳税评估补缴税款1006万元、加收滞纳金32万元，处以罚款7万元。风险管理成效贡献率达2.3%，欠税余额变动率0%。全年通过第三方获取信息查补和督促纳税人申报补征税款2150万元。加大防范和打击虚开虚抵工作力度，共查处涉嫌虚开虚抵纳税人3户，补征税款35万元。成立个体工商户定税评税小组，全年对283户新开业的个体户进行定税评税，其中评定达起征点的56户。推行实名办税，已进行实名办税认证（个体工商户起征点以下且未领购发票除外）2704户，达到110%。加强金税三期业务运维工作，及时响应、审核、处理全局业务运维问题和数据清理工作，定期查询系统内征管质量执行情况。加强普通发票管理，规范发票发放和使用流程，强化以票管税。认真落实“三证合一，一照一码”和“两证整合”登记制度，加强注销户和非正常户管理，严格注销程序，定期公示非正常户。深化国地税合作，定期召开国地税合作联席会，联合开展税收业务培训9次，培训纳税人2290人次；开展税法宣传，接受纳税人咨询290余人次，对全县439户纳税人开展纳税信用等级评定工作，其中A级纳税人60户。积极推进“银税互动”工作，为15户纳税信誉度较高的小微企业联系贷款1910万元。坚持依法治税，突出稽查职能，加大办案力度，建立健全与地税、公安等部门的稽查合作机制、风险导向和随机选案机制，实行“一案双查”。全年办理涉税案件27起，入库税款、滞纳金、罚款361万元，接受发票受托协查案件10起，涉及发票60份，价税合计941万元。2017年度查结案件卷宗在全县评议中荣获第一名，在全市国税系统稽查案例讲评活动中被评为“精品案例”。

三、纳税服务工作。全面落实“一窗一人办税”服务模式，国地税互设窗口，互派办税人员，搭建“一窗一人办税”服务新平台，编制《临澧县“一窗一人办税”资料汇编》，通过办税服务厅公告栏与触摸屏宣传“一窗一人办税”服务，配备专员对疑难问题进行现场指导和培训，方便纳税人一次性办结所有业务，实现“让纳税人最多跑一次”。大力推广“互联网+政务”，推行“畅易代开”发票软件系统、设置电子税务局体验室，指定专人进行一对一办税辅导，进一步简化办税流程，让纳税人多跑“网路”。加强办税服务厅星级管理，落实首问责任制、限时办结、延时服务、预约服务和24小时自助办税、办税大厅值班等多项制度。认真做好税务行政“双公示”工作，确保执法信息公开透明，自觉接受社会监督，保障纳税人对涉税信息的知情权。持续推进“放管服”工作要求，制定2017年度纳税人满意度调查整改工作方案，采取“多元+个性”辅导相结合的宣传方式，开展大走访、“政策大宣传”、“税企恳谈会”等特色纳税服务日活动，重点解决纳税人最不满意、反映最多的“痛点”“堵点”和“难点”问题。加强税收政策宣传培训，通过走访企业、电话、微信、QQ等形式对所有小微企业进行优惠政策宣传，印发宣传资料2000份。

四、队伍建设。开展各类业务培训13次，国税大讲堂4期，绩效培训4期，信息安全、普法、综治民调、消防培训各1期。组织“我是能手”业务比武考试1次，纳服过关考试2次，并取得较好成绩。开展道德讲堂、“我们的节日”等系列活动，组织义务献血、“城管进志愿者”、拾垃圾、爱老助学等志愿活动，走访慰问离退休老干部、困难党员等12人次；组织人员参加常德国际马拉松、全市国税系统书画摄影展等工会活动，2017年省级文明单位保牌成功。推进组织建设，对支部进行换届改选和人员调整，规范党费收缴。制定“两学一做”学习教育常态化制度化实施方案，落实“三会一课”学习制度，举办党务培训2期，在“七一”开展“五个一”活动，举办“2017党建廉政知识抢答赛”。贯彻落实十九大精神，各支部按周开展学习讨论，联合县地税局在县委党校开展十九大精神宣讲会，组织全局33名离退休党员干部集中学习十九大，全年全体党员累计学习“红星云”达50000分。持续抓好干部作风建设，开展各类廉政警示教育活动，编辑了《廉洁知识知多少》14期，举办全局党风廉政建设警示教育活动和廉洁知识考试。完善绩效考核机制，召开4期绩效讲评会，推动全局绩效工作规范化升级。（办公室）

【“税银企”互动活动暨纳税人学校培训】9月29日在县丁玲大剧院举行，全县700余家中小微企业纳税人参加会议，临澧县副县长陈清，常德市建设银行副行长刘志卓，县国税局、地税局、财政局、人民银行、金融办等单位主要负责人出席。

“税银企”互动活动暨纳税人学校培训现场（办公室）

此次活动旨在通过政府搭台、国地两税牵线、银企合作的方式，将纳税信用等级与银行信用结合，切实解决当下中小微企业贷款难、融资难的问题。活动中，国地税业务骨干现场深入讲解纳税信用管理、信用等级评定过程及结果运用等方面内容，建行工作人员详细介绍“税易贷”业务，临澧县石膏粉厂、临澧县万顺新型墙材有限公司等10家小微企业与县建设银行签约。

（国地税综合）

【临澧县国税局非居民税收取得重大突破】 11月8日，湖南中泰特种装备有限公司由于股权发生变更，公司由外资企业变更登记为内资企业，法人代表高波以个人扣缴义务人身份，在临澧县国税局办税服务厅申报入库股权转让非居民企业所得税708.36万元，这是临澧最高额度的非居民税收。（办公室）

地　税

【概况】 临澧地税局共有干部职工117人，其中在职干部职工92人，离退休人员25人，在职干部中本科以上文化程度86人，党员58人，拥有注册税务师和注册会计师职称4人。县局下设3个分局和1个稽查局，内设7个科室，2个中心（信息中心和办税服务中心）。2017年，临澧地税局围绕“一保两提三深化”的工作主线，即确保收入任务全面完成，稳步提升纳税服务水平、稳步提升干部队伍素质全面深化征管转型、全面深化作风建设、全面深化绩效管理，强化担当，工作整体推进。全年组织收入3.12亿元，顺利通过省级文明标兵单位复检，荣获“全国巾帼文明岗”，征管质量检查综合得分全市第一，被评为常德市平安创建先进单位、临澧县党风廉政建设先进单位，办税大厅主任朱翠芳被评为全市十佳也是税务线上唯一一名“荷花品格、梅花精神”的廉洁模范。

一、组织收入工作。 全年共组织入库各项收入27882万元，占年计划的108.6%，同比增收4547万元，增长19.5%。开展税源调查，对各项税收分门别类分析预测，精准掌握重点税源变化情况。推进“111”税收专项清理，全年清理市场经营户135户，入库税款22万元；清理行政事业单位157户，占应清理总户数157的100%，入库税款938.21万元；通过纳税评估、税务稽查对9户建安企业、27户房地产企业实施税收清理，入库税款646.68万元。科学分解收入任务，落实到分局、到组、到个人，各科室与征收单位联点考核，严格落实收入预警机制，按月公布收入进度，确保组织收入到位。

干部走访纳税人宣传政策

二、税收征管工作。 盘活人力资源，强化精细化管理。征收分局将人员分为“税源管理和纳税评估”两个序列，各分局从事税源管理和纳税评估的人员达到1∶1，并根据岗位性质明确相应的绩效考核指标，按月考核、公示，与个人绩效工资挂钩。优化契税征管，实施“先税后备案登记”制度，明确契税缴纳时间，及时与房地产开发企业联系，受理增量房契税业务3624笔，入库税款2354.14万元，同比增长近2000万元。强化风险应对，共计开展风险任务应对14批次，850户次，按时完成844户，问题命中率95.3%，通过风险管理入库税款1232.89万元，风险管理成效贡献率4.5%，比市局规定计划多0.5个百分点。推进稽查转型，加大一案双查、异地稽查、大要案及举报案件查办力度，共立案 7 户，查补入库税款 570 万元，有效防止了征管漏洞。规范所得税管理，提高企业所得税汇算清缴质量，汇算清缴 240 户，汇缴面达 100%；受理年所得 12 万元以上纳税人自行申报户 116 人次，申报年所得额 2287 万元，应纳税所得额 1450.6 万元，已缴税额 222.2 万元。

召开民营企业座谈会

三、纳税服务工作。开展“一致性”教育培训，组织国地税全体办税员闭卷理论考试及上机实务操作演练，提升业务能力。实施“统一性”规范管理，统一服务标准、坚持规范着装、挂牌上岗、注重文明礼貌服务，实行首问责任制，统一咨询口径；推进“协同性”联合管控，强化外埠纳税人缴税管理、本地代开发票纳税人缴税管理及超额补税管理，管控率达 100%。强化“关联性”绩效管理，制定 25 项制度和办法，按照同一标准考核。创新便民服务举措，向纳税人详细告知并出具《涉税事项所需资料清单》，办理规定范围内涉税事项；与国税、建行合作推出“税易贷”业务，将纳税信用等级与银行信用结合，切实解决当下中小微企业贷款难、融资难的问题。落实税收优惠政策，共受理财行税困难减免 35 户次，减免金额 178.1 万元，其中：减免房产税 17 户，减免金额 91.20 万元，减免城镇土地使用税 18 户，减免金额 86.90 万元。强化税收宣传，以“深化税收改革助力企业发展”为主题，先后召开 6 次税企恳谈会，邀请纳税人 300 人次，覆盖大、中、小、微各型企业 300 多家，收集意见、建议 200 多条，并根据纳税人区域、行业差异针对性开设纳税人课堂，讲解最新的涉税政策，面对面答疑解惑。在 2017 年全省纳税人满意度测评中，临澧县地税局取得全市第 3、全省第 27 的成绩。

存在的主要问题和建议：2017 年，临澧冀东水泥生产水泥制品 243 万吨，实现销售收入 5.455 亿元，利润超过 1 亿元，但地方各税仅征收 458.9 万元，整体税负远低于毗邻的石门海螺水泥。主要原因是石门县委、县政府将海螺水泥所在地设为海螺建材工业园，当地地税机关据此按国家税法可征收房产税、土地使用税，城建税按 5%计征。而临澧冀东水泥所在地，区域规划还是自然村，因而从 2008 年成立之初开始一直没有征收房产税、土地使用税，城建税仅按 1%计征。鉴于冀东水泥扶持期已过，恳请县政府借鉴石门经验，提请省政府将新安镇龙凤村设为工矿区，或将龙凤村纳入新安镇城镇规划，这样即可开征房土两税，城建税比例提升至 5%，预计每年可增加房产税 350 万元，土地使用税 50 万元，城建税 150 万元（比照 2017 年入库数计算），共计 550 万元。（办公室）

【朱翠芳同志被评为常德市“荷花品格梅花精神”十大廉洁模范】在 11 月 29 日晚的常德市“荷花品格梅花精神”十大廉洁模范暨十佳廉洁文艺节目展演颁奖晚会上，临澧县地方税务局办税服务中心主任朱翠芳被授予“荷花品格梅花精神”十大廉洁模范称号。朱翠芳参加工作 28 年来，先后在征管、分局、办税服务厅、监审室工作，业绩突出，四次荣立三等功，获得省局“五星级办税员”“省优秀税务工作者”“十佳满意税务工作者”等多项荣誉，带领临澧地税办税服务厅先后获得“全国五一巾帼标兵岗”“全国巾帼文明岗”等荣誉。（办公室）

国土资源管理

【概述】 2017 年，国土资源工作围绕全县工作大局，以“五大会战”“七大突破”为抓手，积极主动服务，严格规范管理，强化依法行政，较好完成了全年工作目标。全年完成土地储备项目 56 个，面积 1540 亩，入库土地 43 宗，面积 1790.2 亩。出让国有建设用地使用权 30 宗（包括商住用地 20 宗、商服用地 6 宗、工业用地 4 宗），面积 848 亩，成交价款 73895.5 万元。全年划拨供地 15 宗，面积 161 亩。积极实施以地换建设项日，重点对 1 号人道、人民医院等重点工程实施腾地，置换面积 365.3 亩，建设资金 3.1 亿元。

一、资源保护工作。 耕地保护方面：县、乡（镇）、村三级签订耕保责任状，划定永久性基本农田 55.02 万亩，保护率为 82%；实施县内耕地补充项目（含旱改水）8 个，建设规模 3249.36 亩，总投资 1850.44 万元，新增耕地 2712.23 亩，全县耕地保有量达 67.21 万亩。矿政管理方面：开展年度综合执法检查，对检查排名靠前的 6 家矿山进行表彰；开展矿业权人勘查开采信息公示工作，实际公示率达到 100%；办理县级采矿权登记 10 起，协调市级采矿权延续登记 1 起，采矿权顺延登记 6 起；石膏矿山专项整治工作顺利通过市、省验收。

二、用地保障工作。 全年上报省厅、市局办理土地征转审批项目 41 宗，面积 1211 亩。其中：报省征转审批 21 宗，面积 992 亩；报市使用、转用审批 20 宗，面积 219 亩。全年领回建设用地批文 17 个，面积 1007 亩。审批村民建房 415 宗，用地面积 91 亩，包括集体建设用地流转审批 30 宗，面积 7 亩。审批农业结构调整用地项目 9 宗，面积 45 亩。

三、规划管控工作。 调整完善县级土地利用总体规划，全县第三轮矿产资源总体规划编制工作通过专家评审并报省厅备案，土地整治规划修编成果提交省厅审查。依法按规预审项目用地 41 宗，面积 1609.8 亩，省厅下达年度用地计划指标 720 亩，全年实际执行计划 1074.6 亩，主要向基础设施、民生工程和招商引资项目倾斜。增减挂钩项目有序推进，选址拆旧区 40 处，面积 646.7 亩。结合职能着力扶贫，为全县易地扶贫搬迁的 343 户做好选址审批服务工作，为 45 个贫困村的村级服务平台选址调规 135 亩。

四、征地拆迁工作。 围绕城镇建设、城区安全饮水 PPP、一号大道、二号大道遗留问题和棚户区改造工作，全年实施征地拆迁项目 52 个，项目征地 2975.9 亩，拆迁房屋 362 栋，拆迁面积 72272.6 平方米，支付征地拆迁补偿费 3.88 亿元，确保了重大项目建设用地。

五、地质灾害防治。 防汛期间，按照“防大汛、抗大灾、救大险”的要求，严格落实 24 小时值班制度和群测群防制度，组织应急演练 8 场次；对无主石膏老采空区进行勘测调查，摸清地质灾害隐患现状，并对修梅镇玉皇庙村羊毛山地质灾害治理项目和烽火将军山张家组山体滑坡治理项目进行验收。全年共争取地质灾害防治各类资金 979 万元，主要用于太浮镇陈二铺社区和刻木山乡双泉村岩溶塌陷情况实地勘查和佘市桥镇歇驾石膏矿老采空区恢复治理。

六、执法监察工作。全年开展国土资源动态巡查 300 人次，对重点矿山、重点矿区、停产整顿矿井、已关闭矿山、基建矿山、非法采矿反弹易发地反复巡查，实行强制拆除 1 起，下达执法文书 40 份，对涉嫌越界开采行为采取区域责令停止国土资源违法行为，并现场下达停工通知书 3 份，介入立案调查井下和露天开采矿山 12 家。下发《关于进一步明确国土资源违法行为处理职责划分与监督措施的通知》（临办发〔2017〕10 号），将国土资源违法行为管控责任量化分解到乡镇、开发区，实行严格考核惩处。开展矿山三年专项整治行动，对 44 家持证矿山进行现场测量，核查矿山安全隐患与合法生产。打击国土资源违法行为，全年共立案查处国土资源违法案件 50 件，移交公安部门 2 宗，法院查封 1 宗，企业法人失联 1 宗，结案 34 宗，共收缴罚没款 110.1699 万元。加强卫片执法。2016 年度土地矿产卫片执法监督检查下发图斑 365 个，面积 3401.5 亩（耕地 1378.9 亩），经核实，实际违法用地 709.9 亩（耕地 132.3 亩），占新增建设用地面积的 5%，通过督促整改、补办用地手续、矛盾化解等措施，全部整改到位并通过省、市主管部门初检。

七、地籍及测绘管理。全年审核建设用地报批确权项目 71 宗，面积 2191 亩；办验收园区企业 26 家 37 宗土地，面积 1726.26 亩；审核不动产权籍 778 宗，面积 2547.15 亩；农村集体土地所有权登记发证成果通过市级复查和省级预检。全年共完成综地测绘 1985 宗，测绘面积 4.35 万亩，放线定桩 200 宗次，完成勘测报批资料 63 宗，计算分类面积 6500 亩，测绘工作实现零误差、零投诉。启动《临澧县地理县情地图集》编印和数字地理信息基础工程准备工作。

八、不动产权登记。全年受理不动产权登记、查询业务 19365 件，办结 19203 件，颁发不动产权证书证明共 8955 本，开具查询证明 9231 份，为企业和群众登记融资贷款 15.48 亿元。不动产登记中心争创“全国百佳不动产登记便民利民示范窗口”通过省级考核。

九、服务园区建设。县国土资源局经济开发区分局围绕园区企业积极开展服务，全年批回园区用地 2 宗，面积 185 亩；通过招拍挂供出土地 8 宗，面积 425 亩；完成 8 平方千米的基础测绘工作；实施拆迁腾地 685 亩，拆迁房屋 12 户，兑付资金 420 万元；清理闲置土地图斑 52 个。

十、信访维稳工作。高度重视群众来电、来信及行政许可应诉等问题，全年涉及本单位行政诉讼 5 起，做到应诉有依据、来访有记录、来信有答复、处理有反馈。共办理 12336、来信来访 52 件，其中 12336 转办 4 件，非法占地 21 件，咨询办证 20 件、涉矿 3 件，纠纷调解 3 件，其他问题 1 件，均及时细致给予回复。（刘潭）

【临澧县国土资源局举行首例国土资源行政处罚听证会】 8 月 16 日，临澧县国土资源局围绕太浮镇高公村村民印国权非法占地修建房屋一案，举行自成立以来的首次国土资源行政处罚听证会。听证会程序为：由记录员核实案件调查人员和当事人及委托人是否到场，请调查人员和当事人分别表明身份，并交主持人查验；记录员宣布听证纪律，主持人介绍案件调查人员与当事人及委托代理人享有的权利。然后进入陈述阶段，由案件调查人员陈述当事人“非法占地修建房屋”的违法事实，并出示相关证据，提出拟作出行政处罚决定和依据；由当事人及委托代理人就案件调查人员的陈述提出自己的意见。接着在调查辩论阶段，双方就争论的焦点进行辩论，案件调查人员就当事人及其委托代理人提出的质疑给予合法解释。最后，经听证会参加人签字形成听证笔录。此次听证会在公平、公开、公正的情况下举行，是提高土地执法监管公信力、推进依法行政的具体体现。（资料来源：临澧政府）

图为听证会现场（资料来源：临澧政府）

【临澧县启动数字县域地理信息基础工程】 10 月 27 日上午，临澧县数字县域地理信息基础工程共建共享合作协议签署仪式在常德举行，副县长盛绍文代表县政府与常德市国土资源局签署，标志临澧正式启动基于“数字常德”的市县一体化地理信息公共服务平台建设。该平台包括数字警用系统、数字国土一张图系统、土地执法监察系统、数字城管系统等各部门应用系统，并依托临澧县政务网和互联网，面向管理者、政府部门和社会公众分别提供一站式地理信息在线服务，实现区域内地理空间信息资源的开发利用与共建共享，是全县权威的、唯一的地理信息公共服务平台。（资料来源：临澧政府）

【临澧县划定永久基本农田】 6 月 22 日，临澧县永久基本农田划定工作通过验收，全县划定永久基本农田 55.0153 万亩，基本农田保护率达到 82%。此次永久基本农田划定工作，通过县国土、农业、规划等部门以及各乡镇政府的密切配合，全县 55 余万亩基本农田全部落实到农户、丘块、图斑，所有基本农田的地块边界、地类、面积、地力等资料全部建档，并设置保护卡、界桩、标志牌等，对全县永久基本农田实施有效保护。

（资料来源：临澧政府）

环境保护

【概况】 2017 年，临澧县环保工作以改善环境质量为核心，以解决突出环境问题为重点，各项工作稳步推进。中央环保督察组进驻期间交办的 17 个群众信访交办件和 1 个派送件全部在规定时间内办结，督察反馈的 12 个与临澧县相关的环境问题全部整改销号，全县 117 座小石灰窑全部关闭到位，县城区环境空气质量在上半年全市排名第一，农村环境综合整治整县推进项目工程顺利通过省级专家组验收，临澧县环境保护局被评为全省、全市环保工作先进单位、县直绩效管理优秀单位。

一、中央环保督察组交办问题整改工作。 4 月 24 日至 5 月 24 日，中央第六环境保护督察组对湖南开展环境保护督察，其间，临澧县共收到督察组接转移交群众信访举报件 17 件、派送件 1 件，其中重点件 6 件，按照即交即办的原则，均在规定期间内办结回复，并实现办理过程、办理进度、办理结果全程公开；责令整改企业 14 家、立案处罚 14 家，罚款 62 万元，问责 17 人。7 月 31 日，中央第六环境保护督察组向湖南省反馈督察情况，有 12 个环境问题与临澧县相关。县委、县政府成立突出环境问题整改工作领导小组和生态环境保护委员会，分别由县委书记李正才和县长蒋颖群任组长和主任，召开全县推进会，强化调度，挂图作战，整改问题，至 12 月底，包括经开区污水处理厂在内的 12 个环境问题全部完成整改。

二、大气污染治理工作。 启动小石灰窑关闭淘汰行动，通过采取填充窑体、封闭窑门等强力强制举措，全县 117 座小石灰窑全部关闭到位。27 台燃煤小锅炉，改烧天然气或生物质燃料 12 台，关闭锅炉 15 台；44 家加油站实行油气回收治理；建成 2 家机动车环保检测站，并联网运行；淘汰黄标车 287 台；餐饮油烟治理推行安装油烟高效净化装置；湖南安福环保科技股份有限公司VOCs挥发性有机物污染治理工程项目试点。采取施工现场建封闭式围挡、主次道路硬化、出入车辆冲洗、洒水降尘等措施，加强扬尘污染防治，组建4家渣土营运公司，配备40台新型密闭运输车辆，增加道路洒水降尘，加大清扫保洁，开展露天垃圾和秸秆禁烧行动。

三、水污染治理工作。对全县18处集中式饮用水源全面调查，完善保护设施，设置界标69块、交通警示标志48块、水源保护区宣传牌18块、设置隔离保护栏18000米。对县城区饮用水源保护区内4家工业企业实行关停强制措施。对51家加油站地下油罐更新为双层罐或防渗池设置改造。关闭11家小造纸企业、29家塑料粒子厂，规范建设排污口26个。

四、土壤污染综合防治工作。对全县1个经济开发区、5个在产土壤重点污染企业、10个正规和非正规垃圾填埋场、5个石煤矿开采点、115家畜禽养殖场（户）以及16个污染地块进行信息调查，编制完善调查报告。确定湖南气门有限责任公司为我县土壤污染重点监管企业，制定土壤污染防治工作方案和应急预案。启动临澧县土壤污染治理工程（一期）项目，完成采样分析、小试、中试、翻耕、撒药、旋耕作业等全部项目工程。编制《土壤污染防治工作方案》，并印发到相关部门单位。

五、固废处置与核辐射监管工作。组织相关单位参加危险废物规范化管理培训，55家单位的危险废物实行网上申报登记，危废产生单位按"四防"标准规范设置贮存场所、实施分类隔离贮存、建立出入库台账，制定突发环境事故应急预案，其中，鑫澧实业有限公司超期堆存的危险废物（磷砷渣）得到妥善处置。3家涉源单位（临澧冀东水泥有限公司、临澧县龙凤山矿渣粉磨有限公司、临澧县血防院）办理辐射安全许可证，制定辐射安全防护管理规章制度与应急预案，张帖警示标识，安装监控探头，对从业人员进行专业培训与健康体检。

六、农村环境综合整治工作。以农村环境综合整治整县推进项目为平台，建立农村环境整治推进机制和农村垃圾收转运体系。突出对饮用水源保护、生活污水处理、生活垃圾处置、畜禽粪便综合利用等四个方面综合整治，强化责任，严格考核，严格奖惩。全县新配置垃圾收集箱167个，购置垃圾清运钩臂车7台，新建垃圾压缩中转站6个；建成5座集中式生活污水处理设施、5100余座分户式农户生活污水处理设施和100座沼气池，并通过省级专家组验收。经综合测算，全县农村饮用水源卫生合格率100%、生活污水处理率达82%以上、生活垃圾定点存放清运率100%、生活垃圾无害化处理率85%以上、畜禽养殖粪污综合利用率85%以上。

七、环境保护宣传教育工作。加大新环保法的宣传力度，临澧县小石灰窑关闭整治行动在央视网、《湖南新闻联播》以头条位置予以推介，打击"湖南兆生棉业有限公司偷排废水"等环湖利剑环保执法行动在《湖南日报》、《常德日报》、网易新闻等媒体推介。以"六·五"世界环境日为契机，组织"守护碧水蓝天，建设美丽临澧"环保主题宣传活动，以"宣传一条街"形式，展出展板80块，发放环保宣传册子500本、宣传挂图100张、环保方面的法律法规汇编200本，接受群众咨询300多人次，并曝光一批环境违法行为。举办由职能部门、属地乡镇村干部及水厂经营者参加的饮用水源保护宣传培训活动，发放《常德市饮用水水源环境保护条例》读本600册。

八、环境监管执法工作。以环保督察为平台，先后开展环保执法大检查、夏季攻势、环湖利剑行动，"湖南兆生棉业有限公司不正常运行污染治理设施，超标排放污染物"案被评为全省洞庭湖污染治理"环湖利剑"专项行动执法案例。借助中央环保督察的有利契机，进一步加大环境监管执法力度，年内共办理环境行政处罚案件55起，罚款352.3519万元。其中，项目管理类案件34起，罚款139.7792万元；大气污染防治类案件11起，罚款130万元；水污染防治类案件5起，罚款23.3902万元；固体废物污染防治类案件3起，罚款22万元；存在多种环境违法行为类案件2起，罚款37.1825万元。（办公室）

【临澧县环境保护工作会议】 3月22日在县委党校召开，各乡镇乡镇长、经济开发区和街道（筹）负责人，各乡镇、街道（筹）分管环保工作负责人、生态环保办公室主任，相关县直单位主要负责人、分管环保工作负责人，相关企业法人代表参加会议。县政府副县长苏群英作工作报告，明确2017年全县环保工作要紧紧围绕“生态宜居特色县”发展战略目标，坚决打赢大气、水、土壤污染治理攻坚战，继续保持环境执法高压态势，深化农村环境整治。县委副书记、县长蒋颖群现场交办环境突出问题并对环保工作提出要求。会议还对迎接对中央环保督察及农村环境综合整治整县推进项目验收两项工作进行重点调度。（资料来源：临澧政府）

【临澧县117座小石灰窑全部关闭】 临澧县小石灰窑污染问题是常德市18个重大环境问题之一，全县117座小石灰窑分布在该县新安镇、刻木山乡一带，从业人员达2400名，其生产工艺均为土窑，能耗大、产量低，无任何环保治理设施，粉尘、烟尘、二氧化硫超标，对周边环境影响严重。为彻底解决这一历史遗留环境问题，2017年3月，县政府成立以县长蒋颖群为指挥长的行动指挥部，启动小石灰窑关闭淘汰行动，先后出动执法人员300余人次，下达监察意见及关闭通知200余份，督促58座小石灰窑在规定期限内自行关闭，对不按要求自行关闭的59座石灰窑启动雷霆行动。4月9日，由县行动指挥部统一调度，138名行动队员分成道路管控、应急处置、政策宣传、秩序维护等5个小组，对57座未能如期关闭的小石灰窑，持续开展填充窑体、封闭窑门等强制措施，至4月13日行动结束。至此，临澧县117座小石灰窑全部关闭到位，从常德市环境问题重点督查清单“销号”。

（资料来源：临澧政府）

关闭小石灰窑行动现场（资料来源：临澧政府）

审计监督

【概况】 临澧县审计局组建于1983年底，是县人民政府工作部门。临政办发〔2016〕24号文件批准设置内设机构9个，即办公室（财务股、内部审计指导股）、人事教育股、法制股、信息股、经济责任审计股、财政金融审计股、行政事业审计股、农业资源环保企业审计股、社会保障审计股，另外明确县审计局政府投资审计专业处，为县审计局管理的公益一类股级事业单位。核定机关行政编制17名、全额拨款的事业编制11名、机关后勤服务全额拨款事业编制2名。在职26人，其中高级职称2人，中级职称9人，初级职称5人。

2917年，共完成各类审计项目85个，查出各类违纪违规问题金额39873万元；向县纪委移送审计案件线索38条，编制审计专报6期，上报的县自来水公司计算机审计方法获得国家审计署二等奖，其资产、负债、损益审计项目获省厅优秀项目表彰奖。临澧县审计局被评为全市审计系统目标管理考核优良单位、全县目标管理考核优秀单位、县级文明单位，王庆华代表市审计局参加全省审计系统演讲比赛获二等奖。

一、政府预算执行审计。 把全部政府性资金纳入审计监督视野，重点强化对取得财政资金的民办企业、各类协会组织等非政府性组织的依法审计监督，掌握全部政府性资金的总量和结构，分析各种财政资金关联度，监督整改收入不在“预算笼子”、资产不在“账本笼子”、支出不在“科目笼子”等问题，促进提高财政资金使用效率。

二、民生资金和项目审计。民生审计重点围绕石长铁路复线征拆补偿资金、全县涉农补贴资金、扶贫专项资金、民政专项资金和国有土地出让金等展开。其中，扶贫审计通过核对修梅镇建档立卡户和计生户口信息，发现21户存在拆户分户的现象；石长铁路复线2010年至2016年度征拆补偿专项资金审计，发现“挪用、少扣缴被征地农民社会保障金”“截留、重复申报、挤占挪用征拆资金”“会计凭证丢失”等问题。

三、政府投资项目审计。以县政府名义印发《临澧县政府投资建设项目审计监督实施办法》（临政办发〔2017〕7号），将所有政府投资项目纳入审计监督范围。坚持全面审计与重点审计相结合，突出对重点领域和重点建设项目，以建设资金流向为主线，抓住招标文件、招标控制价、合同、资金使用等关键点，对工程造价、工程财务决算、工程管理、工程绩效等进行综合审计，从中发现经济犯罪案件线索。全年共完成政府投资审计项目51个，审减工程造价3124.75万元，审减率16.5%。

四、领导干部经济责任审计。以两办名义下发《中共临澧县委办公室临澧县人民政府办公室关于印发〈临澧县领导干部经济责任审计领导小组议事和工作规则〉的通知》（临办〔2017〕30号），并制定《临澧县领导干部经济责任审计联系制度》，促进领导干部经济责任审计工作规范化。先后对18家单位、23个经济责任人进行任中和离任审计，对4个乡镇、23个县直单位进行离任交接事项审计，向县纪委移送案件线索15条，1个被审计对象被评为一般等次。（办公室）

【临澧县审计局建立党员干部《廉洁档案》】 为推进党风廉政建设，打造临澧审计铁军，2017年，临澧县审计局按照“一人一档，动态录入，信息化管理”要求，对机关31名在职党员干部，一人一册建立廉洁档案。立档范围包括党员干部岗位职责、廉政责任状、“两学一做”突出问题清单、党员大会述责述廉与民主评议、个人报告有关事项、谈心谈话记录、信访反映及核查结论、局纪检组定期督查中央“八项规定”和审计纪律“八不准”通报、审计项目廉政回访、组织处理或纪律处分等内容，明确由纪检组和人教股为廉洁档案录入管理责任主体，动态录入，定期进行定性定量分析，及时向局党组报告党员干部廉洁自律情况。局党组把廉洁档案作为年度目标管理考核评先评优的依据，作为运用中层骨干、推荐提拔科级干部的依据。（资料来源：临澧政府）

【临澧县审计局编发《审计干部思想道德建设微读本》】 6月，临澧县审计局编印《审计干部思想道德建设微读本》，并分发到全体职干部和退休干部。《微读本》收辑了毛泽东同志的《为人民服务》《愚公移山》、习近平总书记的《用社会主义核心价值观凝心聚力》、审计署《审计工作纪律“八不准”》、宋朝周敦颐的《爱莲说》等10篇经典文章。编发《微读本》，旨在培育审计干部社会主义核心价值观，深化审计职业道德建设和党风廉政建设，推进“两学一做”学习教育制度化、常态化，助推文明单位创建，打造过硬的审计铁军。（资料来源：临澧政府）

（资料来源：临澧政府）

食品药品工商质量监督管理

【概况】 县食品药品工商质量监督管理局为县人民政府工作部门，正科级。共设24个内设机构，机关编制59人；设立乡镇食药工商质监所13个（其中：县城区3个，其他9个乡镇各1个），为县食药工商质监局股级派出机构，共核定编制79名。2017年，全县食药工商质监工作以保障安全为中心任务，以强化监管为主攻方向，深入开展治理整顿，严厉打击违法行为，各项工作取得新成效，县食药工商质监局局被推荐为全省食药监系统先进集体评选，并获得县直绩效管理良好单位、县级文明单位等荣誉。

一、市场监督管理工作。 对县、乡（镇）两级市场监管事权进行划分，将全县划分为28个监管区，实行县、乡、村三级网格化监管。全面开展“四查”工作，破除监管盲区。先后检查全县养老机构食堂19家，重点整治证照不齐、“四防”设施欠缺等问题；检查民办幼儿园23家，下达责令改正通知书27份，立案查处12家；对农村赈酒队伍进行全面摸底调查，落实乡镇申报备案登记管理，提前介入警示，事中强化监督，并将全县315支队伍共计1000多名从业人员纳入监管视野，开展全员培训和健康体检；对全县330家村卫生室、55家小诊所、93家小药店强化日常监管。

二、市场秩序整治工作。 2017年，共立案查处各类违法案件918件，涉嫌犯罪移送公安机关2件，其中：食品药品类案件353件、特种设备类案件6件、虚假宣传类案件71件、产品质量类案件97件、商标广告类案件10件、其他案件381件。结案545件，其中：罚没3万元以上案件57件，10万元以上29件。未经检验检疫冷冻肉品系列案被列为公安部、省食药局挂牌督办案件。肉制品专项整治：共查扣问题肉品5343.5千克，立案查处无中文标签、未经检验检疫等违法案件5件，移送公安机关1件。餐饮消费专项整治：245家办理食品经营许可证，175家办理小餐饮食品经营许可证，全县有证餐饮单位796家。共立案查处违规违法经营小餐饮店15起，其中无证经营2起。县金帝酒店、天鹅湖酒店等39家单位接入网络视频，公办学校食堂及500平方米以上餐饮单位全部实现“明厨亮灶”，全县50%以上的餐饮服务单位达到“明厨亮灶”要求。校园及周边食品安全专项整治：共检查学校食堂及周边餐饮单位784家次、学校及周边商店860家次，下达警告或责令整改通知书516份，收缴问题食品70公斤，取缔食品摊贩51个，立案查处违法案件25件。湿米粉专项整治：指导规范湿米粉餐饮经营户542家，下达责令整改通知345份，取缔米粉加工小作坊25家，对县内两家米粉生产获证企业进行停产改造。成品油专项整治：抽检47家加油站样品84批次，不合格9批次，立案查处8家，结案4件，罚没入库7.5万元。“会销”专项整治：查处征明医疗器械经营部针对中老年人虚假宣传推销产品的违法活动，注销营业执照。

非法冷冻肉集中销毁（罗火桂）

三、质量安全监管工作。 特种设备安全监管：共检查特种设备使用单位112家，检查设备355台次，发出安全监察指令102份，责令限期改正设备35台，责令停用设备5台，消除安全隐患33起，对杰进纺织等12家单位违法使用锅炉等特种设备进行立案查处。烟花爆竹质量安全监管：抽检烟花爆竹原材料生产企业及经销单位样品共

48批次，不合格35批次，对监督抽查不合格的16家企业下达整改通知，立案查处24起，结案14起。

四、综合服务管理工作。扎实推进商事制度改革。自商事制度改革以来，全县累计登记注册新型企业1882家。自注册登记改革以来，临澧县共核发“三证合一”营业执照1718份，其中新设立企业795家，变更企业登记923家；核发“五证合一”营业执照954份，其中新设立企业441家，变更企业登记513家。强化品牌创建。2017年，帮助余丰出口鞭炮有限公司申报了湖南名牌产品，临澧县共有安福气门、中泰高强高模聚乙烯纤维等湖南名牌产品6个，知名商标5个，著名商标18个，驰名商标1个，地理标志保护产品2个。

五、强化民生计量管理。2017年，对县内17家乡镇卫生院的47台体重秤、72块血压计进行了免费检定。对冀东水泥、中泰特种装备、华润热电开展了能源计量检查，组织专家对企业能源计量情况进行诊断分析，制定节能降耗实施计划。对县内建材、化工、食品等生企业及个体工商户的计量器具进行了强检和非强检，共检测各类计量器具2084台件。强化标准质量管理。督促和指导企业实施产品标准自我声明公开，2017年，我县共有116家上报157项标准，涵盖262种产品。指导常德九鼎农牧有限公司和常德柯恩饲料有限公司两家企业修订发布了企业标准。实施标准化示范项目建设，我县的临澧黄花鱼、临澧杂柑列入2017年度第1批湖南省地方标准制修订项目计划。目前，已完成《临澧黄花鱼养殖技术规程》《临澧杂柑栽培技术规程》标准文本起草工作。

【核发首张全程电子化登记营业执照】11月2日，临澧县食药工商质监局为湖南鸿悦电子商务有限公司颁发全县首张全程电子化登记企业营业执照，临澧县企业登记全程电子化正式开启。全程电子化登记，是指申请人无需到登记窗口提交纸质申请材料，通过登录全程电子化登记管理系统，按系统提示进行用户注册、身份确认、网上填报登记信息、网上签名提交并上传相关材料，企业登记机关对申请人提交的材料进行审查后网上核准、发照、归档并予以公示企业登记信息等全程电子化登记管理方式。全程电子化的办理分三步：一是资料填报，二是股东及法定代表人电子签名，三是登记机关审核发照。实现全程电子化后，申请人“最多跑一次”甚至“一次不用跑”就可申领营业执照。（罗火桂）

首张全程电子化登记营业执照申请人杨女士签字确认

【核发首张小餐饮经营许可证】5月初，临澧县合口镇某餐馆向县食药工商质监局申办小餐饮经营许可证，县食药工商质监局严格按照发证要求对该餐饮店进行指导，并对该经营户的固定门店、有效设备设施、功能区布局、消毒措施、食品安全管理制度等项目进行审查。经审查合格，根据《湖南食品生产加工小作坊小餐饮和食品摊贩管理条例》，县食药工商质监局于5月8日向其核发了小餐饮经营许可证，这是临澧县首张小餐饮经营许可证。（办公室）

农村经营管理

【概况】临澧县农村经营服务站简称农经站，属财政全额预算并参照公务员管理的一类事业单位。受农业局委托，负责全县农民负担监督管理、农村土地承包管理、农村集体“三资”管理及农民合作社和家庭农场指导服务等工作，机关内设办公室、农民负担监管股、农村土地承包管理股、农村集体“三资”管理股、农民合作社发展指导股、农村财务审计服务站，在职干部职工15人。2017年，临澧县农村土地确权登记颁证工作被评为全省先进单位，农民负担监督管理工作、农村集体产权制度改革试点工作、农村集体经济发展工作被评为全市先进单位。

一、农村土地承包管理工作。农村土地确权颁证工作：先后完成全县农村土地踏勘指界成果一轮、二轮公示纠错、数据接编处理、数据质检汇交等工作，并在全县范围内开展为期4个月的“回头看”活动，督促乡镇村（居）认真核实数据信息，确保家庭承包共有人信息、地块面积、空间位置及四至、签字盖章等准确无误，矛盾纠纷全面彻底化解。从11月中旬起，启动合同签订、权证发放工作。12月1日，县政府在新安镇樟木社区九组，举行全县首批农村土地承包经营权证颁发仪式，现场为43户农户确权颁证。至12月底，全县确权颁证农户10.2万户、耕地63.1万亩。农村土地流转工作：加大对乡镇农村土地流转工作的指导服务，发挥县农村土地流转服务平台的作用，及时收集汇总上报土地流转信息，打造水阁桃源家庭农场、徐氏粮油家庭农场两个“三权分置”示范点，引导全县农村土地规模化流转。截至12月底，全县新增土地流转面积2.2万亩，总面积达到24.65万亩，占全县耕地面积的46.8%。农村土地纠纷调解仲裁工作：针对农村土地确权登记颁证工作中矛盾纠纷集中爆发的现状，县农经站配合乡、村两级共调处土地矛盾纠纷1094起，其中县经管站直接调处86起，另有2起进入仲裁程序。

二、农村集体“三资”管理工作。选定安福镇总庙社区作为全县农村集体产权制度改革试点村，出台《临澧县农村集体产权制度改革试点工作方案》，开展清产核资和成员身份界定，指导成立全县首家农村集体股份经济合作社——安福镇总庙社区股份经济合作，为全县农村集体产权制度改革提供了经验。围绕村级财务规范化管理，共举办村级财务人员培训班2期，培训人员在300人（次）以上。配合全县支村“两委”换届选举工作，指导乡镇开展村干部任期及离任经济责任审计，其中，县农经站直接审计村（居）4个，审计金额800多万元。

三、培育新型经营主体建设。抓培育发展，全县新注册登记农民合作社88家，总数达到345家，新注册登记家庭农场80家。确定1家合作社和2家家庭农场为全县2017年度省级示范项目，加强指导服务。帮助示范合作社、示范家庭农场申报上级财政扶持项目，全年共争取扶持资金近200万元。强化培训，提升新型农业经营主体的经营管理水平。先后举办一期合作社理事长及家庭农场主电子商务培训班和4期合作社业务知识及政策法规培训班，培训人员300多人（次）。

四、农民负担监督管理工作。出台《临澧县2017年农民权益维护和农民负担监管工作要点及主要活动安排》（临负监字〔2017〕1号）、《临澧县2017年农民维权监管工作考评方案和考评计分细则》（临负监字〔2017〕2号），明确2017年农民维权监管工作的工作目标和主要任务。规范一事一议财政奖补，从严把好村级一事一议筹资筹劳审批关口，共审批村级一事一议筹资筹劳方案117个，下拨财政奖补资金1200多万元。开展教育收费专项督查，与教育局、物价局联合，组成专门的督查组，对2017年春秋二季教育收费情况进行明查暗访，为迎接省市教育收费督查做好准备。出台《临澧县2017年涉农乱收费乱摊派专项治理工作实施方案》（临负监办字〔2017〕2号），在全县深入开展涉农乱收费乱摊派专项整治行动，全面自清自查自纠，省市农民负担检查后反馈的突出问题得到整改落实。（办公室）

教 育

概 况

2017年，临澧县共有中小学校82所，中小学生40733人；公民办幼儿园87所，入园幼儿10710人；在职教职工3315人，离退休2065人；县教育局机关有行政股室6个，内设事业单位10个，工作人员63人，退休53人。

2017年，临澧县教育工作以推进“教育质量年”活动为契机，稳中求进，内涵发展，各项工作创优突破。高考、学考核心指标综合评价继续保持全市第一方阵，中考总平均分、优秀率、合格率连续10年全市第一。临澧县先后获得全国第二十届青少年五好小公民主题教育活动先进集体、湖南省生源地信用助学贷款工作优秀单位、湖南省空军招飞工作优秀组织单位、湖南省中小学普通话水平抽查先进单位、常德市教育强市目标管理考核先进县等多项荣誉。

一、学前教育。2017年，全县有幼儿园87所，其中公办59所，民办28所。入园幼儿共10710人，其中公办幼儿园有幼儿6881人、民办幼儿园有幼儿3829人；小班2486人、中班3267人、大班4957人。实施第二期学前教育三年行动计划，科学规划全县学前教育布局，加快幼儿园建设步伐。杉板白洋幼儿园、停弦镇中心幼儿园2所实施项目园建设，启动九里中心幼儿园、杨板桥中心幼儿园异地改建工程。指导烽火育苗幼儿园、合口金平果幼儿园等民办幼儿园建设，扶持合口星新幼儿园开展普惠性民办园创建，普惠性幼儿园占全县幼儿园总数的81.6%。新安扬光幼儿园通过市级骨干民办幼儿园的复评验收。开展结对扶助活动，全县幼儿园分成6个结对小组，以市级示范园为组长单位，扶助成员单位开展内容丰富、形式多样的结对扶助活动，促进幼儿园管理更加规范，办园条件不断完善。开展教师教育随笔征文、教学案例评选、教师专业技能大赛等活动，激励教师加强学习，不断成长。落实“一岗双责”，狠抓幼儿园安全管理。规范招生行为，坚决禁止幼儿园乱招生、乱办班。配合做好幼儿园收费管理，严格实行幼儿园备案收费，严厉查处乱收费行为，幼儿园办园行为日趋规范。

修梅镇中心幼儿园

二、义务教育。2017年，全县义务教育阶段学校79所，其中小学61所，初中14所（刻木山、黄鳌、佘市桥、太浮、陈二铺、四新岗、杨板桥、文家店 8 所中学设有小学部分年级），九年一贯制学校 4 所（烽火、丁玲、杉板、停弦渡）。义务教育阶段学生 32435 人，其中小学生 22776 人（县城区小学 7449 人）、初中生 9659 人（县城区初中 3301 人）。创建佘市桥中学、烽火中学、修梅中学、县二完小、新安镇中心小学 5 所市级中小学实验室标准化建设示范校。新建村小“班班通”教室 6 间，创建临澧县一完小、县三完小、新安镇中心小学 3 所省教育信息化创新应用网络联校。全县学校 100% 实现“校校通”，中心小学以上学校 100% 实现“班班通”。经验材料《以教育信息化应用为引擎推进区域教育均衡发展》被评为省教育信息化试点优秀案例。组织召开“新时代新活力”素质教育流动现场会，开展“阳光少年，我们是好伙伴”主题演讲、征文、绘画、书法等活动，荣获全国青少年五好小公民“阳光少年，我们是好伙伴”主题教育优秀组织奖。组织全县中小学部分师生前往修梅镇瞻仰林伯渠故里或太浮山革命纪念碑，深化革命传统教育。联合县关工委、县司法局组成法制教育宣讲团，深入到各学校轮流宣讲，增强广大师生的法律素质。

修梅镇仙女小学

三、高中教育。全县现有普高 2 所，即临澧县第一中学、临澧县第四中学。在读普高生 6767 人。2017 年高考，一二本录取 1268 人，清华、北大录取首次达到 7 人，飞行员 1 人，纯文化生一二本上线率首次突破 60%，清华、北大录取率为全省平均水平的 10 倍；文科考生沈妍、王紫泫、陈家佳三位同学进入全省前 20 名。改善高中办学条件，建成县一中心理咨询室和校园监控系统，升级改造县四中功能室，县一中和县四中实行教育教学优质资源共享；县一中被评为全省心理健康教育特色校。持续深化普通高中考试招生制度和课程改革，继续将重点高中不低于 50% 的招生计划向县域内初中分配。开展好学业水平考试和学生综合素质评价试点工作，组织青年教师参加各类教学比武活动，傅光荣、马建国、李金鹏分别获省级一等奖，黄媛媛、夏乃高、冉滨溶、袁超、苏建华分别获省级二等奖。在湖南省第 38 届青少年科技创新大赛中，朱海锋同学的《全自动恒温培养箱》、李帛霖同学的《微重力下植物根向地性、茎背地性的地面模拟探究》获得省二等奖，指导老师匡昭泽被评为湖南省十佳科技辅导教师。蒋行健同学获全市唯一的全国“恒源祥文学之星”提名奖。

四、职业教育。2017 年，全县有职高 1 所，即临澧县职业中专，有职高生 1531 人。落实常德市中职招生工作改革措施，出台《2017 年临澧县中等职业教育招生工作实施案》（临教通〔2017〕32 号）、《关于认真做好 2017 年中职学校招生工作的通知》（临教通〔2017〕37 号）、《临澧县职业教育招生工作评价方案》（临教通〔2017〕69 号），召开职业教育招生工作调度会，分解职业中专的招生计划，细化到校、到班、责任到人，招收新生 602 人，办学规模不断扩大。引进“德育银行”管理系统，与教师绩效工资挂钩，严格学生管理，与学生质量评价挂钩。2017 年高考，本科录取 35 人，其中 7 人被湖师大、湖南农大录取。年度技能大赛，2 名学生获省级奖，9 名学生获市级奖。文明风采大赛，11 名学生获奖。市级专业抽考，计算机专业合格率、优秀率均达 100%，综合排名全市第一；财会专业综合排名全市第三。职教中心年培训 3875 人次。

五、体艺教育。出台《临澧县阳光体育活动方案》，每生每天在校锻炼时间不少于 1 小时，县城区学校阳光体育活动实现“一校一品”。推进“校园足球”发展，县四中、县二中、县二完小、新安镇中心小学4所学校建成足球场，其中县四中、县二中、新安镇中心小学足球场达国家级标准，并建成“国家级足球学校”。组织全县学生进行集中体育中考，体育成绩计入高中招生考试总成绩。恢复县体育班招生，共招录体育尖子29名。举办全县球类运动会、田径运动会。组织参加全市青少年阳光运动联赛、全市足球总决赛，代表常德市参加全省第二届中学生田径运动会，获团体总分第五名。举办全县中小学生书法、绘画、摄影比赛活动暨临澧县“校园生活”书法绘画摄影展、举办“新时代新活力”校园文化艺术节，增强学生文化艺术素养。

六、队伍建设。狠抓基层党建及党风廉政建设，扎实推进“两学一做”学习教育常态化，组织“红星云”注册学习，严格落实“三会一课”“主题党日”及谈心谈话等制度，深入开展师德师风建设和“教育行业不正之风”“违规征订教辅材料问题”“违规办班”等专项整治，党纪政纪处分21人，通报批评34人，追缴违规资金54.52万元。落实乡村教师支持计划，出台《教师补充与义务教育学校校长教师交流轮岗工作实施意见》，2017年补充新教师130人，县域内交流172人次，交流、调整正副校长21人。组织年轻骨干座谈会，外派校长、骨干高端研修，送培教师2368人次。组建“名师工作坊”30个，邀请清华附中周欣、知名微课专家何其刚及教育部“语文教师工作坊”湖南主持人辛晓明等名师现场送教。全省普通话水平抽查合格率100%（全省仅6个，全市唯一）。全面落实教师乡镇补贴、偏远学校教师补贴及年终绩效考核奖励，组织286人职评晋级，开展“园丁之家”活动，走访慰问老干部及特困教职工96人。评选出省特级教师1人，市优秀教师和优秀教育工作者12名，市“乡村红烛奖”60人，市“最美园丁”2人，县“最美园丁”120人、教学能手60人、“最美乡村教师”50人。

七、教学教研。力推有效备课、有效课堂、有效作业、有效考试、有效听课“五个有效”的教学常规管理，开展“五对照五查看”的查课行动，推进教学质量提升。选聘兼职教研员，开展贴地而行教学视导。建成网上阅卷系统，有效开展质量监测。开展“一师一优课，一课一名师”活动，晒课总数达3313堂，晒课率111%，排名全市第一。择优录制优课53堂向市推送，获部级优课2堂、省级优课8堂、市级优课15堂。组织微课培训，举办全员“微课”大赛。推进教研工作，申报立项国家级课题1项、省级课题3项，13项教研成果荣获省市奖励，逐渐形成“校校有课题、人人在研究”教研氛围，临澧县“教师全员小课题研究打基础，县市级课题高覆盖上水平，部省级课题创新意出特色”的金字塔式教研经验被《中国教育报》推介。

八、教育管理。推进依法办学、依法治教，核准22所学校章程，基本实现“一校一章程”目标。开展公民办幼儿园安全工作专项督导检查、中职招生计划落实情况专项督查、公民办幼儿园办园行为专项督导，规范办学行为。在全县范围内开展“学校发展及教育资源现状专题调研”，形成专题调研报告。厘清行政区划调整后学校管理机制，将杉板桥中学、杨板桥中学按现行乡镇行政区划实行属地管理。通过县人民政府债券资金置换义务教育学校需支付利息的个人借款3426万元债务，减轻学校经费压力。

九、安全卫生。落实校园安全全员岗位责任，推行全县学校安保社会化，升级学校监控设备，建成校车4G动态监控平台。配备专兼职保安59人、防爆器材686件、消防器材2245件，安装监控探头1756个、一键式紧急报警和红外线入侵报警装置19处，进一步夯实“三防”安全体系。开展安全警示教育和应急演练，按“一单四制”全方位排查整改隐患。联合公安、交警、交通等部门，开展校园及周边环境和校车安全整治，落实校车“三方交接台账”“五定办法”“七个不得放行”“九个坚决预防”，大力推行校车“防闷123”，严肃查处违法违规接送学生车辆30台次，对23辆未签注资质的校车实行“一刀切”。组织开展艾滋病预防宣传周、爱眼日、爱牙日等重要时间节点的宣传活动，督促各校做好肺结核、腮腺炎、甲流、艾滋病和血吸虫病等传染病的防控工作，全县各校未发生传染病大面积流行事件。推进食品卫生安全“护苗行动”，召开全县食品安全工作培训会，签订《临澧县学校食品卫生安全工作责任状》，全县各学校未发生一起较大食品卫生安全事件。 (办公室)

【民办教育机构集中清理整顿】为加强民办教育机构管理，规范办学行为，2017年，临澧县教育主管部门修订民办培训学校和幼儿园年度办学水平评估方案，拓展不得评优和一票否决的项目，严格落实年度办学水平评估结果与换证年限挂钩的原则，对全县民办教育机构进行清理整顿。先后依法注销四新岗启智幼儿园办学资格，依法取缔2所非法幼儿园（太浮镇高公村金华幼儿园、陈二铺胜利村托幼机构），停办培训机构2个，整改换证10个，对存在安全隐患的近20所民办学校下达整改通知书。(办公室)

【帮困助学】2017年，临澧县按照教育精准扶贫的要求，构建从幼儿园到大学“无缝衔接、全程覆盖、城乡一体”的资助体系，全面落实“两免一补”、中职免学费、普通高中建档立卡家庭经济困难学生免除学杂费等资助政策，创新“三级评选”“两级公示”精准识别机制，精准资助困难学生，全县无一人因贫失学。2017全年共资助各阶段学生15982人次，累计发放资助金1175.94万元。其中资助家庭经济困难幼儿1607人次，标准为500元/生/期，发放资助金80.05万元；资助义务教育阶段困难学生8771人次，标准为500元/生/期，发放资助金487.55万元；资助普通高中家庭经济困难学生2684人次，发放资助金263.22万元；资助职业中专学生2926人次，发放资助金345.12万元。全县各阶段建档立卡家庭经济困难学生资助覆盖率达100%。办理大学生生源地助学贷款169人次。引导开展社会助学，“扶贫助学·成就梦想”助学活动资助全县508名贫困学子，其中永通教育基金会资助68名大学新生，含北大、清华大学新生8名，共发放资助金23.3万元；举行“泛海助学行动”，有60名贫困大学新生通过审核，泛海集团每人资助5000元，共30万元；启动临澧教育基金会“圆梦行动”和“育才行动”，共资助20名品学兼优、家庭经济困难的大学新生，资助金额8万元，资助家庭困难中小学生120人，资助金额12万元；开展中央专项彩票公益金教育助学行动，其中“励耕计划”资助中小学困难教师21人，每人1万元，资助金21万元；“润雨计划”资助困难幼儿教师2人，每人1万元，资助金2万元；“滋蕙计划”资助普通高中家庭经济困难学生85人，每人2000元，资助金17万元。 (办公室)

修梅中学伯渠教学楼

【中小学扩容提质】2017年，启动县城区中小学校幼儿园布局规划（2017—2030年）编制，配套完善丁玲学校和县五完小设施设备，改造县三中、县四中及县四完小运动场、校道，新建县职业中专综合大楼。执行薄改项目9个，总投资1267万元。其中新建校舍项目7个（柏枝台太平小学、陈二铺胜利小学、刻木山中心小学、刻木山刻木小学、县二中初中部、黄鳌和平小学、停弦渡太平小学），建筑面积4900平方米，投资967万元；运动场建设项目2个（县三中、县四完小），建筑面积10000平方米，投资300万元。完成修梅永红小学运动场新建和新安洞坪小学教学楼新建2个标准化建设项目，总投资335万元。

完成4个实事项目建设任务，总投资534万元。其中柏枝岗上铺教学点、合口龙岗教学点投资254万元；杉板白洋小学幼儿园、停弦渡镇中心幼儿园投资280万元。（办公室）

临澧一中

【概况】临澧一中是湖南省普通示范性高级中学，2004年实现整体搬迁。新校占地面积580亩，生均88.32平方米；建筑面积11.30万平方米，生均教学用房10.78平方米。绿化面积200290平方米，绿化覆盖率达51.8%。2017年，有教学班78个，在校学生4378人。现有在编教职工349人，其中专任教师310人，特级教师2人，正高级教师2人，高级教师106人，全国五一劳动奖章获得者1人，国家级优秀教师2人，国家级骨干教师2人，省级优秀教师2人，市级优秀教师18人，市级骨干教师9人，市级学科带头人3人，具有硕士学位教师9人，另有1人硕士在读。

开展学生适应性教育讲座

2017年，临澧一中贯彻学生“成长、成人、成才，自律、自觉、自强”的成长理念，弘扬“自立自强、务实落实、奉献拼搏、敢为人先”的一中精神，加强依法、科学、严格、精细管理，多项工作实现新跨越。11月中旬以89.5分的成绩通过湖南省省级示范高中督导评估，先后获得湖南省学校心理健康教育先进单位、常德市教育科研工作先进学校、临澧县县直绩效管理优秀单位等荣誉，取得常德市“阳光体育”中学生排球运动会高中女子组冠军、临澧县教职工乒乓球比赛团体冠军等奖项。

一、德育工作。开展爱祖国爱家乡、爱校爱班、爱父母爱老师、爱同学爱自己、爱学习爱生活等“十爱”为主题的德育活动，对学生进行公民基本道德规范、考纪考风、道路交通、预防溺水、警惕传销陷阱等方面的宣传教育。推进国防教育进校园，三名学生参加常德市举行的国防知识电视大奖赛荣获二等奖。在“3·26”国家安全教育日、“6·26”日国际禁毒日、“11·9”消防日等节日召开主题班会，提高学生综合素养。开展以校训教育、人格教育为主题的心理健康教育，实施清查收缴管制刀具、大功率电器等违禁物品专项整治活动，引导学生养成良好行为规范。开展省市级三好学生、优秀学生干部推荐评选，正面引导激励学生成长成才。

开展学生朗诵经典活动

2017—2018学年省级三好学生名册

序号	姓　名	性别	民族	班级
1	方子炎	男	汉	1510
2	刘湘菲	女	汉	1511
3	侯伊为	女	汉	1512
4	卢翊奔	男	汉	1513
5	唐植灵	男	汉	1514
6	陆潇	男	汉	1515

序号	姓 名	性别	民族	班级
7	周雅琳	女	汉	1516
8	李虹仪	女	汉	1526

2017—2018 学年省级优秀学生干部名册

序号	姓 名	性别	民族	班级
1	姚梦雪	女	汉	1501
2	胡嘉麟	女	汉	1501
3	杨晓倩	女	汉	1526

二、教学工作。组织教师参加湖南省 2016-2017 年度“一师一优课、一课一名师”评优活动、湖南省 2017 年高考语文复习教学研讨会、第 40 届湘鄂边部分省级示范性高中青年教师教学研究活动、第 41 届湘鄂边部分省级示范性高中青年教师教学研究活动等各级各类教学比武活动，共有 53 人次在县级及以上教学比武中获奖，其中学校教师杨述德、王伟、杨双绮上传的录像课被评为省级优课。强化学生学习习惯养成与阅读积累在高一年级建设班级图书角，举办国学经典颂背比赛，在高二年级举行国学名篇默写比赛，开展临澧一中“百日阅读进万家”活动。开展学科竞赛及音体美专业生训练，共有 121 人次在学科竞赛活动中获奖，其中音体美获奖共计 41 项，有两项科技成果获湖南省第 38 届青少年科技创新大赛二等奖，一项入围全国第 32 届青少年科技创新大赛初赛，教师匡昭泽被评为湖南省十佳科技辅导教师。

教师参加湘鄂边教学比武活动

2017 年学科竞赛获奖情况统计

科目	总奖项	国家级奖项	省级奖项	市级奖项
数学	41	5	19	17
物理	37	5	12	20
化学	33	2	6	25
生物	7		4	3

突出成绩：卢锋老师指导的方子炎同学获得 2017 年全国高中数学竞赛二等奖；裴狄老师指导的卢翊奔同学、黄秋云老师指导的肖世裕同学、胡志刚老师指导的侯伊为、李泽旭两位同学、周献华老师指导的侯爽同学分别获得第 34 届全国中学生物理竞赛二等奖；王先登老师指导的杨震同学获得第 31 届中国化学竞赛二等奖。

2017 年音体美比赛获奖情况统计

科目	总奖项	国家级奖项	省级奖项	市县级奖项
体育	26	3	11	12
音乐	10		1	市 8 县 1
美术	6			市 2 县 4

突出成绩：朱传惠老师指导的陈家沛同学在第 13 届全国学生运动会中获得 400 米第 4 名，同时在 4×400 米接力赛中获得第 2 名。

三、教研工作。实施专题教研制度，以学科组、教研组为单位，开展汇报课、交流课、优质课比赛以及各学科教学观摩课等活动 150 余堂，专题教研活动 130 次。实施课题引领，申报立项省级课题 5 个，其中湖南省教育学会“十三五”教育科学规划课题《普通高中信息技术与通用技术课程整合研究》《基于“活态传承”理念的高中音乐教学中引入地方传统戏曲的研究》顺利通过中期检查。鼓励教师从不同层面和角度对课题研究中的问题进行研究和探讨，撰写教研论文，本年度共有 112 人次在各类科研刊物上发表文章，共有 53 篇论文获得省市奖项，其中省级一等奖 9 篇，二等奖 15 篇，三等奖 24 篇，市一等奖 4 篇，市二等奖 1 篇。采取走出去、引进来的方式加强课程教研，先后有年级主任辛鑫、吴德坤带领高三部分教师到长沙市一中参加2018年高考总复习备课对策研讨会，语文教师酉世明、庞业绪参加在成都举行的全国差异化教学研讨会，王懿智老师参加在长沙举行的湖南省2017年普通高中学生生涯规划教育研讨会和湖南省教育学会学校心理教育专业委员会年会等，拓宽教师视野，提高教研水平。

存在的主要问题：一是办学条件亟待改善。没有体育馆，体育场破损严重，还存在理化生实验室数量不达标、计算机设备陈旧、生均图书数量与省定标准差距大等问题。二是教师队伍建设有待加强。任课教师研究生学历只有10人，仅占教师总数的3.2%，未达省级评估标准。同时，学校教师队伍编制少5人，年龄结构不够合理，青年教师不足。三是经费缺口较大。学校教师绩效工资人均缺口1.25万元，学校债务9587万元未与学校剥离。（办公室）

【2017年高考成绩】全校参加高考人数1457人，高考二本以上上线人数1045人（不含外省专业生），高考一本上线人数474人。600分以上89人（其中文科24人，理科65人）。文科考生沈妍、王紫泫、陈家佳三位同学进入全省前20名。文科考生陈家沛被北京大学提前录取。理科考生黄柏恺总分668分，同时获清华领军计划30分。理科考生吴子鑫、梅佳熔671分。理科考生黄涛被空军航空大学飞行班录取。清华、北大录取7人。蔡惠以语文135分获全省最高分。蔡惠语文135分、周六一外语148分、梅佳熔、邹枫、刘轩理科数学147分等5位同学进入全省万分之一。王紫泫文科数学获149分的高分。理科1412班61人报考，60人上二本线，41人上一本线。文科1401班59人报考，54人上二本线，32人上一本线。（办公室）

【临澧一中被评为湖南省学校心理健康教育先进单位】临澧一中高度重视学生身心健康与全面发展，积极践行“成长”教育理念，投资100多万元建立心理健康教育中心，引进2名专业教师，经常开展专题讲座、团体活动、心理筛查、个体咨询辅导等活动，良好效果。在12月召开的2017年湖南省教育学会心理健康教育专业委员会第二十次年会上，临澧一中被评为湖南省学校心理健康教育先进单位，临澧一中张万荣、王懿智两位教师论文获得年会征文比赛一等奖。

（资料来源：临澧政府）

临澧二中

临澧二中校园艺术节

临澧二中教学楼

【概况】2017年，临澧二中下辖初中1所、小学9所、公民办幼儿园11所。有在编教职工253人，其中小学专任教师139名，初中专任教师94名，幼儿教师10人，专任教师学历合格率均为100%。全镇中小学学生总数3219人，其中：初中学生821人、小学生2398人，入园幼儿1452

人。全县中考，初中部253名学生参考138人考入县一中。投入250万元，在初中部新建一幢高标准教学楼，及时满足了初中发展的需要；龙岗小学投资50万元更新教学设施，顺利通过市级实事项目校督导评估验收。配套建设各村小科学实验室，全镇三至六年级均按计划开设实验课。

（办公室）

临澧四中

【概况】临澧县第四中学是一所有临澧县人民政府主办，县教育局直管的全日制高中。校址位于县城南侧道水河南岸的207国道与“四中路”交汇处。其前身为1985年创办的望城中学，属乡办初中。1992年秋升格为县属高中，更名为临澧县第四中学；2000年1月通过市级示范性高中督导验收。学校占地面积75130平方米，建筑面积33000平方米。2017年有47个教学班，2533名学生，248名在职教职工，其中中学高级教师57人，中学一级教师119人；专任教师学历合格率100%。

一、德育工作。学校充分利用校本与活动课程，广泛开展“良好习惯伴我成长”“雷锋精神永驻”等寓德于课活动，经常性开展交通安全、消防安全、食品安全、卫生安全、户外与校外行为安全等方面的宣传教育，组织开展清明节革命传统教育（诵读《宋玉》并写读后感）及“五四精神在校园”“诚信无价”等主题活动，引导学生加强品行修养。7月15日，在由市委宣传部、市文明办、市文联联合举办的“喜迎十九大，书写核心价值观”书法大赛中，汪子怡等七名学生分别荣获一、二、三等奖。推进家庭教育工作，召开未成年人家庭教育工作座谈会、培训班，家校配合，双向引导学生健康成长。

二、教研工作。按计划开展全员远程培训，55名轮训教师全部合格；220名教师参加信息技术网上提升培训，其中80人完成个人发展测评工作。开展各级课题立项、申报、研究工作，英语组的市级课题“基于联想思维的高中英语词汇教学模式研究”成功结题，数学组的“最近发展区域理论视域下高中数学学困生成因分析与矫正策略”申报为省级课题。组织教师撰写教研教学经验论文，20多名教师撰60论文余篇，其中20多篇获奖。

三、安全工作。学校加强综治力量，设立综治办公室，成立防暴小组。各部门、全体教师与学校签订安全责任状。门卫工作由专职保安24小时值守，严禁无关车辆和人员进入校园。完善校园安防监控，将视频监控系统延伸到每间教室。建立学校微型消防站，修复一键报警系统。每月开展一次安全隐患排查、一次应急演练，每周开设一节安全教育课，内容涵盖防火防溺、交通安全、反邪禁毒、防暴反恐、防传染病、反校园欺凌等。安全工作常抓不懈，全年没有发生安全事故。

四、办学成果。2017年学校共575人参加高考，其中一本上线57人，二本上线99人。600分以上10人，文科最高分颜婷638分，名列全县第8。宏志班44人超一本线。艺体专业共74人参考，上线36人，上线率48.6%，其中体育9人、音乐16人、美术10人、编导1人。学校坚持办学特色，成立校园足球办公室，申报创建国家级足球特色学校，并通过市级验收。（尹远）

【临澧四中举办第25届秋季田径运动会】9月28—30日举行。开幕式上，全校42支代表队方阵在主席台前依次进行行进式集体表演。本次运动会项目包括长短跑、接力等径赛项目和铅球、铁饼、标枪、跳高、跳远等田赛项目共24个，参赛运动员共934人。（尹远）

【澧水流域第四届市级示范高中青年教师教学研讨活动】11月15—17日，第四届澧水流域市级示范高中青年教师教学研讨活动在石门六中举办，临澧四中语文、地理、英语三科教师由副校长郭勇军带领参加，于浩浩、蒋浩老师分获语

文学科、地理学科比武特等奖，杨铃老师获英语学科比武一等奖。（尹远）

职业中专

【概况】临澧县职业中专学校始建于1979年，属县政府主办、县教育局主管的国家级重点、省级示范性中等职业学校，是省级示范性县级职教中心牵头学校，是中央财政支持的职业教育实训基地和基础设施项目建设单位，是国家阳光工程培训基地和省级劳务外派培训基地，是全省职业院校“免费培训农民工百校行动”发起学校之一。学校占地170亩，校舍面积约31000平方米，学校教学设备总值1985万元。学校开设有服装制作与生产管理、电子电器应用与维修、机械加工技术、计算机及应用、会计电算化、酒店服务与管理（轨道交通方向）六个全日制专业。开办有道路运输、信息技术、财务管理、烟花技术、车钳电焊、服装制作及涉农短训班近20种。其中服装制作与生产管理专业为省、市重点建设专业，机械加工技术、服装制作与生产管理专业为省级示范特色专业、特色专业。2017年，学校先后获得湖南省第十二届中小学校园文学大赛优秀组织奖、湖南省网络研修工作先进单位及常德市电大招生工作、常德市中等职业学校招生工作、常德市中等职业学校教育教学工作先进单位等荣誉。

一、德育工作。引进“德育银行”管理系统，完善德育管理体系。以晨诵经典、午唱红歌、周一晚观看德育视频为主要抓手，加强学生思想品德教育，并先后开展“向不良行为告别，做文明中职生”“激情点燃梦想”演讲、广播操比赛、营造清洁环境，共创卫生校园“弯弯腰工程”“爱我中华、拒绝洋节”“文明校园、拒绝手机”宣誓大会等励志活动。严格学生行为规范管理，基本杜绝手机进校园、打架斗殴、乱丢乱扔等不良现象，全年安全零事故。

二、教师队伍建设。修改完善《教师量化考核方案》，建立“实习教师—合格教师—骨干教师—明星教师—卓越教师”梯队成长机制，明确教师不同阶段发展目标。选派教师45人次参加国培、省培、市培等培训，培训内容涉及学校管理、团队建设、专业技术、德育建设、课程改革等；选派12名骨干教师外出参观学习同类学校先进的教育教学管理经验；坚持每两周进行一次教研活动，并经常与本市各职业学校开展教学教研交流活动。在省市举办的中职教比武中，临澧职业中专有2位教师获省级一等奖，1名教师获省级二等育信息化教学奖，有3位教师获市级二等奖，申报立项两项省级课题。

三、人才培养。2017年，招收全日制新生602人，较上一年度增长15.3%，全日制在校学生1577人，综合巩固率为95.89%。毕业生人数561人（含非全日制），对口升学148人，本科录取35人，其中7人被湖南师大、湖南农大录取。直接就业400人，就业率97.7%，对口就业率86.9%，就业稳定率为92.6%。在省、市级技能大赛中，2名学生获省级二等奖、三等奖，2名学生获市级一等奖，3名学生获市级二等奖。在文明风采大赛中有获1名学生获一等奖、3名学生获二等奖；计算机专业学生参加市级专业抽考，合格率达100%，优秀率达100%，综合排名全市第一名；财会专业学生参加市级专业抽考，合格率达90%，优秀率达80%，综合排名全市第三名。

四、职业培训。职教中心总共培训4125人，组织考试350人。其中，道路运输驾驶员继续教育培训780人、出租车司机继续教育培训300人，计算机操作员培训450人，农药经营人员培训250人，电大学历及农民大学生培训480人，中小学教师信息技术应用能力提升培训179人，中小学语文、数学学科主题培训97人，中小学校长信息化领导力提升网络培训53人，中小学教师全员远程培训602人，中小学教师普通话等级培训109人，45周岁以下中小学理科类教师普通话培训提升培训416人，强化培训29人，“省培计划”S201项目培训380人。卫计系统技工考试350人。

五、基础建设。投资650万元的综合教学大楼投入使用，投资100多万元添置实训设备、改建功能室、改善办公条件等，新增监控摄像头40头（原有64头），新装一键式报警设备，新添置防爆器材。学校标准教室达34间，培训教室8间，专业实训室22间，各专业实训工位合计1031个。其中服装专业239个、机电专业224个、电子专业163个、计算机专业200个、会计专业55个、旅游管理专业50个、专业综合实训机房100个。图书馆藏书约10万册，其中电子图书2万册、纸质图书8万册，专业图书5万册。

六、扶贫助学。建立贫困学生档案，积极争取上级扶贫助学款，全年资助83人次共计17.04万元，为困难学生免除杂费、生活费3.7万元，发放奖学金8000元。其中“湖南永通助学金”资助3名学生共计9000元；县教育基金“圆梦行动”公益项目资助人1人共计3000元；湖南省统一战线“泛海助学行动”资助7人共计35000元；困难大学新生入学资助10人共计5000元；省育才行动资助2人共计6000元；湖南“一家一”助学就业·同心温暖工程资助50名学生共计10万元（连续两年）；省教育基金资助2名学生共计6000元；“临澧慈善资助”8名学生共计6400元。

（办公室）

文　化

【概况】2015年年底，县政府机构改革组建县文化体育旅游广电新闻出版局（加挂县版权局牌子），2017年10月旅游职能剥离，更名为县文化体育广电新闻出版局（加挂县版权局牌子）。内设7个股室，管理林伯渠故居纪念馆1个正科级单位、3个副科级单位（文化市场综合执法大队、文物局和全民健身服务中心）、8个股级事业单位（博物馆、图书馆、文化馆、丁玲大剧院、扫黄打非指导办公室、文化产业发展指导办公室、安全播出中心和非物质文化遗产保护中心）、2个国有企业单位（安福电影放映有限责任公司、荆河戏剧团有限责任公司）。核定总编制数114名，现有人员290人，其中在岗人员177人，退休人员113人。

一、文化事业发展。提质改造县丁玲大剧院，建成“文化+大讲堂”演出会展中心。图书馆启动总分馆建设，购置电子阅读机。博物馆投入40多万元，解决安防、消防和恒温恒湿等问题。加强乡镇文化活动中心、文体小广场建设，各乡镇全面完成文化活动中心建设，10个乡镇综合文化站其中8个被评为一级站、2个二级站，上等级率100%。160个村（社区）完成93个村级文化活动中心新建或改扩建工作。全县拥有大小文化活动广场223个，人均拥有公共文化体育设施面积3.66平方米。林伯渠故居景区投入1400多万元，先后实施故居消防工程、主体建筑修缮保护工程、安防工程、电力提质改造工程、故居前坪白改黑和故居周边环境景观绿化、智慧系统等AAAA景区九大类工程建设。推进城乡公共文体服务体系建设，制定《临澧县公共文体服务示范点创建标准》，指导乡镇在乡镇村、学校、企业建立高标准的文体示范点。全县各乡镇共整合投入资金3000多万元，建成29家公共文体服务示范点，修梅镇高桥村作为常德市唯一的村获得湖南省首批“经典文化村镇”称号。

二、群众文化生活。开展系列群众文化活动。以“注重家教家风、培育家国情怀”、“书香三八”为主题的大讲堂活动和以“道德修养”为主题的道德讲堂活动先后开讲；“书香临澧”系列读书活动、海洋生物展、博物馆讲述史实、林伯渠故居主题展览等活动如期举办；“百姓大舞台”和文化下乡惠民演出、廉政和国防教育巡演168场；放映农村公益电影、法治电影3780场；开展文化志愿者活动，佘市桥镇文化站长获湖南省星级文化志愿者称号。组织参加各项文化赛事活动，获得多项大奖。全市百团大赛，7个团队参加获得包括一等奖在内的11个奖项；全市第十一届鼓书擂台赛，组织8个鼓书节目参赛，《河长》获最高奖大王奖；全省欢乐潇湘群文大赛，花鼓小戏《自来水》获一等奖；省文化馆站业务技能竞赛，器乐合奏《欢乐的草原》获铜奖（各项赛事获奖情况详见统计表）。

三、文物非遗保护。全县拥有“全国重点文物保护单位”4处，全省重点文物保护单位2处，市保护单位15处、县级保护单位159处。文物藏品总数6274建（套），其中国家一级文物8件（套）、二级文物62件（套）、三级文物245件（套）、一般文物5959件（套）。国家级非遗保护项目1个，省级非遗保护项目2个，市县级非遗保护项目15个，国家、省、市三级非遗项目传承人29人。加强文物保护与管理。林伯渠故居按照保护规划完成主体修缮保护和消防工程；九里楚墓群利用国家文物局下拨专项资金启动第一期安防设施建设；青山崖墓群遗址保护规划完成修编，申鸣城遗址保护规划启动修编；丁玲故居修缮工程列入文物管理保护范围。开展文物调查发掘工作，配合省考古所对宋玉城遗址、伞顶盖旧石器遗址进行考古发掘，出土10—20万年之间石器5000余件。加强非遗保护与传承。先后完成《鼓盆歌》第四批省级非物质文化遗产代表性项目保护单位认定相关工作和省级非遗项目“宋玉传说”“九澧渔鼓”专项资金绩效自评工作；举办“文化和自然遗产日”临澧县系列宣传活动，推进非物质文化遗产进校园、进社区、进企业。

四、文化市场管理。开展扫黄打非“固边、护苗、清源、净网、秋风”专项行动，收缴非法出版物400余册，行政立案处罚30起，取缔无证经营单位2家，责令关门停业整顿经营单位8家次。开展行政许可案卷评查清理，共受理案件26件。开展权力清单梳理公开工作，梳理后行政审批事项为15项。对全县印刷业、出版物发行单位、出版物零售单位进行年检，举办3期文化经营业主法规培训班。

五、体育事业发展。全县有体育行业协会13个，会员人数9600多人，社会体育指导员620人，全民健身辅导点30多个。

竞技体育方面：残疾运动员黄兴在2017年全国残疾人锦标赛中获5金1铜；第三届全国老年人体育健身大会，选手孔祥金获42式太极拳第一名、洪芳获56式太极拳和49式太极剑第一名；湖南省跆拳道大奖赛，临澧县代表团获13金8银9铜（各项赛事获奖情况详见统计表）。群众体育活动方面：全年组织开展群众体育活动23次，直接参与人数近3万人。开展临澧县国民体质监测工作，获取监测标本500多份。体育产业方面：省体育产业集团投资1.5亿元建设临澧县五环时代全民健身中心项目引进工作，经县委常委会研究正式启动；占地近6000亩，投资2.6亿元的临澧县开泰山汽车露营公园开工建设，汽车越野T1、T2赛道、露营基地射击场、攀岩场、休闲场、接待中心、特色生态产品加工基地等建成并投入使用；玉龙文化综合体、新安体育一条街、环官亭湖骑行赛道等一批体育产业项目先后开工建设。全年销售体育彩票34055826元。

2017年度文化工作市级以上获奖情况统计表

序号	获奖项目及等次	获奖单位或个人	授奖单位	备注
1	2017年全国残疾人射击锦标赛P3混合SH1级运动手枪30+30第一名	黄　兴	大会组委会	
2	2017年全国残疾人射击锦标赛P1男子SH1级气手枪60发第一名	黄　兴	大会组委会	

序号	获奖项目及等次	获奖单位或个人	授奖单位	备注
3	2017年全国残疾人射击锦标赛P4混合SH1级运动手枪30+30第一名	黄　兴	大会组委会	
4	2017年全国残疾人射击锦标赛P1男子SH1级气手枪60发第一名	黄　兴	大会组委会	
5	2017年全国残疾人射击锦标赛P3混合SH1级自选手枪第三名	黄　兴	大会组委会	
6	2017年全国残疾人射击锦标赛P4混合SH1级自选手枪第一名	黄　兴	大会组委会	
7	2017年全国13届中学生运动会田径比赛男子400米第四名；4×400米第二名	陈家沛	国家体育总局教育部、团中央	
8	第三届全国老年人体育健身大会太极拳比赛女子组56式太极拳第一名	洪　芳	中国老年体协	
9	第三届全国老年人体育健身大会太极剑比赛女子组49式太极剑第一名	洪　芳	中国老年体协	
10	2017年全国太极拳公开赛总决赛男子E组42式太极拳第一名	孔祥金	中国武术协会	
11	全国第十三届运动会群众比赛暨2017太极拳公开赛（武当山赛区）男子CE组42式太极拳一等奖	孔祥金	中国武术协会	
12	全国第十三届运动会群众比赛暨2017太极拳公开赛（武当山赛区）男子DE组42式太极剑二等奖	孔祥金	中国武术协会	
13	2017年全国13届中学生运动会田径比赛男子4×400米第二名	陈家沛	国家体育总局教育部、团中央	
14	2017年“欢乐潇湘”全省群众文艺会演一等奖	临澧县陈二花鼓戏剧团	湖南省委宣传部	
15	湖南省经典文化村镇	修梅镇高桥村	湖南省文化厅	

序号	获奖项目及等次	获奖单位或个人	授奖单位	备注
16	湖南省星级文化志愿者	佘市桥镇文化站站长	湖南省文化厅	
17	2017 年湖南省第二届中学生运动会田径比赛男子组 1500 米第三名	金炜成	省体育局 省教育厅	
18	2017 年湖南省传统校运动会田径比赛男子 3000 米比赛第二名	徐知会	省体育局 省教育厅	
19	2017 年湖南省第二届中学生运动会田径比赛高中男子组 800 米第三名	金炜成	省体育局 省教育厅	
20	2017 年湖南省青少年田径锦标赛女子乙组 3000 米比赛第二名	徐知会	省体育局 省教育厅	
21	2017 年湖南省青少年田径锦标赛女子乙组标枪比赛第一名	田子漩	省体育局 省教育厅	
22	2017 年湖南省青少年柔道锦标赛女子乙组 52 千克级比赛第一名	李　敏	省体育局	
23	湖南省文化馆（站）业务技能竞赛舞台艺术表演类铜奖，器乐合奏《欢乐的草原》	邓琳雅	省文化馆	
24	《湖南省实施〈中华人民共和国旅游法〉办法》知识竞赛优胜奖（邵蓝逸参加比赛）	常德市代表队 常德市旅游局	省旅游发展委员会	
25	“书香湖南红星闪闪耀童心”系列读书活动阅读优秀个人	佘市中心小学 王艺涵	省少儿读书活动办公室	
26	“书香湖南红星闪闪耀童心”系列读书活动手绘明信片二等奖	佘市中心小学王艺涵 丁玲小学严子琪	省少儿读书活动办公室	
27	2017 年湖南省第八届太极拳锦标赛陈式太极拳男子 E 组第一名	孔祥金	省太极拳运动协会	
28	2017 年湖南省第八届全民健身节“华莱杯”跆拳道总决赛男子少年二组 67 千克级第一名	胡　皓	省跆拳道运动协会	

序号	获奖项目及等次	获奖单位或个人	授奖单位	备注
29	2017年湖南省第八届全民健身节“华莱杯”跆拳道总决赛男子少年B组38千克级第一名	胡浩源	省跆拳道运动协会	
30	2017年湖南省第八届全民健身节“华莱杯”跆拳道总决赛男子少儿B组28千克级第一名	刘翔宇	省跆拳道运动协会	
31	2017年湖南省第八届全民健身节“华莱杯”跆拳道总决赛男子少儿C组25千克级第二名	谢恩颉	省跆拳道运动协会	
32	2017年湖南省第八届全民健身节“华莱杯”跆拳道总决赛女子少儿组38千克级第二名	汪容帆	省跆拳道运动协会	
33	2017年湖南省第八届全民健身节“华莱杯”跆拳道总决赛女子少年一组38千克级第二名	肖梓烟	省跆拳道运动协会	
34	2017年湖南省第八届全民健身节“华莱杯”跆拳道总决赛男子少年B组29千克级第三名	欧嘉奇	省跆拳道运动协会	
35	2017年湖南省第八届全民健身节“华莱杯”跆拳道总决赛男子少儿组40千克级第三名	刘俊瑞	省跆拳道运动协会	
36	2017年湖南省第八届全民健身节“华莱杯”跆拳道总决赛男子少年二组52千克级第三名	姚良钊	省跆拳道运动协会	
37	2017年湖南省第八届全民健身节“华莱杯”跆拳道总决赛女子幼儿组14千克~18千克级第三名	张艺涵	省跆拳道运动协会	
38	2017年湖南省第八届全民健身节“华莱杯”跆拳道总决赛女子儿童组20千克级第三名	朱韵洁	省跆拳道运动协会	
39	常德市百团大赛组织奖	临澧县文化馆	常德市委宣传部	
40	常德市百团大赛一等奖	临澧县民间曲艺团	常德市委宣传部	
41	常德市百团大赛二等奖	临澧县陈二花鼓戏剧团	常德市委宣传部	

序号	获奖项目及等次	获奖单位或个人	授奖单位	备注
42	常德市百团大赛二等奖	临澧县国风荆河戏剧团	常德市委宣传部	
43	常德市百团大赛三等奖	临澧县荆河戏剧团有限责任公司	常德市委宣传部	
44	常德市百团大赛三等奖	临澧县老年大学轻歌团	常德市委宣传部	
45	常德市百团大赛优秀奖	临澧县金太阳艺术团	常德市委宣传部	
46	常德市百团大赛优秀奖	临澧县阳光艺术团	常德市委宣传部	
47	常德市百团大赛精品节目奖《战荡》	临澧县国风荆河戏剧团	常德市委宣传部	
48	常德市百团大赛优秀创作节目奖《舍身》	临澧县民间曲艺团	常德市委宣传部	
49	常德市百团大赛优秀创作节目奖《自来水》	临澧县陈二花鼓戏剧团	常德市委宣传部	
50	常德市第七届运动会青少年组比赛获金牌 33 枚、银牌 18 枚、铜牌 15 枚	个人	市七运会组委会	
51	常德市第七届运动会成年组组比赛获第一名 2 个、第二名 4 个、第三名 4 个	个人	市七运会组委会	
52	常德柳叶湖马拉松赛，彭梅芳获常德籍马拉松赛女子组第五名	个人		
53	常德柳叶湖马拉松赛，万芳菊获常德籍半程马拉松赛女子组第一名	个人		
54	常德柳叶湖马拉松赛，万荣获常德籍半程马拉松赛女子组第五名	个人		

序号	获奖项目及等次	获奖单位或个人	授奖单位	备注
55	常德市第十一届鼓书擂台赛组织奖	临澧县文化馆	常德市文体广新局	
56	常德市第十一届鼓书擂台赛鼓王擂台赛鼓书大王奖《河长》	邵丹、夏冰香等	常德市文体广新局	
57	常德市第十一届鼓书擂台赛铜奖《闹严府》	马一元	常德市文体广新局	
58	常德市第十一届鼓书擂台赛优秀奖《舍身》	詹自远、占洋	常德市文体广新局	
59	常德市第十一届鼓书擂台赛优秀奖《浴火重生》	肖伍、吴清华	常德市文体广新局	
60	常德市第十一届鼓书擂台赛优秀奖《醒悟》	肖　伍	常德市文体广新局	
61	常德市第十一届鼓书擂台赛创作奖《河长》	邵　丹	常德市文体广新局	
62	“三湘蒲公印”少儿才艺大赛音乐类金奖	王　骏	常德市文体广新局	
63	“三湘蒲公印”少儿才艺大赛美术类金奖	朱安心	常德市文体广新局	
64	“三湘蒲公印”少儿才艺大赛美术类银奖	艾雨佳	常德市文体广新局	
65	“三湘蒲公印”少儿才艺大赛音乐类银奖（4个）	李佳蕊等	常德市文体广新局	
66	“三湘蒲公印”少儿才艺大赛音乐类铜奖（2个）	周禹辰等	常德市文体广新局	
67	“三湘蒲公印”少儿才艺大赛美术类铜奖（2个）	高翔等	常德市文体广新局	
68	“三湘蒲公印”少儿才艺大赛舞蹈类优秀奖	涂林琳	常德市文体广新局	
67	“三湘蒲公印”少儿才艺大赛美术类优秀奖（14个）	王美琪等	常德市文体广新局	
70	“三湘蒲公印”少儿才艺大赛音乐类优秀奖（2个）	李佳星等	常德市文体广新局	

序号	获奖项目及等次	获奖单位或个人	授奖单位	备注
71	《全市文博系统党史国史主题教育活动讲解比赛》优秀奖	乔双双	常德市文物局	
72	《全市文博系统党史国史主题教育活动讲解比赛》优秀奖	邵蓝逸	常德市文物局	
73	常德市文化馆（站）业务技能竞赛舞台表演类金奖	邓琳雅	常德市文化馆	
74	常德市文化馆（站）业务技能竞赛舞台表演类铜奖	胡　玮	常德市文化馆	
75	常德市文化馆（站）业务技能竞赛群文辅导类辅导奖	张亦武	常德市文化馆	
76	常德市文化馆（站）业务技能竞赛群文活动策划类创意奖	邓琳雅	常德市文化馆	
77	2017 年全市文化综合执法技能比武团体三等奖	临澧县综合文化执法大队	常德市文化市场综合执法局	
78	2017 年全市文化综合执法技能比武个人第三名	张宏平	常德市文化市场综合执法局	

（张俊　何雅仙）

【农民科学家沈昌健捐赠太空油菜种子】 11 月 2 日，临澧县博物馆接受农民科学家沈昌健 216 粒太空油菜种子捐赠。该批油菜种子于 2016 年 10 月 17 日搭乘神舟十一号载人飞船进入太空，经过 33 天完成空间科学与应用实验，于 2016 年 11 月 18 日随神舟十一号返回舱收回。油菜种子航天育种在我国尚属首次。　（张俊　何雅仙）

【黄兴在全国残疾人射击锦标赛上获 5 金 1 铜】 5 月，在成都举行的 2017 年全国残疾人射击锦标赛中，临澧运动员黄兴勇夺 10 米气手枪个人和团体金牌、25 米慢加速个人和团体金牌、50 米自选手枪铜牌和团体金牌。　（张俊　何雅仙）

【文体广新局代表队参加中德龙舟友谊赛】 5 月 25 日至 26 日，中德龙舟友谊赛在常德市德国小镇举行，包括德国代表队在内共 19 支队伍进行角逐，由临澧县文体广新局系统人员组成的临澧县代表队参赛并获得第 12 名。　（张俊　何雅仙）

广播电视

【概况】 临澧县广播电视台属县委县政府直属事业单位，设有办公室、人教部、财务部、总编室、技术制作部、广播电台、广告部、时政部、民生与社会部、三农部、对外宣传部11个内设机构，临澧有线公司、临澧广卫公司2个独立法人公司，广播电视服务部1个台属独立法人资格的二级机构。人员235人，其中台机关111人，广播电视服务部3人，临澧广卫公司10人，临澧有线公司111人。

2017年以来，县广播电视台紧紧围绕经济建设、干部作风建设、招商引资、精准扶贫等县委、政府各个阶段的中心工作加强宣传策划，及时反映工作动态，全年在央视上稿4篇，在省台播出新闻1464秒，在市台播出14911秒。实施全县农村“村村响”升级改造工程，投资350万元建设建成1个县级、12个乡镇播出平台、143个村（社）级平台和2146个终端接收点。投资55多万元，在太浮山设立广播电视台发射台专用变压器，添置UPS电源、遥控摄像飞机、摄像摇臂、摄像轨道、高清数码相机、高清摄像机等，改善广播电视台采编播设备。

存在的主要问题：一是办公大楼亟需改造或新建。广播电视台办公大楼是建于上世纪八十年代初期，已属D级危房，安全播出隐患、消防隐患十分突出。二是设备亟需更新换代。广播电视台电视节目播出系统建设于2008年，临澧人民广播电台985频道设备运行也在十年以上，严重老化，急需添置高清设备。三是人才队伍建设迫在眉睫。广播电视台新闻采编播人员中，真正受过专业教育和培训的极少，严重制约节目策划品位、新闻宣传质量和办台水平。（办公室）

【县新闻中心成立】为进一步加强全县宣传工作，加大宣传合力，推动新闻宣传“中央厨房”建设，2017年5月，由县委宣传部主导，对微临澧、临澧手机报、红网临澧分站、县电视台新闻进行整合，成立县新闻中心，实现重大报道“一体策划、一次采集、多种生成、多元传播”。

（办公室）

旅　　游

【概况】至2017年年底，临澧县共有4A级景区1家、AAAA级景区1家、省5星级乡村旅游点4家、旅行社和门市部6家、三星级宾馆2家。年内，新安镇成功入选第二批国家特色小镇，刻木山国家石漠公园通过国家评审，佘市桥镇入选湖南省美丽乡镇示范镇，临澧县成为第二批湖南省精品旅游线路重点县。

一、主要旅游资源。主要景区：5处。即林伯渠故居景区，为全国重点文物保护单位、国家AAAA级旅游景区、湖南省首批红色旅游景区（点）、省爱国主义教育基地、省国防教育基地、省廉政教育基地和省两型社会示范景区；太浮山风景名胜区，为省级风景名胜区）；丁玲故居景区；刻木山官亭湖风景区；青山水利工程风景区。主要乡村旅游景点：有湖南省五星级乡村旅游点4家，即伍大姐幸福农庄、宋玉城休闲度假中心、福船湿地旅游度假区、长湖农庄；乡村旅游运动示范基地1家，即开泰山越野露营公园。主要旅游商品：临澧黄花鱼，系国家地理标志保护产品；双虎座凤鸟鼓架，曾获常德市旅游商品设计大赛二等奖；红木算盘，曾获常德市旅游商品设计大赛三等奖；伍大姐系列农产品，获中国·湖南国际农博会金奖，被农业部认定为无公害农产品；另有太浮陈二郎食品、神之韵竹工艺品、戴胡子酱板系列等。重点名胜古迹：九里楚墓群、青山崖墓群、申鸣城遗址，系全国重点文物保护单位；宋玉成遗址、邹家山遗址，系省级重点文物保护单位。主要非物质文化遗产：国家级项目九澧渔鼓；省级项目宋玉传说；市级项目丁兰刻木传说、陈二郎的故事、湘北大鼓、临澧纸扎、杨板千丈。

临澧县旅游资源聚合状态表

资源分类	主要聚合区域	主要资源点
楚文化资源	望城街道、刻木山乡、停弦镇等	宋玉城、宋玉墓、宋玉村、宋玉庙、看花山、看花庙、黄花鱼朝宋玉、同欢水库、九里楚墓群、申鸣城、青山崖墓群、望夫台、停弦渡、复船湿地、铜山等
山岳型资源	太浮镇、佘市镇、刻木山乡	太浮山、刻木山
河流湖泊资源	刻木山乡、佘市镇、安福镇、望城街道、新安镇	官亭湖、浮山水库、太山湖、向阳湖、道水风光带、澧水风光带
红色名人旅游资源	修梅镇、佘市镇	林伯渠故居、丁玲故居
生态农业资源	修梅镇、四新岗镇、烽火乡等	石墨山苗木基地、九龙苗木基地、仙女山庄、官亭脆蜜桃基地、白龙井赛车基地、烽火山、烽火油桃基地等

临澧县旅游资源分类表

旅游资源类型	主 要 资 源 点	数量（个）
地文景观类	太浮山、龙凤山、刻木山、伏牛山、仙女山、烽火山、将军山、牛头山、铜山、看花山、鳌山、石墨山、七姑山、大观音洞、小观音洞、黎家洞、青龙洞、天星洞、花果洞	19
水域风光类	澧水风光带、道水风光带、亚洲最高最长的水渠、官亭湖、青山水库、白龙井、荷花泉、牛头水库、九龙水库、金烽水库、黄花鱼基地、放舟湖、向阳水库、同欢水库、卫星水库、群英水库、龙池堰、黑沙溪、浮山水库、甘溪水库、太山水库、龙口峪水库	22
生物景观类	千年古树枫杨、千年古银杏、海棠花溪、紫竹林、桃花巷、李花峪、樱花谷	7
遗址遗迹类	条头岗遗址、杉龙岗遗址、华垱遗址、韩家洞遗址、竹马高台遗址、九里楚墓群、邹家山遗址、青山崖墓群、宋玉墓、宋玉城遗址、九辩书院遗址、宋玉庙遗址、合口大码头、停弦古渡、申鸣城遗址、望夫台遗址、第一届县委遗址、老驿站、太浮山（师专遗址）、蒋家坪花园	20
建筑与设施类	丁玲公园、丁玲故居、和平公园、石墨山苗木基地、停弦油菜示范基地、佘市古桥、林伯渠故居、临澧县博物馆、刻木娘娘庙、合口镇文化中心、合心门、合心阁、三神寺、仙女庙、富民街、铜山寺、看花庙、灵泉寺、龙凤寺、同心乐园、青山水轮泵站枢纽、太浮山（汉王庙、宣鉴禅寺、望星桥）、伍大姐幸福农庄、宋玉城休闲度假中心、金烽农庄、安福工业园、看花村、太平新村	30

续表

旅游资源类型	主要资源点	数量（个）
人文活动类	九澧鱼鼓、宋玉的传说、民间纸扎、丁兰刻木、湘北大鼓	5
合　计		103

临澧县优良级旅游资源结构图

等级	个　数	名　　　　称
五级	2个	太浮山、青山渠
四级	4个	官亭湖（含刻木山、溶洞）、林伯渠故居、宋玉城、九里楚墓群
三级	10个	青山崖墓群、申鸣城、丁玲故居、蒋家坪花园、临澧县博物馆、宋玉墓、宣鉴禅寺、临澧黄花鱼、仙女山庄、白龙井赛车基地

二、旅游产业发展。向上争取项目，成功申报“湖南省精品旅游线路重点县”，获得省财政扶持专项资金4000多万元。聘请北京一家设计公司对全县旅游开发工作进行顶层设计，编制《临澧县全域旅游发展总体规划》。推进重大项目建设。林伯渠故居景区投资2000多万元完成“临澧红色革命博物馆”“故居景区牌楼”和配套设施建设。太浮山景区投资3800万元，开工建设雷水至金鼎大庙旅游公路。丁玲故居投入780万元建设景区人生景观步道、文学景观步道、望乡步道、停车场等配套设施。官亭湖景区投入1100多万元修建25千米环官亭湖旅游公路。福船湿地度假区投入1420万元新建服务接待大楼、旅游公厕、活动中心和内部环线游道。开泰山越野露营公园投入1000万元建成越野赛车道、农庄餐饮、蔬菜基地、拓展训练基地、垂钓中心等项目。宋玉城景区投资1000万元兴建荷花园、紫薇园、海棠园、水上乐园等项目。开展旅游宣传促销活动，利用市、县电视媒体和网络平台广泛宣传临澧旅游，扩大临澧旅游知名度。举办临澧古渡文化旅游节、临澧帐篷节等一系列活动，宣传临澧旅游。参加“亲亲常德、浪漫之旅”促销会、常德市百景评选、湖南旅游商品大赛、中国（湖南）旅游产业博览会等活动，营销临澧旅游商品。

临澧县重大旅游建设项目一览表

项目分区	序号	项目名称	建设性质	所在地	建设内容及规模	建设起止年限	投资预算	资金来源	备注
太浮山旅游产业聚集区	1	太浮山风景区	续建	临澧县太浮镇	规划总面积为4300公顷，主要建设：革命根据地红色文化体验区、宗教祈福区、樱花谷生态度假区和基础设施配套	2010—2020年	28000万元	政府投资5000万元，社会资本23000万元	
	2	太浮山旅游度假小镇	新建	临澧太浮镇	旅客接待中心，福文化风情街，民俗美食街，串堂主题街	2018—2020年	12000万元	全部社会资本	
县城中心旅游区	3	『两园一带』	新建	临澧县安福镇	纳入城区安全饮水PPP项目，属国家和省财政厅第三批PPP示范项目。主要打造柳林、金宝滩两个湿地公园和道水风光带，营造生态涵养、科普教育、休闲游憩、旅游度假等功能为一体的城市生态湿地	2017—2021年	172000万元	政府资本占股30%，社会资本占股70%	
	4	开泰山露营公园	续建	临澧县烽火乡	主要建设：荷塘月色、七仙女池、自驾车营地、帐篷营地、烧烤场、越野赛道、射击靶场、农舍、果蔬采摘园、登山步道、垂钓池、CS真人野战营	2017—2020年	10000万元	全部社会资本	
县城中心旅游区	5	宋玉城楚风文化主题园区	续建	临澧县望城街道	规划面积13.3万平方米，主要建设：恢复重建宋玉庙、九辩书院，宋玉墓保护与绿化，宋玉雕像文化广场，宋玉城楚风文化影视基地，宋玉城护城河开发，宋玉城游客接待中心及生态停车场	2011—2025年	12000万元	政府投资1000万元，社会资本11000万元	

项目分区	序号	项目名称	建设性质	所在地	建设内容及规模	建设起止年限	投资预算	资金来源	备注
中部红色旅游产业聚集区	6	林伯渠故居景区	续建	临澧县修梅镇	规划用地570亩，主要建设：故居文物保护与利用，故居周边园林绿化，林伯渠生平业绩陈列馆，林伯渠铜像广场，历史人文景观及生态游步道，生态停车场，游客接待中心，观光农业生态园等	2009—2020年	12000万元	政府投资5000万元，社会资本7000万元）	
	7	丁玲故居	续建	临澧县佘市桥镇	规划总面积为500亩，主要建设：丁玲故居观光区、艺术家聚落、农耕文化体验区、艺术品交易市场以及其它配套设施	2015—2020年	12000万元	政府投资2000万元，社会资本10000万元	
	8	蒋家花园	新建	临澧县安福镇	规划用地约1000亩，主要建设蒋家大院、蒋家花园、文化体育活动中心、城市综合体等项目	2018—2025年	50000万元	全部社会资本	
	9	青山风景区	续建	临澧县停弦渡镇	新建“青山精神”雕塑文化广场，澧水发电实景参观，融合青山崖墓群遗址开展澧水平漂观光；建设青山渠江家坡渡槽观光点；对灌渠沿线中、小型水库山水资源进行综合开发；在县博物馆内开辟“青山精神”现代科技实景陈列馆	2013—2025年	30000万元	政府投资8000万元，社会资本22000万元）	
官亭旅游产业聚集区	10	官亭湖—刻木山景区	续建	临澧县刻木山乡	规划面积50平方千米，主要建设：孝德文化游览区、溶洞主题体验区、瑶池仙境观光区、生态养生区和游客接待中心等配套设施建设	2015—2025年	10000万元	政府投资1000万元，社会资本9000万元	

【临澧县旅游发展委员会成立】 2017 年 3 月，县委、县政府启动县旅游部门开始组建工作。10 月，县编委批复同意成立临澧县旅游发展委员会，为县政府办公室挂牌单位，原文体广新局承担的旅游管理和服务职责划入政府办公室。县旅游发展委员会下设全域旅游发展中心，为正科级事业单位，核定编制数为 8 名，其中主任职数 1 名，副主任职数 1 名。

【临澧县首届帐篷节】 4 月 29 日在烽火开泰山露营公园举行。此次活动由县旅发办、文体广新局、烽火乡人民政府主办，周边 8 个县市近 30 个运动协会协办，1000 多名爱好者及周围群众参加露营狂欢、音乐、篝火、越野等活动。

【临澧县成为第二批湖南省精品旅游线路重点县】 2017 年 9 月，临澧旅发委开展“湖南省旅游精品线路重点县”建设项目申报工作，2017 年 12 月通过审批，成为第二批湖南省精品旅游线路重点县，属环洞庭湖精品旅游线。成为湖南省精品旅游线路重点县后，省财政将在三年内给予 4000 多万元的旅游开发扶持专项资金。

临澧县主要景点图片：

1. 太浮山风景名胜区

2. 林伯渠故居

3. 丁玲故居

4. 刻木山官亭湖

5. 青山水利工程风景区

6. 宋玉城风景区

7. 福船湿地旅游度假区

8. 开泰山露营公园

（以上资料及图片均由县旅发办提供）

太浮山旅游

【概况】临澧县太浮山风景名胜区管理处是县委、县政府直接领导的管理太浮山风景名胜区的县直单位，于 2015 年 12 月成立，2017 年 3 月正式组建运行，办公地址设在原陈二乡政府，单位性质为全额拨款事业单位，核定编制数 8 人。主要职责是负责太浮山景区统一管理和开发利用，编制、实施景区详细规划及景区发展战略和景区资源保护措施等。

2017 年，管理处组织工作人员深入核心景区，广泛听取太浮山周边群众和村干部的意见，召开规划景区周边村（居）书记座谈会，走访群众，掌握景区规划建设情况，摸清景区内休闲农业、观光农业和花卉苗木种植大户等方面情况，夯实太浮山生态旅游品牌信息基础。排查整改景区安全隐患，修复苏区纪念碑松动干挂大理石及损毁游步道路面，及时处理 15 处中小型塌方和 1 处泥石泥隐患。规范景区管理，加强景区安全、保洁、森林防护巡查力度和频次。邀请林业、森林公安、环保等相关部门专业人员对管理处员工进行业务培训，加强景区风险预警和处置能力。先后派出 3 批共 5 人次参加国家住建部、省住建厅、市园林系统组织的业务培训和观摩学习。将景区发展定位为“生态旅游太浮山”，在保护原生自然生态的基础上，科学、有序地进行旅游资源的开发利用。（办公室）

卫生与人口计生

概　　述

2017年，临澧县共有医疗卫生机构384家，其中县直医疗卫生单位9家（人民医院、中医医院、疾控中心、卫计执法局、妇保院、爱卫办、健康教育所、血防院、精神病医院），乡镇卫生院17家，村卫生室302家，个体民营医疗机构56家。有在职在编人员1660人，其中卫生技术人员1492人（高级职称89人，中级职称421人，初级以下982人）；退休人员710人；有乡村医生364人。全县编制床位数1632张，实际开设1844张床位。

2017年，全县卫生与人口计生工作以深化医药卫生体制改革为重点，以关注民生、改善民生为目标，进一步整合卫生计生资源，推进公共卫生、农村卫生发展，提升疾病预防控制和综合监督执法能力，各项工作取得显著成效。

一、人口计生服务工作。全县全年共出生4568人，其中政策内生育4549人，符合政策生育率99.59%，出生人口性别比为106.95，生育水平保持稳定。积极稳妥实施“全面两孩”政策，严格依法、依规、依程序开展再生育审批工作，年度发放“再生育证”107个。强化全员人口信息管理，组织各乡镇定期开展全员人口信息清理，将全员人口信息与出生医学证明、防疫接种、住院分娩、公安上户信息和省数据包进行全面比对，先后清理完善各类信息21356条，年度共采集录入全员人口信息11.3万条，临澧县全员人口信息数据库人数达到46.79万人，全员人口信息数据准确率达99.8%。强化流动人口服务管理，组织卫生院医生携带“健康一体机”，下到街道（社区）为流入人员开展健康体检服务，建立流入人口健康档案2400多份，建档率达95%；开展“全省流动人口数据清理百日行”专项行动，共清理省外流动人口数据4.5万条接受流动人口户籍地反馈的各类信息26596条，处理流入地提交的孕环检信息256条。严格按照农村奖扶、特别扶助和城镇奖扶的政策标准及确认程序确定受奖对象，确保奖励扶助工作的准确率、及时率、到位率。全县新增农村部分计划生育家庭奖励对象2060人，新增计划生育家庭特别扶助对象118人，新增城镇独生子女父母奖励对象316人，年度全县共发放各类计划生育政策性奖励金2107.32万元。扶助关怀计划生育特殊困难家庭，县政府出台《关于进一步做好计划生育特殊困难家庭扶助关怀的通知》，开展情感抚慰行动、生育援助行动、健康援助行动、经济帮扶行动、爱心助长行动、“爱心”保险行动六大扶助关怀行动，落实明确扶助关怀联络人、建立计划生育特殊困难家庭成员个人健康档案、制定扶助关怀行动计划、开展特殊困难家庭走访慰问、发放计划生育特殊困难家庭扶助关怀连心卡、组织特殊困难家庭免费健康体检六项扶助关怀措施。

二、医药卫生体制改革工作。推进卫生项目建设，县人民医院整体搬迁项目、县妇幼保健院整体搬迁项目、县血防院血防综合楼项目完成主体工程建设，县中医医院住院楼项目投入使用。建立完善对县人民医院、中医医院、妇幼保健院的绩效考核体系，配合组织部门制定医疗卫生行业薪酬制度和考核评价办法。组织医疗机构对不符合“两票制”的药品进行清理，消化库存，10月1日起，在全县医疗机构全面实施药品采购“两票制”。组建医疗联合体，制定《临澧县推进医联体建设方案》，县精神康复医院加入省脑科医院为主题的精神康复专科联盟，县妇保院加入省妇保院为主体的医联体，全县建立起以县中医医院为指导医院的糖尿病专科联盟。

三、医疗服务管理工作。加强医疗质量管理，每季度开展一次医疗质量与安全督查，每月召开一次业务院长例会。开展全科医生及住院医师规范化培训，以24小时医学频道为平台，定期发布学习计划，开展医学继续教育，提升医务人员专业水平。先后派出106人次到省市医院参加进修、适宜技术培训、学术讲座。加强护理管理。对全县护士岗位执业状态进行清理、登记，坚持依法持证上岗；加强护理人员培训，19人次参加省护理管理培训，3人参加湖南省2017年重症监护、儿科、血液净化等专科护士培训；开展岗位技能练兵比武，举办“临澧县护理风险防控演练竞赛”和“优秀护士”评选活动，参与市“5·12”国际护士节护理模拟病房操作技能竞赛。加强合理用药管理，利用信息化对各医疗机构的用药实施网上动态监测，每月点评处方，对药占比、抗菌药物使用率、高价药物使用率、次均费用、住院天数等指标进行一月一排名，一月一通报。

四、公共卫生服务工作。制定下发《临澧县2017年度基本公共卫生服务绩效考核实施细则》，细化各项工作流程及考核标准，每季度组织公共卫生专业机构对乡村两级进行一次督导，确保项目工作服务到位。实施基本公共卫生服务项目，全县累计规范化建档346560份，建档率达到80%；全县高血压管理人数为27676人，新增913人；全县糖尿病管理人数为6467人，新增管理糖尿病患者373例；辖区65岁及以上老年人共有58588人，接受健康管理的65岁以上常住居民55940人，健康体检339人；登记确诊在册重性精神病患者2297人，规范管理患者1973人；0~3岁儿童中医药健康管理6419人；65岁以上老年人中医药健康管理27683人，糖尿病患者中医药健康管理3094人。加强重大疾病防控，建立健全，覆盖城乡的传染病防控体系和应急信息网络，县、乡两级医疗机构传染病网络直报率达100%；全县各学校及托幼机构均明确专/兼职疫情报告人员，落实晨检制度并做好记录，防止疫情漏报、迟报等现象。全县共报告乙丙类传染病15种2270例，法定传染病发病率为552.06/10万，全县无甲类传染病发生，无乙类传染病暴发流行。全年共接种一类疫苗34500针次，接种率达95%以上，安全接种率100%。巩固血防达标成果。全年螺情调查2098.22万平方米（垸内1654.22万平方米，垸外444万平方米），灭螺868.22万平方米（垸内424.22万平方米，垸外444万平方米），灭蚴180万平方米；居民查病21084人次，化疗5600人次；启动封洲禁牧淘汰牛羊工作，敞放牛羊等草食性家畜淘汰率达到100%，淘汰牛羊任务分别完成91.09%、58.17%。严格卫计监督执法，开展打击非法行医专项整治行动。共受理立案28起，结案25起，申请法院强制执行1起，收缴罚款金额13万元，没收药品和牙科器械3件（箱），捣毁宣传诊疗场所的招牌2块；立案查处1家个体诊所和1家村卫生室违法处置医疗废物行为；查处典型“两非”案件2起；年度社会抚养费征收立案38人，征收金额78.5万元。

五、全民健康教育工作。以“为了人民的健康——65周年的历史与展望”为主题，在朝阳广场开展爱国卫生月宣传义务活动，发放宣传资料4800多份，参加义诊人员2000多人次。组织开展城区春夏季灭鼠灭蟑工作，全县投放鼠药2吨，粘鼠板3000张，新建毒饵站600座。与老年保健协会联合开展健康巡讲进乡镇活动，举办健康保健知识讲座208场；开通健康短信公益平台，发送健康公益短信近2万余条；与教育局都会联合开展健康教育进校园活动，全县中小学校健康教育开课率达100%；组织无偿献血2400人次，超额完成市级下达的目标任务。（刘阳）

【健康扶贫】 2017年，临澧县委、县政府把健康扶贫作为脱贫攻坚的重要内容，统筹卫生资源，着力解决健康扶贫问题。一是健康扶贫工作部署到位。全县成立健康扶贫工作领导小组，制定下发《临澧县健康扶贫工程实施方案》（临卫字〔2017〕26号）、《临澧县健康扶贫“三个一批”行动计划实施方案》（临卫字〔2017〕27号）、《临澧县农村贫困住院患者县域内先诊疗后付费工作实施方案》（临卫字〔2017〕28号）、《临澧县农村贫困人口大病专项救治实施方案》（临卫字〔2017〕29号），并召开全县卫计系统健康扶贫工作推进会、健康扶贫工作部门协调会，启动“先诊疗后付费”“三个一批行动”和大病专项救治工作。二是健康扶贫政策宣传到位。将健康扶贫政策编写进扶贫攻坚“口袋书”，并印制《健康教育精准扶贫5种资料》《健康扶贫政策宣传手册》10万余份，免费发放到农村居民手中。三是健康扶贫政策落实到位。为全县因病致贫返贫的14561人，优先配备免费的签约家庭医生，制定个性化帮扶措施，对4类9种疾病患者进行分类救治；实行贫困患者在县内公立医疗机构住院先诊疗后付费，基本医疗保险、大病保险、疾病应急救助、医疗救助实行“一站式”信息交换和即时结算，贫困患者只需在出院时支付自负医疗费用。全年救治贫困患者3657人次，补偿住院费用2003.4万元，补偿比例提高10%，其中增补200.34万元；提高大病保险保障水平，降低大病保险起付线70%，降低起付线补偿323人，增加补偿金额113.05万元；提高了民政医疗救助水平，医疗救助80余万元；县财政按规定为贫困人口个人参保资助147.8万元，并补助贫困人口参加“扶贫特惠保”家庭综合保险经费；医疗机构为贫困患者住院减免自付费9万余元。全年为1391名贫困患者住院追补资金344.22万元，县级和县级以上实际报销比例兜底达到80%，切实减轻了大病患者家庭就医的负担。

（刘阳）

【县精神康复医院成为湖南省脑科医院临床技术指导医院】 2017年3月17日上午，湖南省脑科医院临床技术指导医院揭牌仪式在临澧县精神康复医院举行。省脑科医院业务院长胡朝晖、县人民政府副县长盛绍文为医院揭牌，省脑科医院护理部、市场部、安全办负责人，县卫计局主要负责人、各股室负责人，全县精精神病防治专干，合口镇乡村医生，医院全体职工等有关人员参加仪式。此次挂牌，标志着临澧县精神康复医院成为省脑科医院临床技术指导医院。省脑科医院将依托其办院经验、人才、技术等优势，定期派专家到该院进行教学查房、学术讲座，不定期进行管理指导，帮助和支持该院开展相关科研工作及人才培养，提升该院精神康复治疗水平。

（资料来源：临澧政府网）

为医院揭牌仪式现场

【健康扶贫“一站式”结算服务启动】 12月7日，临澧县健康扶贫“一站式”结算系统培训启动会在县卫计局举行，标志着全县健康扶贫“一站式”结算服务正式启动。县卫计局、人社局、民政局、保险公司分管负责人和全县医疗机构业务院长、医保兑付员参加会议。“一站式”

结算服务是健康扶贫工作的一项重要的内容，由县卫计局牵头，县人社局负责系统建设，整合卫计、财政、民政、医保、保险等部门职能，将基本医保、扶贫特惠保、大病保险、医疗救助等集中到“一站式”结算服务系统，在一个平台审批、结算。全县医疗机构全部开设“一站式”结算服务窗口的开设，将让建档立卡贫困人口看病少花钱、报销少跑腿，极大方便贫困患者就医看病。

（刘阳）

培训会现场

疾病预防控制

【概况】 2017年，全县共报告乙丙类传染病15种2730例，法定传染病总发病率为663.89/10万。其中，共报告乙类传染病9种1286例，死亡12例；发病率、死亡率、病死率分别为312.73/10万、2.92/10万、0.93%。全县无甲类传染病发生，无乙类传染病暴发流行。全年报告发病数居前5位的病种为乙肝419例、肺结核335例、梅毒290例、丙肝139例、淋病64例，计1247例，共占报告病例总数的96.97%。其中乙肝占32.58%、肺结核占26.05%、梅毒占22.55%、丙肝占10.81%、淋病占4.98%。报告丙类传染病6种1444例，无死亡病例报告，报告发病率为351.16/10万。报告发病数最多的病种为手足口病767例，余依次为流行性腮腺炎620例、流行性感冒32例、其他感染性腹泻20例、急性出血性结膜炎4例、风疹1例。

一、重点疾病防控。 手足口病防控：制定《临澧县2017年手足口病监测防控实施方案》，召开全县手足口病培训会议，加强医疗机构手足口病疫情巡查，全县通过“传染病报告信息管理系统”共报告手足口病688例，其中1例重症病例，无死亡病例报告。以霍乱为重点的肠道传染病防控：制定《临澧县2017年霍乱监测防控实施方案》，督促各医疗单位5—10月开放肠道门诊，对就诊的病人进行登记，对疑似病人、重点人群中腹泻病人开展病原检索。全县各医院肠道门诊共登记腹泻病人1002人，检索1002人，未检出阳性病例；开展外环境采样检索60份，均未检出霍乱弧菌。H7N9禽流感防控：制定全县防控工作方案，开展县、乡医疗机构防控培训，准备相关的应急物资，印发病例接触者医学观察告知书、医学观察记录表、个案调查等相关表格资料。对全县活禽交易市场进行H7N9禽流感病毒监测，采样17份，未发现阳性标本。开展人感染H7N9禽流感专题风险评估，对1例人感染禽流感疑似病例进行排查。狂犬病防控：制定《临澧县2017年狂犬病监测防控实施方案》，开展狂犬病知识宣传咨询活动，加强狂犬病暴露后预防处置和宿主动物监测，2017年全县未报告狂犬病病例。流行性腮腺炎防控：全县报告发病620例，多所学校发生疫情。针对病情，及时联合县教育局召开联防联控会议，采取传染源隔离治疗、环境消毒、疫苗接种等综合防控措施，加强对各中小学防控督导，并接种流行性腮腺炎疫苗17000余人次，有效控制了病情流行。性病艾滋病防治：开展艾滋病性病防治知识培训4次；CD4抽血检查264人次，并及时告知检查结果；个案随访艾滋病人538人次；接受自愿咨询检测523人次；对临澧县看守所羁押人员75人采血进行HIV抗体检测。全县有艾滋病阳性19例、梅毒阳性7例。结核病控制：全年共接诊可疑肺结核症状者830例，共检出活动性肺结核患者286例，其中涂阳肺结核患者52例，查出新涂阳患者49例。阳性肺结核患者的密切接触者筛查率达到95%，对21例可疑耐药患者和4名耐多药肺结核患者转省结核病防治所治疗。对286例活动性肺结核病人进行HIV初筛。

同时，加强慢性病防控。全年老年人健康体检42998人次；累计在管高血压患者28390人次，新发现高血压患者1859人次；累计在管2型糖尿病患者6928人次，新发现2型糖尿病患者846人次。

二、免疫规划工作。全年全县常规免疫共接种72965针次，接种率95%以上，安全接种率100%。加强疫苗、冷链与注射器管理，制定第一类疫苗和注射器需求、分发计划，完善疫苗出入库登记及疫苗管理制度，安全实现冷链运转12次。开展新入托入学儿童预防接种证查验，共查验入托入学儿童数8764人，接种证查验率100%。其中持有接种证儿童数8635人，应补接种证人数129人，实补接种证人数129人，补证率100%。

三、公共卫生与职业病防护工作。全年抽检样品730个，其中，食品安全风险监测样品80个、饮用水样品197个、上级抽检计划453个。体检6768人（不含职业病体检人数）。职业健康监护：职业健康检查1435人，出具职业健康体检报告书47份。共查出职业禁忌人数27人，疑似职业病5例。职业危害因素监测：监测项目24项，符合乙级疾控中心等级达标要求，职业病危害因素检测项目开展率达100%。先后对顶春公司等5家一般工业企业及1家煤尘企业的职业病危害因素进行现场调查和检测，共检测有害作业点36个岗位，撰写6份模拟检测报告和卫生学评价报告。尘肺病农民工救治：由县卫计局、县人社局、县财政局、县民政局联合下发《临澧县2017年尘肺病农民工基本医疗救治救助实施方案》的通知，澄清全县101例农民工尘肺病人情况，其中上报卫计局尘肺办实施救治6例。

（办公室）

血吸虫病防治

【概况】2017年，全县查螺2098.22万平方米（垸内1654.22万平方米，垸外444万平方米），为年初计划的101%；灭螺868.22万平方米（垸内424.22万平方米，垸外444万平方米），为年初计划的122.7%；灭蚴180万平方米，为年初计划的150%，超额完成本年度查、灭螺、灭蚴任务。开展人群血检28048人次、粪检676人次，为年初计划的140%；化疗5612人次，为年初计划的102%；居民感染率为0。家畜查病牛2600头、羊1200只，化疗牛3000头、羊1600只，家畜感染率为0。开展血防健康教育，共举办培训班12期次（8期乡村医生、3期血防专干、1期疫区村民），培训人数达550人次，参训率100%。加强血防知识宣传，出动宣传车38台次，制作血防宣传栏1734块，永久性墙体标语120条，印发血防宣传小折页2万份、健康导报12万份、宣传单3万份、血防宣传物品8000余件，新增、刷新警示牌、禁牧标志38块，与疫区42所中小学校13900名中小学生签订责任状和《不接触疫水协议书》。救助晚期血吸虫病人169人，其中属于精准扶贫对象21人。淘汰牛、羊家畜3379头（只），其中牛1349头、羊2030只，补偿资金200万元。投入120万元实施农村改厕2400座；投入80万元在澧水外洲修建一座渔船民码头和两座无害化公厕。（杨梅）

【急性血吸虫病防控】为防止“急性血吸虫病”疫情发生，2017年，临澧县血防办根据气温、水位变化情况，先后在澧水外洲、福船外洲灭螺6次、灭蚴12次，喷洒杀螺胺8吨、氯硝柳胺3吨、投入缓释球3吨。在重点堤段设立防护哨卡，安排人员全天候值班，对易感地带沿线居民进行逐户上门宣传，发放“急防”防控知识宣传单2万份。累计劝阻2850人次，发放防护膏4000支，登记接触疫水人员共268人次。针对停弦渡镇福船外洲高危易感地带，迅速实行围栏隔离，灭螺灭蚴 170.69 万平方米，查病 651 人次。通过一系列措施，全县未发生急血病例。（杨梅）

【两省五县血吸虫病联防联控】 为加强血吸虫病联防联控工作，加快毗邻地区血吸虫病传播阻断达标进程，保障疫区人民群众身体健康，3 月 9 日至 10 日，湖北省公安县与湖南省安乡县、澧县、石门县相关单位负责人和专家共 40 人，在临澧县举办血吸虫病联防联控经验交流活动，市卫计委、市血防办相关负责人等应邀出席活动。各县就辖区疫情、血吸虫病防控工作进行交流和讨论，实地参观停弦渡镇青山村沟渠硬化、新安镇中心小学血防健康教育等血吸虫病综合防治现场，并对新安中心小学采取的“一落实”、“三保证”、“四开展”血防教育措施给予高度评价。会后，五县在有效管控重点水域流动人群、治理钉螺孳生环境、消除防治死角等方面进一步加强合作，有效遏制了疫情的扩散与蔓延。（杨梅）

临澧县人民医院

【概况】 临澧县人民医院是一家具有 60 多年历史的综合性医院，承担着全县医疗、预防保健、科研教学等工作任务，是新型农村合作医疗、城镇职工医保、城镇居民医保、工伤保险、生育保险定点医疗机构，是全县高危孕产妇急救中心、健康体检中心、传染病救治中心以及司法鉴定中心。医院占地面积 3 万平方米，总资产 8000 万元；设有内、外、妇、儿、传等业务科室 15 个，行管后勤等职能股室 10 个；编制床位 380 张；有各类专业技术人员 351 人，其中高级职称 51 人，中级职称 111 人。

2017 年，医院全年实现业务总收入 1.38 亿元，门诊收入 3524 万元，门诊人次超 24 万人次；住院收入 9568 万元，住院人次达 2.6 万人次。

临澧中医医院

【概述】 2017 年，临澧县中医医院全年实现总收入 11175.1 万元，其中业务总收入 9500.1 万元，较上年增加 1000 万元。接受门诊 127902 人次，较上年增长 1232 人次；急诊 8736 人次，增长 56 人次；收治住院病人 12425 人次，增加 1240 人次。新增高新医疗设备 18 台件，新建住院大楼完工投入使用，综合制剂大楼新建及老住院大楼改造工程于 7 月开工。引进专家人才 3 名、招聘本科以上学历人员 7 名，选送 12 人上市级以上医疗单位进修深造。与湖南省肿瘤医院签定医疗、教学集一体的联盟定点医院协议，被省消协评为全省消费者信得过先进单位。研制消瘤丸及莨藻二陈汤等新药，出版《歧黄传奇故事》等专著 4 部，发表论文 36 篇。开展中医适用技术培训 9 次，培训人员 900 名；组织到对口医疗扶贫点下乡义诊 12 次；推广中医药适宜技术 218 人次，发放各类预防保健资料 5 万余份；开展大型公益活动 3 次，免除 40 余名因病致贫的特困户住院医疗费用 45 万元，向玉皇庙村捐送扶贫资金 50 万元。（王明义）

临澧县中医医院外景

【《岐黄传奇故事》专著出版】 2017 年 12 月由人民日报出版社出版。，由县中医医院院长乔玉山编著，全书共 108 千字，主要收集整理编著传统岐黄传奇故事，图文并茂、形象生动。通过这些故事的讲述，可使广大读者从中了解中医药知识，感悟中医药文化，具有科学性、知识性、实用性、通俗性、趣味性。 （王明义）

临澧县中医医院研究成果

【县中医医院成为湖南省肿瘤医院医联体成员单位】 2017年12月27日，县中医医院被湖南省肿瘤医院确定为湖南省肿瘤专科医联体成员单位，省肿瘤医院将定期选派知名专家教授巡回县中医医院座诊，实地带教，临澧肿瘤患者可足不出县享受省级专家诊治。 （王明义）

妇幼保健

【概况】 临澧县妇幼保健院是集妇幼保健、临床医疗为一体的县直医疗保健机构，是省卫生厅、省民政厅指定的“婚前医学检查”专业机构、全省首批被卫生部命名的“爱婴医院”、市卫计委授权挂牌的“产前筛查中心”担负着全县妇女儿童医疗保健任务和乡镇妇幼人员技术指导、孕产妇急救等工作职能。医院妇幼保健项目主要有：妇科、产科、儿科、乳腺科、妇女保健、儿童保健、小儿生长发育监测、儿童智力监测、小儿康复治疗、产后康复、不孕不育诊治、产前筛查等。2017年，医院孕产妇死亡控制为0，被评为“全市妇幼卫生工作先进单位”。

一、基本公共卫生服务工作。 孕产妇管理：全县产妇总数4371人，住院分娩活产数4388人，系统管理4215人，系统管理率96.05%；住院分娩率为100%；筛选高危孕产妇2705人，高危筛选率61.88%，住院分娩2705人，高危住院分娩率100%。儿童管理：全县0~6岁儿童28612人，保健管理27387人，儿童保健管理率95.71%；3岁以下儿童12067人，建档12067人，建档率100%，系统管理11283人，系统管理率93.5%；纯母乳喂养3630人，喂养率82.73%；新生儿疾病筛查3094人，筛查率95.52%。5岁以下儿童死亡31人，死亡率为7.06‰，婴儿死亡19人，死亡率4.32‰，新生儿死亡10人，死亡率2.27‰。无一例新生儿破伤风。筛查发现中重度贫血营养不良儿童87例，发生率0.37%，均进行了指导随访，并对部分较严重的儿童进行了转诊。

妇女保健指标分析

指　标	2016年	2017年	同比（%）
孕产妇死亡率（/10万）	48.95	0	-100
住院分娩率（%）	100	100	0
产前检查率（%）	99.16	99.36	+0.2
孕产妇系统管理率（%）	93.63	96.05	+2.58
高危筛查率（%）	51.98	61.88	+19.04

儿童保健服务指标分析

指　标	2016年	2017年	同比（%）
7岁以下儿童保健覆盖率（%）	91.17	95.71	+4.97
3岁以下儿童系统管理率（%）	86.24	93.5	+8.41
纯母乳喂养（%）	76.62	82.72	+7.96
新生儿疾病筛查（%）	94.3	95.52	+1.29

5岁以下儿童死亡数据指标分析

指　　标	2016年	2017年	同比（%）
5岁以下儿童死亡率（‰）	4.16	7.06	+33.3
婴儿死亡率（‰）	4.67	4.32	-7.49
新生儿死亡率（‰）	0.97	2.27	+134
5岁以下儿童中重度贫血发生率（%）	0.46	0.37	-19.56

二、重大公共卫生民生实事项目。农村适龄妇女“两癌”免费检查项目：采取将“两癌”免费检查项目分配任务指标纳入2017年妇幼健康工作目标管理考核内容、向所有目标对象发放“临澧县农村适龄妇女两癌筛查免费服务卡”等措施促进项目落实。免费“两癌”筛查育龄妇女4462名，筛查出各类妇科疾病958例，TCT阳性20例，确诊宫颈癌3人；乳腺筛查阳性123人，确诊乳腺癌3人。以上病人均落实跟踪随访。费婚前医学检查项目：全县婚前医学检查2028对，婚检率达98.32%，检出疾病人数276人，疾病检出率13.61%。国家免费孕前优生健康检查项目：共检查4000对待孕夫妇，查出高风险对象432例，早孕及妊娠结局随访率均达到100%。孕中期免费产前筛查项目：全县应筛查人数3500例，实际筛查（早筛+中筛）4646例，筛查高风险孕妇489例，对所有高风险人群均进行追踪随访，督促产前诊断405人，产前诊断率82.8%。预防艾梅乙母婴传播阻断项目：所有开展产前检查机构均实行首诊免费检测制，全县产妇3234人，实施孕期检测3122人，孕期检测率96.53%，筛查出梅毒阳性患者16人、乙肝阳性患者165人，所有患者均上报并进行干预及追踪随访。

婚前保健数据分析

指　　标	2016年	2017年	同比（%）
婚前医学检测率（%）	91.2	98.32	+7.8
检出疾病（%）	11.46	13.61	+18.76

产前筛查数据分析

指　　标	2016年	2017年	同比（%）
产前筛查率（%）	91.33	106.29	+16.38
高风险检出率（%）	8.06	12.41	+53.97
产前诊断率（%）	77.36	82.8	+7.03

增补叶酸预防神经管缺陷项目

指　标	2016年	2017年	同比（%）
叶酸发放人数	4583	5128	+11.89
叶酸服用率（%）	99.63	99.45	-0.1
叶酸服用依从率（%）	85.38	90.01	+5.42
神经管缺陷人数	5	4	-200

“9·12”出生缺陷日宣传活动现场（胡娜）

三、医疗服务工作。提高诊疗水平。特邀请北京沃医集团、骆成玉乳腺医疗集团知名妇科专家、湘雅附属二医院儿科专家到长期定时坐诊、开展手术；与省湘雅医院、省人民医院、省肿瘤医院等签订长期远程帮扶计划，结合高科技多媒体远程视频B超诊断系统开展技术指导。加强医疗质量管理。强化业务学习，每天早会开展业务讨论，每周五下午4点以科室为单位学习，全院开展业务讲座12次。选派医务人员到上级医院进修21人次，参加各种学习班45人次。对在岗人员两月一次理论考试，半年一次操作考核，每月通报一次医疗文书书写情况。优化护理服务。精心组织护理质量体系的运行和实施，以标准为依据，采取定期检查与随时抽查相结合的方法对护理服务质量进行质量控制，对全年所有住院患者691人实施电话回访，满意度达到95%以上。

（胡娜）

人力资源和社会保障

概　　述

临澧县人力资源和社会保障局是县政府重要职能部门，主要承担全县人力资源和社会保障事业综合管理、监督指导、协调服务等职责。内设办公室、政工人事股、财务股、行政许可办公室（政策法规股、信访办公室）、公务员股、事业人员股、专业军官管理办公室、专业技术人员管理股、工资福利股、就业促进与失业保险股、培训管理股、劳动关系股、养老保险股、医疗生育与工伤保险股、绩效评估办、社会保险基金监督股、信息中心等17个职能股室，管理县劳动就业服务管理处、县机关事业单位社会保险处、县社会劳动保险处、县城镇职工医疗保险管理服务中心、县工伤保险处、县劳动人事争议仲裁院、县人力资源开发交流服务中心、县城乡居民医保管理服务中心等8个二级副科级机构，管理县劳动监察大队、县人力资源考试院、县社会保险基金征缴管理处3个股级事业单位。全局核定编制数156个。

2017年，全县人力资源和社会保障工作坚持以民生为根本，开拓创新，优化服务，强化管理，民生保障等各项事业得到长足发展，实现了基金安全、考试安全、干部安全。全市工伤预防、创业担保贷款工作现场会先后在临澧召开，中泰特种装备有限责任公司被人社部评为全国就业扶贫基地。

一、劳动就业服务工作。继续实施积极的就业政策，巩固全省创新创业带动就业示范县创建成果，举办“创业大赛”浓厚创业氛围，开展创业培训、组建创业协会、建设金诚创业园搭建创业平台。全年创业培训200人，发放创业担保贷款2685万元，新增创业主体2228户，带动城乡就业4375人%；就业技能培训2285人；城镇新增就业4913人，新增农村劳动力转移就业3678人，城镇登记失业率控制在4%以内。开展稳定企业用工专项行动，举办工业园企业专场招聘会7场，帮助208家企业招聘员工755人；为美华尼龙、中泰特装等重点企业培训员工1250人；拨付稳岗补贴42万元。维护稳定，促进劳动关系和谐。推进劳动合同制度、劳动用工备案制度，工资集体协商等工作，全县非国有企业劳动合同签订率达到92.5%；推行建筑工地、临时工地“一月三巡”制度，及时掌握工资支付动态情况，防止欠薪逃薪案件的发生。严格实行农民工工资保证金缴存开工、专户管理、公示退还，启动水利、市政、交通建设项目工资保证金制度，基本实现全县工程建设领域全覆盖。全年新增项目46个，收缴保证金998万元，累计在建项目82个，收缴保证金1471万元。对劳动、就业等侵权案件实行快立、快查、快审、快结，共受理举报投诉83

件，启用简易程序调处75件，立案查处24件，移交司法机关处理4件；受理各类劳动人事争议案件63起，案外调解130起，涉案标的共700多万元，接待来访和咨询近500人次，仲裁准确率达到100%。

二、社会劳动保障工作。以园区企业、建筑企业为重点，推进参保扩面。全县基本养老参保人数达到29.5万人，基本医疗参保人数达到42.76万人，工伤保险参保人数4.1万人、失业保险参保人数1.5万人、生育保险参保人数1.5万人。全面推行“五险”统一征缴，共入库各类社保基金12.32亿元，实现所有险种当期基金略有结余。严格执行企业、机关事业单位离退休人员待遇调整政策，企业退休人员人均月增加127.8元，机关事业单位离退休人员人均月增加348.8元，居民养老保险人均月增加5元。加快推进机关事业单位养老保险改革，医保异地就医联网直接结算、“一站式”结算全面开通，工伤、生育、失业等社会保险均按政策执行到位。全年按时、足额发放各项社保资金11.53亿元。落实行业扶贫政策。对全县31120名精准扶贫对象、个人参保资助资助147.81万元；办理精准扶贫对象基本医疗提高比例补偿3524人次，累计增加补偿额146.8万元；办理精准扶贫对象大病保险降低起付线补偿177人次，累计增加补偿额61.90万元。建立健全贫困劳动力转移就业数据库，贫困家庭“两后生”技能培训95人，新增贫困劳动力转移就业人数927人，基本实现“就业一人、脱贫一户”的目标。

三、人力资源开发管理工作。坚持人事考试制度建设，严格规范操作，招录公务员34名、招聘事业单位工作人员131名、招募“三支一扶”大学生3名，招聘法院书记员、协警等劳务派遣人员45名，全程实现安全无事故。规范绩效评估，重新修订绩效评估实施方案，实施差异化计分办法，对各评估责任单位评分的满分率、高分率、同分率、分差等严格限制，同时实行第三方评估、评估结果网上公示等方式，提升绩效评估的科学性，并出台《关于综合运用年度考核结果的暂行办法》，将绩效评估结果与单位领导干部任用挂钩，由县委组织部严格考核兑现。

存在的主要问题：一是社保基金支付压力逐渐增大。缴费标准逐年提高、补建补缴关门，社会保险扩面难度越来越大，加之费率调整、历史问题、财政实力不强等各种因素交织，各项社会保险保支付、保运转压力越来越大。二是就业难与招工难矛盾突出。县域工业基础不强，吸纳就业的能力有限，特别是薪酬、生活条件与发达地区差距较大，加上劳动者对工资等方面预期越来越高，就业难与招工难的问题愈发突出。三是人才难以满足发展需求。主要是受编制、政策、市场调控等因素制约，导致目前人才难引进、难留住，人才流失严重。（办公室）

社会劳动保险处

【概况】临澧县社会劳动保险处是受县人民政府委托、有县人社局管理，主要负责全县城镇职工基本养老保险、城乡居民基本养老保险工作的职能部门，内设综合股、财务股、被征地农民保障股、基金征缴稽核股、待遇计发股、退休人员管理股、个人账户管理股、城乡居保中心，核定编纂43人。

一、企业职工基本养老保险。截至2017年年末，全县参加企业职工基本养老保险总人数为41598人，其中登记参保人数为21078人，离退休人数为20520人。年度企业职工基本养老保险缴费人数为17334人。基本养老保险全年基金收入47836.38万元，其中征收保费18854.86万元，超额完成年度基金征缴任务，上级补助28234万元，其他收入747.52万元。当年基金支出43358.66万元，其中发放养老金待遇41757.52万元，发放丧葬费和抚恤金1474.23万元，其他支出126.91万元。当期结余4477.72万元，累计结余 14742.09 万元。

二、城乡居民养老保险。截至 2017 年年末，全县参加城乡居保总人数为 23.6667 万人，其中 16~59 周岁登记参保人数为 13.9202 万人，60 岁以上享受待遇人数 7.684 万人。年度全年城乡居民养老保险基金收入 10611 万元，其中征收保费 2116.8 万元（包括被征地农民 4663.6 万元），完成年度征缴任务的 150%，上级补助 8442 万元，其他收入 52.2 万元；当期基金支出 8472.2 万元，其中发放养老金待遇 8467.9 万元，其他支出 4.3 万元；当期结余 2138.8 万元，累计结余 17626.9 万元。（综合股）

【基本养老保险待遇调整】2017 年 7 月，按湘人社发〔2017〕48 号文件精神，对全县 2016 年 12 月 31 日前退休的 15722 名基本养老保险参保离退休人员进行待遇调整，此次调整后，全县企业退休人员在 2017 年养老金人均每月 1676.7 元的基础上月增 127.8 元，达到 1804.5 元。9 月份，根据湘人社发〔2017〕48 号文件精神，调整全县城乡居民基本养老保险基础养老金最低标准，自 2017 年 1 月 1 日起城乡居保基础养老金由每人每月 80 月提高至 85 元，惠及全县 7.45 万名 60 周岁以上城乡居保享受待遇人员，年增发养老待遇 447 万元。（综合股）

劳动就业服务管理

【概况】临澧县劳动就业服务管理处前身为县劳动服务公司，组建于 1980 年 9 月，1995 年正式更名为临澧县劳动就业服务管理处，副科级单位，为县人力资源和社会保障局管理的公益一类事业单位。单位下设综合股、财务股、失业保险股、社区服务股、统筹城乡就业办公室、农村就业服务股；小额担保贷款中心，编制 17 名。

2017 年，全县劳动就业工作成果丰硕。湖南中泰特种装备有限责任公司被人社部、国务院扶贫办评选为“全国就业扶贫基地”；常德鸿鹏新型石材有限公司被省人社厅评定为“2016 年湖南省创新创业带动就业优质初创企业”；合口镇中横街社区被省人社厅评定为“湖南省充分就业星级社区”；湖南奔骥环保能源科技有限责任公司参与常德市人社局举办的创新创业大赛荣获“常德市 2017 年创新创业大赛三等奖”；湖南安福气门有限公司刘后林、临澧县德德米粉总店（朝阳街总店）杨永德、临澧县合丰机动车驾驶员培训学校有限责任公司鲍湘黔经我处推荐被常德市委人才工作领导办公室评选为“常德工匠”；临澧县劳动就业服务管理处被常德市劳动就业服务管理处评为“2016 年度全市就业服务工作目标管理先进单位”；临澧县人力资源和社会保障局国家职业技能鉴定所被常德市职业技能鉴定指导中心评为“2016 年度全市职业技能鉴定工作红旗单位”。

一、就业与再就业。全年城镇新增就业 4913 人，完成年度目标任务 4800 人的 102.35%；失业人员再就业 2896 人，完成全年目标任务 2800 人的 103.43%；就业困难对象再就业人数 834 人，完成全年目标任务 800 人的 104.25%；新增农村劳动力转移就业 3678 人，完成全年目标任务 3300 人的 111.45%；零就业家庭动态就业援助率 100%，城镇登记失业率 3.01%。全年共组织开展专场招聘会 8 场次，发放各类宣传资料 2.5 万份，开展各项政策咨询 3500 多人次，进场招聘单位 208 家，提供就业岗位 5258 个，进场求职 2258 人，达成就业意向性协议 1798 人次。

二、创业带动就业。全年新增创业主体 2228 人，完成全年目标任务 2200 人的 101.27%；带动城乡就业人数 4375 人，完成全年目标任务 3300 人的 132.58%。发放创业担保贷款 2685 万，完成全年目标任务 2500 的 107.40%；回收 2015 年贷款 221 户 2159 万，回收率 100%。

三、职业技能培训。全年培训 5110 人，完成全年目标任务 4600 的 111.09%，其中：就业技能培训 2040 人，企业职工培训 2870 人，全民创业培训 200 人；职业技能鉴定 3100 人，完成全年目标任务2600的119.23%；贫困家庭“两后生”技能培训95人，完成全年目标任务的100%。

四、失业保险。全年征缴基金193万元，完成全年目标任务150万的128.67%；全县失业保险参保人数15027人，完成全年目标任务15000人的100.18%。失业保险基金安全完整率、规范运作率均达到100%。共发放失业保险金870人次，累计金额88.63万元。为23名失业人员报销住院药费10.5万元。为93名失业人员提供免费技能培训，培训后实现再就业45人。

五、就业扶贫。全县全年建档立卡贫困人口转移就业927人，完成年度目标任务723人的128.22%。（综合股）

机关事业单位社会保险

【概况】临澧县机关事业单位社会处为县人社局管理的具有行政职能的副科级事业单位，具体承办全县机关事业单位社会保险事务。内设综合股、财务股、基金征缴股、稽核股、职业年金股、信息管理股，核定全额拨款事业单位人员编制数15人。

2017年，全县参保单位171家，参保人员14340人，其中，在职人员9492人，退休人员4848人。全年完成参保单位缴费清算170家，结算103家，44家单位3735名退休人员实现退休待遇社会化发放。全县全年基本养老保险收入30425万元，其中基金征缴收入25441万元，利息收入54万元，财政补贴收入4930万元。归集职业年金5023万元，职业年金利息12万元。

（综合股）

城镇职工医疗保险管理服务

【概况】临澧县城镇职工医疗保险管理服务中心为县人社局管理的具有行政职能的副科级事业单位，主要职能是负责全县城镇职工医疗、生育保险参保扩面及资金收支管理，保障参保职工基本医疗等。内设综合股、财务审计股、基本医疗管理股、医疗审核股、生育保险管理股（加挂特殊人员管理股），审核编制14人。

2017年度，全县参保24870人，其中在职14352人，退休10518人（含关闭破产企业清偿人员3951人）。基本医疗收入6833.15万元，其中统筹基金收入3875.93万元，个人账户收入2957.22万元。生育保险收入312.06万元，大病互助收入346.39万元。基本医疗支出6077.65万元，其中统筹基金支出3543.88万元，个人账户支出2533.77万元。生育保险支出308.87万元，大病互助保险支出200.13万元。收支相抵，基本医疗当期结余755.50万元（含个人账户资金423.45万元），累计结余3082.81万元（含个人账户资金2973.35万元）；生育保险当期结余3.19万元，累计结余409.85万元；大病互助费当期结余146.26万元，累计结余531.13万元。从9月1日起，大病互助费征收标准由每人每月11元提高到16元，本年度增加基金收入40万元。血液透析、器官移植2个重大疾病病种年度支付限额和报销比例从1月1日起调整标准，血液透析年度支付定额分别由42000元调整为48000元，器官移植抗排斥反应支付定额分别由35000元调整为第一次器官移植43200元、第二次移植46800元，两病种报销比例统一调整为90%。职工医保意外伤害住院费用最高支付限额由1万元提高到2万元。（综合股）

【跨省异地就医实现直接结算】2017年8月，按照国家人社部、省人社厅关于开展跨省异地就医直接结算工作的总体部署，临澧县城镇职工医疗保险管理服务中心成立工作班子，制定工作方案，迅速启动信息系统升级、业务操作培训等工作，在规定期限内，全县医疗保险经办机构及县内2家医疗机构实现与国家异地就医结算平台7000多家医疗机构对接。对接后，临澧县城镇职工医疗保险参保对象跨省异地就医可直接结算医疗费用，解决了跨省就医人员垫资医疗、报账跑腿的问题。2017年度，临澧县城镇职工医疗保险参保对象有6例实现跨省异地就医直接结算。

（综合股）

劳动人事争议仲裁院

【概况】临澧县劳动争议仲裁院于2009年3月经县机构编制委员会批准正式成立。2011年6月，在原劳动争议仲裁院的基础上，经县编委批准，将原人事争议仲裁工作职能整合到劳动争议仲裁院，新组建县劳动人事争议仲裁院，为副科级事业单位，核定编制7人。2012年3月，经临澧县实施公务员法领导小组办公室批准，县劳动人事争议仲裁院登记为参公管理事业单位。

2017年，临澧县劳动人事争议调解仲裁工作以贯彻落实《劳动争议调解仲裁法》为主线，以完善仲裁工作机制为核心，遵循合法、公正、及时、着重调解的原则，坚持“预防为主、调解为先和调裁结合”的工作方针，办案质量进一步提升。全年共立案劳动人事争议调解仲裁案件193件，结案193件，结案率100%。其中，调解结案184件（案外调解结案130件），裁决结案9件。涉案金额728万元。取得了令人满意的工作效果。自成立以来，我院共立案调处各类劳动人事争议500余件，涉及劳动者600多人，涉案金额4780万元。一裁终局案件没有被市法院拆销的案件，没有出现仲裁员枉法裁判、以权谋私及因调处不力引发争议当事人上访告状等事件。（综合股）

2009—2017年仲裁案件统计表

年　份	立案数	结案数	调解结案	裁决结案	涉案金额（万元）	备　注
2009年	99	85	58	27	135	
2010年	110	106	78	28	312	
2011年	103	102	76	26	189. 7	
2012年	62	58	36	22	247	
2013年	45	45	36	9	150	
2014年	52	52	41	11	218	
2015年	95	55	47	8	269	案外调解40
2016年	99	54	49	5	293	案外调解45
2017年	193	193	184	9	728	案外调解130
合　计	858	750	605	145	2541. 7	

（综合股）

安福镇

党委书记	王爱军
党委副书记、镇长	黄金波
党委副书记	蒋汉武
党委委员、人大主席	余志勇
党委委员、政协联络处主任	郭建春
党委委员、纪委书记	黄　平
党委委员、组织委员	刘跃飞
党委委员、武装部部长	谢建国
党委委员、副镇长	周付生
副镇长、主任科员	徐志华
人大副主席	符　涛

【概况】 安福镇地处县城区，全县区划改革调整完成后，全镇现辖13个社区居委会，总面积37.28平方千米，常住人口5.22万人（不含太平筹）；有耕地面积11953亩，山林面积11000亩。2017年，镇党政班子成员11人，其中正科级7人，副科级4人；镇党委下辖党支部73个，党员1678个；在职干部职工74人，其中有公务员24人、机关站所事业编制人员50人；有离退休人员32人；有社区工作人员84人。

2017年，安福镇坚持稳中求进工作总基调，按照“推进新创业，建设新安福，打造生态宜居的现代城镇”的总体思路，全力以赴稳增长、促改革、调结构、惠民生、防风险，实现了经济的平稳增长和社会大局的和谐稳定。安福镇先后获得“国家级生态乡镇”“全省和谐社区建设示范乡镇”“全市示范社区建设先进乡镇”等称号，被评为全县绩效管理红旗单位，招商引资、综治维稳（平安建设）及信访、人口计生、安全生产、党管武装等工作获得县委县政府表彰；朝阳街社区被评为全国“百县千乡万村无邪教创建示范工程”示范典型，文化街社区被评为全省“无邪教创建”示范单位。

一、经济发展。 地区生产总值增长10%；一般公共预算收入增长3%；完成固定资产投资32.02亿元，比上年增长21.2%，其中：完成工业固定资产投资6.02亿元，比上年增长22.8%。城乡居民人均可支配收入分别增长9.2%、11%。年内实施重点项目2个，完成投资1.8亿元；续建项目2个、新签约项目3个，完成投资26500万元；在谈项目5个，计划投资8亿元；向上争取政策性资金982万元，比上年增长18.5%。粮食生产以清水、芭蕉社区为主体，创建双季高产丰产示范线，共落实早稻1600亩、晚稻1800亩的示范面积。全镇蔬菜面积达2000亩。审核补贴农机16台次，惠农补贴及时、足额、准确地发放给农户。新发展家庭农场3家；农业保险全面覆盖、理赔到户。启动农业普查入户登记，并完成系统录入。义务植树造林1.8万株，幼林抚育

200亩，公路绿化5.5千米，渠道绿化3.5千米，油茶低改500亩，新造油茶150亩。

二、基础建设。争取洞庭湖区沟渠塘坝清淤增蓄项目国投资金20余万元，清淤扩容塘坝7处，其中骨干塘5处，清淤扫障东撇沟5千米。完成各类渠道工程建设8条12千米，其中湖区大中型渠道疏浚1条5千米。维修保养31处灌溉机埠共435.5千瓦，芭蕉社区投资20万元对2处骨干塘实行生态护砌整修。投资3.5万元实施水库大坝扫障工程，投入13万元实施青山中干渠渠底穿孔整修工程等4处应急工程，投资16万元改造供水管网3000米，投资3.6万元解决了4户贫困户的饮水安全问题。租用县抗旱服务队抗旱设备5台60千瓦，抗旱面积8000亩。

三、城镇建设。开展环境卫生综合整治和陈年垃圾大清理，每月安排深度保洁补助经费5万元，每季度安排陈年垃圾清理补助经费2万元。镇、社区两级累投资金300万元用于垃圾清运和小街小巷综合整治，在清水、总庙2个社区开展垃圾清运和处理试点，国卫创建成果得到进一步巩固。加强环境保护，按照中央环保督察组的工作要求，对辖内10家存在环保问题的企业责令整改并验收。纵深推行河长制，明确河湖明录和镇级河长、村级河段长，开展河湖沿岸垃圾、河库水面漂浮物专项清理行动6次。完成洞庭湖区养殖污染治理退养17户，扶植科技示范户4户。开展秸秆、垃圾焚烧专项整治活动，对重点区域实行蹲点管理。加强控违禁建，按照“政策宣传、日常巡查、重点稳控、强制拆除、总结讲评”五步工作法，全镇共查处并强制拆除违建133处、1.1万平方米，自拆800平方米。推进棚户区改造，冷冻厂片区、老外贸片区、气门二分厂宿舍、老供销社、老百纺、老木材、老航运、四季红得月巷以南、青年北路等多个项目点进展较为顺利，共签约624户，签约585户，签约率达93.75%。启动征地拆迁项目29个，征地面积1900亩，涉及农户拆迁180余户，确保了灵泉路、九龙路、梅溪路、金宝南路、四季红路、气象局搬迁、污水处理厂、炳屹昕宸、碧桂园项目、人民医院建设置换地块等一系列重点工程的顺利进行。维护项目施工环境，成立由镇综治办、派出所、司法所干部组成的协调专班和突击队，主动下到在建工地、项目点了解情况，开展矛盾纠纷摸排，实行专人专责，加强宣传引导和矛盾化解，消除不稳定因素。同时，对群众反映强烈的“村痞村霸”等现象和各种强揽工程、强行阻工、敲诈勒索和强买强卖等干扰破坏工程建设的行为敢于亮剑，严肃查处。安福镇被评为全市优化经济发展环境“十佳满意”单位。

四、民生社会事业。扶贫攻坚扎实推进。对2014—2015年所有脱贫人口进行回头看、回头帮，每户落实2条以上针对性帮扶措施，开展脱贫攻坚突出问题集中清理整顿。全镇预脱贫对象22户77人，共发放金融小额贷款95万元，农村危房改造对象11户，其中建档立卡贫困户9户，两后生培训5人，摸底登记贫困户在校学生47人，低保兜底保障15户28人。社会保障方面，开展城乡低保、特困人员和社会保障兜底脱贫对象认定清理，全年发放各类优抚资金370多万元，为52名有机动轮椅车的肢体残疾人申报燃油补贴，资助1360名残疾人参保，为80名重度残疾人提供居家服务。镇敬老院向上争资50万元对院内道路、下水道进行提质改造，投入24万元新安装自动喷淋系统。卫计工作方面，继续巩固“省优”、“国优”成果，大力推行“全面二孩”优质服务，全年共出生婴儿739人，政策内出生率99.45%；全年办理一孩服务证450人、两孩服务证580人、再生育证68人，流动人口电子婚育证明200人；清查流动人口2969人，违法生育对象立案4人，新增城镇奖励扶助对象150人、农村奖励扶助对象58人、特别奖励扶助对象9人、手术后遗症对象1人。启动“两癌”筛查，发放“两癌”筛查卡690张。全面落实流动人口均等化服务，对2930名流动人口实行建档管理。劳动保障方面，新增城镇就业人员2621人，失业人员再就业1682人，就业困难对象再就业149人，解决零就业家庭12户。开发公益性岗位104个，失业证认证972人，新办理失业证162人，创业实体1002家。带动创业人数2199人，大学生就业摸底就业创业178人，涉军人员就业援助150人。小额贷款申报123人、1530万元，农村劳动力转移360人，贫困劳动力新增转移就业23人。

五、安全维稳。强化安全生产隐患排查，加大打非治违工作力度，开展烟花爆竹经营市场专项整治行动，打击无证经营烟花爆竹的违法行为；开展道路交通、危化品、建筑施工、人员密集场所消防等10项安全生产排查管控整治行动，全镇没有发生较大以上安全事故。维稳安保方面，全年调处各类纠纷198起，全镇民调工作全市综合排名第53位；“无上访村（社区）”建设全面推开，建成集“两办三室”于一体的高标准的镇综治中心，并接入智慧临澧平台和365大数据平台；全镇13个社区整合为48个网格，为全县综治中心规范化建设暨建设无上访村（社区）工作推进会提供现场；金宝路社区被市综治委评为“无上访社区”，文化街被省综治委授予“全省无邪社区”称号。严厉打击违法犯罪活动，受立刑案292起，行政案件313起，结案276起，刑事拘留70人，没有发生较大以上群体性事件，没有发生重特大恶性治安案件。

六、队伍建设。加强基层服务型党组织建设，圆满完成社区“两委”换届，配强选优社区“两委”班子，选举产生社区“两委”成员129人，每个社区至少有1名以上年龄在30岁左右、大专以上文化的年轻人进入“两委”班子。强化作风建设。坚决贯彻中央八项规定精神，锲而不舍纠“四风”、治陋习、转作风，对全镇20个社区的财务进行全面清理，制定《安福镇社区重点项目建设监督管理办法》，深入推进“一弘扬两整治”活动，组织“荷花品格，梅花精神”廉洁知识抢答赛。严厉查处各类违纪案件，共查办案件9起；接转上级交办信访件2件，办结1件，受理信访12件，全部办结。办理人大代表建议、意见和政协委员建议案、提案20余件。（办公室）

【安福镇2017年经济工作会议】2月16日上午在县委党校三楼会议室召开，镇机关、站所干部职工及各社区“两委”班子成员共200余人参加。镇党委副书记、镇长王爱军作经济工作报告，明确了2017年全镇经济工作的总体思路和各项工作目标。会议还对人民街社区等92个2016年度先进单位和龚光荣等112名先进个人予以表彰。（办公室）

安福镇“荷花品格、梅花精神”廉洁知识抢答赛现场（办公室）

【全镇社区“两委”换届】3月23日，镇党委、政府召开社区“两委”换届工作动员大会，正式启动换届工作；4月25日在护城社区进行“两委”换届工作试点；6月18日，全镇20个社区全部完成“两委”换届选举。本次换届选举，全镇共选出社区“两委”成员129名，平均年龄42.7岁，较上届减少3.3岁；大专及以上文化67人，较上届增加24.9%；35岁以下22人，较上届增加32.3%。（办公室）

【安福镇第三届人民代表大会第二次会议】5月2日上午在县委党校三楼会议室召开，全体镇人大代表、列席人员共计101人参加会议。会议审议并通过了《安福镇政府工作报告》《安福镇2016年财政预算执行情况暨2017年财政预算（草案）》《安福镇人大主席团工作报告》；补选黄金波为安福镇人民政府镇长、符涛为安福镇人大主席团副主席。（办公室）

【副省长杨光荣调研安福镇社会救助、养老服务等工作】10月25日，湖南省政府副省长杨光荣一行来到安福镇敬老院，实地调研社会救助和养老服务等工作。杨光荣详细询问老人的生活起居、活动娱乐等情况，实地查看敬老院厨房、卫生室、活动中心、蔬菜园等基础设施建设。省政府副秘书长黎咸兴，省民政厅厅长唐白玉，市委副书记、代市长曹立军，副市长龚德汉，市政府秘书长周代惠，县委副书记、县长蒋颖群，县领导毕金生、徐兴庭等陪同调研。（办公室）

新安镇

党委书记	唐　骏
党委副书记、镇长	黄宜平
党委副书记	申建华
党委委员、人大主席	胡晓泉
党委委员、政协联络处主任	朱洪生
党委委员、纪委书记	刘湘宇
党委委员、组织委员	邹山东
党委委员、武装部部长	张丕忠
党委委员、副镇长	熊　兴
副镇长	何　玉
人大副主席	涂　春

【概况】“新安”出于新近安抚边蛮之意。位于澧水中下游，澧阳平原西部，临澧县境西北部，距县城26.5千米。先后荣获全国重点镇、全国文明村镇、第二批全国特色小镇等10多项国家级和省级荣誉。辖区总面积58.9平方千米，耕地面积35877亩，水田19525亩，旱地11927亩，山林23605亩，水面4600亩。全镇下辖8个村、8个居民委员会，人口5.2万。

2017年，新安镇以临澧现代化城镇群次中心（临澧现代城镇群次中心）建设为总揽，强化两个保障（资金保障、制度保障）、力争三个突破（产镇融合特色镇建设、四纵四横两环交通骨干路网建设、公共基础设施建设），突出四镇同创（经济强镇、商贸重镇、文化名镇、宜居新镇），开展“五大会战”（产业提质、美丽城镇，招商融资、基础改善、民生统筹），取得显著成绩。成功入选第二批全国特色小镇，位列湖南省第一名；继续荣获全国经济实力千强镇称号，排名由987名上升至944名；镇政府机关被省委省政府授予“全省第六届人民满意的公务员集体”，被市委市政府授予全市“平安乡镇”称号，并取得连续五年蝉联全县绩效考核排名第一等多项荣誉。

一、经济发展。全年财税总收入1.62亿元；工业总产值31.28亿元，增长12.2%；固定资产投资9.62亿元，增长16.8%；社会消费品零售总额由23.26亿元增至24.21亿元，增长4.8%；人均可支配收入由13489元增至14787元，年均增长9.62%。推进产业融合发展，淘汰关闭115座土石灰窑，新建鑫众、万鑫两条新型节能环保石灰生产线及配套项目，2017年上缴税金突破300万元。锦桥机械、天伦不锈钢建设竣工，玖韶纺织完成设备安装，鑫红建材、恒瑞汽配开工在建，600万吨石灰石综合利用项目启动征拆。补齐农业短板，加大种粮大户培育力度，注册专业合作社、农场和农业公司3家。发展服务业，新注册商铺77家，引进联合易购、中海油等著名商业品牌；现代金融、电子商务、速递快递、时尚餐饮、3D影视等新业态进一步发展，美食一条街、国际烟花城、湘北农贸大市场等项目进展顺利。

二、城镇建设。湘北国际大酒店封顶，湘北烟花产业展示交易中心交易大厅、金鑫商厦开工建设。总干渠风光带建设一期工程全面完成，二期工程基本竣工。修复于家断桥，新区老城联为一体，城区规模扩容至4.8平方千米。实施常石路弱电入地、铁新路提质改造、新安大道亮化美化等工程，增设公共停车场1个，城镇面貌进一步提升。城乡环线、农村公交全线开通，城镇路网总里程达38千米。启动智慧城镇建设，设立交通信号灯2处。各村（社区）共投资254.92余万元整修清淤硬化堰塘27口，投资98.5万元安装路灯共329盏，投资88万元整修硬化扩宽机耕道超7.3千米，投资69.6万元清淤硬化沟渠5千米，投资473.1万元整修硬化各类公路共17.89千米。城镇保洁、绿化养护实行整体打包、购买服务，开展车辆进站专项行动，整顿城镇秩序，提升城镇管理水平。

三、民生社会事业。全面推进精准扶贫，全镇建档立卡贫困户429户1173人，73户198人脱贫，经省市县检查验收合格。举办新安慈善会五周年庆典认捐活动，募聚慈善资金332万元，救助困难群众715人次，发放资金71.8万元。募集教育资金100多万元，启动建沙堤小学校改扩建。全镇428人参加中考，201人被一中录取，录取率46.9%，持续保持全县第一，新安中心小学被评为全国足球特色小学、全省安全文明校园。第三人民医院医养综合大楼建成，城乡居民合作医疗参保率达100%。举办第二届新安镇春节联欢晚会，微信直播观看人数超18万人次，展示了新安形象。

四、安全维稳。全面落实安全生产主体责任和“一岗双责”，强化安全生产全员培训、监管督办、安全执法等工作力度，推进打非治违，有序管控安全生产。推进平安建设，全镇各级调解委员会共调解矛盾纠纷193起，调处成功率100%；开展“两抢一盗”、“扫黄禁毒百日会战”、“出租屋及流动人口整治”、“校园及周边环境整治”等专项行动。全年共立刑案82起，破案38起，捕诉39人，追逃8人，治安拘留52人，强制戒毒59人。民调工作全市排第75位，全县排第4位。

五、基层党建。深入推进“我是共产党员—我自豪，我是共产党员—我学习，我是共产党员—我承诺”主题活动，扎实开展“纠四风、治陋习”和雁过拔毛式“腐败专项行动”，面落实从严治党主体责任。全年共立案查处党员干部违规违纪13起，给予党内严重警告处分1人，党内警告处分12人，发出督查通报10起。（办公室）

【新安镇入选第二批全国特色小镇】2017年8月30日，经过前期申报、现场答辩、网络公示等环节，新安镇以湖南省总评第一的成绩正式入选住建部、国家发改委、财政部共同认定的第二批全国特色小镇，成为常德市唯一一个入选全国特色小镇的乡镇。（办公室）

总干渠风光带（办公室）

【新安镇政府被授予湖南省“人民满意的公务员集体”】根据省人力资源和社会保障厅、省委组织部、省委宣传部、省公务员局《关于开展第六届湖南省“人民满意的公务员集体”和“人民满意的公务员”评选表彰活动的通知》（湘人社函〔2016〕156号）要求，经自下而上层层推荐、审核和考察、第六届湖南省“人民满意的公务员集体”和“人民满意的公务员”评选表彰工作领导小组研究审定、媒体公示等评选环节，新安镇政府被评为第六届湖南省“人民满意的公务员集体”。2017年5月24日，湖南省“人民满意的公务员集体”和“人民满意的公务员”表彰大会在长沙召开，新安镇党政主要负责人参会并领取“人民满意的公务员集体”奖牌。（办公室）

合口镇

党委书记	章兴桂
党委副书记、镇长	陈克维
党委副书记	肖　锋
党委委员、人大主席	席詹文
党委委员、政协联络处主任	赵建平

党委委员、纪委书记	刘　猛
党委委员、武装部部长	陈国华
党委委员、组织委员	杜登喜
党委委员、副镇长	廖　平
副镇长、主任科员	傅　志

【概况】临澧县合口镇位于澧水中下游，地处松澧平原，因境内索水溪、高家溪、芭茅溪三水围合注入澧水而得名。全镇镇域面积47.34平方千米，辖11个社区、6个行政村，总人口5.1万人。全镇共有86个党支部，党员1696人。

2017年，合口镇按照“美食合口，休闲古镇”的定位思路，开展“湖南省十大美丽乡镇示范镇”“湖南省新型城镇化试点镇”创建，推进新创业、建设新合口。全年实现地区生产总值21.86亿元，比上年增长11.3%；财政总收入2666万元，增长3.8%。全年实现农业总产值3.1亿元，增长3.8%，其中，粮食作物播种面积60998亩，粮食总产值23127吨；经济作物播种面积105466亩。全年实现工业产值11.67亿元，其中规模工业总产值8.5亿元；工业固定资产投资5.3亿元。城镇居民人均可支配收入28656元，增长7.8%；农民人均可支配收入15288元，增长7.3%。

一、经济发展。工业经济稳中有增。全镇规模工业企业达到14家，纳税过千万元企业1家，过百万元企业4家，全镇实现工业产值11.67亿元。推进特色农业发展，以龙池堰社区、龙家溪村为核心，创建3000亩双季稻高产示范片建设，为市县提供了检查现场。全镇培植种植大户26个，家庭农场10个。着力打造“一村一品”，以富强社区为重点的梅菜生产基地、以黄陵桥社区为重点的甜叶菊生产基地、以砚水堰村为重点的香芋生产基地、以龙池堰社区龙家溪村为重点的大棚蔬菜等特色农业稳步推进。“美食合口”品牌逐步打响，全镇拥有各类餐饮企业210家，商业步行街一期工程投入运营。

二、城乡建设。抓住全省新型城镇化试点的机遇，对合心路、腾飞西路、木行路、前进路、文化广场进行提质改造，污水处理厂建成并投入运行，启动澧北车辆检测中心建设，明鑫花园竣工开盘。全面加强城镇管理，持续开展“两整治一规范”行动，禁气球拱门、禁流动广告，顺利通过全省新型城镇化试点考核评估，被评为全省新型城镇化试点“一类镇”。交通建设方面，提质改造1836线，沅澧快速干线二号大道实现单幅通行。镇村两级投入资金1175万元，硬化村组公路25千米，安装路灯200盏。水利建设方面，全镇投入资金450万元，清淤硬化沟渠120千米，整修扩容堰塘45处，主干渠拆除违章建筑21间，澧水大堤扫障9千米。生态建设方面，退出规模养殖场17家。

三、民生社会事业。开展脱贫攻坚“百日大会战”，组织机关、站所、社会爱心人士与全镇1002户2782人贫困对象结对帮扶，全年实现164户464人脱贫，改造农村危房50户。完善社保覆盖，城乡居民医保参保率达到96%以上，城镇新增就业1930人，新增农村劳动力转移358人，失业人员再就业832人，发放贴息贷款210万元，中横街社区被评为“湖南省充分就业星级社区”。扩大民政救助。将符合城乡低保条件的对象及时纳入救助范围，对重病户、重残户实现动态管理条件下的“应保尽保”，全年发放各类救助资金475万元。义务教育质量稳步提升，中考成绩名列县内农村中学第一。丰富群众文化生活，举办全市首场“文化和自然遗产日”系列宣传活动，全年送电影216场次，广播“村村响”全面升级提质，湘北大鼓《河长》荣获水利部创作奖。成立镇书画印社，展出100多幅名家书画。

四、安全维稳。全面加强综治信访工作，推进镇村综治中心建设，严格落实领导坐班接访、群众接待日制度，开展“百名干部联百户”活动，扎实推进无上访村（社区）建设，综治民调满意率位居全县第一，被评为“全市无上访村（社区）建设先进乡镇”。深入开展平安创建，全面推行社会治安网格化管理，严厉防范和打击违法犯罪，被评为“全市社会治安综合治理（平安建设）优秀乡镇”。全面加强安全生产，合口镇被评为全市安全生产先进单位，镇安监站被评为“全省安全生产先进集体”。

五、基层党建。确定每月15日为“主题党日”，组织党员开展理论学习、环境整治、公益设施义务管护等活动。优化干部队伍结构，村（社区）两委换届后，全面实现村干部60岁“一刀切”。新建或改扩建11个村（社区）村级综合服务平台。强化作风建设，先后出台机关干部管理办法、村（居）干部管理制度，深入开展扶贫领域突出问题、“雁过拔毛”式腐败等专项整治，深入推进全面从严治党向基层延伸，全年办理各类违纪案件11起，纪律处分12人。（办公室）

【合口镇举办“文化和自然遗产日”宣传活动】6月6日，由临澧县委宣传部、县文体广新局和合口镇政府组织的全国第一个“文化和自然遗产日”临澧展演宣传活动在合口镇申鸣文化中心广场举行。全国第一个“文化和自然遗产日”的主题是“非遗保护——传承发展的生动实践”。合口镇举办此次活动，旨在振新传统技艺，弘扬传统文化，进一步推进县域文化和自然遗产保护工作迈上新台阶。活动先后展演了九澧渔鼓、鼓盆歌、荆河戏、狮龙表演等优秀非遗节目，并现场开展非遗法律法规、“二十四节气”、非遗项目图片展，吸引近2000名群众参与。此次活动展示了临澧原生态文化，营造了加强非遗保护的社会氛围。（办公室）

活动展演现场（办公室）

【龙池30兆瓦渔光互补分布式光伏电站实现21兆瓦并网发电】该项目是临澧建新光伏电力有限公司投资的光伏电力项目，位于湖南省常德市临澧县合口镇龙池堰社区，项目所用地为临澧县合口镇龙池堰鱼塘，总面积约900亩，采取“水上发电，水下养殖，科学开发，综合利用”的模式建设。项目分两期建成，一期20兆瓦，二期10兆瓦，建35千伏汇集站1座，通过一回35千伏线路接入合口110千伏变电站，实现发电上网，总投资2.4亿元。该项目于2015年12月取得临澧县发改委核准，2016年11月14日开工建设，采用EPC总承包方式实施，一期和二期总承包商均为湖南省工业设备安装有限公司。已完成投资约2.2亿元，光伏区施工基本达到全部并网的要求，外线电力电缆全部完成线路敷设，开关站完成安装并投入使用，于2017年6月开始2兆瓦试运行送电，11月29日实现21兆瓦并网发电。

（办公室）

渔光互补分布式光伏发电站（办公室）

【污水处理厂】临澧县合口镇污水处理厂由湖南博世科华亿环境工程有限公司施工建设。厂区规划用地面积11000平方米（合约16.5亩），设计污水处理规模5000立方米/日，处理工艺采用“ACM生物反应器”，出水水质执行《城镇污水处理厂污染物排放标准》一级A标准。项目计划总投资7850万元，配套管网总长46千米，于2016年11月动工，一期主体工程于2017年12月竣工投入运行，日污水处理能力达2500立方米/日。

【澧北车辆检测中心】 由湖南安福汽车销售有限公司全额投资兴建，项目占地16108平方米（折合24.1亩），项目总投资约8000万元，于2017年11月开工建设。项目选址于二号大道与木行路（北段）交汇口，主要从事汽车销售、配件供应、汽车维修、车辆检测、快处快赔综合服务等。（办公室）

【湖南常盛玻璃有限公司】 是合口镇一家重点规模工业企业，主要生产1.00毫米~1.8毫米的平板超薄玻璃，位于合口镇芭茅村。公司2014年5月投入资金3600万元进行技术改造，改造后企业玻璃产能达到180万重量箱，并新增除尘、脱琉、脱硝设备，具备环保达标排放要求，2017年正式投产。公司充分利用超薄玻璃生产技术及市场网络优势，当年实现产值1.5亿元，实现税收1200万，荣获2017年县级纳税大户奖。公司转移农村劳动力就业300人，年发放工资1000万元，实现了经济效益和社会效益双丰收。

（办公室）

四新岗镇

党委书记	樊双明
党委副书记、镇长	廖炎平
党委副书记	黄明祥
党委委员、人大主席	江金海
党委委员、政协联络处主任	游　俊
党委委员、纪委书记	徐　亮
党委委员、武装部部长	丁章龙
党委委员、组织委员	文建国
党委委员、副镇长	黄志明
副镇长	何　丽
副镇长（科技）	胡　淼
人大副主席	刘海波

【概况】 四新岗镇位于临澧县南端，地处临澧县，素有临澧“南大门”之称。东邻津市市药山镇，南抵鼎城区雷公庙镇，西接太浮镇，北靠望城街道（筹），地面高程一般在海拔50~90米。人民政府驻四新岗镇天鹅社区，电话区号0736，邮政编码415207，距县城11千米，距常德市区39千米。2015年10月与柏枝乡成建制合并为四新岗镇，2016年5月完成合乡并村后，辖双龙、双桥、久丰、众胜、鳌山、春湖、白云、石墨山、斋阳桥、马家、毛花界、珠日桥、神堰、牌楼岗、青林15个行政村和柏枝台、金凤山、牯牛桥、天鹅、雨台5个社区。全镇共有599个村民小组，13000多户。区域总面积194.28平方千米，总人口5.11万人。耕地总面积8.7万亩，山林面积12万亩，水面面积3万亩。全镇共有20个党支部，党员2025人，其中农村党员1811人，村干部共有151人，镇政府内设站办所6个，外设站办所8个。

2017年，四新岗镇深入推进镇域经济突破发展，实现财政总收入5989万元，增长7.8%；一般公共预算收入750万元，增长11.9%；固定资产投资近7亿元；农民人均收入达到15780元，增长10.5%。四新岗镇被评为全国无邪创建示范乡镇、全市计生工作优秀单位，牯牛桥社区被评为全国无邪创建示范社区，久丰村吴开华被评为全市级优秀基层党总支书记。

一、经济发展。 引进民泰烟花原材料生产线、油茶产业项目、天心种业种公猪站3个在建项目，共投入建设资金10000万元。争取各类项目资金800万元。全镇有工贸企业18家，其中烟花爆竹企业5家，年产值近10亿，创利润近5000万元。全镇早稻种植面积0.8万亩，中稻6.5万亩，晚稻1.1万亩，创办斋阳桥国家粮食监测点400亩和马家村县级800亩双季稻生产示范片，以及以白云、众胜等村为主的万亩油菜示范片和双桥村千亩绿肥生产示范片。新发展家庭农场25家，创建国家级农民专业合作社1家、省级农机示范合作社5家、省级示范家庭农场1家，新增农民专业合作社4家。全镇烟叶种植面积3385亩，交售烟叶

8300 担；油茶低改 3849 亩，面上新造 4800 亩。

农民科学家沈昌健的油菜研究所实验基地

二、基础建设。农田水利建设：水库防渗处理 12 处，水库灌溉渠及溢洪道砍青除杂 27 千米，整修水库防汛路 10 千米，修复损毁堰塘、沟渠 38 处、3300 米，整修损毁道路 16 处、450 米。整理农田 1700 亩，整修和新建堰塘 85 口，新修机耕道 42 千米。公路建设：扩宽改造岗斋线 20 千米，硬化通村通组公路 20 千米，拉通硬化村级断头路 25 千米，全镇公路硬化总里程达 280 千米。电力通信：6 个村实施电力整改，增设变压器 18 台，全镇 18 个村（居）全部完成电力整改任务；各村安装联通和移动通信基站，通信网络信号实现全覆盖。

三、小城镇建设。围绕建设“工业重镇、农业强镇、文化名镇、生态美镇”的战略目标，对四新岗、柏枝集镇进行统一改造，具体规划建材产业带、养老托老休闲园、物流交易产业带、十亿工业项目等重点项目建设。青林村的美丽乡村建设完成全村 462 户农村安全饮水工程，对建楼、向阳、李子组民居进行宜居改造，庭院美化。天鹅社区投入资金 200 多万元实施街道亮化、污水处理工程，其低碳节能环保工作成为市级推介的典型。加强农村环境整治，制定全镇环境整治督查和考核工作方案，实行一月一排名，一月一考核，一月一奖惩。在全镇范围内开展秸秆、垃圾禁烧工作；清退家禽散养户 1 家，全镇洞庭湖区 14 个规模养殖户全部退养；关闭和整顿环境污染严重的工贸企业 5 家。

四、民生社会事业。脱贫攻坚：全镇共有建档立卡贫困户 1702 户、4974 人，2017 年脱贫 295 户 876 人，三年累积完成脱贫 809 户 2541 人，久丰村脱贫摘帽，易地扶贫搬迁 39 户，贫困户危房改 104 户，发放贫困户小额扶贫贷款 1180 万元。人口计生：对 460 对夫妻进行出生缺陷干预检查，组织各村育龄妇妇女到县妇保院接受“两癌”筛查，建立流动人口管理档案，流动人口服务覆盖率达到 95%，核定奖励“计生两扶”人员 1491 人。社会救助：全年重新核定农村低保对象 1206 户 1545 人，发放农村低保金 270 余万元；投入 300 万元完成柏枝敬老院的改造和四新岗敬老院的维修；发放各类临时救助物资资金近 20 万元。文教事业：投入 50 万元完成 20 个村（居）“村村响”工程，成立四新岗花鼓戏剧团并进行首演，选派 19 支队伍参加了湖南芒果 TV 广场舞大赛；召开全镇普通高考优秀学生表彰会，共发放奖金 6 万余元，全镇 2017 年初升普高录取 192 人，其中一中录取 97 人，位列乡镇中学前列。

四新岗镇文化活动中心

五、安全维稳。强化涉军、民办教师、老电影放映员等特殊群体的包保稳控，妥善处理各类积案要案，全年共化解各类信访矛盾 84 件，其中积案要案 7 件。开展平安家庭创建、禁毒、反邪教知识集中宣传，联合镇派出所在全镇范围内开展毒品集中整治行动。开展烟花爆竹零售经营点专项整治行动，取缔不合格经营点 67 家，整改规范并颁发许可证 19 家。开展安生生产“打非治违”专项行动，取缔 14 家烟花鞭炮企业涉外工序。

六、基层党建。顺利完成20个村（居）“两委”换届，全镇共选出村（社区）两委干部132名。17个村（社区）通过设计、选址和招投标等程序启动高标准村级服务平台建设。

全年共开展“纠四风、治陋习”、“雁过拔毛”式腐败问题专项整治行动13次，处理违纪违规党员15人。加大党员干部违纪案件查处力度，全年共立案11起，党纪处分11人，其中开除党籍1人；组织处理党员85名。

存在的主要问题：一是工业经济在镇域经济总量中的比重偏低，未形成规模效应，经济增长支柱和税收支柱还有待形成；二是农业产业优势不明显，农业经济支柱仍然是“粮棉油”老三篇，农民增收的潜力不大；三是财政保障能力仍显脆弱，财源建设有待加强。（办公室）

【四新岗镇召开2017年经济工作会议】 2月18日上午在镇中学礼堂召开。机关、乡直站所全体干部职工、线管单位负责人、企业法人代表、各村（社区）两委干部和部分党员代表、受表彰的先进个人等近六百人参加。镇长樊双明作经济工作报告，总结2016年，对2017年的工作进行具体安排和布署。党委书记颜勇作主题为《全镇各基层党组织、全体共产党员要顺势而为，不断推进全镇经济社会发展》的党员春训讲课。会议表彰先进单位84个、表彰先进个人130名。

【四新岗镇召开2017年人大年首例会】 4月26日上午在镇文化中心召开。全体镇人大代表，不是代表的党政班子成员、站所负责人、村（社区）支部书记以及四新岗籍的县人大代表、部分县政协委员等参加。会议听取和审查了镇人民政府工作报告、镇人民政府《关于2016年财政预算方案执行情况和2017年财政预算（草案）报告》、镇人大主席团工作报告，选举江金海、刘海波为四新岗镇第十六届人民代表大会主席、副主席，选举廖炎平为四新岗镇人民政府镇长。

（办公室）

【四新岗镇表彰普通高考优秀学生】 8月16日下午在镇文化中心召开会议表彰2017年普通高考优秀学生，全体班子成员、驻村干部、各村（社区）总支书记、柏枝中学和四新岗中学负责人、2017年普通高考优秀学生及家长、高三学生代表等120余人参加。会议表彰沈妍等37名优秀学生，高考优秀学生代表沈妍、陈家沛做交流发言，高三学生代表夏文浩和村（社区）党总支书记代表张建初、朱海军等做表态发言。（办公室）

【岗斋线公路扩宽改造工程】 四新岗镇岗斋线是连接四新岗镇珠日桥村和岗上铺村的主要道路之一，全长9.8千米，3.5米宽。整个提质改造工程分为两个部分，即6.8千米原路拓宽至5米，3千米改道新建，总投资500余万元，于2016年11月初全面启动，2017年6月全面完成，解决了乡镇合并后沿线群众出行难的问题。

（办公室）

【柏枝台敬老院易址搬迁改造工程】 柏枝台敬老院由原柏枝乡政府机关大院改扩建而成，于2017年7月启动，主要包括食堂和猪舍改造、三幢住宿大楼安全加固、堰堤防护栏和监控设施安装等工程，投入资金200多万元，于2017年12月投入使用，共入住五保户50余人。（办公室）

四新岗花鼓戏剧团上演开团第一部戏剧《哑女告状》（办公室）

【四新岗镇花鼓戏剧团成立】 为丰富群众的精神文化生活，弘扬和传承传统文化，在四新岗镇政府的大力支持下，四新岗花鼓戏剧团于2017年11月29日上午在四新岗镇文化活动中心开团并进行首演。该剧团为民间艺术团体，成员由镇本土民间花鼓戏艺人和爱好者组成。镇党委书记

樊双明、县文化局副局长董先枝为开团敲首锣，剧团艺人为全镇父老乡亲上演了开团第一部戏剧《哑女告状》。（办公室）

【沈昌键】 四新岗镇白云村人，2013 年获得感动中国年度十大人物，2017 年其“白花 1 号”特种油菜大面积获得成功，研发的“16XM864”杂交油菜新品种于 2016 年 10 月 17 日搭乘神舟十一号飞船进入太空，经过 33 天完成空间科学与应用试验。（办公室）

沈昌健航天油菜示范基地（办公室）

佘市桥镇

党委书记	刘　黎
党委副书记、镇长	马春生
党委副书记	鲁碧波
党委委员、人大主席	江来炎
党委委员、政协联络处主任	杨中合
党委委员、纪委书记	王　翔
党委委员、组织委员	吴　芳
党委委员、武装部部长	高雷鸣
党委委员、副镇长	刘　伟
副镇长	钱　锐
人大副主席	黎志文

【概况】 佘市桥镇位于道水中游，县城以西，南通常德，北邻石门，省道 S306 横贯东西，石长铁路穿越全境。全镇总面积为 170.89 平方千米，山林面积 7000 公顷，耕地面积 5566 公顷，其中水田面积 472 公顷。辖 11 个行政村、4 个社区。全镇总户数 12071 户，其中农业户 10052 户；总人口 4.19 万人，其中农业人口 38800 人，外来人口 1200 人。全镇共有 72 个党支部，党员 1838 人。机关站所干部 85 人，村（居）两委干部 83 人。

2017 年，全镇紧扣“推进新创业，建设新佘市”的发展目标，大力实施工业强乡、项目带动、产业富民等战略，全年实现工农业总产值 15 亿元，比上年增长 8.1%；财政总收入 6176.17 万元，增长 7.3%，其中地方财政收入 2050 万元。农村经济总收入 1.5 亿元，增长 8.2%；村级集体经济总收入 2945 万元，增长 7.5%；农民人均纯收入 14169 元，增长 8.6%。全年实现农业农业总产值 8.7 亿元，增长 4.9%。农作物播种面积 1.5 万公顷，其中粮食播种面积 9205 公顷，粮食总产量 52219 吨；经济作物播种面积 0.5 万公顷。全年实现规模工业增加值 0.2 亿元，增长 8%；工业固定资产投资 1.2 亿元，增长 7%。被评为全省美丽乡镇示范镇、全省安全生产示范乡镇、全市社会治安综合治理优秀乡镇、全市建设“无上访村（社区）”先进乡镇。

一、经济发展。 招商引资：新引进过亿元项目 1 个，即湖南亚特龙农业开发项目，投资 2000 多万元；续建项目 1 个，即居尚福田休闲观光旅游综合开发项目，投资 2300 万元；全年争取政策性资金 1286 万，“项目推进年”工作综合考核居全县第二。

产业发展：坚持“一村一品”，大力发展特色产业，以荆岗、文家店、丰登为核心发展烟叶 5100 亩，烟农 297 户，完成烟叶交售 12380 担；以高茂、文家店为核心发展湘莲，种植面积扩大到 2000 亩，并开展初加工，产值达 200 万元；以大观、丰登为核心发展油茶，依托云海农林公司新造油茶 2000 亩，低改油茶 3000 亩；以雅林、川岗为核心种植猕猴桃 1000 亩；以新兴、荷花为核心发展双季稻、花卉苗木 2000 亩；依托一霖公司种植无患子 1000 亩。

二、城乡建设。 美丽乡村建设：抓住市县美丽乡村建设示范片的契机，突出“丁玲故里、创作基地、精神家园、美丽乡村”的特色内涵，投入800多万元完成故居广场铺装、创作基地前坪硬化、人生景观道建设等，投入100万元完成黄牛养殖场、榨油厂建设，文化广场、道路拓宽、美丽屋场建设有序推进。道路提质改造：实施“100千米道路交通建设行动”，15个村（社区）启动实施，其中竣工40千米，同时开展路肩培土、道路绿化，推进农村“四好”公路建设，被评为全县交通跨越大会战先进单位。农村环境整治：拆除主干路沿线各类违规广告牌300多块。各村成立专门保洁队伍，全镇范围实行农村环境卫生全天候保洁，所有垃圾全部实现“村收、镇运、县处理”。强力开展畜禽养殖污染治理，关闭小型养殖场2家，全面完成三期退养任务9户。

三、脱贫攻坚。全镇共有省级贫困村5个，原有建档立卡贫困户1648户4160人，通过集中整改，2017年有贫困户1382户3743人，减少226户417人。累计已经脱贫595户1756人，2017年预脱贫850人。扶贫政策落实：产业发展307户860人，教育助学261户292人，技能培训61户78人，社会保障兜底435户726人，健康扶贫266户539人，生态补偿199户497人，危房改造180户506人，易地搬迁户68户205人，其中2017年56户166人。产业扶贫：丰登村发展烟叶800亩、油茶800亩惠及贫困户20户；文家店社区支持17户贫困户黄牛养殖；雅林村与先淘卫浴公司村企合作项目解决贫困户就业8户；蒋家村黄牛养殖合作社解决贫困户就业5户。湖南卫视对雅林村脱贫攻坚工作进行了专题报道。贫困村项目建设：蒋家村整合资金500多万元成立黄牛养殖合作社、实施太阳光伏发电项目和道路拓宽工程；殷家村整合资金300多万元重点建设村级综合服务平台、硬化道路；丰登村、歇驾村整合330多万元提质改造村组公路；文家店社区投入300多万元实施烟水工程。蒋家、殷家、歇驾3个贫困村如期摘帽，845名预脱贫人口全部脱贫，12月5日，市扶贫办在蒋家村召开了全市贫困村退出考核对标会议。

四、安全维稳。安全生产：全镇有烟花鞭炮企业3家、石膏矿山6家、危化品经营点6个。选优配强安监队伍、专管员队伍和企业专职安全厂长队伍，确保专职专责。落实企业主体责任，先后拘留处罚2名违法生产企业负责人。维护稳定：投入40万元新建镇综治管理中心；以“无上访村（社区）”创建为重点，配备网格员队伍，建立五级平安网格微信群76个。开展“平安家庭”、“平安学校”系列创建活动，民调工作居全县第2位。处理突出信访25件，有效稳控了丰源石膏矿、文家二砖厂、荷花蔬菜基地经济纠纷等群体性矛盾。（办公室）

【佘市桥镇被评为湖南省美丽乡镇示范镇】10月30日，湖南省住房和城乡建设厅官网发布《湖南省住房和城乡建设厅关于公布湖南省美丽乡镇示范名单（第三批）的通知》，经乡镇报名、县级核查、市州推荐、村镇处初审、专家集中评审、现场复核、厅务会审议和公示等程序，确定临澧县佘市桥镇等28个镇为湖南省美丽乡镇示范镇（第三批）。（办公室）

【陈建功来佘市桥镇调研】12月21日，全国政协常委、中国作家协会副主席陈建功来到佘市桥镇，专题调研丁玲故居建设及陈列布展工作。（办公室）

陈建功现场调研（办公室）

【佘市桥镇发现道水流域旧石器遗址】2017年7月，省文物考古研究所联合县文物局对佘市桥镇荷花村境内的伞顶盖旧石器遗址其中一处进行发掘，发掘出砍砸器、刮削器、尖状器等大小石片2400多件。这些石片分布密集，有搬运的原料、剥开的石片、剩下的碎切和加工成的工具，初步推断这里曾是道水流域的远古人类生产工具的窝棚，距今5~10万年。省文物考古研究所副研究员李意愿介绍，遗址的发掘对了解距今十万年以来远古人类在道水流域活动的情况有重要意义。通过石制品以及环境的分析，能够知道他们在这里生产、技术以及生活的一个形态，包括人类与环境、资源之间的相互关系。

（资料来源：临澧政府）

太浮镇

党委书记	唐　琳
党委副书记、镇长	刘　洋
党委副书记	邵　进
党委委员、人大主席	吴志湘
党委委员、政协联络处主任	蒋　斌
党委委员、纪委书记	徐德平
党委委员、组织委员	郭方平
党委委员、武装部部长	郑泽锋
党委委员、副镇长	刘音纶
副镇长	刘世波
副镇长（科技）	沈　灿
人大副主席	李金华
主任科员（视同）	叶明玉

【概况】 太浮镇位于临澧县西南部，距县城25千米，东与四新岗镇接壤，西与石门县蒙泉镇交界，南靠鼎城区蔡家岗镇和桃源县盘塘镇，北接佘市桥镇和望城街道办事处。石长铁路过境6个村，204省道和石陬公路各过境1个村。2017年年末，全镇辖11个行政村2个社区，356个村民小组，7811户，总人口2.93万人，总面积142.5平方千米，耕地面积64380亩，山林面积11.2万亩。完成地区生产总值5.4亿元，增长11%，农民人均收入1.41万元，增长8%，固定资产投资5.3亿元，增长10%。获得主要荣誉有，党委书记唐琳获得全县争资引项先进个人，农业农村工作获得全县先进，卫计工作获得全县先进，基层党建获得全县先进。年内有干部职工74人，党总支13个，党支部40个，党员1314人。

一、经济发展。 粮食：在“四圈一线”和监测点大力推广早稻集中育秧和机插秧技术，全年落实粮食生产面积1.26万亩，其中晚稻面积8950亩，培植张业建等一批百亩以上种植大户12户。依托雷水村杨家坪“明、清”两朝“贡米”古代声名，开发出“茜冠”有机大米，获得国家级认证，种植面积达到100亩。烟叶：全镇种烟农户达298户，全年落实种烟面积6300亩，产烟1.64万担，总产值2000多万元，平均亩产值达到3800多元。油茶：油茶低改1600亩，新造850亩，油茶农开普惠1607.3亩。果蔬：以湖南众星绿色生态农业发展有限公司为龙头，成立清水堰蔬菜种植专业合作社，流转土地800亩，主营绿色蔬菜、绿色大米、有机水产，兼营旅游休闲农业，已取得5个品种绿色认证，8个无公开产品认证。“太浮山”鲜蔬产品进入常德等周边县市农贸市场和大型超市。

保丰村烟叶烘烤工场

二、基础建设。 农田水利：对全镇25座小（一）型、小（二）型水库进行安全隐患排查，为13座水库防汛补充片石126立方米、沙石180

立方米、编织袋5000条。整修堰塘121口，清理渠道71千米，修复水毁工程20处。安全饮水：实行乡村共管模式，新建雷水、王化两处小型水厂，投入30万元更换管网20千米，基本实现全镇人民安全饮水全覆盖。公路建设：总投资5800万元的雷水至金顶大庙油沙公路开工，通乡公路硬化10.9千米（其中王化村4.4千米、响水村5.2千米、南阳村1.3千米），通组公路硬化15千米，公路养护70千米，公路绿化补植18千米。投资过1000万元的太浮集贸市场于5月开市，全县规模最大，有效解决了集镇马路市场问题。

雷水村至金顶大庙油砂大道

三、社会事业。社会保障：开展城乡低保、五保年审及贫困户识别与建档立卡工作，临时救助各类特困人员1532人，发放救助金29.01万元，为176名大病患者提供医疗救助15.9万元。脱贫攻坚：全年共清退210户434人的错评人员，重新纳入46户126人的漏评人员，通过清理，全镇有建档立卡贫困户963户2830人。全年易地搬迁贫困户36户，危房改造96户。文教事业：投资200多万元的中心幼儿园投入使用，新修王化小学学生浴室，中心小学学生宿舍改造已列入2018年规划；全年资助贫困儿童89人。陈二花鼓戏剧团重组并对外演出，全年送文化到户演出100余次，演出收入30余万元，代表剧作“回马枪”获常德市演出一等奖，“自来水”代表县纪委进入湖南歌剧院参加全省文艺会演获一等奖。

四、安全维稳。扎实开展以“三有四定”为特色的铁路爱路护路工作，确保铁路零事故零伤亡；联合县交警大队开展摩托车整治和校车安全大检查行动；采取“乡村夜话”、进村入户等形式开展矛盾纠纷排查化解工作，共调处各类矛盾纠纷93起。细化安全监管责任，每月及时调度生产情况，定期进行安全大检查，全年排查各类安全隐患50多处，整治鞭炮厂外涉药工序，取缔违规组盆串引作坊3处。完善群防群治体系，镇区新安治安探头11个，组建治安联防队伍，不定期开展治安巡逻，严防刑事案件及治安案件发生，全年处理涉及企业周边环境事件7起。

【太浮镇新集贸市场正式运营】 太浮镇地处临澧县西南角，位于临澧、鼎城、石门、桃源四县交界，墟场文化远近驰名。为进一步完善城镇功能，提升城镇形象，2016年，太浮镇启动新集贸市场建设。新市场共计投入项目资金近千万，总占地30亩，经营面积3000，摊位近300个，根据市场行业划分为水产区、蔬菜区、干货区、水果区、肉类区、熟食区、工贸区等，配套建有临时停车场、公厕、垃圾池、水电等设施，是全县规模最大的乡镇集贸市场。2017年5月23日，太浮镇新集贸市场正式投入运营。

（资料来源：临澧政府）

新建的集贸市场经营有序

【太浮镇被评为湖南省“诗词之乡”】 1月6日，湖南省诗词协会授牌颁奖大会在常德市石门县召开，临澧县太浮镇被湖南省诗词协会授予湖南省“诗词之乡”。近年来，太浮镇重视弘扬中华传统诗词文化，努力创建诗词之乡。于 2009 年创建太浮镇诗词协会，创办《浮山新韵》诗刊，发展会员 120 多人，共创作、载绝律诗作 1500 余首，词作 4700 余首，楹联 100 多副，书画及其他作品 1200 余件，多人多次获得国家、省、市级奖励。（办公室）

刻木山乡

党委书记	陈　凯
党委副书记、乡长	陈远林
党委副书记	欧克林
党委委员、人大主席	张桂喜
党委委员、政协联络处主任	杨基辉
党委委员、纪委书记	郑学云
党委委员、组织委员	周　力
党委委员、武装部部长	黄中银
党委委员、副乡长	谢　阳
副乡长	马梨华
人大副主席	陈定淼

【概况】 刻木山乡位于临澧县西北部，地处澧县、石门、临澧三县交界处，由原官亭乡、九里乡合并而成。总面积 121.72 平方千米，山林面积 5466.67 公顷，耕地面积 3180 公顷，其中水田 2866.67 公顷、旱地 313.33 公顷，辖 2 个社区和 13 个行政村，430 个村民小组，总人口 4.31 万人。全乡有 14 个党总支，65 个党支部，共有党员 1764 人。在编在岗人员 71 人，其中行政编制 21 人，机关后勤 2 人，事业编制 48 人。

2017 年全乡紧扣“经济强乡、文化名乡、平安福地、休闲胜地”的发展目标，取得了良好的发展成效。全年实现地区生产总值 20 亿元，完成固定资产投资 6.6 亿元，招商引资完成 1.05 亿元，实现税收 1649 万元，财政总收入 3754 万元，增长 12%，城镇居民人均可支配收入 21066 元，增长 7.5%，农村居民人均可支配收入突破 9000 元，同比增长 9%，综合经济实力迈上新的台阶。先后被评为常德市“无上访村”创建先进单位、常德市关心下一代工作先进集体；全县绩效管理良好单位及全县招商引资、人口计生工作等先进单位。

一、产业发展。粮油生产：粮食生产稳中有增，水稻种植 5 万亩，油菜种植 4.2 万亩，油茶新造 800 亩。烟花产业：通过着力整治烟花爆竹企业分包转包、建立股份制企业，全乡 29 家烟花企业，6 家淘汰退出，20 家全部完成升级转型，烟花爆竹产业焕发生机。林果产业：新培育 100 亩以上林果大户 10 户，新扩林果面积 5000 亩，高接换头 1300 亩，全乡林果面积达到 3 万亩，实现产量 2.3 万吨、产值 1.2 亿元，成立 11 家农民果业专业合作社，包装注册“丁兰刻木”和“刻木山”两个商标品牌。森林抚育 800 亩、封山育林 2000 亩。乡村旅游：刻木寺庙重建项目完成登山游步道建设；刻木山国家石漠公园项目顺利通过国家评审，为全乡增添国字号绿色名片；岩龙垂钓、露营、攀岩休闲基地项目进行了详规设计。

刻木山乡脆蜜桃采摘（办公室）

二、基础建设。水利建设：投资 1700 万元完成岩龙村高效节水灌溉工程，投资 350 万元完成水库除险保安7处、堰塘整修扩容51口、清淤疏通渠道42.3千米、硬化渠道6千米，河湖长制全面落实，七支渠清淤为全县洞庭湖区渠道生态保护提供观摩现场。交通建设：扩宽提质改造黑俄线、新纸线、马长线三条主干公路33.2千米，8.3千米环官亭湖旅游公路完成基础工程；“九五”公路7.8千米全部铺上沥青并建成通行；天星、黄鳌、兴隆岗、章家湖、岩桥、双凤等村41.6千米窄路和20.6千米断头路扩宽连通硬化纳入国家笼子。

三、美丽乡村建设。小城镇建设：投资近700万元对彭市集镇2.5千米街道进行美化、亮化、绿化；投资近200万元实施政府机关白改黑工程；近4000平方米的吉星购物广场基本竣工。生态建设：出台环境保护和治理工作方案，全面开展企业环评，关闭小石灰窑5处、煤汽锅炉15处，整治秸秆燃烧200余次，水源保护区实现居民生活污水处理和退养禁养；投资80万元新建垃圾中转站，生产生活垃圾实行村收集、乡转运、县处理。全面完成动物防疫工作。

四、社会事业。脱贫攻坚：结对帮扶“两个全覆盖”、“五个精准到户”、新“六件实事办理”等重点工作扎实推进。全乡发放小额金融扶贫信贷868万元；贫困人口技能培训1590人次，“两后生”培训23人；教育助学137人，“雨露计划”助学71人次；34户99人易地搬迁贫困户按标准建设完成并入住，92户贫困户危房改造全面完成；93户209人贫困人口新纳入社会保障兜底体系，引导800多户贫困户参与产业脱贫；俄井、九里岗两个贫困村稳定脱贫摘帽，235户837人贫困人口脱贫退出。其他事业：完成刻木小学校舍改造，开展免费居民健康体检8728人次、孕前优生健康检查521人次，征缴社会抚养费28.3万元，计划生育奖励扶助1557人、发放资金193.6万元；开展劳动技能培训4次，农村劳动力转移就业350人；发放各类民政救助资金429万元。

五、安全维稳。安全生产：严格落实安全生产“党政同责、一岗双责”“企业主责”“谁主管谁负责”等责任机制，加强安全生产检查，严惩改变工房用途、超时超量超员生产等违规违法行为，下达整改指令246余份，排查各类安全隐患800余处；重拳打击非法生产经营行为，重点整治厂外涉药工序，捣毁非法生产窝点30余处，行政拘留13人，全乡没有发生一起较大以上安全事故。平安创建。投入50万元建成乡镇综治中心标准化阵地，扎实推行“网格化”管理，深入开展“抓民调”“无上访村创建”等平安创建活动；重点做好了十九大特护期维稳管控工作，全力疏导群众情绪，重点对象实行“五包一”责任包保，确保全乡大局稳定可控。同时抓好森林防火、道路交通、校车运行等其他领域安全生产，确保群众生命财产安全。

存在主要问题：一是刻木山没有区位优势，城镇建设和管理依然滞后，交通瓶颈仍未打破；二是烟花鞭炮传统产业转型升级不到位，缺乏品牌优势；三是乡村两级建设债务增加，争资争项压力大。（办公室）

【刻木山乡2017年经济工作会】2月14日上午在乡文化宫召开，全体机关站所干部职工、村（社区）干部、企业法人、党员代表和先进工作者等近600人参加。会议由党委副书记裴义军主持，党委书记陈凯首先作2017年经济工作会报告，乡人人主席张桂喜宣读《关于表彰2016年度先进单位和先进个人的决定》，乡长陈远林就贯彻落实会议精神进行安排部署。（办公室）

【刻木山乡第一届人民代表大会第二次会议】5月5日在农民文化宫举行，66名乡人大代表、55名列席人员参会。大会审议通过了《刻木山乡政府工作报告》《刻木山乡2016年财政预算执行情况和2017年财政预算（草案）的报告》、《乡人大主席团工作报告》。大会按照法定程序，补选了乡人大副主席、副乡长，代表资格审查委员会主任委员、委员，并向宪法宣誓。会议立议案三件，立建议案7件。（办公室）

【高效节水灌溉项目】岩龙村高效节水灌溉工程属中央财政农田水利项目，县项目法人为临澧县小型农田水利工程建设项目部，质量监督单位是常德市水利工程质量监督站，监理单位是湖南德江监理公司，施工单位是湖南筱沅水利水电建设有限公司，建设项目主要包括高效节水灌溉工程和堰塘清淤整修工程。其中高效节水灌溉工程总面积8000亩，涉及刻木山乡岩龙村和九里岗村。堰塘清淤整修工程25处，涉及刻木山乡、停弦渡镇及修梅镇。总投资2160.86万元，其中中央财政专项资金1400万元，省级财政投入280万元，群众投工投劳和社会融资200.86万元。岩龙村项目区主要建设内容为：河坝改造2处，PE管道铺设81.11千米，泵站6处8台155.5千瓦，200米蓄水池8处，配水井及给水栓2800处，土石方6.56万米，砼浇筑1643.3米，规划投资1495.65万元，其中，中央财政补助1000万元，省级财政补助195万元，县级财政补助195万元，受益群众自筹105.65万元。工程于2017年9月20动工，2017年12月31日完工，项目完成后可新增高效节水灌溉林果面积7000亩。（办公室）

停弦渡镇

党委书记	乔　锋
党委副书记、镇长	高　锋
党委副书记	李绍波
党委委员、人大主席	胡胜喜
党委委员、政协联络处主任	刘　翱
党委委员、纪委书记	彭友平
党委委员、组织委员	朱守卫
党委委员、武装部部长	段　强
党委委员、副镇长	周靖霖
副镇长	苏基兵
主任科员（视同）	黄明波

【概况】停弦渡镇位于湘西北澧水下游南岸，南接修梅镇，北与合口镇、澧县张公庙镇隔澧水河相望，素有“千年古渡、陶瓷古镇”之美誉。全镇现总面积117.72平方千米，其中耕地面积4.23万亩，山林面积8.25万亩，水库、堰塘、溪坝面积0.5万亩。全镇共辖古渡、杉板桥、金泉3个社区居委会和福船村、史家坪村、九龙村、重阳村、花林坪村、山洲村、新溪村、彭家河村、月星村、青山村10个建制村，共有344个村（居）民小组，农户户数7820户，总人口3.31万人。停弦渡镇共有13个党总织，45个分支部，党员2443名。

2017年，镇域经济社会实现了又快又好发展。全镇实现地区生产总值29.35亿元，财政总收入首次突破2000万元大关，农民人均纯收入达到11500元。先后荣获全省星级财政所（全县唯一）、全县绩效管理优秀单位（排名第三）、全县招商引资工作先进单位等9项荣誉。

一、经济发展。全年全镇共实现工业总产值24.47亿元，入库税金1600万元，完成固定资产投资15亿元，完成争资引项2.6亿元。项目建设：九彩瓦业西瓦生产线项目、金利纸业（二期）瓦楞纸生产线项目及汇鑫铜业漆包扁铜线生产线项目投产运行，湖南炳屹集团混凝土搅拌站启动厂房建设；宏鑫科技再生纸项目实现试生产；投资8.5亿元的铜山风力发电项目签约。农林产业：早稻集中育秧大田抛栽面积1800亩，发展百亩以上种粮大户13个，创建高产油菜万亩示范片2个；全面实施封洲禁牧，共淘汰牛734头、羊1596只；新造油茶500亩。退耕还林整改3100亩，成片造林960亩。文化旅游：成功举办临澧县第三届古渡文化旅游节系列活动，加大福船湿地旅游度假区开发建设支持力度，恢复重建古渡口，配套游船快艇等设施，规划陶艺展览体验馆，年接待游客30万人次以上。

二、基础建设。交通：投资800多万元提质改造46千米农村公路，投资200多万元的“连心路”和投资300多万元的“停铁线”竣工通车。水利：投资600万元新造和清淤扩容49处堰塘，清淤整修渠道28条56.12千米；投资2000万元对山洲垸、关山垸防洪大堤除险加固；投资1000万元治理潘垱河3千米子流域。城乡建设：投资2000多万元新建停弦渡镇综合文化中心，投资300多万元对停弦敬老院进行原地新建，投资1800万元新建停弦渡镇农贸市场；投资1000万元改造停弦渡镇集镇街道进行工程主要包括下水道管网建设，街道路面白改黑、路沿石、人行道铺装、绿化、亮化等。投资60万元新建垃圾压缩中转站一座，配备钩臂式垃圾运输车一台，添置可移动式垃圾箱13个，捣毁传统式垃圾池121个。

三、民生社会事业。脱贫攻坚：109户344人实现脱贫，金融脱贫小额信贷完成302万元，异地搬迁42户141人，危房改造84户。社会保障：全镇共有3.1万人参加新农合，1.28万人参加“新农保”，597户903人农村低保对象、38户49人城市低保对象、158人“五保”供养对象实现应保尽保；农村贫困人口先诊疗后付费、大病专项救治和家庭医生签约服务全面落实。

四、安全维稳。开展“安全生产百日整治大会战”“安全生产三大行动大检查”“打非治违”等专项行动，共开展行政执法32次，排查整改各类安全生产隐患128处。完善企业流向登记系统和视频监控系统，培训取得经营许可的39家经营门店业主。全年没有发生一起较大安全生产事故。扎实推进平安建设和“无上访村（社区）”创建工作，发放平安家庭承诺书、平安建设倡议书各10000份，张贴宣传标语40条，召开相关会议30场次，编制微信、短信5000多条。受理各类纠纷95件，调解成功92件。全年共出警187起，其中治安案件23起，办结23起，立刑案34起，破获7起，刑事拘留10人，网上追逃1人。

五、基层党建。全镇10个村、3个社区顺利完成“两委”换届选举工作。按照“一厅十室一中心”要求，投资1000多万元，启动了12个村（居）综合服务平台建设。扎实开展“一弘扬两整治”“纠四风、除陋习”等活动整治突出问题，全年共查处典型案件13件，处分党员干部13人，戒勉谈话19人。（办公室）

【停弦渡镇2017年经济工作会议】 2月16日上午在镇大礼堂召开。会议传达学习中央、省、市、县经济工作会议精神，回顾总结2016年经济工作，安排部署2017年经济社会发展工作，并对彭家河村等52个先进单位和王治国等80名先进个人进行表彰。会前，还组织参会人员观看了停弦渡镇2016年工作纪实宣传片。（办公室）

【第三届古渡文化旅游节暨福船之夜大型文艺晚会】 7月10日在停弦渡镇福船湿地旅游度假区举行。县委副书记辛春生出席活动并宣布开幕，市旅游外侨局领导楚娟、县领导叶春华、钟音、陈清、盛绍文出席活动。此次活动由停弦渡镇人民政府、县旅游发展办公室和县文体广新局主办，旨在通过旅游节的举办，展现千年古渡的文化魅力，为打造旅游名镇特色品牌提供强劲动力，为建设美丽乡村发挥带动作用，推动全县文化旅游事业进一步繁荣发展。晚会以停弦渡千年古渡、陶瓷古镇、青山古墓、铜山古寺等“四古”文化为主线，演出节目12个，吸引周边区县5000多名游客来此观光旅游。（办公室）

晚会现场（办公室）

修梅镇

党委书记　熊　成

党委副书记、镇长　唐　林

党委副书记 田 杰
党委委员、人大主席 唐建军
党委委员、政协联络处主任 周常彩
党委委员、纪委书记 祝国华
党委委员、组织委员 李 荣
党委委员、武装部部长 宁泽华
党委委员、副镇长 黄春波
副镇长 汪 惠
人大副主席 蒋 建

【**概况**】临澧县修梅镇是无产阶级革命家林伯渠同志的故乡，位居临澧县中部，距县城6千米。全镇总面积115.1平方千米，山林面积57720亩，水面面积16250亩，耕地面积66905亩，旱地面积13057亩。农作物总播种面积176480亩，粮食作物101500亩。辖区内有丰富的硅白土、石煤、石膏、石灰石等矿藏。全镇辖9个村，3个社区，446个村民小组，9608户，总人口3.41万人。镇政府在职人员79人，其中政府公务员26人，机关工人2人，事业单位专技人员3人，事业单位管理人员20人，普通工人28人。

2017年，修梅镇坚持“山青水秀、民富镇强、文明和谐”的发展目标，着力打造“以红色旅游为特征的生态宜居小镇”，实现生产总值6.35亿元，其中工业生产总值2.83亿元，农业生产总值1.72亿元。固定资产投资2.145亿元，公共预算收入约860万元，城乡居民可支配收入13800元。

一、产业发展。突出农业产业的培育发展，2000亩的仙女杂柑园、3000亩的赵家红提园、600亩的高桥湘莲基地、500亩的水阁桃园及全镇60000亩的生态油茶基地初具规模。全镇2000多亩早稻平均亩产375千克以上，云翎村500亩连片再生稻示范片第一茬亩产达650千克以上。规范畜禽养殖，对37家规模化养殖场（户）全部实行监管，退养2家。深度挖掘红色旅游资源，积极发展生态休闲旅游业，“伯渠故里、红韵常德”旅游品牌初具影响，年接待游客量达35万人次。高桥村被省政府授予首批“经典文化村镇”。

二、基础建设。交通：新划交通标线23千米；投资1200万元拉通断头路8.62千米、加宽改造通村公路9.8千米、新建3.5米通组公路10千米；投资40万元改造沃沙村危桥一座；投资100万元排查道路交通隐患8处。代表临澧县迎接全省“农村四好”公路的检查验收，成绩全省排名第五。水利：投资60万元对沃沙水库、九根丛水库、芝麻冲涵管、高桥村邓家大垱、扎刺堰等进行除险保安；投资近600万元疏浚渠道36.9千米、清淤扩容堰塘71处、维修机埠3处；投资260万元，启动水阁水厂新建项目，惠及附近村3700人。电力：投资170万元升级改造玉皇庙村福建片、观音洞村鸡山片农网工程；投资195万元实施临杨线8.1千米改造工程，新立电杆1211根。

三、民生保障。加大特殊人群救济救助力度，突出解决低保户、“五保户”、残疾人等贫困群体的生产生活困难，全面清理整顿全镇低收入人群，集中审核上报641户872人，完善所有低保资料，低保标准C类70元/人全部提至120元/人，B类90元/人全部提至200元/人，核定兜底对象35户87人，以290元/人的标准全部实行打卡发放。入户核查和清理整顿特困供养对象，全镇特困供养人员188人，敬老院集中供养53人，分散供养135人。援助2户特困家庭倒房户，资助重建资金62000元。全年新增生活补贴对象68人，护理补贴对象66人，享受两项补贴对象49人。全年发放高龄补贴共计10.8万元，替1000多位60岁以上老人办理意外伤害保险。临时救助112人次，救助现金10万余元，棉被、米油等救助近5万余元。改造修梅中学综合教学楼、修梅中心小学教学楼、杨板中学食堂、宿舍、操场和杨板中心小学运动场，新建永红学校运动场。

四、脱贫攻坚。全镇4个省级贫困村：高桥村、水阁村、玉皇庙村、观音洞村。抓产业扶贫。2017年高桥村贫困村摘帽，全镇1071人脱贫，落实分散性异地搬迁对象30户，建成高桥9户易地搬迁小集中安置小区，危房改造60户、教育助学 50 人、医疗救助 20 人、温暖安居工程 9 户等。加大产业扶贫力度，高桥村实施村企合作，与天伦先淘联手组建天伦先淘扶贫车间，为贫困对象提供就业岗位 37 个，人均月收入达 3000 元；新发展太空莲 350 亩、脐橙 100 亩，带动 43 户贫困户增收。玉皇庙村引进大户种植脐橙 1000 亩，流转本村 35 户贫困户的闲置土地，贫困户每亩获得年租金收益 300 元。

五、安全维稳。狠抓“无上访村”创建，走访群众 8600 户，化解包括一起信访积案在内的矛盾纠纷 92 起，全年未发生一起赴省进京非正常信访。狠抓安全生产，全年排查各类安全隐患 15 起，均按照“一单四制”要求全部书面交办，并限期整改销号；明确 24 名联厂干部和 12 名辖区总支部书记为安全生产第一责任人，严格落实属地管理和管行业必管安全生产的责任要求；全年开展打非治违专项行动 13 次，重点整治厂外涉药工序和烟花鞭炮经营市场，联合查处烟花鞭炮经营户 18 家，收缴烟花鞭炮 120 件。

六、基层党建。全镇各村（社区）完成“两委”换届选举工作，共选举产生“两委”干部 77 名，其中支委干部 61 名，村委干部 48 名，交叉任职 32 人；大专以上学历 17 人，占总数的 22%；15 名村后备干部和农村优秀人才进入村级领导班子。2017 年转正党员 11 名，纳新预备党员 15 名，发展积极分子 13 名。全镇 12 个党总支 49 个党支部，党员 1355 名，上缴党费 69651 元，扶助金 11675 元；安居工程募捐 10170 元。（许桃枝）

【“5·16”爆炸事故】 2017 年 5 月 16 日 13：50 分左右，位于修梅镇水阁村的临澧县民泰黑火药有限责任公司妙音分公司 38 号油压工房因机械故障发生爆炸，导致 39 号凉片工房、37 号电控室、36 号包片中转工房、35 号潮药/包片工房、34 号潮药/包片工房、33 号三味中转工房、5 号值班室/锅炉房发生连环爆炸，事故造成 5 人死亡，1 人受伤。（许桃枝）

【修梅镇举办镇村干部封闭式培训】 7 月 6—7 日在镇政府机关举行，全镇党政班子成员、各村（社区）“两委”全体干部及驻村干部等共计 100 余人参加。培训班邀请县委党校负责人、全国道德模范田工、刻木山乡同心村优秀干部等多名同志对修梅镇镇村干部进行有针对性的业务指导和现身说法的感动教育，并围绕合村后如何合心、如何加强村级财务监管、村干部结合自身岗位如何履职等主题，组织参训人员开展分组讨论。通过培训，提高了全镇村干部的凝聚力、向心力和竞争力。（许桃枝）

烽火乡

党委书记	戴晓明
党委副书记、乡长	汪　健
党委副书记	罗春成
党委委员、人大主席	杨　阳
党委委员、政协联络处主任	黎　源
党委委员、组织委员	王银霞
党委委员、副乡长	王冬阳
党委委员、纪委书记	谭德云
党委委员、武装部部长	周念保
副乡长、主任科员	刘　峰
人大副主席	姚　勇

【概况】 烽火乡位于临澧县境东部，与津市灵泉镇、澧县道河乡接壤，澧水一级支流道河穿境而过，东常高速公路主线及连接线贯穿全乡 9 个村。全乡并村改革（2016 年 6 月）后辖 9 个行政村，306 个村民小组，共有 7074 户 2.52 万人，农业人口 2.3 万人，常年在外务工人员 5730 人左右。总面积 96 平方千米，耕地面积 38565 亩，其中水田 36648 亩。2017 年实现地区生产总值 6.2 亿元，比上年增长 11%；固定资产投资 3.4 亿元，增长 20%；农民人均可支配收入 11980 万元，增长 7.8%。

一、产业发展。粮食种植面积 4 万亩，推广机械化插秧800多亩，被评为全省“平安农机”乡镇；推广病虫害统防统治5000多亩。新造油茶1000亩以上，总面积达6000亩以上。“香水柚”种植面积达300亩，其中150亩“香水柚”基地被市农科院评定为“特色柑橘新品种科技示范基地。新发展家庭农场5家、农业专业合作社3家，犇腾家庭农场获全县创业大赛一等奖。

二、基础建设。交通：乡本级安排20多万元奖励农村公路建设，全乡共新建和拓宽农村公路38.1千米，“四好农村公路”迎接省级检查验收；绿化农村公路21千米、改造危桥3座。水利：筹措资金30多万元实施青阳闸除险、彭山堰水库除险、陈家河农场段填塘固基、将军山地质灾害隐患治理等工程；各村（社区）自办水利工程100多处，清淤整修堰塘68口，疏浚沟渠36千米。

三、民生社会事业。脱贫攻坚：全年脱贫334人，实施易地扶贫搬迁38户105人，哗溪桥集中安置点代表全县迎接省市检查。全年发放金融扶贫小额贷款400万元，落实雨露计划13人，社会保障兜底101人，健康扶贫212人次，改造农村危房90户。实施南田村开泰山旅游产业扶贫项目，举办首届户外帐篷节，湖南经视等媒体先后报导。社会保障：农村低保保障对象1082人，季度保障金额48万元，城市低保继续保障20人，月保障金额7600元；救助各类特困群众230人/次，发放救助金18万元；确定农村五保户174人；发放创业小额贷款110万元。新农村养老保险参保1.1万人，落实待遇540万元；参加老年人意外伤害保险1796人，投保金额9万元。环境卫生整治：新添置垃圾清运车辆6台、铁皮箱16个、垃圾箱150个、新建垃圾压缩站1处，基本实现农村垃圾“村收集、乡转运、县处理”；退养规模养殖场5家。奖扶计生对象629名，免费筛查“两癌”260人/次；投入资金25万元实现农村广播“村村响”全覆盖；教育事业稳健发展，93人参加中考，县一中录取25人。

四、安全维稳。投入资金20万元建设乡综治服务中心，被评为全市建设“无上访村（社区）”先进乡镇（街道），哗溪桥、南田、跑马、沔泗、将军山等村（社区）被评为全县“无上访村（社区）”。组织102名乡村干部开展“访民情、优服务、创满意”活动，固定接对、定期走访农户6858户，组织200人定期开展志愿者服务活动；全面开展烟花鞭炮打非治违、危化品、道路交通、校车和校园周边环境、食品药品安全、消防等专项整治，全年民调工作居全县第二位。

五、基层党建。各村（居）“两委”换届全部实现一选成功，非公有制经济组织和社会组织实现党组织组建全覆盖，并选派了党建指导员。举办入党积极分子培训班，发展预备党员17名。强化党风廉政建设，全年共立案7件，查处7人。

（办公室）

经济开发区

党工委书记	朱荣华
管委会主任、党工委副书记	李　强
党工委副书记、管委会常委副主任	甘志宏
党工委委员、管委会副主任	汪祚武
党工委委员、管委会副主任	李德宏
党工委副书记、纪工委书记	邵　磊

【概况】 湖南临澧经济开发区原名临澧县太平工业经济开发区，于1992年6月经湖南省体改委批准设立（湘体改字〔1992〕52号），是常德市首批建立的省级开发区。2004年，经湖南省土地利用总体规划修编领导小组办公室同意，县委、县政府在县城北规划1平方千米建设安福工业园。2006年，经国家发改委审批同意，临澧县太平工业经济开发区更名为湖南临澧经济开发区，审批面积2.68平方千米。2007年，经省发改委批准（湘发改函〔2007〕175号）同意，将安福工业园纳入湖南临澧经济开发区统一规划、管理。2016年，经济开发区规划总面积6.48平方千米，

建成面积近5.4平方千米。截至2017年年底入园企业达177家，其中170家建成投产，规模工业企业68家，吸纳农村劳动力10726人。

开发区机关共有干部职工48人，内设四局一室（财务统计局、招商合作局、产业发展局、社会事务局、办公室），下设中小企业服务中心。县政府在开发区成立湖南常临实业公司，属县政府直接管理，于2014年3月正式挂牌，其法人代表由政府办党组成员担任。开发区下设综合委员会，共有9个党支部，其中1个党委，6个非公支部，共有党员189人。2017年开发区被评为全县乡镇（区）、街道（筹）绩效管理良好单位、招商引资工作先进单位、争资先进单位。

一、园区攻坚。2017年1—12月，园区68家规模工业企业实现总产值107.5亿元、规模工业增加值22亿元、入库税金16964万元，同比分别增长27%、10%、16%。项目建设：园区基础设施建设及配套已完成7.29亿元（市里下达任务数为6亿元）。1—12月，园区开工建设项目29个，其中亿元项目开工建设9个（任务数6个）。其中，祥民制药项目完成投资1.2亿元，一期已竣工试生产；科技孵化器众创服务中心及创富佳苑建设项目，总投资1.2亿元，主体工程基本完工；博川生物质产业园完成投资1.48亿元，其土壤修复剂项目已经建成投产，高档无纸面石膏装饰材料项目建成试产，木塑生产线进入设备安装阶段；园区污水处理厂完成投资8000万元。湘福大道延伸线、恒福路延伸线、临岗公路园区段、园区绿化美化亮化等重点基础配套项目已完成征地拆迁、报批等前期工作。招商引资：引进在建及续建项目共17个，计划总投资15.3亿元，金诚创业基地内标准化厂房使用率达90%。

标准化厂房：开工建设12.17万平方米，12月底全面建成。

二、环境优化。县委、县政府每月调度一次园区攻坚工作，分管县级领导每周调度一次园区攻坚，坚持园区干部联系企业（项目）制度，积极帮助企业解决用地、用工、资金等困难。由县委办、政府办、优化办等部门牵头，集中3个月时间，安排各县直单位常务副职带队，在园区开展值班执勤，集中处理各项矛盾，进一步优化发展环境。由县委组织部牵头，抽调优秀干部，作为服务企业特派员在经济开发区重点企业专职服务企业，及时帮助企业化解矛盾，基本实现“围墙内的事政府不干预，围墙外的事企业不操心”。开发区严格遵守县委优化经济环境和加强干部作风建设“双十禁令”，全面贯彻落实公开承诺、限时办结、项目全程代理等制度，为企业（项目）落户园区创造优质、高效的服务体系。认真组织开展企业周边环境专项整治行动，严厉查处阻工挠工、强买强卖、强行参工参运、索拿卡要等影响企业生产和项目建设环境的人和事，建立健全优化园区经济发展环境的长效机制。

三、党建工作。非公企业“两个覆盖”工作进展顺利，除凯迪能源、安泰包装、金兴机械、泰富建材等13家企业因无党员或在筹备阶段无法组建党组织之外，其他符合建立党组织的企业已组建党组织，其中1个企业党委、5个企业支部，即安福气门党委，美华支部、中泰支部、华力热电支部、天伦支部、凯元支部。非公企业建立工会38家。加大党建工作指导力度，按照“一企一策”的要求，派驻党建工作指导员，帮助指导基层党组织建立健全“三会一课”、民主生活会、发展党员、党员教育培训、流动党员管理等工作制度，推动非公有制经济组织党建工作规范化建设。

存在的问题：一是体制机制不够灵活。园区发展受掣肘仍然较多，人员引进、激励机制、行政审批等条条框框较多，园区急需的高素质的职业经理人、专业技术人才引进很难。二是项目建设资金不足。园区实际用于招商引资优惠政策补助资金、基础设施建设资金刚性需求量大，加上银行信贷政策调整，融资困难，园区企业资金缺口接近9亿元，大多数企业资金受资金掣肘，企业运行较难。三是供地矛盾突出。总用地指标与用地需求矛盾突出，加上征拆难度越来越大，征

拆成本越来越高，供地瓶颈问题突出，影响园区项目建设进度。（办公室）

【临澧经济开发区污水处理厂项目】是临澧经济开发区的重要基础设施建设项目，设计处理规模为2万立方米/日。项目总投资1.26亿元，采取投资人招标模式，由博天环境集团股份有限公司中标投资建设。该项目于2017年7月开工，12月31日建成投入运行，并在线上传监测数据。（办公室）

望城街道（筹）

临时党委书记	怀素娟
临时党委副书记、办事处主任	汤　征
临时党委副书记	黄　诚
临时党委委员、人大工委主任	毛丽萍
临时党委委员、政协联络处主任	杨继楚
临时党委委员、纪委书记	杨　毅
临时党委委员、组织委员	庞冬梅
临时党委委员、武装部部长	贾志忠
临时党委委员、办事处副主任	黄其国
办事处副主任	邹金明

【概况】望城街道（筹）总面积62.5平方千米，山林面积2.3万亩，水面0.4万亩，耕地面积3.6万亩，其中水田2.9万亩、旱地0.7万亩。辖4个行政村、6个社区，总人口32765人，其中农业人口25986人。街道（筹）共有10个党总支，36个党支部，党员1046人。

2017年，望城街道（筹）围绕“一河两岸、南岸新城”发展新格局，做好城市发展、文化旅游、产业发展三大文章，全年实现地区生产总值4.15亿元，比上年增长9.8%；固定资产投资3.5亿元，占全年任务的101.5%；财税收入1195万元，比上年增长10.5%；农民人均纯收入达10200元，比上年增加800元。望城街道（筹）被评全县社会治安和综治维稳、安全生产、农业农村、卫生计生、基层党建、党管武装工作先进单位，街道（筹）机关被评为县级文明单位，罗海明被评为全市“最美扶贫人”。

一、经济发展。争资引项：全年引进项目7个，实际到位资金1.3亿元。其中新上项目5个，分别是：宋玉放舟湖生态旅游项目投资3000万元，宋玉五彩生态项目投资2000万元，余丰烟花仓储基地项目投资4000万元，建筑垃圾循环利用节能环保项目投资1000万元，大塘生态园项目1000万元；续建项目2个，到位资金2000万元，即米扬米业3万吨生产线项目投资500万元，华夏水泥制品项目投资1500万元。向上级财政、发改、交通、水利、农业、国土等部门争取上级专项资金350万元。农业生产：农作物播种面积2.8万亩，其中双季稻种植面积2.1万亩，在临柏公路沿线7个村（居）集中育秧移栽3000亩，落实省国调队粮食监测点1700亩、1500亩，粮食总产量3.1万吨。经济作物播种面积0.7万亩，其中大塘社区种植萝卜800亩，和平村发展葡萄种植300亩，文塘、月亮岛和和平发展蔬菜基地500亩，桂花村发展中药材种植350亩；新栽油茶200亩，补植补造300亩。水产养殖发展黄花鱼养殖1000亩、套养5000亩，楚城黄花鱼繁育基地年孵化鱼苗5亿尾。发展农村新型经营主体，成立宋玉水稻专业合作社、黄花鱼养殖专业合作社、黄枝子种植合作社、刘萝卜种植合作社、和平果蔬专业合作社。

二、基础建设。水利设施建设投入1200万元，整修渠道20千米，新修机耕道5千米，整修堰塘38口，维修机埠5处，境内四条河流落实河长制。交通建设投入450万元，硬化通组公路8.5千米，整修公路12千米。争资550万元改造桂花、临安低压电网。投入20万元升级改造10个村（居）“村村响”。

三、城镇建设。依法拆除3处违章建筑及陈家桥街道两边106处非法临时建筑，自筹资金300万元改造街陈家桥道。棚户区改造拆迁完成

“两园一带”257个农拆户和129个城拆户的实物量入户调查和核对工作，柳林公园238户拆迁对象有58个城拆户、50个农拆户签定拆迁协议，并规划落实文塘、和平两个安置基地；完成八号大道建设征拆调查摸底。加强农村环境整治，拆除垃圾池38处，为10个村（居）配备环保垃圾桶1200多个，配备垃圾清运车2台。

四、民生社会事业。脱贫攻坚：集中整改脱贫攻坚突出问题，依规依序清退不符合条件的贫困户142户355人，新纳入贫困户35户111人，清理后全街道（筹）共有贫困户830户2539人。3个贫困村由县派驻工作队帮扶，7个非贫困村（居）均由街道派驻工作队，830个贫困户均由干部、党员组长结对帮扶。全年开展结对帮扶活动4次以上，核实异地搬迁对象72户238人，完成危房改造25户81人，为贫困户兴办实事37件，发放小额贷款240万元，提供脱贫信息180多条，介绍贫困人口务工260多人。募集助学帮困教育资金5万多元。永安村顺利退出贫困村序列，466个贫困人口脱贫，脱贫攻坚工作在全县排名第一。计生卫生：积极实施全面两孩生育政策，大力整顿生育秩序，计划生育率达99.8%。优化医疗保障服务，为5925人支付医疗补助525.6万元，新农合参保率达95%。社会保障：城乡低保扩面提标，落实城镇低保165人，农村低保1430人、五保对象159人，发放各类低保及救助资金285.6万元。

五、安全维稳。严格落实安全生产“一单四制”，实行班子成员联系企业制度，对烟花爆竹、危险化学品、加油站及食品、道路水上交通等重点行业进行全方位巡查，整改安全隐患12处，取缔非法企业1家，是全县唯一没有发生安全事故的乡镇级单位，道路交通安全为全县提供省检现场。维护社会治安环境，对重点涉稳对象实行贴身包保，化解各类矛盾纠纷42起，劝访各类重点对象10人，大塘社区被评为全县无上访村；全年共立刑事案件8起，破案4起，刑拘4人。

六、基层党建。完成村（居）“两委”换届工作，16名年轻干部首次进入“两委”班子，全街道村（社区）干部总职数由62人减少60人。推进村级综合服务平台建设，3个实行改扩建，5个新建主体工程完工。智慧党建和“一网一云”工作全面推进，党组织和党员基础信息采集率100%，红星云激活率达到90%。落实“三会一课”纪实管理、党员量化考评、支部主题党日活动等组织制度，街道机关老干党支部被评为全市先进党支部。(办公室)

【望城街道（筹）临时党委成立】2017年3月1日，中共临澧县委组织部下发《关于成立望城、太平街道（筹）临时党委的通知》（临组通〔2017〕8号），望城街道（筹）临时党委正式成立。怀素娟任街道（筹）临时党委书记，汤征、黄诚任街道（筹）临时党委副书记，毛丽萍、杨继楚、杨毅、庞冬梅、贾志忠、黄其国任街道（筹）临时党委委员。（办公室）

【望城街道办事处（筹）成立】2017年3月7日，临澧县人民政府办公室下发《关于成立望城、太平街道办事处（筹）的通知》（临政办函〔2017〕29号），望城街道办事处（筹）正式成立。汤征任望城街道办事处（筹）主任，黄其国、邹金明任望城街道办事处（筹）副主任。

（办公室）

【市委书记周德睿到望城桂花村调研扶贫产业】2017年7月5日下午，市委书记周德睿带领市委办、市财政局、市扶贫办等有关单位主要负责人，调研望城街道（筹）桂花村宋玉五彩生态园的樱花、荷花、紫薇花、海棠花等扶贫产业基地，了解“公司+基地+农户”的产业模式运行情况。（办公室）

太平街道（筹）

临时党委书记　陈　璐

临时党委副书记、办事处主任　卢业枝

临时党委副书记　杨小梅
临时党委委员、办事处副主任　邵　勇
临时党委委员、办事处副主任　肖学奎

【概况】太平街道（筹）于2017年3月开始筹建，8月28日正式挂牌运行。位于临澧县城以北，207国道、一号大道、高速公路连接线穿境而过，总面积38.8平方千米，其中耕地面积15241亩，山林面积14250亩，水田面积14331亩。辖农丰、铁锣堰、九姊、太山、肖家河、叶家庙、太平等7个社区，152个居民小组，3722户，总人口2.2万人，其中党员504人。

2017年，太平街道（筹）实现地区生产总值122.8亿元。辖区内62家规模工业企业实现总产值112亿元，创税收1.7亿元；规模工业增加值21亿元、入库税金16825万元，同比分别增长21.06%、10%、16.1%；财政总收入达1.7亿元，居民人均纯入达到14800元；村级集体经济总收入294.15万元。被评为全县安全生产先进单位；肖家河社区被评为全县"无上访村（社区）"工作优秀村（社区）；农丰社区被评为全县棚改工作先进单位。

一、城镇建设。征地拆迁：农丰、太山、太平等社区充分运用征地拆迁政策，如期完成各自范围内的青年北路、恒福路延伸线、满屋彩家居、太山公墓、湘福大道延伸线等项目的征地拆迁任务。棚改项目：按照"领导包保、分级负责、属地管理"工作思路，一位街道领导、一支干部队伍推进的模式，立"军令状"，挂"作战图"，排"时间表"，共完成棚改拆迁134户。控违拆违：全街道违法违规建筑16处1318平方米，督促自行拆除6处258平方米，无证先建后补领规划许可证4处585平方米，其余6处475平方米全面停工。

二、服务园区。优化项目施工环境，积极主动协调解决项目实施过程中出现的各种困难问题，严厉打击阻工扰工等违法行为，保障了一号大道、恒福路、湘福路、青年北路等项目的顺利施工。优化企业就业服务，建立台账，摸清各社区劳动力资源及回乡务工人数、劳动力从事工种、就业意向等底子；发放宣传单近万余份，利用微信群、村村响等媒介，宣传园区企业招工信息，共采集就业人员信息160条，利用春节务工人员返乡时节，组织参加对口招聘，新增园区就业劳动力85人。化解涉企矛盾纠纷，园区与街道组成的综合执法应急分队开展园区建设环境日常巡查10次以上，参与处理个别企业引发的纠纷30余起。服务企业安全生产，履行安全生产属地管理职责，建立街道干部联企制，落实"一单四制"要求，对辖区企业分门别类制定《一般工贸和危化企业登记表》，明确安全生产监管重点、风险点，不定期开展安全生产巡查60多次，下发整改指令书25份，对发现的隐患，协助企业及时整改到位。

三、农业农村。产业发展：普惠油茶栽种120亩，油茶新造150亩，油茶低改300亩。叶家庙社区大力开展产业扶贫，发展纽荷尔脐橙300亩，受益贫困户8户20人。基础建设：清淤整修堰塘5处、清淤渠道2千米，建设泵站2处、修建机耕道3千米，恢复水毁工程4处，公路绿化8千米；两个加油站防火隔离带清理0.25千米。环境整治：辖区内3个河段和10座水库全面落实河长制。聘请专人对东撇沟、达人湾河和肖家河三条河流进行日常保洁和垃圾运转，维护河道清洁。各社区垃圾及时清运，主干道实施常态化清扫保洁。强化对企业排污管理，治理万福砂厂、太山砂厂、生猪养殖等环境污染问题5起；淘汰黄标车13辆；清退养养殖户6户，发放资金66.8万元。开展美丽屋场、美丽乡村创建工作，太平社区被评为常德市美丽乡村。

四、民生社会事业。脱贫攻坚：62名党员帮扶任人与贫困户结成帮扶对子，实现结对帮扶全覆盖；易地搬迁5户17人，贫困户农村危房改造10户，脱贫31户93人。社会救助：全街道享受农村低保共200户367人，城镇低保共26户43人，特困供养对象62人，发放临时救助9.7万元，为困难群众送去米5560千克、油1050千克、棉被32床，危房改造17户。平安创建：每月19日开展宣传活动，发放《致广大人民群众安全生产的一封信》等相关宣传资料2万份，掌握各类安全隐患信息共60条，化解矛盾纠纷75起，辖区内4个社区被评为无上访社区。联合教育、交警、综治等部门，对辖区内5台国标校车进行监管，确保校车安全。以社区为平台进行交通安全知识宣传，及时排查危险路段存在的安全隐患，在易发生事故地段设立安全隐患警示标志，险工险段及时修复，配合交警严查农用车载客、无证驾驶，降低交通事故发生频率。

五、基层党建。“两学一做”教育常态化推进，开展集中学习6次，专题讨论3次，支部书记上党课2次。坚持每月15日以党支部为单位开展主题党日活动，发挥党员先锋模范作用。配合安福镇完成7个社区的“两委”换届工作，农丰、铁锣堰、肖家河、太山等社区综合服务平台新建、改扩建工程社区基本完成。纠“四风”、治陋习，开展扶贫领域突出问题、“雁过拔毛”式腐败等专项整治，改进干部作风。（办公室）

【太平街道（筹）正式挂牌运行】经县委县政府研究同意，太平街道（筹）于2017年3月启动筹建工作，街道临时党委和办事处借用经开区和太平社区10间办公室开始办公。筹备工作中，面向全县公开选拔12名工作人员，于8月中旬全部到位，并明确干部岗位和内设站所临时负责人，建立列机关干部管理制度；公安、司法、国土、城管、市场质量监管等部门根据行政区域划转范围，先后完成其外派机构的管辖区域调整和人员力量的调配工作。经过与开发区的沟通衔接，详细划分街道与园区工作职能职责，明确园区对街道进行考核考评的内容。经开区主要考核太平街道（筹）征地拆迁、控违拆违、棚户区改造、服从服务园区管理调度等工作，折算占比40%，折算汇总后的总分纳入全县考核排名。

经过5个月时间的紧张筹建，2017年8月28日，太平街道（筹）揭牌仪式在临时办公楼前举行，县委书记李正才、县委副书记辛春生、县人大常委会主任杨华桥、县政协主席朱泽欣等县级领导参加揭牌仪式。辛春生主持仪式议程，李正才为街道（筹）揭牌。县委办、县政府办、组织部、编办、财政局、人社局、民政局公安局、国土局、城管局、环保局、经开区、市场质量监管局、司法局、安福镇等部门单位负责人、太平街道（筹）全体干部及全体社区支居两委成员参加揭牌仪式。（办公室）

【县经济开发区、太平街道（筹）联合举办区街融合一家亲庆元旦趣味运动会】2017年12月26日上午在县经济开发区举行，旨在促进区街思想融合、发展融合。县委常委、宣传部部长叶春华为运动会开幕，经开区管委会主任李强致开幕词。来自县经济开发区机关、太平街道（筹）机关、各社区及企业共15支代表队180余名运动员，参加拔河、挑粮谷等五个项目的比赛。县文体广新局、县妇联、县总工会、团县委相关负责人参加开幕式。（办公室）

活动现场（办公室）

黄小卫

黄小卫 女，1962年1月出生，湖南省临澧县合口镇人。工学博士，北京有色金属研究总院教授级高级工程师，享受政府特殊津贴。1983年以来，一直从事稀土矿冶炼、稀土分离提纯和稀土化合物材料的研究、工程化开发及推广应用，主持完成国家和省部级科研课题40多项，获国家技术发明二等奖1项，国家科技进步二等奖和三等奖各1项，中国专利优秀奖4项，部级科技进步一等奖8项、二等奖3项，获得授权发明专利82项（国外专利17项），出版专著3部，发表论文140余篇；先后获得中国首届“杰出工程师奖”、“全国优秀科技工作者”、“全国劳动模范”等荣誉称号。主要学术兼职：中国稀土学会稀土化学及湿法冶金专业委员会主任；中国稀土学会专家组湿法冶金、分析组召集人；《中国稀土学报》和《稀有金属》常务编委、《稀土》杂志编委。现任北京有色金属研究总院稀土冶金材料及应用技术研究所所长，稀土材料国家工程研究中心主任，有研稀土新材料股份有限公司副总经理；兼任中国稀土学会稀土化学及湿法冶金专业委员会主任，“先进稀土材料产业技术创新战略联盟”秘书长，“十二五”国家科技重点专项（稀土材料）专家组成员，“十二五”863计划新材料技术领域“先进稀土材料制备与应用技术”重大项目总体专家组专家，中国有色金属工业协会专家委员会委员，《中国稀土学报》（中英文版）常务编委等。2017年11月，当选中国工程院2017年增选院士。

（年鉴编辑部）

孙逢春

孙逢春 男，1958年6月出生，湖南省临澧县刻木山乡（原九里乡）人，新能源汽车专家，博士，中国工程院院士，湖南大学校长顾问，北京理工大学机械与车辆学院教授，博士生导师。1982年毕业于湖南大学工程力学专业，1984年获北京理工大学车辆工程系工学硕士学位，1987年赴德国攻读联合培养博士学位，1989获北京理工大学工学博士学位并参加工作。1999年度教育部“长江学者奖励计划”特聘教授。现任电动车辆国家工程实验室主任，全球汽车精英组织成员。提出并构建了中国电动商用车、充/换电站系统、清洁交通等系统技术体系，作为第一完成人获国家技术发明奖二等奖 2 项、国家科技进步奖二等奖 1 项、何梁何利奖 1 项及省部级奖多项。2017 年 11 月，当选为中国工程院增选院士。（年鉴编辑部）

胡仕新

胡仕新 男，1963 年 11 月出生，湖南省临澧县刻木山乡（原官亭乡）人，现为美籍华人。1983 年毕业于天津大学机械工程系机械制造专业，1986 年和 1990 年获美国密歇根大学硕士和博士学位，之后留在密歇根大学任教，2015 年担任美国工程院院士。2017 年 11 月，当选中国工程院 2017 年增选外籍院士。（年鉴编辑部）

临澧县 2017 年国民经济和社会发展统计公报

2017 年，面对错综复杂的国内外经济形势，在县委、县政府的坚强领导下，团结带领全县人民，全力推进“五大会战”“七大突破”，县域经济保持平稳健康发展，为建成以现代化城镇群为特征的生态宜居特色县和实现经济社会赶超发展打下了较好的基础。

一、综合

2017 年实现地区生产总值 180.1 亿元，比上年增长 8.3%。分产业看，一、二、三产业分别实现增加值 38.62 亿元、60.89 亿元和 80.57 亿元，同比增长 4.2%、7.9%和 10.3%，对 GDP 的贡献率分别为 9.7%、34.9%和 55.4%，分别拉动 GDP 增长 0.8、2.9 和 4.6 个百分点。一、二、三产业结构比例为 21.4∶33.8∶44.7；按常住人口计算，全县人均地区生产总值 41353 元，比上年增长 8.4%。

表 1　2017 年地区生产总值分行业情况

指　　标	绝对额（万元）	占 GDP 比重（%）	增速（%）
地区生产总值	1800905	100.0	8.3
农林牧渔业	391897	21.8	4.3
农林牧渔服务业	5682	0.3	8.1
工业	488938	27.1	8.4
开采辅助活动	103	0.0	7.3

指　　标	绝对额（万元）	占 GDP 比重（%）	增速（%）
金属制品、机械和设备修理业	1125	0. 1	7. 8
建筑业	121247	6. 7	5. 6
批发和零售业	57187	3. 2	5. 8
批发业	24111	1. 3	6. 1
零售业	33076	1. 8	5. 5
交通运输、仓储和邮政业	107344	6. 0	7. 2
住宿和餐饮业	37861	2. 1	6. 3
住宿业	8481	0. 5	2. 6
餐饮业	29380	1. 6	7. 4
金融业	55720	3. 1	9. 8
房地产业	44694	2. 5	9. 2
房地产业（K 门类）	5727	0. 3	56. 4
居民自有住房服务	38967	2. 2	5
其他服务业	496017	27. 5	12. 2
营利性服务业	150281	8. 3	17. 9
非营利性服务业	345736	19. 2	9. 7
第一产业	386215	21. 4	4. 2
第二产业	608957	33. 8	7. 9
第三产业	805733	44. 7	10. 3

年末拥有城乡劳动力 294315 人，就业 283131 人，就业率 96. 2%，比上年提高 0. 2 个百分点。年内新增就业 8618 人，其中，城镇 4913 人、农村 3705 人；失业人员再就业 2896 人；年末登记失业率 3. 01%。

2017 年全县共完成省重点民生实事 9 项，分别是：农村危房改造 897 户；农村饮水安全巩固提升 8100 人；农村公路提质改造 112. 72 千米；农村公路安保设施建设 91. 99 千米；新增城镇就业 4913 人；城市棚户区改造 5080 套；农村适龄妇女“两癌”免费检查 4462 人；孕产妇产前免费筛查 3500 户；新增社会治安视频监控摄像头 100 个；新增养老服务床位 259 张；行政村配电网改造 7 个。

二、农业

2017 年全年实现农业总产值 656568 万元，增长 4. 4%（可比价，下同）。其中：种植业产值 275875 万元，增长 7. 85%；林业产值 17409 万元，增长 14. 64%；畜牧业产值 312460 万元，增长 0. 62%；渔业产值 41883 万元，增长 1. 91%；

农业服务业产值8941万元，增长8.09%。

全年粮食种植面积63420公顷，比上年下降0.66%；棉花种植面积3920公顷，比上年增长31.99%；油料种植面积29500公顷，比上年下降1.24%。

主要农产品产量稳中有升。粮食总产量35.0836万吨，增长4.21%；粮食总产中稻谷产量31.8317万吨，增长1.14%。棉花产量7938吨，增长27.09%。油料产量52573吨，增长0.43%；其中油菜籽产量52065吨，增长0.85%。蔬菜产量240422.5吨，增长33.62%。水果产量66105吨，增长0.96%。全年牲猪出栏47.82万头，增长1.12%；家禽出栏1826.25万羽，增长0.46%；羊出栏14.25万只，下降0.56%。全年可养殖水面4070公顷，增长6.82%；水产品产量26570吨，增长3.26%，其中鲜鱼产量24710吨，增长3.19%。

表2　　2017年主要农产品产量及增长速度

产品名称	面积（公顷）			产量（吨）		
	2017年	2016年	增速（%）	2017年	2016年	增速（%）
粮食	63420	63840	-0.66	350836	336654	4.21
其中稻谷	56220	56000	0.39	318317	314742	1.14
棉花	3920	2970	31.99	7938	6246	27.09
油料	29500	29870	-1.24	52573	52346	0.43
水果	6880	7920	-13.13	66105	65478	0.96
蔬菜	8030	6330	26.86	240423	179925	33.62

民生水利基础进一步夯实。全年开工各类水利工程3700处，比上年增长32.6%；共完成水利投资5亿元，比上年增长66.7%；水利工程完成土石方350万立方米，新增农田有效灌溉面积626公顷，新增节水灌溉面积666.67公顷。清淤扩容堰塘1500口、疏洗渠道1000千米，维修改造大小机埠76处。

三、工业和建筑业

全年完成工业总产值198.81亿元，比上年增长11.7%。其中，规模以上工业产值140.43亿元，比上年增长17.2%；规模以下工业完成总产值58.38亿元。实现工业增加值48.89亿元，增长8.4%；其中，规模以上工业增加值30.21亿元，增长9.9%；规模以下工业增加值18.68亿元，增长2.0%。在全县114家规模以上工业企业中，重工业企业产值比重有所提高，占规上工业的51%，比上年提高了10个百分点，轻、重工业分别完成总产值68.77亿元、71.66亿元，分别增长10.8%、24.2%；从区域来看，园区规模以上企业增长较快，全年完成产值107.3亿元，比去年增长25.6%，占全部规上企业产值的76.4%。从8大主要行业分布看，化学纤维制造业、电力、燃气及水的生产和供应业、非金属矿采选业增长很快，分别完成产值6.9亿元、3.9亿元、4.0亿元，分别增长42.5%、29.4%和24.7%；造纸及纸制品业、非金属矿物制品业、农副食品加工业、纺织品业增长较快，分别完成产值5.5亿元、23.8亿元、11.5亿元、17.0亿元，分别增长 19.9%、19.7%、15.7%、13.0%；化学原料及化学制品业则首次出现负增长，全年实现产值 16.0 亿元，下降 10.8%。

主要工业产品产量有增有减。全年发电量 64478 万千瓦时，比上年增长 23.8%；水泥 280.1 万吨，比上年增长 7.3%；机制纸及纸板 14.3 万吨，比上年增长 10.0%；平板玻璃 147.7 万箱，比上年下降 39.8%；化学纤维 31059 吨，比上年增长 15.7%；石膏 124.3 万吨，比上年增长 31.4%；大米 94605 吨，比上年增长 4.0%；纱 28128 吨，比上年增长 11.7%；卫生陶瓷制品 1144.04 万件，比上年增长 31.8%。

表 3　2017 年主要工业产品产量及增长速度

产品名称	单位	绝对额	比上年增减（%）
发电量	万千瓦时	64478	23.8
水泥	万吨	280.1	7.3
机制纸及纸板	万吨	14.3	10.0
平板玻璃	万重量箱	147.7	-39.8
化学纤维	吨	31059	15.7
石膏	万吨	124.3	31.4
大米	吨	94605	4.0
纱	吨	28128	11.7
卫生陶瓷制品	万件	1144.04	31.8

规模以上工业实现利润总额 5.06 亿元，比上年增长 21.05%；上缴税收 1.37 亿元，比上年增长 8.3%。规模工业全年上缴税收 1.52 亿元，同比增长 4.4%。

全年工业消耗电力 31007.50 万千瓦时，同比增长 1.22%。规模以上工业企业全年综合能源消费量为 53.03 万吨标煤，比上年增长 6.05%；万元增加值能耗下降率为 3.5%，万元产值单耗为 0.38 吨标煤。

全县有资质以上建筑业企业 4 家，其中三级及三级以上建筑企业 4 家，有劳务建筑分包企业 3 家，共完成产值 75654 万元，增长 28.5%；实现利润 1440 万元，比上年下降 2.4%。其中，三级及三级以上建筑企业实现总产值 75654 万元，增长 28.5%。

四、固定资产投资

全年完成投资总额 113.8 亿元，比上年下降 18.8%。其中，固定资产投资 107.5 亿元，下降 22.2%；房地产开发投资 63699 万元，增长 214.1%。按三次产业分：第一产业完成投资 5.1 亿元，下降 48.0%；第二产业完成投资 48.2 亿元，下降 43.3%；第三产业完成投资 60.5 亿元，增长 33.3%。

2017 年，全县商品房销售面积达到 27.58 万平方米，比上年增长 56%；其中住宅 25.75 万平方米，比上年增长 59%；实现商品房销售额

10.63亿元；房屋待售面积27.9万平方米，比上年下降4%。

五、国内贸易和引资

全年实现社会消费品零售总额65.68亿元，比上年增长10.6%。其中限上消费品零售额15.81亿元，增长17.1%；按城乡分，城镇13.70亿元、乡村2.1亿元，分别增长17.3%、16.4%；按类别分，餐饮收入0.69亿元、商品零售15.12亿元，分别增长5.7%、17.7%。

全年居民消费价格总指数（CPI）101.9，商品零售价格总指数（RPI）101.5。

全年共引进内外资总额68亿元，比上年增长17.2%。在建项目43个，其中过亿元项目20个，增长33%；过千万元项目23个，同比下降75.8%；新签约引进项目50个，其中过亿元的项目17个，过千万元项目34个。

六、交通运输及邮电业

全年年末汽车保有量88847辆，其中民用汽车85600辆，营运汽车3247辆，其中载客汽车455辆，载货汽车2792辆。

全县公路通车里程2455.4千米。其中，国道77.5千米、省道209.3千米、县道338.9千米，乡道680.7千米、村道1149千米。城区路网建设共投资2.9亿元，先后启动了14条道路建设，改造了7条小街小巷，其中金峰东路、王家河路、九龙路、灵泉路等9条道路建成通车。

邮政通信事业稳步发展。全年完成业务总收入21161.9万元，比上年增长14.8%。其中电信业务总量17247.7万元，比上年增长15.5%；邮政（含代理业务）3914.2万元、比上年增长12.13%。年末拥有固定电话用户2.42万户；移动电话用户25.27万户；宽带上网用户6.6万户。

七、财政、金融与保险

全年实现财政总收入78595万元，比上年增长7.8%。其中，地方一般预算收入44630万元，与上年基本持平；地方一般预算支出288617万元，同比增长8.9%；其中教育支出37268万元，比上年增长4.4%；社会保障和就业支出68762万元，比上年增长31.9%；医疗卫生与计划生育支出35424万元，比上年增长15.8%；农林水支出51328万元，与上年持平。

年末金融机构本外币各项存款余额180.07亿元，比上年增长13.6%；其中，住户储蓄存款余额136.8亿元，同比增长10.4%；非金融企业存款余额28.72亿元，同比增长77.1%。年末金融机构本外币各项贷款余额112.24亿元，同比增长20.2%；其中，住户贷款余额34.2亿元，同比增长26.87%；非金融企业及机关团体余额78.03亿元，同比增长17.5%，其中短期贷款43.25亿元，同比增长2.43%，中长期贷款34.64亿元，同比增长44.2%。金融机构人民币各项存款余额179.96亿元，同比增长13.6%；金融机构人民币各项贷款余额112.24亿元，同比增长20.2%，其中人民币消费贷款22.87亿元，同比增长77.95%。全县金融机构盈利2.43亿元，同比增长5%；年末银行业主要金融机构不良贷款余额1.16亿元，同比增长1.2.6%。全年县级原保险保费总收入3.16亿元，同比增长20.15%；原保险赔付总支出0.77亿元，同比增长13.23%。

八、教育和科学技术

全县共有在岗教职员工3279人。其中：普通高级中学596人，职业高中（职业中专）106人，教师进修学校22人，普通初级中学1141人，小学1327人，其他教职工87人（含机关单位教职工）。年末拥有各类学校87所。其中：普通高中2所、九年一贯制学校1所、职业高中（职业中专）1所、初中17所、小学65所、教师进修学校1所。共设教学班949个，全年在校学生40762人。其中：普通高中教学班120个，在校学生6768人；职业高中（含女子职校）42个班，在校1517人；高中毕业生升学率为93.7%。初中201个班，在校学生9661人；初中毕业生升学率为100%。小学584个班，在校学生22816人；小学毕业生为升学率100%。全县共有幼儿园87所，幼儿班373个，在园幼儿10644人。小学阶段学龄儿童入学率100%。全县拥有校舍面积69.27万平方米。全年落实义务教育保障资金2447万元，落实中职免学费资金325万元。

全年实施各类科技项目35项，新增3家高新技术企业；全年共有专利申请量206件，专利授权量48件。查处假冒专利案件53件，结案53件。签订技术合同143份，合同成交金额7120万元。年内审批11项抗震设防工程，建筑总面积840785平方米。

九、文化、体育、旅游和卫生

年末拥有艺术表演团体9个，拥有文化馆1个、公共图书馆1个、博物馆1个、档案馆1个、纪念馆1个、省级非物质文化2保护目录2个、放映农村公益电影3708场、广播电台1座、广播综合人口覆盖率98%；电视台1座，有线数字电视用户53793户，无线数字电视用户22800户，电视综合人口覆盖率98%。全年各类新闻稿件被市以上转播14911秒，比上年下降23.44%；其中被省电视台转播1861秒；新闻稿件被中央电视台转载4篇，比上年增长300%。

2017年，全县共有体育馆2座，运动场（体育场、小运动场、田径场）78个，游泳池（游泳跳水场馆）3个，综合房（馆）及专训练房馆共50个。开展全民健身项目23项次，年内参加全民健身运动人数1.8万人，全县经常参加体育锻炼人数3万人左右；新建农民体育健身工程行政村53个。在市以上运动会获得奖牌129枚。其中，金牌57枚、银牌36枚、铜牌36枚。电脑体育彩票布点31个，全年完成销售额3405万元。

全县拥有国家AAAA和AA级旅游景区（点）各1处，湖南省风景名胜区1家，乡村旅游运动示范基地1家，三星级旅游饭店2家，旅行社和旅行社门市部6家。2017年旅游项目总投入1.15亿元，全年接待国内外游客210万人次，实现旅游综合收入6.5亿元，同比分别增长11.7%和18.1%。旅游业呈现健康稳步发展势头。

全县年末共有医疗卫生机构397家，同比下降6.59%，其中县直医疗卫生单位6个，乡镇卫生院17个，村卫生室309家，诊所、卫生所和医务室65个；拥有在职员工2491人，比上年增长56%，其中卫生专业技术人员1749人（在编人员高级职称98人、在编人员中级职称413人、在编初级及以下854人），比上年增长30.6%；有执业医师和执业助理医师821人；注册护士721人；乡村医生328人；全县每千人口拥有执业医生数1.8人；编制床位数1632张，实际开设病床1844张；全年接种一类疫苗34500针次，接种率95%；完成螺情调查2098.22万平方米，灭螺868.22万平方米，灭蚴180万平方米；疫区敞放牛羊等草食性家畜淘汰率达到100%.

十、人口、人民生活和社会保障

全县年末户籍总户数154620户，年末户籍总人口44.66万人，其中农业人口324920人，城镇人口121681人；男性人口226501人，女性人口220100人。年内出生人口4601人，出生率10.2‰；死亡人口1898人，死亡率4.2‰；自然增长人口2703人，自然增长率6‰。

年末全县常住人口43.59万人，其中城镇人口20.59万人、农村人23万人，常住人口城镇化率47.24%，比上年提高2.04个百分点。

居民收入稳步增长。2017年，全县实现城乡居民人均可支配收入21128元，增长8.5%。其中城镇居民人均可支配收入29364元，增长8.2%；

农村居民人均可支配收入 15331 元，增长 8.2%。

全县城乡居民人均消费支出 15998 元，比上年增长 3.0%，其中人均文教娱乐服务消费支出 2595 元，占消费总支出的 16.22%。城镇居民人均消费支出 21979 元，比上年增长 3.6%；农村居民人均消费支出 11788 元，比上年增长 3.9%。

社会保障体系日臻完善。年末参加城镇基本养老保险人数 4.16 万人，比上年增长 6%；新型农村养老保险登记参保人数 23.5 万人，基本持平；参加城乡居民医疗保险人数 39.69 万人，比上年下降 4%；城镇职工基本医疗保险参保人数 2.58 万人；参加工伤保险人数 4.08 万人；参加生育保险人数 1.43 万人；参加失业保险人数 1.5 万人，比上年增长 15%。获得政府最低生活保障人数 21180 人，比上年下降 34.36%，其中：城镇 5442 人，比上年下降 39.9%；农村 15738 人，比上年下降 32.2%。发放最低生活保障金 6519.23 万元，与上年持平，其中：城镇 2782.66 万元，比上年下降 32.2%；农村 3736.57 万元，比上年增长 6.44%。全县共有各类养老机构 147 所，比上年增长 120%；全县各类养老机构供养老人 5030 人，比上年增长 144%，其中社会福利院供养老人 500 人、敬老院供养老人 1696 人，分别增长 150%、17%。

城市建成区规划面积 21 平方千米，目前已建成 14.8 平方千米；其中城市园林面积 486.6 万公顷，比上年增长 0.57%，城市人均公园绿地面积达到 9.93 平方米，比上年增长 10.7%；拥有城市供水管道 153 千米，比上年增长 0.81%；拥有城市供气管道 228 千米，比上年增长 27%；拥有城市排水总管道 144.34 千米，比上年增长 15%，城市污水处理率达到 95.06%。

电网改造稳步推进，供电基础设施全面加强。2017 年全年电网建设与改造工程总投资金额 7188 万元。涉及柏枝乡雨台村中低压配电网改造等工程、110 千伏芭蕉变配套送出 10 千伏芭永线路新建等工程、县城朱荷堰 2 号公变台区配变电网改造等工程、修梅镇沃沙村中低压配电网改造等工程、10 千伏合杉线等 5 条 10 千伏线路新建改造，33 个行政村电网改造，8 个县城台区以及 5 个光伏扶贫村新建。强化供电设备运维，10 千伏线路跳闸次数较上年同期下降 48%，供电可靠性得到进一步提升。

十一、资源、环境和安全生产

耕地保护与用地保障平衡发展。全县拥有土地面积 1203.88 平方千米。其中，拥有耕地面积 44806.04 公顷，基本农田面积 36677 公顷；批准建设用地 80.95 公顷，建设占用耕地 29.92 公顷。实施省以上土地综合整治项目 2 个，整治建设规模 862.36 公顷。划定生态保护红线面积大 295.49 平方千米，占全县国土面积的 24.55%。

矿产资源丰富。全县已发现矿种 26 种，已探明资源储量的矿种 8 种。非金属储量在全国名列前茅，其中石膏储量居全国第 4 位、全省第 1 位。

全年营造林面积 3133 公顷，森林覆盖率达 42.37%。

环境治理扎实推进，环境质量稳中向好。全年对中央环保督查组进驻期间交办的群众信访 17 个交办件和 1 个派送件，13 件省市环保部门及省市人大执法检查反馈的问题在规定时间内全部办结；责令整改企业 14 家，立案处罚 14 家，问责 17 人；完成 27 台燃煤小锅炉污染整治，淘汰黄标车 270 台，关闭 11 家小造纸企业。工业废水排放达标率、废物（渣）处理率、固体废弃物综合利用率均达 100%，工业废气处理率 99.80%，每万元工业产值废水排放量 18.78 吨/万元，每万元工业产值废气排放量 2.57 万标立方米/万元，每万元工业产值固体废物排放量 0.22 吨/万元；烟尘控制区覆盖率 100%。城市污水处理率、地表水水质达标率 100%，城区大气监测结果：二氧化硫：0.012 毫克/立方米、二氧化氮：0.022 毫克/立方米、一氧化碳：0.90 毫克/立方米、臭氧：0.081 毫克/立方米、PM10：0.071 毫克/立方米，PM2.5：0.049 毫克/立方米。

全年发生各类生产经营性安全事故 7 起，各类生产经营性安全事故死亡人数 10 人，亿元 GDP 事故死亡人数 0.058 人。全年发生道路安全事故 5600 起，道路交通死亡率 15 人/万辆。

全年重点工业产品定期抽查合格率 82%，比上年增长 5 个百分点；重点食品质量监督抽查 865 批次，抽查合格率 94.7%，比上年提高 0.1 个百分点。发放工业产品许可证 4 张，食品生产许可证 36 张，组织制定地方表征 2 项。

2017年县级领导及县直单位领导班子名录

县 委

李正才 县委书记
蒋颖群 县委副书记，县政府县长、党组书记
辛春生 县委副书记、县委党校校长
毕金生 县委常委、政法委书记，县维稳办主任
徐兴庭 县委常委，县政府党组副书记、副县长（常务）
杜权华 县委常委、纪委书记
王海波 县委常委、组织部部长，县直机关工委书记
邓慈陵 县委常委、县委办主任
叶春华 县委常委、宣传部部长
夏雄英 县委常委、县人武部部部长
朱荣华 县委常委、统战部长，经济开发区党工委书记
陈德松 县委原副调研员

县人大

杨华桥 县人大主任、党组书记
林宜泉 县人大党组副书记、副主任
刘朝年 县人大党组成员、副主任
邓少剑 县人大党组成员、副主任
钟 音 县人大副主任（兼），县工商联主席、县总商会会长
黄新春 县人大党组成员、副主任

县政府

蒋颖群 县委副书记，县政府县长、党组书记
徐兴庭 县委常委，县政府党组副书记、副县长（常务）
陈 清 县政府副县长
汪年生 县政府党组成员、副县长
毛世秋 县政府党组成员、副县长，县公安局局长、党委书记
饶金山 县政府党组成员、副县长
盛绍文 县政府党组成员、副县长（挂职）
王 毅 县政府党组成员、副县长
苏群英 县政府党组成员、副县长
龚金宏 县政府党组成员、原副调研员

县政协

朱泽欣 县政协主席、党组书记
郭祖福 县政协党组副书记、副主席
刘茂梅 县政协党组成员、市工商局原调研员
夏妍枝 县政协党组成员、副主席
蒋谟金 县政协副主席（兼）、县交通运输局局长
邹 航 县政协副主席（兼）、县食品药品工商质量监督管理局局长
廖孝波 县政协副主席（兼）、县监察局副局长

县人武部

夏雄英 县委常委、县人武部部长
张 平 县人武部政委
乔玉平 县人武部副部长

县人大机关

黄 杰 县人大常委会党组成员、办公室主任
鄢孝林 县人大法制委员会主任委员
刘常青 县人大财政经济委员会主任委员
吴海君 县人大常委会内司工委主任

王焕安 县人大常委会科教文卫工委主任
高 波 县人大常委会环资城建工委主任
肖承银 县人大常委会农工委主任
汪建华 县人大常委会联工委主任
李 华 县人大办公室副主任
邓泽位 县人大办公室副主任
廖作文 县人大法制委员会副主任委员
郑 芳 县人大财政经济委员会副主任委员
陈文平 县人大农工委副主任
林宜成 县人大联络工委副主任

县政协机关

陈金波 县政协党组成员，秘书长兼办公室主任
李绍波 县政协提案联谊委主任
肖 俊 县政协经济科技委主任
杨金波 县政协文教卫体委主任
宁秀元 县政协法制群团委主任
叶正金 县政协办公室副主任、主任科员
胡未真 县政协提案联谊委副主任
梅 娟 县政协法制群团委副主任
李文辉 县政协文教卫体委副主任

县纪委（监察局）

杜权华 县委常委、纪委书记
于乾华 县纪委副书记，县政府党组成员、县监察局局长
陈 勇 县纪委副书记
王必球 县纪委副书记
胡久平 县纪委常委、监察局副局长
杨晓华 县纪委常委
蒋冰山 县纪委常委、监察局副局长
付 云 县纪委常委
江新华 县纪委常委
廖孝波 县政协副主席（兼），县监察局副局长

县委办

邓慈陵 县委常委、县委办主任
辛 勤 县委办常务副主任
李 敬 县委办副主任、县委保密委办主任、县保密局局长
苏建新 县委办副主任、县委机要局（密码局）局长
张成林 县委办副主任、主任科员
王春芳 县纪委派驻县委办纪检组组长（保留正科级）
杨 志 县委办保留副科级（视同）

县委组织部

王海波 县委常委、组织部部长，县直机关工委书记
黄玉忠 县委组织部常务副部长
覃文山 县委组织部副部长
丁新楚 县委组织部副部长、县非公有制经济组织和社会组织党工委书记
王先进 县委组织部副部长（兼），县委老干部局局长
杨洪金 县人社局局长、党组书记，县委组织部副部长（兼）
张 润 县纪委派驻县委组织部纪检组组长（保留正科级）
周启明 县委组织部部务会成员、党员教育中心主任、县委远教办主任
陈春喜 县委组织部部务会成员、县直机关工委纪工委书记

县委宣传部（县文明办）

叶春华 县委常委、宣传部部长
刘金国 县委宣传部常务副部长、县文明办主任
李显才 县委宣传部副部长
龚庆华 县委宣传部副部长
龚文君 县委宣传部主任科员（视同）

县委统战部、县委（政府）台办

朱荣华 县委常委、统战部部长、经济开发区党工委书记
李显钟 县委统战部常务副部长

覃凤英　县委统战部副部长、县工商联党组书记、副主席、县总商会副会长
杨　鸣　县委（政府）台办主任

县委编委办、县事业单位登记管理局

谭德清　县委编委办主任
曾庆华　县委编委办副主任、县事业登记局局长
韩　峰　县委编委办副主任
李国庆　县委编委办主任科员（视同）
徐　昭　县委事业登记局副局长

县委巡察办

胡凯辉　县委巡察办主任
蓟小燕　县委巡察办副主任、主任科员
江　峰　县委巡察办副主任

县委第一巡察组

杨龙青　县委第一巡察组组长
李　健　县委第一巡察组副组长

县委第二巡察组

裴义军　县委第二巡察组组长
黄　威　县委第二巡察组副组长、主任科员

县档案局

郑仕平　县档案局局长、党组书记
裴宜超　县档案局党组成员、副局长、主任科员
肖永斌　县档案局党组成员、副局长
朱发元　县档案局党组成员（保留副科级）

县委党史办

李　维　县委党史办（县方志办）主任
叶小平　县委党史办（县方志办）副主任

县接待处

黄建平　县委县政府接待处主任

县委党校

辛春生　县委副书记、县委党校校长
林德新　县委党校常务副校长
王立军　县委党校副校长
刘　永　县委党校副校长
陈　艳　县委党校副校长
曹海轩　县委党校保留正科级（视同）
唐伯洪　县委党校教育长

县委老干局

王先进　县委组织部副部长（兼），县委老干部局局长
田玲丽　县委老干局副局长
张小平　县委老干局副局长

县总工会

刘开明　县人大原副主任，县总工会主席、党组副书记
谭德玖　县总工会党组副书记、副主席
江玉波　县总工会党组成员、副主席
张　晶　县总工会主任科员（视同）

团县委

邓春辉　团县委书记、党组书记
邓　涛　团县委副书记、党组成员

县妇联

郭菊红　县妇联主席、党组书记
谢　敏　县妇联党组成员、副主席、主任科员
周　芳　县妇联党组成员、副主席、主任科员

县工商联

钟　音　县人大副主任〈兼〉、县工商联主席、县总商会会长
覃凤英　县委统战部副部长、县工商联党组书记、副主席、县总商会副会长
张健初　县工商联党组成员、副主席、县总商会副会长、县非公有制经济组织和社会组

织党工委副书记（兼）

县文联

张亦工　县文联主席、党组书记

县科协

李　斌　县科协主席、党组书记
黄晓明　县科协党组成员、副主席
郑明见　县科协主任科员（视同）

县残联

张明兰　县残联理事长、党组书记
万春生　县残联党组成员、副理事长

县侨联

尹启生　县侨联主席
徐丙雪　县侨联副主席

县委政法委

毕金生　县委常委、政法委书记、县维稳办主任
易铜生　县委政法委常务副书记、县维稳办副主任
何柏林　县委政法委副书记、县综治办主任
汤　英　县委政法委副书记
黄　平　县纪委派驻县委政法委纪检组组长（保留正科级）

县人民法院

王伟丞　县法院院长、党组书记
彭水明　县法院党组副书记、副院长
肖　斌　县法院保留正科级（视同）
胡庭成　县法院保留正科级（视同）
丁　晓　县法院党组成员、副院长
周海清　县法院副院长、正科级审判员
罗建军　县法院党组成员、政工室主任、正科级审判员
谢建洲　县法院党组成员、正科级审判员
鄢澧舫　县法院执行一局局长（视同）
卢　林　县法院审判委员会专职委员、正科级审判员
苏基银　县法院审判委员会专职委员

县人民检察院

曾晓东　县检察院检察长、党组书记
戴朝林　县检察院党组副书记、副检察长
陈明勇　县检察院副检察长，县正处级干部
赵　灵　县检察院党组成员、副检察长、正科级检察员
沙永银　县检察院党组成员、正科级检察员
周　济　县检察院党组成员、政工室主任、正科级检察员
于胜权　县检察院党组成员、反渎职侵权局局长
申绍珍　县检察院检察委员会专职委员
罗　鹏　县检察院专职检委、反贪局贿赂局局长

县公安局

毛世秋　县政府党组成员、副县长，公安局局长、党委书记
罗立杰　县公安局政委、党委副书记
黄金荣　县公安局原副局长（视同）
徐金国　县公安局党委委员（兼），县交警大队大队长、党组书记
廖华明　县公安局党委委员、副局长
罗先清　县公安局党委委员、县纪委派驻县公安局纪检组组长
邹纯国　县公安局党委委员（保留副科级）
菀　杰　县公安局党委委员、副局长
夏　恺　县公安局党委委员、政工监督室主任

县交警大队

徐金国　县公安局党委委员（兼），县交警大队大队长、党组书记
徐文斌　县交警大队教导员、党组副书记
于乾财　县交警大队副处级侦察员（视同）
彭惠文　县交警大队党组成员、副大队长
俞宏武　县交警大队党组成员、副大队长、主任科员
游志喜　县交警大队党组成员、副大队长

蒋月笙　县交警大队党组成员、纪检组长
潘基友　县交警大队党组成员、副大队长

县司法局

庞业文　县司法局局长、党组书记
吴　输　县司法局党组成员、副局长
金亚妮　县司法局党组成员、主任科员
李金娥　县司法局副局长
杨秋平　县司法局党组成员、政工室主任

县政府办

颜爱军　县政府党组成员，县政府办主任、党组书记，县金融办主任、县法制办主任、县外侨办主任、县民宗局局长
饶作志　县政府办党组副书记、副主任
赵文华　县政府办副主任（兼）、县信访局党组书记、局长
刘　刚　县政府办党组成员、副主任、主任科员
王　雷　县政府办党组成员、副主任
陈海波　县政府办党组成员、副主任（保留正科级）
涂艾君　县政府办党组成员、副主任、主任科员
孙　华　县政府办党组成员、副主任、主任科员
苏翔民　县政府办党组成员、副主任
乔　霞　县政府办党组成员、副主任
刘小平　县政府办党组成员、县纪委派驻县政府办纪检组组长
吴传冰　县政府办党组成员（保留副科级）

县发改局（物价局）

游建忠　县发改局局长、党组书记
葛志刚　县发改局党组成员、副局长、主任科员
金建初　县发改局党组成员、副局长
杨湘怀　县发改局党组成员、副局长
于云峰　县发改局主任科员（视同）

县教育局

徐建新　县教育局局长、党组书记
杨成玉　县教育局党组副书记、副局长（保留正科级）
杨业新　县教育局党组成员、副局长（保留正科级）
朱政权　县教育局党组成员、副局长
金小平　县教育局党组成员、县纪委派驻县教育局纪检组组长
李永忠　县教育局党组成员、主任督学（副科）

县科工局

杨　杰　县科工局局长、党组书记
刘泗宏　县科工局党组成员、副局长、主任科员
陈长永　县科工局党组成员、副局长
滕永祥　县科工局党组成员、总经济师、主任科员
陈汉妮　县科工局党组成员、副局长

县民政局

刘艳菊　县民政局局长、党组书记
彭爱国　县民政局党组成员、副局长，县非公有制经济组织和社会组织党工委副书记（兼）
周万军　县民政局党组成员、副局长（保留正科级）
吉　辉　县民政局党组成员、副局长
王慕荣　县民政局主任科员（视同）
胡良忠　县民政局主任科员（视同）

县财政局

杨富国　县财政局局长、党组书记
辛　忠　县财政局党组副书记、副局长（保留原职级待遇）
罗伯海　县财政局党组成员、副局长
石　华　县财政局党组成员、副局长
欧明全　县财政局党组成员、县纪委派驻县财政局纪检组组长
余桃安　县财政局党组成员、主任科员
欧明忠　县财政局党组成员、总会计师
唐爱党　县财政局主任科员，县国库集中支付核算中心主任、党支部书记（视同）

县非税局

马继红　县非税局局长、党支部书记
吴元璋　县非税局党支部委员、副局长，县财政

局主任科员
谭劈云 县非税局副局长
李承平 县非税局党支部委员、副局长
刘祖云 县非税局党支部委员、纪检员（保留正科级）

县农开办

吴继业 县农开办主任、党组书记
许宇峰 县农开办党组副书记、副主任
张丕铸 县农开办党组成员、副主任
余远平 县农开办党组成员、纪检组长

县人社局

杨洪金 县人社局局长、党组书记，县委组织部副部长（兼）
文中初 县人社局党组副书记、副局长
杨贤珍 县人社局党组成员、副局长
胡金武 县人社局主任科员（视同）
鲍　勇 县人社局党组成员、总经济师
王忠华 县人社局党组成员、副局长（保留正科级）
张辛春 县人社局党组成员（保留副科级）

县国土资源局

庞杰武 县国土资源局局长、党组书记
高　锐 县国土资源局党委委员、副局长
杨洪武 县国土资源局党委委员、副局长
刘　军 县国土资源局党委委员、副局长、主任科员
庞圣银 县国土资源局党委委员、纪委书记
洪　梅 县国土资源局总经济师

县环保局

杨少伟 县环保局局长、党组书记
唐宏协 县环保局党组副书记、副局长（保留正科级）
何清泉 县环保局党组成员、副局长、主任科员
周秋明 县环保局原党组成员、副局长（视同）
俞宏光 县环保局党组成员（保留副科级）
李先枝 县环保局党组成员、总工程师

县住建局

乔新平 县住建局局长、党组书记
肖学文 县住建局党组副书记、副局长
于乾喜 县住建局党组成员、副局长
曾建立 县住建局副局长（保留正科级）
徐立军 县住建局党组成员、副局长
杨晓涛 县住建局党组成员、副局长
刘国锋 县住建局党组成员、县纪委派驻县住建局纪检组组长
祝南海 县住建局党组成员、总工程师

县住保办

杨　宏 县住保办主任、党支部书记

县交通运输局

唐初汉 县交通运输局党组书记、副局长
蒋谟金 县交通运输局局长，县政协副主席（兼）
杨　光 县交通运输局党组副书记、副局长（保留正科级）
叶正洋 县交通运输局党组成员、总工程师
刘　峰 县交通运输局党组成员、副局长（保留正科级）
黎惠龙 县交通运输局党组成员、副局长

县农业局（县委农村办）

陈继鑫 县农业局局长、党组书记，县委农村办主任
马立新 县农业局党组副书记、副局长
丁勇志 县农业局党组成员、副局长
张德平 县农业局党组成员、副局长、主任科员
刘永忠 县农业局党组成员、县委农村办专职副主任
杨碧波 县农业局党组成员、副局长
覃　罂 县农业局党组成员、副局长
黄毅军 县农业局党组成员、县纪委派驻县农业局纪检组组长（保留正科级）
邓先军 县农业局党组成员、总农艺师（副科）

县农机局

杨先创 县农机局局长、党组书记

程方耀　县农机局党组成员、副局长
廖生严　县农机局党组成员、副局长
孔令芳　县农机局党组成员、纪检组长
杨菊兰　县农机局党组成员、副局长

县畜牧水产局

纪义明　县畜牧水产局局长、党组书记
曹银安　县畜牧水产局党组成员、副局长
胡日新　县畜牧水产局党组成员、副局长
侯合民　县畜牧水产局党组成员、副局长
陈福香　县畜牧水产局党组成员、纪检组长

县农村能源服务中心

陈圣林　县农村能源服务中心主任、党支部书记（保留正科级）

县水利局

颜　勇　县水利局局长、党组书记
于坤清　县水利局党组副书记、副局长
汪新平　县水利局总工程师、主任科员
江　斌　县水利局党组成员、副局长
张兴平　县水利局党组成员、副局长

县林业局

熊进武　县林业局局长、党组书记、县森林公安局政委（兼）
叶彧翔　县林业局党组成员、副局长
李新建　县林业局党组成员、副局长（保留正科级）
黄中平　县林业局党组成员
方家敏　县林业局党组成员、总工程师

县森林公安局

庞彩志　县森林公安局局长、党支部书记
熊进武　县林业局局长、党组书记、县森林公安局政委（兼）
田开东　县森林公安局党支部委员、副局长

县商务粮食局

陈德谦　县商务粮食局党组书记、副局长
涂杉杉　县商务粮食局局长
王焕安　县商务粮食局党组副书记、副局长（保留正科级）
刘晓波　县商务粮食局党组成员、副局长、主任科员
张　俊　县商务粮食局党组成员、副局长、主任科员
张安临　县商务粮食局党组成员（保留副科级）
黄建华　县商务粮食局主任科员（视同）

县市场中心

唐世浩　县市场中心主任、党总支书记
邹国清　县市场中心党总支委员、副主任
毛为民　县市场中心党总支委员、副主任
胡　皓　县市场中心党总支委员、副主任

县文体广新局（县版权局）

曾　晗　县文体广新局局长、党组书记，县版权局局长，县林伯渠故居纪念馆馆长（兼）
敬治平　县文体广新局党组副书记、副局长，县文化市场执法大队大队长（保留正科级）
张童武　县文体广新局党组成员、副局长（保留正科级）
董先知　县文体广新局党组成员、副局长
文桂花　县文体广新局副局长
刘承军　县文体广新局党组成员、总工程师

县卫计局

朱国财　县卫计局局长、党组书记
陈美华　县卫计局党组副书记、副局长（保留正科级）
周　毅　县卫计局党组成员、副局长
张腊林　县卫计局党组成员、副局长
李子均　县计生协会原副会长（视同）
于　华　县卫计局原党组成员、副局长（视同）
张兴金　县卫计局党组成员、副局长
黄云新　县卫计局党组成员、副局长
荣　杰　县卫计局党组成员、县纪委派驻县卫计局纪检组组长（保留正科级）

江开学 县卫计局党组成员

县红十字会

刘淑群 县红十字会常务副会长

县计划生育协会

沈辉平 县计生协会常务副会长

县审计局

彭耀忠 县审计局局长、党组书记，县经审办主任（按副处级待遇）
戴志国 县审计局党组成员、副局长
刘文锋 县审计局总审计师、主任科员
王辉平 县审计局党组成员（保留副科级）

县城管执法局

李 扬 县城管执法局局长、党组书记
关中平 县城管执法局党组副书记、副局长
孙圣科 县城管执法局党组成员、副局长（保留正科级）
胡 政 县城管执法局党组成员、副局长
彭晋辉 县城管执法局党组成员、主任科员

县安监局

刘国平 县安监局局长、党组书记
谢 飞 县安监局党组成员、副局长
张远才 县安监局党组成员、总工程师
何绍菊 县安监局党组成员、副局长
杨 帆 县安监局党组成员（保留副科级）

县食品药品工商质量监督管理局

潘绪庆 县食品药品工商质量监督管理局党组书记、副局长（保留副处级）
邹 航 县食品药品工商质量监督管理局局长，县政协副主席（兼）
张若凡 县食品药品工商质量监督管理局党组副书记、副局长，县非公有制经济组织和社会组织党工委副书记（兼）
唐小凡 县食品药品工商质量监督管理局党组成员、副局长（保留正科级）
范兵辉 县食品药品工商质量监督管理局党组成员、副局长
徐晓君 县食品药品工商质量监督管理局主任科员（视同）
刘 芳 县食品药品工商质量监督管理局党组成员、总工程师

县统计局

向兰珍 县统计局局长、党组书记
张明华 县统计局党组副书记、副局长
王 芳 县统计局党组成员、副局长（保留正科级）
彭梅芳 县统计局党组成员、总统计师
罗国清 县统计局主任科员（视同）

县人防办

吴恰山 县人防办主任、党支部书记
张友初 县人防办副主任

县信访局

赵文华 县政府办副主任（兼）、县信访局党组书记、局长
舒立松 县信访局党组成员、副局长、主任科员
谢凤丽 县信访局党组成员（保留副科级）

县政务中心

李金涛 县政务中心主任、党组书记
滕永梅 县政务中心党组成员、副主任（保留正科级）
裴先贵 县政务中心党组成员、副主任

县公共资源交易中心

黄道德 县公共资源交易中心主任、党组书记
朱爱民 县公共资源交易中心党组成员、副主任
彭国新 县公共资源交易中心党组成员、副主任

县电子政务办

洪学文　县电子政务办主任、党组书记
王　弦　县电子政务办党组成员、副主任
刘钰璋　县电子政务办党组成员、副主任

县城投办

胡成章　县城投办主任、党支部副书记
张跃平　县城投办党支部书记、副主任
谭清洪　县经济开发投资有限公司总经理

县房管局

张平安　县房管局党组书记、副局长
蒋　鸣　县房管局局长
叶子卿　县房管局党组副书记、副局长
刘永胜　县房管局党组成员、副局长
黎忠斌　县房管局党组成员、副局长
王元圣　县房管局党组成员、纪检组长
李　锐　县房管局党组成员、工会主席

县公路局

黄素荣　县公路局局长、党组书记
廖祖金　县公路局党组成员、副局长，县207国道白虎山超限监测站站长、党支部委员会书记
陈　斌　县公路局党组成员、副局长
卞盟军　县公路局党组成员、副局长
陈长锐　县公路局党组成员、纪检组长

县广播电视台

王　军　县广播电视台台长、党组书记
庞　博　县广播电视台党组成员、副台长、总编辑
万亚东　县广播电视台党组成员、副台长
文一民　县广播电视台党组成员、副台长
吴辉兰　县广播电视台工会主席
黄其云　县广播电视台副总编辑（副科）
邓建龙　县广播电视台副总编辑（副科）

县烟花局

刘炬兴　县烟花局局长、党组书记
刘邦飞　县烟花局党组成员、副局长
黄永宏　县烟花局党组成员、副局长
李　宏　县烟花局党组成员、副局长

县地震局

詹克益　县地震局局长、党支部书记
徐联峰　县地震局副主任科员
杨　华　县地震局副局长（保留副科级职级待遇）

县青山局

张远贵　县青山局局长、党委副书记
王卫红　县青山局党委书记
徐联高　县青山局党委委员（保留正科级）
王　波　县青山局党委委员、副局长
谭国平　县青山局党委委员、副局长
杨小兵　县青山局党委委员、副局长

县移民局

夏小琼　县移民局局长、党组书记
江来思　县移民局党组成员、副局长
李济云　县移民局党组成员、副局长

县农教办

黄宏枝　县农教办主任、党支部书记
姜　洁　县农教办党支部委员、副主任

县农村经营服务站

胡绍清　县农村经营服务站站长、党组书记
戴承勇　县农村经营服务站党组成员、副站长
刘文湘　县农村经营服务站党组成员、副站长
余宗华　县农村经营服务站党组成员、纪检组长

县供销联社

张业武　县供销联社主任、党组书记
万平生　县供销联社党组成员、监事会主任
聂仁凤　县供销联社党组副书记、副主任（保留

正科级)
蒋祖斌　县供销联社党组成员、副主任、主任科员
于乾文　县供销联社党组成员、副主任、主任科员
张文元　县供销联社党组成员(保留副科级)

县一中
陈　伟　县一中校长、党委书记
蹇敦香　县一中党委委员、副校长
李征界　县一中党委委员、纪委书记、副校长
朱福文　县一中党委委员、副校长

县二中
高长生　县二中校长、党总支书记
鲁小明　县二中党总支副书记、副校长
陈　君　县二中党总支部委员、副校长
蔡秋林　县二中党总支部委员、副校长

县三中
辛书荣　县三中校长、党总支书记
颜昌林　县三中党总支部委员、副校长
黎国喜　县三中党总支部委员、副校长
刘永军　县三中党总支部委员、副校长
张业清　县三中保留副科级(视同)

县四中
龙建华　县四中党总支书记、校长
肖耀才　县四中保留正科级(视同)
杨六生　县四中党总支副书记、副校长
颜　龙　县四中党总支委员、副校长
郭勇军　县四中副校长
赵　勇　县四中党总支委员、纪检员

县职中、县教师进修学校
文勇军　县职中校长、党总支书记
裴先银　县职中党总支副书记、副校长，县教师进修学校校长
田建刚　县职中党总支委员、纪检员(保留正科级)
唐汇勇　县职中党总支部委员、副校长
刘召群　县职业中专党总支部委员、副校长
刘和军　县职业中专保留副科级(视同)

县人民医院
王治佐　县人民医院院长、党委副书记
苏　静　县人民医院党委书记
肖　平　县人民医院党委委员、副院长
黎海波　县人民医院党委委员、副院长
夏永胜　县人民医院党委委员、副院长
周民民　县人民医院党委委员、纪委书记
刘　俊　县人民医院党委委员、副院长

县中医院
乔玉山　县中医院院长、党委副书记
黄茂慧　县中医医院党委书记
顿祖波　县中医院副院长
夏政权　县中医医院党委委员、副院长
彭　瑛　县中医医院党委委员、副院长
李小平　县中医医院党委委员、纪委书记

县疾控中心
祝春芳　县疾控中心主任、党支部书记
刘宗武　县疾控中心党支部委员、副主任
祁玉平　县疾控中心党支部委员、副主任、职业病预防股股长
印家庆　县疾控中心党支部委员、副主任、县卫计局药管办主任

县计生妇保院
黄海山　县妇幼保健计划服务中心主任(县妇幼保健院院长)、党支部委员会书记

县全域旅游发展中心
王清爰　主持县文化旅游发展中心(筹)工作

2017年度先进单位和先进个人

列入县委总结表彰会议的奖励项目

一、先进单位奖（196个）

（一）乡镇（区）、街道（筹）绩效管理优秀、良好单位（7个）

1. 优秀单位（3个）

新安镇　安福镇　停弦渡镇

2. 良好单位（4个）

合口镇　佘市桥镇　刻木山乡　经济开发区

（二）县直和垂直管理单位绩效管理优秀、良好单位（48个）

1. 优秀单位（25个）

县财政局　县人力资源社会保障局　县教育局　县商务粮食局　县发改局　县国土资源局　县卫计局　县民政局　县委编委办　县工商联　县委党校　县统计局　县审计局　县妇联　县农业局县扶贫移民开发局　县水利局　县环保局　县法院　县检察院　县地税局　县国税局　县人行　县一中　县人民医院

2. 良好单位（23个）

县交通运输局　县文体广新局　县科工局　县食药工商质监局　县科协　县委老干局　县人防办县总工会　县电子政务办　县接待处　县信访局县林业局　县青山局　县畜牧水产局　县住建局县城投办　县司法局　县交警大队　县供电公司县农商行　县住房公积金管理部　县职业中专　县中医院

（三）招商引资工作先进单位奖（15个）

经济开发　新安镇　合口镇　停弦渡镇　安福镇刻木山乡　县委办　县政府办　县纪委　县委统战部　县人防　县食药工商质监局　县环保局　县人力资源社会保障局　县城投办

（四）税收贡献奖（13个）

1. 纳税大户奖（3个）

临澧冀东水泥有限公司　湖南中泰特种装备有限责任公司　湖南常盛玻璃有限公司

2. 税收入库进步奖（10个）

湖南先淘不锈钢卫浴有限公司　临澧顶春混凝土有限公司　临澧县天兴石膏有限公司　常德广飞建材有限责任公司　常德和慕建材有限公司　临澧县新安樟树椏石灰场

临澧广森铸业有限公司 湖南中航精工有限公司
临澧县泰安建材有限公司 临澧县龙凤山矿渣粉磨有限公司

（五）新增设备投资奖（9个）

湖南先淘不锈钢卫浴有限公司 湖南安福环保科技股份有限责任公司
湖南中泰特种装备有限责任公司 湖南汇鑫铜业有限公司
湖南安福气门有限公司 湖南省华兴米业有限公司
临澧冀东水泥有限公司 金健面制品有限公司
临澧县来顺铸造有限责任公司

（六）高新技术企业奖（4个）

湖南中泰特种装备有限责任公司 湖南奔骥环保能源科技有限责任公司
湖南汇鑫铜业有限公司 湖南先淘不锈钢卫浴有限公司

（七）工业企业入规奖（19个）

常德凯岭食品有限公司 湖南中航精工有限公司
临澧县石膏粉厂 临澧大宇新型建材有限公司
湖南祥民制药有限公司 湖南博川农业发展有限责任公司
湖南博川生物质新材料科技有限公司 临澧鑫众矿业有限公司
湖南盛润泰生物科技有限公司 湖南宏鑫科技有限公司
常德鸿鹏新型石材有限公司 临澧县今顺食品有限公司
湖南金牛环保设备有限公司 临澧县杰富新型建筑材料有限公司
临澧县晟峰米业有限公司 临澧县湘北铸造有限责任公司
常德星辉布业有限公司 临澧县金岗石膏有限公司
常德市德泰电子科技有限公司

（八）金融投贷奖（8个）

县人行 县农发行 县农行 县工行 县长沙银行
县邮储银行 县农商行 县沪农商村镇银行

（九）品牌奖（2个）

湖南中泰特种装备有限责任公司无纬布获省名牌产品称号
湖南汇鑫铜业有限公司励达牌聚酯漆包绕组线获省名牌产品称号

（十）非普惠性争资突出贡献奖（1个）

湖南省精品旅游线路重点县项目（县委宣传部、县旅游发展中心）

（十一）争资工作奖（10个）

1. 一等奖（3个）

县人力资源社会保障局 县民政局 县房管局

2. 二等奖（3个）

县卫计局 县交通运输局 县文体广新局

3. 三等奖（4个）

经济开发区 县农业局 县残联 新安镇

（十二）综治维稳（平安建设）及信访工作先进单位奖（30个）

新安镇　合口镇　佘市桥镇　安福镇　望城街道（筹）
太浮镇　县教育局　县人力资源社会保障局　县国税局
县卫计局　县司法局　县国土资源局　县法院　县财政局
县信访局　县农业局　县环保局　县委党校　县检察院
县统计局　县城管执法局　县委编委办　县扶贫移民开发局　县电子政务办
县交警大队　县食药工商质监局　县森林公安局　县民政局　县商务粮食局
县工商联

（十三）人口计生工作先进单位奖（12 个）

四新岗镇　望城街道（筹）　新安镇　安福镇　烽火乡
刻木山乡　太浮镇　修梅镇　合口镇　县扶贫移民开发局
县人力资源社会保障局　县食药工商质监局

（十四）安全生产先进单位奖（12 个）

佘市桥镇　安福镇　停弦渡镇　四新岗镇　望城街道（筹）
太平街道（筹）　县教育局　县住建局　县科工局　县国土资源局
县食药工商质监局　县林业局

（十五）党管武装工作先进单位奖（6 个）

安福镇　新安镇　合口镇　刻木山乡　修梅镇
望城街道（筹）

二、先进个人奖（302 名）

（一）突出贡献奖（空缺）

（二）招商引资先进个人（15 名）

王爱军　黄宜平　陈克维　樊双明　甘志宏　蒋　斌（县商务粮食局）　高　锋　杨少伟
朱国财　张平安　吴恰山　张童武　吴桂彬　袁志军　熊　健

（三）重大项目个人引进奖（2 名）

博川石膏项目，引进人王世刚
宏鑫科技项目，引进人卢卫国

（四）争资工作先进个人（13 名）

徐建新　杨少伟　乔新平　陈德谦　张远贵　杨　杰　黄玉忠　颜　勇　章兴桂
王爱军　唐　琳　纪义明　吴继业

（五）综治维稳（平安建设）及信访工作先进个人（20 名）

章兴桂　高　锋　余志勇　张丕忠　杨　阳　杨基辉　肖学奎　洪庆升　周　军
乔　霞　张志君　宁秀元　周　敏　杨　飞　王　志

（六）人口计生工作先进个人（15 名）

毛丽萍　蒋　鸣　周万军　覃凤英　周付生　叶明玉　黎霞林　陈佳英　游　燕
邹春霞　毕文新　杨生传　程恒军　周　强　马　婷

（七）安全生产先进个人（15 名）

陈远林　谭德清　付　云　唐爱党　裴宜美　邹纯国　陈光辉　谭国平　辛义安
杨　阳　何　玉　郭清海　刘世平　黄建波　史小田

（八）机关事业单位记二等功（记大功）人员（26 名）

唐 骏	王爱军	乔 锋	章兴桂	刘 黎	陈 凯	邵 磊	辛 勤	颜爱军
黄玉忠	杨富国	徐建新	夏小琼	于乾华	杨洪金	庞杰武	刘艳菊	乔新平
杨少伟	王兴尧	雷华清	李松平	陈 芳	郝诗学	毕 阳	蒋文桥	

（九）机关事业单位记三等功人员（196 人）

黄宜平	金 波	高 锋	陈克维	马春生	陈远林	刘金国	易铜生	李显钟
刘常清	陈金波	陈德谦	葛志刚	朱国财	谭德清	覃凤英	王立军	向兰珍
彭耀忠	郭菊红	陈继鑫	颜 勇	彭水明	戴朝林	唐初汉	曾 晗	杨 杰
潘绪庆	李 斌	王先进	吴恰山	谭德玖	洪学文	黄建平	赵文华	熊进武
徐联高	纪义明	胡成章	庞业文	徐金国	文勇军	王治佐	乔玉山	张成林
杨 志	俞开海	饶作志	黄 杰（人大办）		肖优俊	宁秀元	袁 杰	郑学云
周晓然	杨开明	李志刚（组织部）		黄任秀	王雄军	吴丕华	鲁炳武	彭爱国
文湘平	侯德义	胡良武	黄元章	杨铁才	唐振兰	汪云初	谭 锋	江宏波
舒洪祥	王晓东	张申科	于乾喜	杨小涛	吴红梅	刘 祥	杨运峰	辛 忠
赵 健	朱德勇	吴迎春	李志刚（财政局）		黄海涛	鄢澧舫	蒋晓安	廖华明
辛建国	沈清泉	辛 力	李训敏	张显兵	曹 杨	王 平	唐 勇	陈长锐
张远生	陈丽萍	熊中秋	苏基带	万 勇	廖学焕	许 峰	蒋 斌（商务粮食局）	
毕方汉	彭惠文	俞宏武	游志喜	成明江	陈 荣	唐小凡	蒋海峰	朱红菊
王 艳	邵 峰	申建华	吴悦山	张 颖	汪兴华	黄官清	刘跃飞	杨 军
朱德先	吴 军	谌 勇	李 荣	黄春波	曹巧明	周 军	张海明	全 震
李 军	翟 勇	张晶晶	郝诗万	董华平	李 华	陈 明	黄 杰（停弦中学）	
杨根平	林绪东	李 琳	明新平	高兴平	蒋文军	杨 波	黄国桥	黎忠实
杨金兰	周兴文	胡金平	裴 冰	陈 明	沈卫平	杨新平	李光才	蒋小华
江丽丽	徐 碧	徐尊华	杨隆玉	沙永胜	张文君	王焕新	杨 毅	朱传惠
陈 君	匡朗福	彭可荣	陈 艳	肖永福	文国华	柳雪年	余建村	陈 芳
杨业新	史彩云	肖 平	祝 晖	钟春华	张玉平	欧 敏	李小平	龙 军
张晓明	石新龙	王 珣	黄建军	吴 伟	黄学东	曹永锋	杨如国	黄云新
李 洪	唐 钊	张 驰						

列入全县各专题会议通报的奖励项目

一、先进单位奖（211 个）

（一）服务企业奖（10 个）

经济开发区　停弦渡镇　新安镇　合口镇　县青山局　县科工局　县财政局
县国税局　县工商联　县卫计局

（二）科学技术奖（7 个）

1. 科技进步奖（2 个）

湖南中泰特种装备有限责任公司（高导热化纤长丝及其新型凉感织物生产关键技术，攻关类一等奖）

县人民医院（H型高血压的规范化治疗，推广类二等奖）

2. 科技创新奖（5个）

湖南先淘不锈钢卫浴有限公司（ERP企业资源计划和智能机械人与自动化软件融合贯标）

湖南安福环保科技股份有限责任公司（废塑料综合利用清洁化生产研发与产业化）

湖南奔骥环保能源科技有限责任公司（村镇生活垃圾处理成套设备研发与试制）

湖南中航精工有限公司（通过式多级工业清洗及防锈工艺）

湖南祥民制药有限公司（2000T/A提取物及10亿片/A制剂研发与产业化）

（三）农业农村工作先进单位奖（12个）

刻木山乡　新安镇　望城街道（筹）　停弦渡镇　合口镇　太浮镇

县农业局　县水利局　县财政局　县扶贫移民开发局县农经站　县畜牧水产局

（四）新型城镇化建设先进单位奖（10个）

新安镇　合口镇　安福镇　停弦渡镇　县住建局县环保局

县城管执法局　县国土资源局　县城投办　县房管局

（五）平安创建工作（十大平安创建活动）先进单位奖（65个）

1. 平安乡镇（3个）

新安镇　合口镇　佘市桥镇

2. 平安村（社区）（10个）

安福镇金宝路社区　佘市桥镇建楼社区　停弦渡镇月星村　烽火乡兰田村

合口镇澧阳社区　刻木山乡天星村　四新岗镇牯牛桥社区　新安镇高兴社区

太浮镇万福村　望城街道（筹）大塘社区

3. 平安网格（10个）

安福镇人民街社区网格　新安镇北郊社区网格　刻木山乡黄鳌村网格　合口镇白鹤社区网格

烽火乡哗溪桥村网格　修梅镇赵家巷村网格　佘市桥镇高茂村网格

望城街道（筹）月亮岛社区网格　四新岗镇毛花界村网格　太浮镇衍嗣社区网格

4. 平安家庭（10个）

安福镇朝阳街社区杨兰英家庭　烽火乡观音庵社区张楚英家庭

刻木山乡彭市社区叶松枝家庭　佘市桥镇殷家村洪家付家庭

四新岗镇牯牛桥社区邹桂英家庭　太浮镇王化村杨小平家庭

停弦渡镇古渡社区史明华家庭　新安镇北郊社区丁国庆家庭

望城街道（筹）和平社区池大兵家庭　修梅镇高桥村祁圣军家庭

5. 平安单位（10个）

县住建局　县地税局　县房管局　县审计局　县水利局　县城投办

县交通运输局　县供电公司　县总工会　县长沙银行

6. 平安校园（10个）

县三中　刻木山乡中学　停弦渡镇中学　佘市桥镇中学　陈二铺完全小学

县一完小　县三完小县职业中专　新安镇中心小学　县五完小

7. 平安医院（3个）

县第二人民医院　县人民医院　县中医院

8. 平安企业（3 个）

湖南中泰特种装备有限责任公司　湖南安福环保科技股份有限责任公司　临澧县金利纸业有限责任公司

9. 平安市场（1 个）

县安福农贸市场

10. 平安交通（5 个）

县交通运输局农村公路养护管理所　湖南福泰物流有限公司　县交警大队安福中队　修梅镇公路养护办　县地方海事处

（六）“无上访村（社区）”创建工作先进单位奖（19 个）

1. 优秀乡镇（4 个）

合口镇　刻木山乡　烽火乡　佘市桥镇

2. 优秀村（社区）（15 个）

安福镇金宝路社区　安福镇总庙社区　新安镇高兴社区　新安镇北郊社区　合口镇澧阳社区　四新岗镇雨台社区　佘市桥镇川岗村　太浮镇万福村　刻木山乡天星村　刻木山乡黄鳌村　修梅镇七重堰社区　停弦渡镇金泉社区　烽火乡哗溪桥村　望城街道（筹）大塘社区　太平街道（筹）肖家河社区

（七）县级文明单位奖（10 个）

县审计局　县商务粮食局　县统计局　县食药工商质监局　县委党校　县消防大队　县总工会　县委统战部（工商联）　佘市桥镇　望城街道（筹）

（八）意识形态及舆论引导工作先进单位（15 个）

合口镇　新安镇　安福镇　停弦渡镇　刻木山乡　县卫计局　县教育局　县环保局　县国税局　县二中　县人力资源社会保障局　县文体广新局　县司法局　县委党校　县民政局

（九）精神文明产品生产“五个一工程”奖（4 个）

陈二花鼓小戏《自来水》，奖励单位：县文化馆

鼓盆歌《河长》，奖励单位：县荆河戏剧团有限责任公司

歌曲《自由之歌》，作者：瞿琼、张锐华（县文联）

电影文学剧本《云浮之魂》，作者：金国峰（县文联）

（十）基层党组织建设先进单位奖（15 个）

刻木山乡　佘市桥镇　新安镇　安福镇　太浮镇望城街道（筹）　经济开发区　县水利局　县教育局　县委编委办　县交警大队　县审计局　县商务粮食局　县住建局　县国税局

（十一）党风廉政建设先进单位奖（14 个）

刻木山乡　四新岗镇　停弦渡镇　安福镇　县委办　县农业局　县交通运输局　县委编委办　县农经站　县总工会　县委老干局　县交警大队　县地税局　县国税局

（十二）优化经济发展环境先进单位奖（10 个）

合口镇 望城街道（筹） 县发改局 县民政局 县国税局
县食药工商质监局 县地税局 县环保局 县政务中心 县交通运输局

（十三）交通跨越大会战工作先进单位奖（10 个）

余市桥镇 修梅镇 刻木山乡 烽火乡 停弦渡镇 县财政局
县国土资源局 县交警大队 县交通运输局 县公路局

（十四）脱贫攻坚工作先进单位奖（10 个）

县发改局 县财政局 县环保局 县住建局 县交警大队 新安镇
合口镇 修梅镇 烽火乡 望城街道（筹）

二、先进个人奖（129 名）

（一）服务企业先进个人（10 名）

王爱军 甘志宏 陈长永 杨洪金 陈继鑫 张明华 谢　阳 谭德玖 石　华
朱海云

（二）农业农村工作先进个人（15 名）

樊双明 王爱军 戴晓明 马春生 朱洪生 张桂喜 游　俊 肖建明 邓　波
陈吉武 唐明华 李宗权 熊进武 杨先创 王　波（青山局）

（三）新型城镇化建设先进个人（10 名）

陈　凯 唐　琳 怀素娟 马春生 廖炎平 肖学文 吴恰山 罗　丹 裴德才
胡大喜

（四）意识形态及舆论引导工作先进个人（15 名）

黄中银 文建国 刘跃飞 黎　源 刘音纶 杨志平 黄　锐 江　锋 张　进
蒋　峰 齐必俭 刘祖惠 张松林 王新荣 徐宗新

（五）基层党组织建设先进个人（24 名）

蒋小燕 李世斌 王先荣 蒋祖祥 杨小平 何书松 王治国 许建国 刘宪波
郭　平 郭　勇 罗春城 李绍波 黄明祥 杜登喜 王银霞 江玉波 张若凡
周平风 田玲丽 周子龙 赵传清 廖学焕 李　洪

（六）党风廉政建设先进个人（20 名）

郑学云 徐　亮 乔　锋 王爱军 杨　毅 谭德云 辛　勤 陈继鑫 唐初汉
谭德清 胡绍清 谭德玖 徐金国 王先进 胡苏林 苏　力 俞宏光 江从友
吴新民 张　辉

（七）优化经济发展环境先进个人（15 名）

王爱军 唐　骏 章兴桂 陈远林 甘志宏 游建忠 潘友元 潘绪庆 李金涛
孙冰冰 罗立杰 俞宏光 陈　斌 陈长永 陈明刚

（八）交通跨越大会战工作先进个人（10 名）

樊双明 马春生 张丕忠 吴元林 章方振 黄素荣 刘永春 叶正洋 庞拥军
潘基友

（九）脱贫攻坚工作先进个人（10 名）

丁新楚 江来思 夏显德 邓小哲 罗伯海 邵　进 黄中银 刘亚洲 吴　军
杨银华